5/2/

BECOMING

BECOMING

MI HISTORIA ADAPTADA PARA JÓVENES

MICHELLE OBAMA

Traducción de
Carlos Abreu Fetter, Efrén del Valle Peñamil,
Gabriel Dols Gallardo y Marcos Pérez Sánchez

montena

Título original: *Becoming: Adapted for Young Readers*
Todos los derechos reservados. Publicado en inglés en Estados Unidos por Delacorte Press, un sello de Random House Children's Books, una división de Penguin Random House LLC, Nueva York
Primera edición: marzo de 2021

© 2021, Michelle Obama
© 2021, Penguin Random House Grupo Editorial, S. A. U.
Travessera de Gràcia, 47-49. 08021 Barcelona
© 2021, Penguin Random House Grupo Editorial USA, LLC
8950 SW 74th Court, Suite 2010
Miami, FL 33156
© 2018, 2021, Carlos Abreu Fetter, Efrén del Valle Peñamil, Gabriel Dols Gallardo, Marcos Pérez Sánchez, por la traducción

Diseño de portada: Christopher Brand
Fotografía de portada: Miller Mobley

Esta obra está basada en *Becoming*, © 2018, Michelle Obama, publicado por Crown, un sello de Random House Publishing Group, una división de Penguin Random House LLC, Nueva York, en 2018

Impreso en Estados Unidos / *Printed in USA*

ISBN: 978-1-64473-417-9

21 22 23 24 25   10 9 8 7 6 5 4 3 2 1

A todos los que me han ayudado a ser lo que soy:
las personas que me criaron, Fraser, Marian y Craig,
y mi numerosa familia;
mi círculo de mujeres fuertes, que siempre me levantan;
y mis leales y devotos empleados,
que siguen haciendo que me sienta orgullosa.

———————

A los amores de mi vida:
Malia y Sasha, mis garbancitos más queridos
y mi razón de ser,
y a Barack, que siempre me prometió un viaje interesante.

ÍNDICE

NOTA A LOS LECTORES

Cuando inicié el proceso de escribir este libro, no estaba segura de la forma que acabaría tomando, y menos aún de cuál sería su título. Lo que sí sabía era que quería ser sincera, también en esta edición para jóvenes lectores. Mientras crecía en el South Side de Chicago en los años sesenta y setenta, mis padres, Fraser y Marian Robinson, nunca nos ocultaron nada a mi hermano Craig y a mí. Nunca endulzaron las verdades difíciles ni presentaron la realidad como lo que no era, porque sabían que lo soportaríamos. Quiero ofrecerte ese mismo respeto.

Prometo contar mi historia con toda su desordenada gloria, desde el día en que lo pasé mal con una pregunta delante de mi clase de la guardería, pasando por mi primer beso y las inseguridades que sentí al ir creciendo, hasta el caos de una campaña política y la extraña experiencia de estrechar la mano de la reina de Inglaterra.

Pero espero que no te dejes deslumbrar por el resplandor de la Casa Blanca, porque las partes más importantes de mi historia no son los vestidos de baile ni las cenas de Estado, sino las pequeñas cosas: la manera en que mi abuelo sonreía cuando ponía su disco favorito en el tocadiscos, el olor de nuestra casa cuando mi madre hacía limpieza cada primavera, el sonido de un raspador para hielo en la ventana del coche en pleno invierno en Chicago.

Durante el proceso de escritura, me di cuenta de que ningún recuerdo es demasiado pequeño. Cada pedacito de nuestra historia tiene su importancia. Algunos recuerdos pueden traer consigo una punzada de dolor, sobre todo los que ocurren cuando somos jóvenes. Aún puedo sentir el bochorno cuando fracasé delante de mi clase siendo muy niña. Aún puedo sentir el nudo en el estómago cuando alguien dudó de mí. Aún puedo sentir el dolor y el vacío de perder a mis seres más queridos. En algún momento, todos experimentamos un dolor que no podemos solucionar por nuestra cuenta.

Pero esos puntos flacos —los que más nos esforzamos por ocultar— son muchas veces las partes de nosotros que más merece la pena compartir. Los sentimientos de incomodidad y de frustración son señales de que estamos esforzándonos por descubrir las mayores verdades sobre nosotros mismos. Cuando echo la vista atrás sobre mi propia vida, veo que solo gracias a esos momentos de gran dificultad fui capaz de encontrar la fuerza para hacer cambios o para esforzarme aún más por saber quién quería ser.

No solemos sentirnos cómodos contándoles a los demás esta clase de cosas. Lo que más nos preocupa suele ser lo que yo llamo nuestras estadísticas: nuestras notas, nuestros logros deportivos, los pantalones vaqueros que nuestra familia se puede permitir comprar. Pero, en realidad, lo más importante es nuestra historia, nuestra historia completa, incluidos esos momentos en que nos sentimos un poco vulnerables. Muy a menudo, cuando compartimos esa parte de nuestra historia es cuando vemos la belleza no solo en nuestra propia trayectoria, sino en la de los demás.

Espero que, mientras lees mi historia, pienses también en la tuya, porque ese es el mejor regalo que jamás tendrás. Los golpes y los moratones, las alegrías, los triunfos y las carcajadas; todo eso se combina para hacer de ti quien eres. Y quien eres no es algo estático e invariable. Cambiará cada día y cada año, y ninguno de nosotros sabe qué forma acabará tomando nuestra vida. En eso consiste nuestra historia. Y, como a ti, a mí aún me queda mucha historia por vivir.

PREFACIO

Marzo de 2017

Cuando era niña, mis sueños eran simples. Quería un perro. Quería una casa con escalera, de dos plantas para una familia. Por alguna razón, quería una furgoneta de cuatro puertas en lugar del Buick de dos que era el tesoro de mi padre. Siempre decía a la gente que cuando fuese mayor sería pediatra. ¿Por qué? Porque me encantaban los niños y no tardé en darme cuenta de que era una respuesta gratificante para los adultos. «¡Ah, médico! ¡Qué buena elección!» Por aquel entonces llevaba coletas, mangoneaba a mi hermano mayor y, costara lo que costase, sacaba siempre sobresalientes en el colegio. Era ambiciosa, aunque no sabía exactamente a qué aspiraba. Ahora creo que es una de las preguntas más inútiles que un adulto puede formular a un niño: «¿Qué quieres ser de mayor?». Como si en algún momento te convirtieras en algo y ahí se acabara todo.

Hasta el momento he sido abogada. He trabajado como subdirectora de un hospital y como directora de una organización sin ánimo de lucro que ayuda a gente joven a labrarse una carrera profesional seria. He sido estudiante negra de clase trabajadora en una elegante universidad cuyo alumnado es mayoritariamente blanco. He sido la única mujer, la única afroamericana, en lugares de todo tipo. He sido novia, madre primeriza estresada e hija desgarrada por la tristeza. Y hasta hace poco fui la primera dama de Estados

Unidos. Ser primera dama fue para mí un desafío y una lección de humildad, me elevó y me empequeñeció, a veces todo al mismo tiempo. Apenas he empezado a procesar lo sucedido durante estos últimos años, desde que en 2006 mi marido planteó la posibilidad de aspirar a la presidencia hasta donde estamos ahora. Ha sido un viaje trepidante.

Cuando eres primera dama, Estados Unidos se muestra ante ti en todos sus extremos. He asistido a galas benéficas en viviendas privadas que más bien parecen museos de arte, casas en las que la gente tiene bañeras hechas con piedra noble natural. He visitado a familias que lo perdieron todo con el huracán Katrina y, entre lágrimas, agradecían tener una nevera y un fogón que funcionaran. He conocido a personas a las que considero superficiales y falsas, y a otras (profesores, cónyuges de militares y muchas más) cuyo espíritu es tan profundo y fuerte que resulta asombroso. Y también he conocido a niños (infinidad de ellos y en todo el mundo) con los que me desternillo de risa, que me llenan de esperanza y que, por suerte, se olvidan de mi título en cuanto empezamos a hurgar en la tierra de un jardín.

Me han ensalzado como la mujer más poderosa del mundo y también me han rebajado a la categoría de «mujer negra malhumorada». A veces he sentido la tentación de preguntar a estas personas qué era lo que no les gustaba de mí, si que fuese «malhumorada», «negra» o «mujer». He posado sonriente con personas que profieren insultos horribles a mi marido en la televisión nacional, pero que aun así quieren un recuerdo enmarcado. Hay gente en internet que lo cuestiona todo sobre mí, incluso si soy una mujer o un hombre. Un congresista estadounidense se ha burlado de mi trasero. He sentido dolor y rabia, pero casi siempre he intentado tomármelo con humor.

Todavía desconozco muchas cosas sobre Estados Unidos, sobre la vida y sobre lo que me depara el futuro, pero me conozco a mí misma. Mi padre, Fraser, me enseñó a trabajar duro, a reírme a menudo y a cumplir mi palabra. Mi madre, Marian, me enseñó a pensar por mí misma y a utilizar mi voz. Juntos, en nuestro atestado apartamento del South Side de Chicago, me ayudaron a reconocer el valor de nuestra historia, de mi historia, en la historia más general de nuestro país, incluso cuando no es hermosa o perfecta, incluso cuando es más real de lo que te gustaría. Tu historia es lo que tienes, lo que siempre tendrás. Es algo que debes hacer tuyo.

Durante ocho años viví en la Casa Blanca, un lugar con tantas escaleras que no podría contarlas, además de ascensores, una bolera y una floristería. Dormía en una cama con sábanas finas. Las comidas las preparaba un equipo de chefs de fama internacional mundial y las servían profesionales con más formación que los de cualquier restaurante u hotel de cinco estrellas. Frente a la puerta había agentes del Servicio Secreto, con sus auriculares y una expresión seria, haciendo cuanto podían por no inmiscuirse en la vida privada de nuestra familia. Al final nos acostumbramos, más o menos, a la extraña majestuosidad de nuestro nuevo hogar y a la presencia constante y silenciosa de otras personas.

La Casa Blanca es donde nuestras dos hijas jugaban a la pelota en los pasillos y trepaban por los árboles del jardín sur. Es donde mi marido, Barack Obama, se quedaba hasta muy tarde leyendo informes y borradores de discursos en la sala de los Tratados y donde Sunny, uno de nuestros perros, a veces defecaba en la alfombra. Yo podía salir al balcón Truman y observar a los turistas posando con sus paloselfis y asomándose a la verja de hierro para intentar atisbar qué sucedía dentro. Algunos días me agobiaba tener que cerrar las ventanas por seguridad, no poder respirar aire fresco sin causar revuelo. Otras veces me quedaba asombrada con las magnolias blancas que florecían en el exterior, con el ajetreo cotidiano de los asuntos de gobierno y con el esplendor de una recepción militar. Hubo días, semanas y meses en los que detesté la política. Y hubo momentos en los que la belleza de este país y sus gentes me abrumaba tanto que me quedaba sin palabras.

Y entonces se acabó. Aunque lo veas venir, aunque las últimas semanas estén llenas de despedidas emotivas, ese día sigue siendo difuso. Una mano se posa sobre una Biblia; se repite un juramento. Los muebles de un presidente salen y entran los de otro. Se vacían armarios y vuelven a llenarse en cuestión de horas. Y, como si tal cosa, hay otras cabezas reposando en las almohadas nuevas, nuevas personalidades, nuevos sueños. Y cuando termina, cuando sales por última vez de la dirección más famosa del mundo, en muchos sentidos tienes que encontrarte otra vez a ti mismo.

Así que permíteme empezar con una pequeña anécdota que sucedió no hace mucho. Me encontraba en la casa de ladrillo a la que mi familia y yo nos hemos mudado recientemente. Nuestro nuevo hogar está en una calle tranquila situada a unos tres kilómetros del anterior. Todavía no hemos acabado de instalarnos. En el salón, los muebles siguen organizados igual que en la Casa Blanca. Por todas partes hay objetos que nos recuerdan que aquello fue real: fotos de los días que pasamos en Camp David, recipientes de cocina artesanales hechos por estudiantes nativos americanos y un libro firmado por Nelson Mandela. Lo raro de aquella noche es que no había nadie. Barack estaba de viaje; mi hija menor, Sasha, había salido con unos amigos; y mi hija mayor, Malia, vivía y trabajaba en Nueva York, antes de empezar sus estudios universitarios. Estaba sola con nuestros dos perros, en una casa silenciosa y vacía como no había visto en ocho años.

Y tenía hambre. Salí del dormitorio y bajé la escalera con los dos perros siguiéndome. Cuando llegué a la cocina, abrí la nevera. Encontré un paquete de pan, saqué dos rebanadas y las puse en la tostadora. Luego abrí un armario y cogí un plato. Sé que suena raro, pero coger un plato de una estantería de la cocina sin que nadie insistiera en hacerlo por mí y estar allí sola mirando cómo se doraba el pan en la tostadora es lo más parecido a un retorno a mi antigua vida que he tenido hasta el momento. O puede que mi nueva vida justo esté empezando.

Al final no preparé unas simples tostadas, sino que metí las rebanadas en el microondas y fundí unas gruesas lonchas de goteante cheddar entre ellas. Luego llevé el plato al jardín. No tuve que informar a nadie de dónde iba. Simplemente fui. Llevaba pantalones cortos e iba descalza. El frío invernal había remitido por fin. Me senté en los escalones del porche y sentí el calor del sol atrapado aún en la losa que tenía bajo los pies. A lo lejos, un perro se puso a ladrar y los míos, confusos, se detuvieron a escuchar. En aquel momento caí en que para ellos debía de ser un sonido estremecedor, ya que en la Casa Blanca no teníamos vecinos, y menos aún vecinos de su especie. Para ellos todo era nuevo. Mientras exploraban el perímetro del jardín correteando, me comí las tostadas en la oscuridad, sintiéndome sola en el mejor de los sentidos. No pensaba en los guardias armados que se encontraban a menos de cien metros en el puesto de mando construido en el garaje, o en que todavía no puedo salir a la calle sin guardaespaldas. No pensaba en el nuevo presidente y, de hecho, tampoco en el antiguo.

Por el contrario, pensaba en que al cabo de unos minutos volvería a entrar en casa, lavaría el plato en el fregadero y me iría a la cama, y tal vez abriría una ventana para sentir el aire primaveral. Qué momento tan maravilloso. También pensaba en que esa quietud me estaba ofreciendo la primera oportunidad real de pensar en muchísimas cosas. Cuando era primera dama, al concluir una semana ajetreada tenían que recordarme cómo había comenzado. Pero el tiempo empieza a parecer diferente. Mis niñas, que llegaron a la Casa Blanca con sus muñecas Polly Pocket, una manta llamada Blankie y un tigre de peluche llamado Tiger, ya son adolescentes, mujeres jóvenes con planes y voz propia. Mi marido también está adaptándose a la vida después de la Casa Blanca, recobrando el aliento. Y yo, en este nuevo lugar en el que estoy, siento que tengo muchas cosas que contar.

Mi historia

1

Pasé casi toda mi infancia oyendo el sonido del esfuerzo. Llegaba en forma de música mediocre, o al menos música amateur, que se colaba por los tablones del suelo de mi habitación: el golpeteo de las teclas del piano de mi tía abuela Robbie a manos de sus alumnos mientras aprendían lenta, rudimentariamente, las escalas. Mi familia vivía en South Shore, un barrio de Chicago, en una pulcra casa de ladrillo propiedad de Robbie y su marido Terry. Mis padres alquilaron un apartamento en la segunda planta, y mis tíos abuelos vivían en la primera. Robbie era tía de mi madre y durante muchos años había sido generosa con ella, pero a mí me parecía terrorífica. Remilgada y seria, dirigía el coro de la iglesia local y era también la profesora de piano oficial de nuestra comunidad. Llevaba unos zapatos discretos y unas gafas de lectura colgadas del cuello con una cadena. Tenía una sonrisa burlona, pero, a diferencia de mi madre, no le gustaba el sarcasmo. A veces la oía reprender a sus alumnos por no haber estudiado lo suficiente o a sus padres por haberlos llevado tarde a clase.

«¡Buenas noches!», exclamaba en pleno día con la misma exasperación con la que uno diría «¡Por el amor de Dios!». Al parecer, pocos satisfacían las expectativas de Robbie.

Sin embargo, el sonido del esfuerzo se convirtió en la banda sonora de nuestras vidas. Había golpeteo por las tardes y por las noches. En ocasiones venían señoras de la iglesia a practicar himnos. Según las normas de Robbie, los niños que asistían a clases de piano no podían trabajar en más de una canción a la vez. Desde mi dormitorio los oía intentarlo, nota incierta a nota incierta, para ganarse su aprobación y dar el salto de «Hot Cross Buns» a la «Canción de cuna» de Brahms, pero solo después de muchas tentativas. La música nunca resultaba molesta, tan solo persistente. Subía por el hueco de la escalera que separaba nuestro apartamento del de Robbie. En verano entraba por las ventanas abiertas y acompañaba mis pensamientos mientras jugaba con mis Barbies o edificaba pequeños reinos con bloques de construcción. El único respiro lo teníamos cuando mi padre llegaba a casa al acabar el primer turno en la planta de filtración de aguas de la ciudad y ponía el partido de los Cubs en el televisor, a tal volumen que acallaba todo lo demás.

Era finales de los años sesenta en South Side de Chicago. Los Cubs no eran malos, pero tampoco excelentes. Me sentaba en el regazo de mi padre, él en su butaca reclinable, y lo escuchaba comentar cómo jugaba el equipo o por qué Billy Williams, que vivía en Constance Avenue, muy cerca de nosotros, bateaba tan bien desde el lado izquierdo de la base. Fuera de las canchas de béisbol, Estados Unidos se hallaba sumido en un enorme e incierto proceso de cambio. Los Kennedy estaban muertos. A Martin Luther King Jr. lo habían asesinado en un balcón de Memphis, lo cual desencadenó disturbios en todo el país, incluida Chicago. La Convención Nacional Demócrata de 1968 se tiñó de sangre cuando la policía persiguió a los manifestantes contrarios a la guerra de Vietnam con porras y gas lacrimógeno en Grant Park, situado unos quince kilómetros al norte de donde vivíamos. Entretanto, las familias blancas abandonaban la ciudad camino de los barrios residenciales, atraídas por la promesa de mejores escuelas, más espacio y probablemente también más blancura.

Yo no me daba cuenta de nada de todo aquello. Era solo una niña que jugaba con sus Barbies y sus bloques de construcción, que tenía dos progenitores y un hermano mayor que cada noche dormía con la cabeza a unos noventa centímetros de la mía. Mi familia era mi mundo, el centro de todo. Mi madre me enseñó muy pronto a leer; me llevaba a la biblioteca pública y se sentaba a mi lado mientras yo pronunciaba en voz alta las palabras impresas en una página. Cada día, mi padre iba a trabajar enfundado en un uniforme azul de empleado municipal, pero por la noche nos enseñaba lo que significaba amar el jazz y el arte. De niño había estudiado en el Art Institute of Chicago, y en la secundaria pintaba y hacía esculturas. En la escuela también había participado en competiciones de natación y boxeo, y de adulto era aficionado a todos los deportes televisados, desde el golf profesional hasta la NHL, la liga nacional de hockey. Le gustaba ver triunfar a la gente fuerte. Cuando mi hermano Craig se interesó por el baloncesto, mi padre dejaba monedas encima del marco de la puerta de la cocina y lo animaba a saltar para cogerlas.

Todas las cosas importantes se hallaban en un radio de cinco manzanas: mis abuelos y mis primos; la iglesia de la esquina, donde no asistíamos mucho a catequesis; la gasolinera a la que en ocasiones me enviaba mi madre a comprar un paquete de cigarrillos; y la licorería, que también vendía pan Wonder, caramelos a un centavo y leche por litros. En las cálidas noches de verano, Craig y yo nos dormíamos con los vítores de los partidos de sóftbol de la liga de adultos que se disputaban en el parque público cercano, donde de día nos encaramábamos a los columpios y jugábamos al pilla-pilla con otros niños.

Craig y yo nos llevamos menos de dos años. Él ha heredado la mirada tierna y el espíritu optimista de mi padre y la implacabilidad de mi madre. Siempre hemos estado unidos, en parte gracias a la lealtad constante y natural que desde el principio Craig pareció sentir hacia su hermana pequeña. Hay una vieja fotografía familiar en la que aparecemos los cuatro sentados en un sofá, mi madre sonriendo conmigo en el regazo y mi padre serio y orgulloso con Craig en el suyo. Llevamos ropa de misa, o tal vez de boda. Yo tengo unos ocho meses y llevo un vestido blanco planchado, y soy un bebé rechoncho y serio con pañales que parece estar a punto de zafarse de las garras de su madre y mira a la cámara como si fuera a comérsela. A mi lado está Craig, un caballero con una pequeña pajarita, americana y expresión sobria. Tenía dos años y, con el brazo extendido hacia el mío y sus dedos protectores rodeando mi muñeca regordeta, ya era la viva imagen de la vigilancia y la responsabilidad fraternal. Cuando se hizo la foto vivíamos al otro lado del pasillo de mis abuelos paternos en Parkway Gardens, un complejo de edificios modernos con apartamentos de protección oficial, asequibles, situado en el South Side. Fueron construidos en los años cincuenta para aliviar la escasez de viviendas entre las familias negras de clase trabajadora después de la Segunda Guerra Mundial. Más tarde se deteriorarían a causa de la pobreza y la violencia de las bandas, y la zona se convertiría en una de las más peligrosas de la ciudad. Sin embargo, mucho antes, cuando yo todavía era una niña, mis padres, que se habían conocido de adolescentes y se habían casado cuando rondaban los veinticinco años, aceptaron una oferta para mudarse a la casa de Robbie y Terry en un bonito barrio situado unos kilómetros más al sur.

En Euclid Avenue éramos dos familias viviendo bajo un techo no muy grande. A juzgar por la distribución, la segunda planta probablemente estaba pensada para una o dos personas, pero encontramos la manera de meternos cuatro. Mis padres ocupaban el único dormitorio y Craig y yo compartíamos una zona más amplia que supongo que correspondía al salón. Cuando fuimos más mayores, mi abuelo, Purnell Shields, el padre de mi madre, un carpintero más voluntarioso que hábil, trajo unos revestimientos de madera baratos y construyó una partición improvisada para dividir la sala en dos espacios semiprivados. Luego instaló una puerta en acordeón en cada uno y creó una pequeña zona común en la que podíamos guardar nuestros juguetes y libros.

Me encantaba mi habitación, donde había el espacio justo para una mesa estrecha y una cama individual. Tenía todos mis animales de peluche encima de la cama y cada noche los colocaba meticulosamente alrededor de mi cabeza para estar más cómoda. Al otro lado de la pared, la cama de Craig estaba arrimada a los paneles de madera en paralelo a la mía. La partición era tan endeble que podíamos hablar desde el lecho, y a menudo nos lanzábamos una pelota hecha con un calcetín por el hueco de veinticinco centímetros que había entre la pared y el techo.

La zona de la tía Robbie, en cambio, era como un museo. Tenía los muebles tapados con unos plásticos que me resultaban fríos y pegajosos cuando osaba sentarme encima de ellos con las piernas desnudas. Las estanterías estaban abarrotadas de figuritas de porcelana que no podíamos tocar. A veces yo pasaba la mano por una colección de adorables caniches de cristal (una madre de aspecto delicado y tres cachorritos), pero luego la apartaba por temor a que Robbie se enfadase. Cuando no había clases de piano, en la primera planta reinaba un silencio sepulcral. El televisor y la radio siempre estaban apagados. Ni siquiera sé si conversaban mucho. El nombre completo del marido de Robbie era William Victor Terry, pero por alguna razón nos dirigíamos a él solo por su apellido. Terry era como una sombra, un hombre de aire distinguido que llevaba traje todos los días de la semana y apenas hablaba.

Llegué a concebir las dos plantas como universos diferentes. Arriba éramos ruidosos y no sentíamos remordimientos por ello. Craig y yo nos lanzábamos la pelota y nos perseguíamos por el apartamento. Rociábamos el suelo del pasillo con Pledge, un abrillantador para muebles, a fin de deslizarnos más lejos y más rápido con los calcetines, y a menudo chocábamos contra las paredes. En la cocina celebrábamos combates de boxeo entre hermanos y utilizábamos los dos pares de guantes que mi padre nos había regalado por Navidad, junto con instrucciones personalizadas para lanzar buenos golpes. Por la noche, nos entreteníamos todos con juegos de mesa, nos contábamos historias y chistes y poníamos discos de los Jackson 5 a todo volumen. Cuando Robbie se hartaba, empezaba a pulsar el interruptor de la escalera común, que también controlaba la bombilla del pasillo del piso de arriba; era su manera de pedirnos educadamente que bajáramos la voz.

Robbie y Terry eran más mayores. Se habían criado en otra zona y tenían intereses distintos. Habían visto cosas que nuestros padres no habían visto, cosas que Craig y yo no podíamos ni imaginar en nuestra niñez. Esto es una versión de lo que mi madre decía si nos alterábamos demasiado por la irritabilidad del piso de abajo. Aunque desconocíamos los detalles, nos pedían que recordáramos que, en el mundo, todas las personas llevan a cuestas una historia invisible y solo por eso merecen cierta tolerancia. Según descubrí muchos años después, Robbie había denunciado a la Universidad Northwestern por discriminación; en 1943 se había matriculado en ella para asistir a un taller de música coral y le negaron una habitación en la residencia de mujeres. Le indicaron que podía alojarse en una pensión de la ciudad, un lugar «para gente de color». Terry, por su parte, había trabajado de maletero en una línea ferroviaria nocturna con llegada y salida en Chicago. Era una profesión respetable, aunque mal remunerada y desempeñada siempre por negros, que mantenían sus uniformes inmaculados mientras cargaban equipajes, servían comidas y satisfacían las necesidades de los pasajeros, lo cual incluía abrillantarles los zapatos.

Años después de jubilarse, Terry seguía viviendo en un estado de anestesiada formalidad, vestido de forma impecable y sin reivindicarse en ningún sentido, al menos que yo apreciara. Lo veía cortando el césped bajo el calor estival con zapatos de cordones, tirantes, un sombrero de ala estrecha y las mangas de la camisa pulcramente remangadas. Era como si hubiera renunciado a una parte de él para sobrellevar las cosas. Parte de mí quería que Terry hablara, que desvelara los secretos que guardaba. Imaginaba que tenía muchas historias interesantes sobre las ciudades que había visitado y sobre el comportamiento de la gente rica en los trenes, o tal vez no, pero en todo caso no oímos ninguna. Por alguna razón, nunca contaba nada.

Tendría unos cuatro años cuando decidí que quería aprender a tocar el piano. Craig, que estaba en primer curso, tocaba todas las semanas el piano de pared de Robbie y volvía relativamente ileso, así que me sentía preparada. De hecho, estaba bastante convencida de que ya sabía tocar casi por arte de magia después de todas las horas que me había pasado escuchando cómo otros niños interpretaban torpemente sus canciones. Ya tenía la música en la cabeza. Solo quería bajar y demostrarle a mi tía abuela, que era muy exigente, el talento que poseía, y que convertirme en su alumna estrella no entrañaría para mí ningún esfuerzo.

El piano de Robbie se encontraba en una pequeña habitación cuadrada en la parte trasera de la casa, cerca de una ventana con vistas al patio. En una esquina tenía una maceta con una planta y en la otra una mesa plegable en la que los alumnos podían rellenar las hojas de ejercicios. Durante las clases se sentaba muy erguida en una butaca con respaldo alto, marcando el ritmo con un dedo e inclinando la cabeza, atenta a cada error. ¿Le tenía miedo a Robbie? No exactamente, pero había algo temible en ella y representaba una autoridad rígida que no había visto en ningún sitio. Exigía excelencia a todos los niños que se sentaban en la banqueta del piano. Yo la veía como una persona a la que debías ganarte o tal vez conquistar de algún modo. Con ella parecía que siempre había algo que demostrar.

En la primera clase me colgaban las piernas de la banqueta; eran tan cortas que no me llegaban al suelo. Robbie me regaló un cuaderno de iniciación a la música, lo cual me encantó, y me enseñó a colocar correctamente las manos sobre las teclas.

«Muy bien, presta atención —dijo regañándome antes de que hubiera empezado siquiera—. Busca el do central.»

Cuando eres niño te parece que el piano tiene mil teclas. Solo ves una extensión negra y blanca inabarcable para dos brazos pequeños. Pronto aprendí que el do central era el punto de referencia, la línea divisoria que separaba la mano derecha de la izquierda, la clave de sol de la de fa. Si podías colocar el pulgar sobre el do central, todo lo demás encajaba de manera automática. Las teclas del piano de Robbie eran desiguales tanto en color como en forma, y con el paso del tiempo habían saltado algunos fragmentos de marfil, de modo que parecían una dentadura descuidada. Al do central le faltaba una esquina, un trozo del tamaño de mi uña, lo cual siempre me ayudaba a ubicarlo.

Descubrí que me gustaba el piano. Sentarme delante de él me parecía natural, algo que debía hacer. Mi familia estaba plagada de músicos y melómanos, sobre todo del lado de mi madre. Un tío mío tocaba en una banda profesional y varias de mis tías cantaban en coros eclesiásticos. Tenía a Robbie, que, además del coro y las clases, dirigía un programa de teatro musical para niños al que Craig y yo asistíamos todos los sábados por la mañana en el sótano de la iglesia. Sin embargo, el epicentro musical de la familia era mi abuelo Shields, el carpintero, que además era el hermano menor de Robbie. Era un hombre despreocupado y barrigudo con una risa contagiosa y una barba entrecana y desaliñada. Cuando era más joven vivía en la zona oeste de la ciudad y Craig y yo lo llamábamos «Westside», pero se trasladó a nuestro barrio el mismo año que empecé con las clases de piano y lo renombramos «Southside».

Southside se había separado de mi abuela hacía décadas, cuando mi madre era adolescente. Vivía con mi tía Carolyn, la hermana mayor de mi madre, y mi tío Steve, su hermano menor, a solo dos manzanas de distancia, en una acogedora casa de una planta que el abuelo había cableado de arriba abajo para instalar altavoces en todas las habitaciones, incluido el cuarto de baño. También fabricó un mueble para el salón donde guardaba el equipo de música, gran parte del cual encontró en mercadillos. Tenía dos tocadiscos desparejados y unas estanterías repletas de discos que había coleccionado a lo largo de los años.

Había muchas cosas en el mundo de las que Southside desconfiaba. No confiaba en los dentistas, motivo por el cual casi no le quedaban dientes. No confiaba en la policía y no siempre confiaba en los blancos, ya que era nieto de un esclavo de Georgia y había pasado sus primeros años de infancia en Alabama durante la época de la segregación de Jim Crow, antes de instalarse en Chicago en los años veinte. Cuando tuvo hijos, Southside se dejó la piel para protegerlos, asustándolos con historias reales e imaginarias sobre lo que les podía suceder a unos niños negros si se adentraban en el barrio equivocado e insistiendo en que debían evitar a la policía. Al parecer, la música era una cura para sus preocupaciones, una manera de relajarse y espantarlas. A veces, cuando cobraba un jornal por su trabajo de carpintero, Southside se daba el lujo de comprar un disco nuevo. Solía organizar fiestas para la familia en las que la música lo dominaba todo, lo cual nos obligaba a alzar la voz. Celebrábamos la mayoría de los acontecimientos importantes de la vida en su casa, así que desenvolvíamos los regalos navideños mientras escuchábamos música de Ella Fitzgerald y soplábamos las velas de cumpleaños al son de John Coltrane. Según mi madre, cuando Southside era más joven intentó inculcar la afición por el jazz a sus siete hijos y despertaba a todo el mundo al amanecer poniendo uno de sus discos a un volumen atronador.

Me contagió su amor por la música. Cuando Southside se mudó a nuestro barrio, me pasaba tardes enteras en su casa, donde cogía discos aleatoriamente y los reproducía en su equipo. Cada uno de ellos era una aventura fascinante. Aunque era pequeña, no me prohibía tocar nada. Más tarde me regaló mi primer disco, *Talking Book* de Stevie Wonder, que guardaba en su casa en una estantería especial que me dio para mis álbumes favoritos. Si tenía hambre, me preparaba un batido o freía un pollo entero para los dos mientras escuchábamos a Aretha Franklin, Miles Davis o Billie Holiday. Para mí, Southside era tan grande como el cielo. Y el cielo, tal como yo lo imaginaba, tenía que ser un lugar rebosante de jazz.

En casa yo seguía haciendo progresos como músico. Sentada frente al piano de pared de Robbie, no tardé en aprender las escalas y me lancé a hacer los ejercicios de repentización que me daba. Puesto que nosotros no teníamos piano, me veía obligada a ensayar con el suyo en el piso de abajo. Esperaba a que no hubiera ningún alumno y a menudo arrastraba a mi madre para que se sentara en el sillón tapizado a escucharme tocar. Aprendía una pieza del cancionero y después otra. Probablemente no era mejor que los otros estudiantes de la tía Robbie, titubeaba igual, pero estaba motivada por conseguirlo. Para mí, aprender era algo mágico y me procuraba una emocionante satisfacción. En primer lugar, entendía la sencilla y alentadora conexión entre el tiempo que ensayaba y lo que conseguía. Y también percibí algo en Robbie: estaba demasiado enterrado para calificarlo de placer absoluto pero, aun así, emanaba de ella algo más liviano y alegre cuando ejecutaba una canción sin equivocarme, cuando mi mano derecha hilvanaba una melodía mientras la izquierda tocaba un acorde. Lo notaba al mirarla de reojo: desfruncía ligeramente los labios y su dedo rebotaba un poco al marcar el ritmo.

Aquella sería nuestra luna de miel, que tal vez se habría prolongado si yo hubiera sido menos curiosa y más respetuosa con su método pianístico. Pero el libro de lecciones era tan grueso y mis progresos con las primeras canciones tan lento que me impacienté y empecé a saltarme páginas, y no unas pocas. Leía los títulos de las canciones más avanzadas e intentaba tocarlas durante mis prácticas. Cuando estrené orgullosa uno de aquellos temas delante de Robbie, ella echó por tierra mi hazaña con un despiadado «¡Buenas noches!». Me abroncó igual que había abroncado a muchos alumnos antes que a mí. Yo solo quería aprender más cosas y más rápido, pero Robbie lo interpretó como un grave delito. No la impresioné lo más mínimo.

Me dio igual. Era una niña a la que le gustaba obtener respuestas claras a sus preguntas y razonar las cosas hasta un final lógico, aunque resultara agotador. Era mandona y tendía a lo dictatorial, como podría confirmar mi hermano, a quien frecuentemente ordenaba salir de nuestra zona de juego común. Cuando creía tener una buena idea sobre algo no aceptaba un no por respuesta. Y así fue como mi tía abuela y yo acabamos enfrentadas, ambas coléricas e inflexibles.

—¿Cómo puedes enfadarte conmigo por querer aprender una canción nueva?

—No estás preparada. Así no se aprende a tocar el piano.

—Sí que estoy preparada. Acabo de tocarla.

—No se hace así.

—Pero ¿por qué?

Las clases de piano se convirtieron en algo dramático y complicado, sobre todo por mi negativa a seguir el método de Robbie y por su negativa a ver algo bueno en mi espontánea interpretación de su cancionero. Según recuerdo, había discusiones semana tras semana. Las dos éramos testarudas. Yo tenía mi punto de vista y ella el suyo. Entre disputa y disputa, yo seguía tocando el piano y ella seguía escuchando y ofreciendo un alud de correcciones. Yo apenas le atribuía ningún mérito por mi mejora como intérprete y ella apenas me atribuía ningún mérito por mejorar. Aun así, las clases continuaron.

En el piso de arriba, a mis padres y a Craig les resultaba muy divertido. Se desternillaban durante la cena cuando les contaba mis batallas con Robbie, todavía furiosa mientras comía los espaguetis con albóndigas. Craig, en cambio, no tenía problemas con ella, ya que era un niño alegre que, como alumno de piano, seguía sus reglas. Mis padres no manifestaban compasión alguna por mis calamidades, y tampoco por las de Robbie. Por lo general, no intervenían en cuestiones que no estuviesen relacionadas con la escuela y desde el principio esperaron que mi hermano y yo resolviéramos nuestros asuntos. Al parecer, consideraban que su labor era escucharnos y apoyarnos cuando fuera necesario entre las cuatro paredes de nuestro hogar. Y aunque otros padres tal vez habrían regañado a un niño por ser insolente con un adulto, como yo lo había sido, también lo obviaron. Mi madre había vivido intermitentemente con Robbie desde que tenía alrededor de dieciséis años, cumpliendo las anticuadas normas que imponía, y es posible que en el fondo se alegrara de que alguien cuestionase su autoridad. Volviendo la vista atrás, creo que a mis padres les gustaba mi carácter luchador y me alegro por ello. En mi interior ardía una llama que querían mantener viva.

Una vez al año, Robbie organizaba un elegante recital para que sus alumnos pudieran actuar con público. A día de hoy sigo sin saber cómo lo hizo, pero obtuvo acceso a una sala de ensayos de la Universidad Roosevelt, en el centro de la ciudad, y celebraba sus recitales en un magnífico edificio de piedra situado en Michigan Avenue, cerca de donde tocaba la Orquesta Sinfónica de Chicago. El mero hecho de ir allí me ponía nerviosa. Nuestro apartamento de Euclid Avenue se encontraba unos catorce kilómetros al sur del distrito del Loop, que con sus relucientes rascacielos y sus aceras abarrotadas me parecía algo de otro mundo. Mi familia solo iba al centro unas pocas veces al año para visitar el Art Institute o ver una obra de teatro, y los cuatro viajábamos como astronautas en la cápsula del Buick de mi padre.

Para él, cualquier excusa para conducir era buena. Adoraba su coche, un Buick Electra 225 de color bronce y dos puertas al que llamaba con orgullo *Deuce and a Quarter*. Siempre lo tenía abrillantado y encerado; respetaba a rajatabla el calendario de mantenimiento y lo llevaba a Sears para la rotación de neumáticos y el cambio de aceite igual que mi madre nos llevaba al pediatra para un chequeo. A nosotros también nos encantaba el *Deuce and a Quarter*. Tenía una línea elegante y, con sus estrechas luces traseras, era moderno y futurista. Era tan espacioso que parecía que estuvieras en una casa. Casi podía ponerme de pie al pasar las manos por el techo revestido de tela. Por aquel entonces, el cinturón de seguridad no era obligatorio, así que Craig y yo siempre íbamos dando bandazos en la parte de atrás y nos asomábamos por encima del asiento delantero cuando queríamos hablar con nuestros padres. La mitad del tiempo lo pasaba con la barbilla apoyada en el reposacabezas para estar al lado de mi padre y ver exactamente lo mismo que él.

El coche era otro nexo de unión para mi familia, una posibilidad de hablar y viajar al mismo tiempo. A veces, después de cenar, Craig y yo suplicábamos a mi padre que nos llevara a dar una vuelta sin rumbo concreto. Algunas noches de verano íbamos a un cine al aire libre situado al sudoeste de nuestro barrio para ver las películas de *El planeta de los simios*. Aparcábamos el Buick al anochecer y esperábamos a que la proyección empezara. Mi madre nos servía pollo frito y patatas que había llevado de casa, y Craig y yo cenábamos en el asiento trasero apoyando la comida en el regazo y procurando limpiarnos las manos en las servilletas y no en el asiento.

Tardaría años en comprender lo que significaba para mi padre conducir aquel coche. De niña solo podía intuirlo: la libertad que sentía al ponerse al volante, el placer que le causaba tener un motor eficiente y unos neumáticos perfectamente equilibrados zumbando debajo de él. Tenía algo más de treinta años cuando un médico le informó de que la extraña debilidad que había empezado a notar en una pierna era el inicio de un largo declive. Era muy probable que algún día, debido a una misteriosa enfermedad que le afectaba al cerebro y la columna vertebral, no fuera capaz de seguir caminando. Ignoro las fechas exactas, pero al parecer el Buick llegó a la vida de mi padre más o menos por la misma época que la esclerosis múltiple. Y, aunque nunca lo dijo, ese coche debía de proporcionarle una especie de alivio indirecto.

Ni él ni mi madre se obcecaron con el diagnóstico. Todavía faltaban décadas para que una simple búsqueda en Google arrojara una mareante variedad de gráficas, estadísticas y explicaciones médicas que daban o arrebataban esperanzas. En cualquier caso, dudo que mi padre hubiera querido verlo. Aunque fue educado en los preceptos de la Iglesia, no habría rezado a Dios para que lo salvara. No habría buscado tratamientos alternativos o un gurú, ni un gen defectuoso al que culpar. En mi familia tenemos la vieja costumbre de bloquear las malas noticias, de intentar olvidarlas casi en el preciso instante en el que llegan. Nadie sabía cuánto tiempo llevaba encontrándose mal cuando acudió a la consulta, pero supongo que fueron meses, si no años. No le gustaba ir al médico. No le gustaba quejarse. Era una persona que aceptaba las cosas tal como vinieran y seguía adelante.

Sé que el día de mi gran recital de piano ya cojeaba un poco, que el pie izquierdo era incapaz de seguir el ritmo del derecho. Todos los recuerdos que guardo de mi padre incluyen algún recordatorio de su discapacidad, aunque ninguno queríamos denominarla así todavía. Mi padre se movía con más lentitud que otros padres. A veces lo veía detenerse antes de subir un tramo de escalera, como si necesitara planear la maniobra antes de acometerla. Cuando íbamos a comprar al centro comercial, él se quedaba sentado en un banco y se contentaba con vigilar las bolsas o echar una cabezada mientras el resto de la familia deambulaba libremente.

Al dirigirnos al centro para el recital de piano me acomodé en el asiento trasero del Buick con mi bonito vestido, mis zapatos de charol y mis coletas, y experimenté el primer sudor frío de mi vida. Actuar me provocaba ansiedad, aunque en el apartamento de Robbie había ensayado hasta la extenuación. Craig llevaba traje y estaba preparado para interpretar su canción, pero la idea no lo inquietaba. De hecho, se quedó profundamente dormido, con la boca ligeramente abierta y una expresión alegre y despreocupada. Craig era así. Toda la vida he admirado esa tranquilidad suya. En aquella época jugaba en una liga infantil de baloncesto y disputaba partidos cada fin de semana y, por lo visto, ya sabía templar los nervios antes de una actuación.

Mi padre solía elegir el aparcamiento más cercano a nuestro destino y gastaba lo que hiciera falta para minimizar la distancia que tendría que recorrer con sus piernas inseguras. Aquel día encontramos la Universidad Roosevelt sin problemas y nos dirigimos a lo que parecía la sala de conciertos, enorme y con buena acústica, en la que tendría lugar el recital. Me sentía diminuta allí dentro. A través de los elegantes ventanales se divisaba el extenso césped de Grant Park y, más allá, la espuma blanca de las olas del lago Michigan. Las sillas de color gris metalizado, dispuestas en hileras ordenadas, fueron llenándose poco a poco de niños nerviosos y padres expectantes. Y en la parte delantera, sobre un escenario elevado, estaban los dos primeros pianos de media cola que había visto en mi vida, con su gigantesca tapa de madera maciza abierta como las alas de un mirlo. Robbie también estaba allí, yendo de un lado para otro con un vestido de estampado floral como si fuera la guapa del baile y cerciorándose de que sus alumnos habían llevado la partitura. Cuando estaba a punto de empezar el espectáculo, pidió silencio al público.

No recuerdo el orden en que tocamos aquel día. Solo sé que, cuando me llegó el turno, me levanté de la butaca y caminé con mi mejor porte hacia el escenario, subí los escalones y me senté delante de uno de los relucientes pianos. Lo cierto es que estaba preparada. Aunque Robbie me parecía brusca y tozuda, también había asumido por completo su devoción por la preparación. Conocía tan bien la canción que apenas tuve que pensar y empecé a mover las manos.

Sin embargo, había un problema, que descubrí en el momento en que me disponía a deslizar los deditos sobre las teclas. Estaba sentada frente a un piano perfecto, con sus superficies cuidadosamente desempolvadas, sus cuerdas afinadas con precisión y sus ochenta y ocho teclas formando una impecable franja blanca y negra. El inconveniente era que no estaba acostumbrada a la perfección. De hecho, no la había visto jamás. Mi experiencia pianística se reducía a la pequeña sala de música de Robbie, con su descuidada planta y sus vistas a nuestro modesto patio. El único instrumento que había tocado era el imperfecto piano de pared, con su maraña de teclas amarillentas y su do central convenientemente descascarillado. Para mí, un piano era eso, del mismo modo que mi barrio era mi barrio, mi padre era mi padre y mi vida era mi vida. Era lo único que conocía.

De repente fui consciente de las personas que me observaban desde las butacas mientras miraba sin parpadear las teclas brillantes y solo encontraba uniformidad. No tenía ni idea de dónde colocar las manos. Con la garganta encogida y el corazón en un puño, alcé la vista hacia el público intentando no mostrar mi pánico, buscando un puerto seguro en el rostro de mi madre. En lugar de eso, vi en la primera fila una figura que se ponía en pie y se movía pausadamente hacia mí. Era Robbie. Por entonces habíamos discutido mucho, al punto de que la veía un poco como una enemiga. Pero, en el momento de mi bochorno, se situó a mi lado como si fuera un ángel. Tal vez comprendió mi estado de conmoción. Tal vez sabía que las desigualdades del mundo acababan de materializarse por primera vez ante mí. Es posible que solo quisiera acelerar las cosas. Fuera como fuese, y sin mediar palabra, puso delicadamente un dedo sobre el do central para que supiera por dónde empezar. Y a continuación, volviéndose hacia mí con una imperceptible sonrisa de aliento, me dejó tocar mi canción.

2

En otoño de 1969 empecé preescolar en la escuela Bryn Mawr, donde llegué con la doble ventaja de saber leer palabras básicas y de tener un hermano popular en segundo curso. El centro, un edificio de ladrillo de cuatro plantas y con un patio delantero, se encontraba a un par de manzanas de nuestra casa de Euclid Avenue. Tardabas dos minutos en llegar caminando o, si emulabas a Craig, un minuto corriendo.

Me gustó el colegio desde el primer momento. Me caía bien la profesora, una pequeña mujer blanca llamada señora Burroughs, que a mí me parecía viejísima. El aula contaba con grandes ventanales soleados, una colección de muñecas para jugar y una gigantesca casita de cartón al fondo. Hice amigos en mi clase y me sentía más unida a los que, como yo, parecían tener ganas de estar allí. Mi capacidad para leer me aportaba seguridad. En casa había trabajado afanosamente con los libros de Dick y Jane, cortesía del carnet de la biblioteca de mi madre, y me complació oír que nuestra primera tarea como alumnos de preescolar sería aprender a leer palabras nuevas a golpe de vista. Nos asignaron una lista de nombres de colores que estudiar: «rojo», «azul», «verde», «negro», «naranja», «morado» y «blanco». La señora Burroughs nos preguntaba de uno en uno sosteniendo en alto grandes tarjetas de papel manila y pidiéndonos que leyéramos la palabra que llevaban impresa en letras negras. Un día observé a las niñas y los niños de mi clase levantándose y leyendo las tarjetas de colores, hasta que se quedaban sin respuesta y les indicaban que se sentaran. Creo que aquello pretendía ser un juego, igual que un certamen de ortografía, pero se intuían una criba y la tristeza y la humillación de los niños que no pasaban del rojo. Por supuesto, esto ocurría en 1969 en una escuela pública de South Side en Chicago. Si llegabas de casa con ventaja, los profesores pensaban que eras «brillante» o «dotado», lo cual no hacía sino mejorar tu confianza. Las ventajas se sumaban con rapidez. Los dos niños más inteligentes de mi clase de preescolar eran Teddy, un estadounidense de origen coreano, y Chiaka, una afroamericana, y ambos serían los mejores durante años.

Me había propuesto seguirles el ritmo. Cuando me tocó leer las tarjetas de la profesora, me levanté y lo di todo. Recité «rojo», «verde» y «azul» de un tirón. Sin embargo, el «morado» me llevó un segundo y el «naranja» me resultó difícil. Pero cuando llegaron las letras B-L-A-N-C-O me quedé paralizada. Se me secó la garganta al instante, mi boca era incapaz de modular el sonido y mi cerebro descarrilaba estrepitosamente al intentar buscar un color parecido al blanco. Fue un fracaso absoluto. Noté una extraña esponjosidad en las rodillas, como si fueran a fallarme. Pero, antes de que eso ocurriera, la señora Burroughs me pidió que volviera a sentarme. Y fue justamente entonces cuando recordé la palabra en su plena y sencilla perfección. «Blanco. Blaaanco.» La palabra era «blanco».

Aquella noche, tumbada en la cama con los animales de peluche alrededor de mi cabeza, solo podía pensar en la palabra «blanco». La deletreé mentalmente, hacia delante y hacia atrás, furiosa por mi estupidez. El bochorno era un peso, algo de lo que jamás podría desprenderme, aunque sabía que a mis padres no les importaba si había leído correctamente todas las tarjetas. Yo solo quería mejorar. O, tal vez, no quería que me consideraran incapaz de mejorar. Estaba convencida de que la profesora me tenía por alguien que no sabía leer o, peor aún, que no lo intentaba. Me obsesioné con las estrellas doradas del tamaño de una moneda de diez centavos que la señora Burroughs había entregado aquel día a Teddy y

Chiaka para que las lucieran en el pecho como emblema de su logro o, quizá, como un signo de que estaban predestinados a algo grande y el resto no. Al fin y al cabo, ambos habían leído todas las tarjetas de colores sin titubear.

A la mañana siguiente pedí otra oportunidad. Cuando la señora Burroughs respondió que no y añadió alegremente que los alumnos de preescolar teníamos otras cosas que hacer, lo exigí.

Me compadezco de los niños que tuvieron que ver cómo me enfrentaba por segunda vez a las tarjetas de colores, en esa ocasión más despacio, haciendo pausas para respirar después de pronunciar cada palabra y negándome a que los nervios me cortocircuitaran el cerebro. Y funcionó, con el negro, el naranja, el morado y, especialmente, el blanco. Prácticamente grité la palabra «blanco» antes de ver las letras en la tarjeta. Ahora me gusta imaginar que a la señora Burroughs la impresionó aquella niña negra que reunió arrojo para hacerse valer. No sabía si Teddy y Chiaka se habían percatado siquiera. No tardé en reclamar mi trofeo, y aquella tarde me marché a casa con la cabeza alta y una estrella de papel dorado prendida en mi camisa.

En casa vivía en un mundo de dramas e intrigas y elaboraba una interminable telenovela con mis muñecas. Había nacimientos, enemistades y traiciones. Había esperanza, odio y a veces amor. Mi pasatiempo preferido entre la escuela y la cena era ir a la zona común situada entre mi dormitorio y el de Craig, esparcir las Barbies por el suelo e imaginar escenas que me parecían tan reales como la vida misma, y a veces incluía a los G.I. Joe de mi hermano en la trama. Guardaba los vestidos de las muñecas en una pequeña maleta de vinilo con motivos florales. A cada Barbie y G.I. Joe les asigné una personalidad. Incluso usé los desgastados cubos del alfabeto que mi madre había utilizado años antes para enseñarnos las letras. A ellos también les di nombre y una vida interior.

Casi nunca me juntaba con los vecinos que jugaban en la calle después del colegio y tampoco invitaba a casa a ningún compañero, en parte porque era una cría sumamente limpia y ordenada y no quería que nadie tocara mis muñecas. Había estado en casa de otras niñas y había visto, para mi espanto, Barbies a las que les habían arrancado el pelo o pintarrajeado la cara con rotulador. Y si había aprendido algo en la escuela era que las relaciones entre los niños podían ser caóticas. Detrás de cualquier escena adorable que pudieras presenciar en un parque infantil, había abejas reina, abusones y seguidores. Yo no era tímida, pero tampoco sabía si necesitaba ese desorden fuera de la escuela. Por el contrario, canalizaba mi energía en ser la única al mando de mi pequeño universo de la zona común. Si aparecía Craig y osaba mover un solo cubo, me ponía a gritar. Tampoco me abstenía de pegarle cuando era necesario, por lo general un puñetazo directo al centro de la espalda. La idea era que las muñecas y los cubos necesitaban que yo les insuflara vida, cosa que hacía diligentemente imponiéndoles una crisis personal tras otra. Como cualquier gobernante todopoderoso, yo estaba allí para verlos sufrir y crecer.

Entretanto, desde la ventana de mi habitación podía observar casi todo lo que acontecía en nuestra manzana de Euclid Avenue. A última hora de la tarde veía al señor Thompson, un afroamericano alto que era propietario del edificio que había en la otra acera, metiendo un voluminoso bajo eléctrico en la parte trasera de su Cadillac para actuar en un club de jazz. También veía cómo los Mendoza, la familia mexicana del piso de al lado, llegaban en su camioneta cargada de escaleras tras una larga jornada pintando casas y recibían el saludo de sus perros cuando se acercaban a la valla.

El nuestro era un barrio de clase media y multirracial. Los niños no se juntaban por el color de la piel, sino por quién estuviera en la calle con ganas de jugar. Entre mis amigas había una niña llamada Rachel, cuya madre era negra y tenía acento británico; Susie, una pelirroja de cabello rizado, y la nieta de los Mendoza siempre que estaba de visita. Éramos una mezcla de apellidos (Kansopant, Abuasef, Yacker, Robinson) y demasiado jóvenes para entender que a nuestro alrededor todo estaba cambiando con rapidez. Quince años antes de que mis padres se mudaran a South Shore, el barrio era blanco en un noventa y seis por ciento. Cuando me fui a la universidad décadas más tarde, había aproximadamente ese mismo porcentaje de negros.

Craig y yo nos criamos en mitad de ese período de cambios. Las calles que nos rodeaban albergaban a familias judías, a familias de inmigrantes, a familias blancas y negras, a gente que estaba prosperando y a gente que no. En general, los vecinos cuidaban el césped, vigilaban a sus hijos y extendían cheques a Robbie para que les enseñara a tocar el piano. De hecho, mi familia a buen seguro pertenecía al sector pobre del barrio. Éramos de los pocos que conocíamos que no tenían casa propia, hacinados como estábamos en la segunda planta de Robbie y Terry. South Shore todavía no había cambiado como otros barrios, de los que la gente acomodada había partido tiempo atrás hacia las zonas residenciales y cuyos comercios habían cerrado uno tras otro. Pero la tendencia al deterioro era claramente visible.

Empezábamos a notar los efectos de ese cambio, sobre todo en el colegio. Mi clase de segundo curso era un grupo de críos revoltosos y gomas de borrar voladoras, algo que ni Craig ni yo habíamos vivido nunca. Por lo visto, la culpable era una profesora incapaz de imponerse y a la que incluso parecían no gustarle los niños. Al margen de eso, no estaba claro que a nadie le molestara la incompetencia de la profesora. Los alumnos lo usaban como pretexto para portarse mal y ella justificaba de ese modo el pésimo concepto que tenía de nosotros. A su juicio, éramos una clase de «niños malos», aunque no contábamos con orientación ni estructura alguna y habíamos sido condenados a un aula triste y oscura en el sótano del colegio. Cada hora que pasábamos allí era larga e infernal. Sentada en una silla verde vómito, yo me desanimaba por no aprender nada y esperaba la pausa para el almuerzo, momento en el cual podía ir a casa, comer un bocadillo y quejarme.

De pequeña, casi siempre canalizaba mi enojo a través de mi madre. Mientras yo despotricaba de mi nueva profesora, ella escuchaba y decía cosas como «Vaya, cariño» o «¿De verdad?». Nunca alimentaba mi ira, pero se tomaba en serio mi frustración. Otra persona tal vez habría dicho educadamente: «Ve y hazlo lo mejor que puedas». Pero mi madre sabía distinguir entre una pataleta y una inquietud real. Sin que me enterase, fue a la escuela muchas veces para convencerlos de que hicieran algo. Esto permitió que otros niños con un alto rendimiento y yo fuéramos sacados discretamente de clase, sometidos a varias pruebas y, unos siete días después, ascendidos a un aula luminosa y ordenada de tercer curso situada en la planta de arriba, y a cuyo cargo estaba una profesora sonriente y sensata que conocía su profesión.

Fue un cambio pequeño pero trascendental. En aquel momento no me paré a pensar qué sería de aquellos compañeros que se habían quedado en el sótano con la profesora que no sabía enseñar. Ahora que soy adulta, me doy cuenta de que los niños saben desde muy tierna edad cuándo no los están valorando, cuándo los adultos no están lo bastante implicados en la tarea de enseñarles a aprender. Esa ira puede manifestarse en forma de rebeldía. No es ni mucho menos culpa suya. No son «niños malos», tan solo intentan sobrevivir a unas circunstancias adversas. Sin embargo, en aquel entonces simplemente me alegré de haber escapado.

Con el paso del tiempo, mi madre empezó a insistir en que saliera a la calle y jugara con los niños del barrio. Tenía la esperanza de que aprendiera a desenvolverme en sociedad igual que hacía mi hermano. Como ya he mencionado, a Craig se le daba bien conseguir que las cosas difíciles parecieran fáciles. En aquel entonces causaba cada vez más sensación en la cancha de baloncesto; era un chico ágil y lleno de vida, y estaba creciendo con rapidez. Mi padre lo animaba a buscar la competición más dura que hubiese, y más tarde lo enviaría solo a la otra punta de la ciudad para que jugara con los mejores. Pero, por el momento, lo dejaba enfrentarse a los talentos del barrio. Craig cogía la pelota e iba a Rosenblum Park, donde pasaba por delante de las barras y los columpios en los que me gustaba jugar, y desaparecía tras una hilera de árboles situada al otro extremo del parque, donde se encontraban las canchas de baloncesto. A mí aquello me parecía un bosque oscuro y mítico plagado de borrachos, matones y tejemanejes ilegales, pero cuando Craig empezó a frecuentar aquella zona del parque me aclaró que allí nadie era tan malo.

A mi hermano el baloncesto parecía abrirle cualquier frontera. Le enseñó a tratar con desconocidos cuando quería jugar en un partido callejero. Aprendió a provocar de una forma amigable a sus oponentes más corpulentos y rápidos en la cancha. También lo ayudó a desmontar varias creencias arraigadas sobre quién era quién y qué era qué en el barrio, lo cual reforzó la idea (algo en lo que mi padre creía desde hacía mucho tiempo) de que la mayoría de la gente podía ser buena si la tratabas bien. Incluso los personajes sospechosos que merodeaban delante de la licorería de la esquina se alegraban de ver a Craig, lo llamaban y le chocaban la mano cuando pasábamos.

—¿Cómo es que los conoces? —le pregunté.

—No lo sé. Simplemente los conozco —respondió él encogiéndose de hombros.

Yo tenía diez años cuando por fin me relajé lo suficiente para salir a la calle, una decisión motivada en gran parte por el aburrimiento. Era verano y no había clase. Craig y yo íbamos cada día en autobús al lago Michigan para asistir a un campamento gestionado por el ayuntamiento, pero volvíamos a casa a las cuatro y todavía quedaban muchas horas de sol por llenar. Las muñecas me interesaban cada vez menos y, sin aire acondicionado, el calor se hacía insoportable en nuestro apartamento a última hora de la tarde, así que empecé a seguir a Craig por el barrio y alternaba con otros niños que no eran de la escuela. Al otro lado del callejón trasero había una pequeña comunidad llamada Euclid Parkway, donde se habían construido unas quince viviendas alrededor de un espacio verde común. Era una especie de paraíso sin coches y lleno de críos que jugaban al sóftbol, saltaban a la comba o se sentaban en las escaleras de las casas a pasar el rato. Pero antes de poder acceder al grupo de chicas de mi edad que frecuentaban Parkway tuve que pasar una prueba, personificada en DeeDee, una niña que estudiaba en una escuela católica cercana. DeeDee era atlética y guapa, aunque siempre hacía pucheros y te miraba con aire de suficiencia. Se sentaba a menudo en la escalera de la vivienda de su familia con otra niña más popular llamada Deneen.

Deneen siempre fue amable conmigo, pero, por alguna razón, a DeeDee yo no parecía caerle bien. Cada vez que iba a Euclid Parkway ella murmuraba comentarios hirientes, como si por el hecho de estar allí le hubiera estropeado el día a todo el mundo. A medida que avanzaba el verano, los comentarios eran cada vez más audibles. Yo estaba molesta, pero sabía que tenía alternativas. Podía seguir siendo la niña nueva a la que acosaban, podía renunciar a ir a Parkway y regresar a casa con mis juguetes o podía intentar ganarme el respeto de DeeDee. Y esta última opción encerraba otra: podía intentar ganármela con palabras, o limitarme a cerrarle la boca.

La siguiente vez que DeeDee hizo uno de sus comentarios me abalancé sobre ella echando mano de todo lo que me había enseñado mi padre para propinar un puñetazo. Ambas caímos al suelo en una maraña de brazos y piernas. Al instante, todos los niños de Euclid Parkway se apiñaron alrededor de nosotras, lanzando gritos alimentados por la emoción. No recuerdo quién acabó separándonos. Tal vez fue Deneen, mi hermano o algún padre que había acudido a la escena, pero algo había cambiado. Me había convertido oficialmente en un miembro aceptado por la tribu del barrio. DeeDee y yo salimos ilesas. Manchadas de tierra y jadeantes, no estábamos destinadas a ser amigas íntimas, pero al menos me había ganado su respeto.

El Buick de mi padre seguía siendo nuestro refugio, nuestra ventana al mundo. Los domingos y las noches de verano nos paseábamos en él por el simple hecho de que podíamos hacerlo. A veces acabábamos en un barrio conocido como Pill Hill, algo así como «La colina de las píldoras», porque, al parecer, vivían allí muchos médicos afroamericanos. Era una de las zonas más bonitas y ricas de South Side. Allí la gente tenía dos coches y tupidos parterres de flores en el camino de entrada.

Mi padre miraba a los ricos con cierta desconfianza. No le gustaba la gente engreída y tenía sentimientos encontrados sobre tener una vivienda en propiedad. Hubo una época en la que mis padres barajaron la posibilidad de comprar una casa situada no muy lejos de la de Robbie, y un día la visitaron con un agente inmobiliario, pero al final descartaron la idea. En aquel momento yo estaba totalmente a favor. Creía que el hecho de que mi familia pudiera vivir en un lugar con más de una planta tenía algún significado. Pero mi padre era de naturaleza prudente, y entendía la necesidad de guardar algunos ahorros para épocas de escasez. «Si inviertes todo en una casa, terminarás siendo pobre», nos decía, porque mucha gente se desprendía de sus ahorros y pedía demasiados préstamos, así que al final tenía una bonita vivienda pero ninguna libertad.

Mis padres nos hablaban como si fuéramos adultos. No nos sermoneaban y respondían a todas nuestras preguntas, por pueriles que fuesen. Nunca zanjaban una conversación por comodidad. Podíamos hablar durante horas, a menudo porque Craig y yo aprovechábamos la mínima oportunidad para interrogarlos sobre cosas que no entendíamos. Cuando éramos pequeños, preguntábamos por qué iba la gente al aseo o por qué era necesario tener un trabajo, y luego los acribillábamos con más dudas. Coseché una de mis primeras victorias gracias a una pregunta motivada por el interés propio: «¿Por qué tenemos que desayunar huevos?». Ello desencadenó un debate sobre la necesidad de proteínas, que a su vez me hizo preguntar por qué la mantequilla de cacahuetes no contaba como tal, cosa que, después de más debate, hizo que mi madre cambiara de opinión sobre los huevos, que nunca me habían gustado. Durante nueve años, consciente de que me lo había ganado, me preparaba cada mañana un grueso bocadillo de mantequilla de cacahuete y confitura y no comí un solo huevo.

Con el paso del tiempo hablábamos más sobre decisiones vitales, raza, desigualdad y política. Mis padres no esperaban que fuéramos perfectos. Tampoco edulcoraban las verdades más duras de la vida. Por ejemplo, un verano, Craig compró una bicicleta nueva y fue al lago Michigan, situado más al este, y enfiló el camino asfaltado de Rainbow Beach, donde podías sentir la brisa del agua. Al poco lo detuvo un policía que lo acusaba de haberla robado, negándose a aceptar que un joven negro pudiera conseguir una bicicleta nueva de manera honesta (el agente, que también era afroamericano, acabó recibiendo una brutal reprimenda de mi madre, que lo obligó a disculparse ante Craig). Lo sucedido, nos dijeron nuestros padres, era injusto, pero tristemente habitual. El color de nuestra piel nos hacía vulnerables. Era algo que siempre tendríamos que gestionar.

La costumbre de mi padre de llevarnos a Pill Hill era un ejercicio en materia de aspiraciones, una oportunidad para enseñarnos de qué servía una buena educación. Mis padres habían vivido casi toda su vida en un radio de cinco kilómetros, pero no esperaban que Craig y yo hiciéramos lo mismo. Antes de casarse, ambos habían asistido una temporada a un centro de estudios superiores, pero lo dejaron mucho antes de obtener una titulación. Mi madre estudiaba Magisterio, pero se dio cuenta de que prefería trabajar de secretaria. Mi padre sencillamente se quedó sin dinero para costearse la matrícula, así que se alistó en el ejército. Ningún miembro de su familia lo convenció de que volviera a la escuela y no tenía ningún referente sobre ese tipo de vida. En lugar de eso, pasó dos años en varias bases militares. Aunque terminar los estudios y ser artista había sido un sueño para él, pronto reorientó sus esperanzas y con su salario ayudaba a pagar la licenciatura de Arquitectura de su hermano menor.

A punto de cumplir los cuarenta, mi padre se había centrado en ahorrar para nosotros. Nuestra familia jamás pasaría apuros por haber comprado una casa, porque no seríamos propietarios de ninguna. Era una persona práctica, consciente de que los recursos, y puede que también el tiempo, eran limitados. Cuando no conducía, utilizaba un bastón para moverse. Antes de que yo terminara la escuela de primaria ese bastón se convertiría en una muleta y luego en dos. Fuera lo que fuese la enfermedad que mi padre tenía dentro, estaba marchitándole los músculos y desgastándole los nervios. Él lo veía como un reto personal, algo que debía soportar en silencio.

Como familia, nos permitíamos lujos humildes. Cuando a Craig y a mí nos entregaban el boletín de notas en el colegio, nuestros padres lo celebraban pidiendo una pizza en Italian Fiesta, nuestro restaurante favorito. Cuando hacía calor, comprábamos helado artesanal (medio litro de chocolate, mantequilla y pacana y cereza negra) y conseguíamos que nos durase varios días. Todos los años, coincidiendo con la Exhibición Aérea y Acuática, preparábamos un picnic y nos dirigíamos al norte por el lago Michigan hasta la península vallada en la que se encontraba la planta depuradora donde trabajaba mi padre. Era una de las pocas ocasiones en que las familias de los empleados podían acceder al césped situado frente al lago, donde las vistas de los cazas volando en formación competían con las de cualquier ático de Lake Shore Drive.

Cada mes de julio, mi padre, que trabajaba controlando las calderas, se tomaba una semana de vacaciones. Nos montábamos todos en el Buick con una tía y un par de primos (siete personas metidas en ese coche de dos puertas durante horas), salíamos de Chicago por el puente elevado, bordeábamos la orilla sur del lago Michigan y llegábamos a un lugar llamado Dukes Happy Holiday Resort, en White Cloud, Michigan. Allí había una sala de juegos, una máquina que vendía gaseosa en botellas de cristal y, lo más importante para nosotros, una gran piscina al aire libre. Alquilábamos una cabaña con una pequeña cocina y nos pasábamos el día entrando y saliendo del agua.

Mis padres hacían barbacoas, fumaban y jugaban a las cartas con mi tía, pero mi padre también pasaba mucho tiempo con los niños en la piscina. Era un hombre atractivo, con un bigote que le bajaba por las comisuras de los labios. Tenía el pecho y los brazos gruesos y musculosos, un recuerdo del deportista que había sido. Durante esas largas tardes en la piscina chapoteaba, se reía y lanzaba nuestros cuerpecitos al aire, ya que aquellas piernas debilitadas de repente no le suponían un problema.

El declive puede ser algo difícil de calibrar, sobre todo cuando te rodea. En septiembre, cuando Craig y yo volvimos a la escuela Bryn Mawr, cada vez veíamos menos niños blancos en el patio. Algunos habían solicitado el traslado a un colegio católico cercano, pero muchos habían abandonado el barrio. Si bien al principio parecía que solo se marchaban las familias blancas, eso también cambió. Pronto fue como si todos los que tenían medios hubiesen decidido irse. La mayoría de las veces, esas ausencias acontecían sin previo aviso ni explicación. Veíamos un cartel de SE VENDE delante de casa de los Yacker o un camión de mudanzas frente a la de Teddy y ya sabíamos lo que ocurriría.

El momento más duro para mi madre probablemente fue cuando su amiga Velma Stewart anunció que ella y su marido habían dado una entrada para una casa en un barrio residencial llamado Park Forest. Los Stewart tenían dos hijos y residían en nuestra manzana de Euclid Avenue. Igual que nosotros, vivían en un apartamento. La señora Stewart tenía un estupendo sentido del humor y una risa estridente, lo cual atraía a mi madre. Ambas intercambiaban recetas y hablaban de sus cosas, pero, a diferencia de otras madres, nunca participaron en los cotilleos del barrio. Donny, el hijo de la señora Stewart, tenía la misma edad que Craig y era igual de deportista, y estuvieron unidos desde el principio. Su hija, Pamela, era adolescente y yo no le interesaba demasiado, aunque a mí todos los adolescentes me despertaban curiosidad. Apenas recuerdo al señor Stewart, salvo que trabajaba de repartidor para una de las grandes panaderías de la ciudad y que él, su mujer y sus hijos eran los negros con la piel más clara que había conocido nunca.

Yo no entendía cómo podían permitirse una casa en un barrio residencial. Resulta que Park Forest fue una de las primeras comunidades totalmente planificadas de Estados Unidos, un pueblo con centros comerciales, iglesias, escuelas, parques, casas construidas en serie y jardines cortados por el mismo patrón. También había un límite para el número de familias negras que podían vivir en una manzana determinada, aunque, cuando los Stewart llegaron allí, al parecer esa norma se había abolido.

Poco después de mudarse nos invitaron a visitarlos cuando mi padre tuviera un día libre. Estábamos entusiasmados. Para nosotros sería una salida distinta, una oportunidad de entrever el barrio residencial. Montados en el Buick, los cuatro enfilamos la autopista rumbo al sur y unos cuarenta minutos después salimos cerca de un centro comercial de aspecto aséptico. Pronto estábamos recorriendo una red de calles tranquilas que parecían todas iguales.

«¿Por qué querría vivir alguien tan lejos?», preguntó mi padre mirando por el parabrisas. Para mí tampoco tenía ningún sentido. Que yo viera, no había árboles grandes como el roble gigantesco que se erguía frente a la ventana de mi habitación. En Park Forest todo era nuevo, extenso y poco transitado. En la esquina no había una licorería con gente andrajosa pasando el rato. No había coches haciendo sonar la bocina ni tampoco sirenas. No se oía música en las cocinas. Todas las ventanas parecían estar cerradas.

Craig recordaba aquella visita como algo maravilloso, sobre todo porque se pasó el día jugando a la pelota en un solar con Donny Stewart y sus nuevos hermanos del barrio residencial. Mis padres mantuvieron una conversación bastante agradable con los Stewart mientras yo seguía de un lado a otro a Pamela, embobada con su cabello, su piel clara y sus joyas de adolescente. En algún momento almorzamos todos juntos.

Era de noche cuando finalmente nos despedimos. Después de dejar a los Stewart, fuimos a buscar el coche. Craig estaba sudando, agotado de tanto correr. Yo también me sentía fatigada y con ganas de regresar a casa. Algo en aquel lugar me ponía nerviosa. No me gustaba, aunque no sabía exactamente por qué.

Más tarde, mi madre hizo un comentario sobre los Stewart y su nueva comunidad, algo relacionado con el hecho de que la mayoría de los vecinos de la calle parecían ser blancos.

«¿Y si nadie sabía que era una familia negra hasta que hemos llegado nosotros de visita?», dijo.

Pensaba que tal vez los habíamos desenmascarado sin querer al venir del South Side de Chicago con un regalo para la casa nueva y nuestra evidente piel negra. Aunque los Stewart no intentaran ocultar su raza a propósito, probablemente no hablaban del tema con sus nuevos vecinos. Fuera cual fuese el ambiente que reinaba en su manzana, no lo habían alterado, al menos hasta nuestra visita.

¿Había alguien observando desde una ventana cuando mi padre se acercó al coche? ¿Había una sombra detrás de alguna cortina esperando a ver qué ocurría? Nunca lo sabré. Tan solo recuerdo que se puso un poco tenso cuando vio la puerta del lado del conductor. Alguien había rayado el lateral de su amado Buick, una línea fea y delgada que llegaba hasta la parte trasera. Lo habían hecho con una llave o una piedra, y no había sido en modo alguno accidental.

Como ya he explicado, mi padre era un hombre que nunca se quejaba de nada, ya fueran cosas nimias o importantes, comía hígado con entusiasmo cuando se lo servían y había seguido adelante cuando un médico le anunció un diagnóstico que equivalía a una sentencia de muerte. El episodio del coche no fue distinto. Aunque hubiera existido la manera de enfrentarse a ello, una puerta que aporrear, mi padre no lo habría hecho.

«¿Cómo es posible?», dijo antes de abrir el Buick.

Aquella noche, en el trayecto de vuelta apenas hablamos de lo sucedido. Tal vez estábamos demasiado cansados para darle más vueltas. En cualquier caso, sería nuestra última visita a aquella zona. Al día siguiente mi padre fue a trabajar con el coche en aquel estado, y estoy segura de que le incomodó. Pero la raya no permaneció mucho tiempo en la pintura cromada. En cuanto tuvo ocasión, llevó el coche al taller para que la eliminaran.

3

En algún momento, mi hermano, que por lo general era una persona tranquila, empezó a mostrarse preocupado. No sabría decir exactamente cuándo o por qué, pero Craig (el chico que chocaba la mano y saludaba a todo el mundo en el barrio, que dormía a pierna suelta en cuanto tenía diez minutos libres estuviera donde estuviese) se volvió más temeroso y vigilante en casa, convencido de que se avecinaba una catástrofe. Por las noches ensayaba todos los desenlaces posibles. Inquieto por si perdía la visión, empezó a vendarse los ojos y aprendió a orientarse mediante el tacto en el salón y la cocina. Ante la posibilidad de quedarse sordo, empezó a estudiar lenguaje de signos. Al parecer, acechaba también la amenaza de una amputación, así que a veces comía y hacía los deberes con el brazo derecho atado a la espalda, porque nunca se sabía.

Sin embargo, el mayor miedo de Craig, un incendio, era probablemente el más verosímil. Los incendios eran habituales en Chicago, en parte por culpa de los propietarios que dejaban que sus edificios se deterioraran para cobrar el seguro cuando el fuego los arrasaba. Los detectores de humo domésticos eran un invento reciente, además de caro para la gente de clase trabajadora. En nuestra atestada cuadrícula urbana los incendios eran una realidad cotidiana, un ladrón aleatorio pero persistente de hogares y corazones. Mi abuelo Southside se había trasladado a nuestro barrio después de que el fuego destruyera su antigua casa en el West Side, aunque por suerte nadie resultó herido. (Según mi madre,

Southside se quedó delante del edificio en llamas gritando a los bomberos que no apuntaran con las mangueras a sus preciados discos de jazz.) Poco después, en una tragedia casi demasiado atroz para que mi mente joven la procesara, uno de mis compañeros de quinto curso, un niño con un rostro dulce y un voluminoso peinado afro llamado Lester McCullom, que vivía a la vuelta de la esquina, había muerto en un incendio que también se cobró la vida de su hermano y su hermana; los tres se vieron atrapados por las llamas en los dormitorios de la planta de arriba. El de esos chicos fue el primer velatorio al que asistí. Todos los niños del barrio sollozaban en el tanatorio mientras sonaba de fondo un disco de los Jackson 5 y los adultos guardaban silencio. Había tres ataúdes cerrados en la parte delantera de la sala y, encima de cada tapa, la fotografía enmarcada de un niño sonriente. La señora McCullom, que había sobrevivido al incendio saltando con su marido por una ventana, estaba sentada frente a los cuerpos de sus hijos, tan decaída y rota que dolía mirarla.

El esqueleto calcinado de la casa de los McCullom siguió siseando y desmoronándose durante días. El olor a humo impregnaba el barrio.

Con el paso del tiempo, las ansiedades de Craig no hicieron más que crecer. En la escuela tuvo que participar en simulacros de evacuación y aprender a tirarse al suelo y echarse a rodar. A consecuencia de ello, concluyó que en casa debíamos mejorar las medidas de seguridad y, conmigo como lugarteniente, se autoproclamó jefe de bomberos, listo para despejar vías de escape durante los simulacros o dar órdenes a nuestros padres si era preciso. Si alguna vez había un incendio, queríamos estar preparados. Lo importante era estar preparados. Mi familia no solo era puntual, sino que llegábamos con antelación a todas partes porque sabíamos que así mi padre era menos vulnerable y le ahorrábamos la preocupación de tener que encontrar un aparcamiento que no le exigiera caminar mucho o un asiento accesible en las gradas durante los partidos de baloncesto de Craig. La lección era que en la vida controlas lo que puedes.

Con ese propósito, repasábamos todas nuestras opciones de huida intentando averiguar si, en caso de incendio, podríamos saltar desde una ventana hasta el roble que había delante de casa o al tejado de un vecino. Imaginábamos qué ocurriría si por culpa del aceite ardía la cocina, si saltaba una chispa en el sótano o si nos alcanzaba un rayo. A Craig y a mí no nos preocupaba demasiado que mamá pudiera estar en una situación de emergencia. Era menuda y ágil, una de esas personas que, si se veía obligada a hacerlo, probablemente sería capaz de levantar un coche a pulso para salvar a un bebé. Nos costaba más hablar de la discapacidad de papá, la realidad obvia pero tácita de que no podría saltar por una ventana con tanta facilidad como nosotros y de que hacía años que no lo veíamos correr.

Caímos en la cuenta de que, en una situación de pánico, el rescate no se llevaría a cabo con tanto orden como en las películas que veíamos en televisión después del colegio. No sería nuestro padre quien nos cargaría al hombro como Hércules y nos pondría a salvo. Si acaso lo haría Craig, que acabaría superando en altura a papá, pero entonces todavía era un niño de hombros estrechos y piernas delgadas que parecía comprender que cualquier heroísmo por su parte requeriría práctica. Por ese motivo, durante los simulacros familiares empezó a imaginar los peores escenarios posibles, y ordenaba a mi padre que se echara al suelo y se quedara quieto como si hubiera perdido el conocimiento por inhalación de humo.

«Por Dios —decía mi padre negando con la cabeza—. ¿En serio vas a hacer esto?»

Mi padre no estaba acostumbrado a sentirse indefenso. Se ocupaba de todo sin ayuda de nadie: se encargaba asiduamente de revisar el coche, pagaba las facturas a tiempo, jamás hablaba del avance de su esclerosis múltiple y no faltaba ni un solo día al trabajo. Le encantaba dar respaldo a los demás. Lo que no podía hacer físicamente lo compensaba con orientación y apoyo, y por eso disfrutaba con su trabajo como responsable de distrito electoral del Partido Demócrata. Le apasionaba el trabajo, lo cual desconcertaba a mi madre, ya que le exigía mucho tiempo. Los fines de semana visitaba un barrio cercano, y a menudo yo lo acompañaba a regañadientes. Aparcábamos el coche y caminábamos de casa en casa. Cuando nos deteníamos delante de una, encontrábamos allí a una viuda encorvada o a un operario de fábrica barrigudo observando a través de la mosquitera de la puerta con una lata de cerveza en la mano. Aquella gente solía alegrarse de ver en su porche a mi padre ayudándose del bastón y esbozando una sonrisa de oreja a oreja.

«¡Hombre, Fraser! —decían—. Qué sorpresa. Pasa.»

Para mí, eso nunca era una buena noticia. Significaba que entraríamos y perdería toda la tarde del sábado sentada en un sofá mohoso o tomando un 7UP delante de la mesa de la cocina mientras mi padre anotaba críticas que después trasladaría a un cargo electo. Cuando alguien tenía problemas con la recogida de basuras o la retirada de nieve o estaba irritado por la existencia de un bache, mi padre siempre estaba allí para escuchar. Su objetivo era contribuir a que la gente se sintiera cuidada por los demócratas y votara en consecuencia cuando hubiera elecciones. Muy a mi pesar, nunca metía prisas a nadie. Para él, el tiempo era un regalo que había que ofrecer a los demás. Hacía un gesto de aprobación mientras miraba fotos de nietos adorables, escuchaba con paciencia los cotilleos y los comentarios sobre problemas de salud y asentía al oír historias de estrecheces económicas. Abrazaba a las ancianas cuando finalmente nos íbamos y les aseguraba que haría todo lo posible por resolver los problemas que tuvieran solución.

Mi padre tenía fe en su capacidad de ser útil. Era un motivo de orgullo, así que durante los simulacros de incendio mostraba escaso interés en ser un elemento de atrezo pasivo, incluso en una falsa crisis. Bajo ninguna circunstancia tenía intención de acabar siendo el hombre que yacía inconsciente en el suelo. Aun así, parte de él comprendía que era importante para nosotros, sobre todo para Craig. Cuando le pedíamos que se tumbara nos seguía la corriente. Primero se arrodillaba, luego se sentaba y después se estiraba boca arriba sobre la alfombra del salón. Intercambiaba miradas con mi madre, a la que todo aquello le parecía bastante gracioso, como diciendo: «Dichosos críos».

Con un suspiro, cerraba los ojos a la espera de que Craig le cogiera por debajo de los hombros para iniciar la operación de rescate. Mi madre y yo observábamos cómo, con no poco esfuerzo y bastante torpeza, mi hermano se las arreglaba para arrastrar los setenta y siete kilos de nuestro padre a través del incendio imaginario que ardía en su mente preadolescente, bordeaba el sofá y finalmente llegaba a la escalera.

Desde allí, Craig imaginaba que podría deslizar el cuerpo de mi padre escalera abajo y sacarlo por la puerta lateral para ponerlo a salvo. Mi padre siempre se negaba a dejarle hacer esa parte; le decía con mucho tacto que ya era suficiente e insistía en ponerse de pie antes de que Craig intentara bajarlo por la escalera. No obstante, entre el hombrecito y el adulto había quedado todo claro: en caso de que hubiera un incendio, nada sería fácil y, por supuesto, no había garantías de que alguno de nosotros fuera a sobrevivir. Pero al menos teníamos un plan.

Poco a poco fui volviéndome más extrovertida y sociable, y estaba más dispuesta a abrirme al caos del mundo exterior. Mi resistencia innata al desorden se atenuó un poco gracias a las horas que pasé acompañando a mi padre al distrito electoral, además de a las salidas de fin de semana, en las cuales visitábamos a docenas de tías, tíos y primos. Los pequeños nos sentábamos en algún patio envueltos en densas nubes de humo de barbacoa o corríamos de un lado para otro con los niños de un barrio que no era el nuestro.

Mi madre tenía seis hermanos. Mi padre era el mayor de cinco. Los parientes de mi madre solían reunirse en casa de Southside, que estaba a la vuelta de la esquina, atraídos por las artes culinarias de mi abuelo, las continuas partidas de bid whist y los extravagantes estallidos de jazz. Southside era un imán para todos nosotros.

Durante toda su vida desconfió del mundo que se extendía más allá de su patio (le preocupaban la seguridad y el bienestar de todos). A consecuencia de ello, invertía sus energías en crear un entorno en el que siempre estuviéramos bien alimentados y entretenidos, supongo que con la esperanza de que nunca quisiéramos salir de él. Incluso me regaló un perro, un pastor mestizo de pelaje canela al que bautizamos Rex. Mi madre no permitió que Rex viviese con nosotros, pero yo lo visitaba con frecuencia en casa de Southside, donde me tumbaba en el suelo con la cara hundida en su suave lomo y escuchaba los alegres coletazos que daba cada vez que mi abuelo pasaba por allí. Southside nos malcriaba al perro y a mí con comida, amor y tolerancia, lo cual era una súplica silenciosa para que no lo abandonáramos nunca.

Por su parte, la familia de mi padre estaba desperdigada por todo el South Side de Chicago e incluía a un montón de tías abuelas y primos terceros. Nosotros orbitábamos entre todos ellos. En silencio, yo intuía adónde íbamos por el número de árboles que veía en la calle. En los barrios más pobres a menudo no había ninguno. Pero para mi padre todo el mundo era familia. Se alegraba al ver a su tío Calio y adoraba a su tía Verdelle, que vivía con sus ocho hijos en un descuidado edificio de apartamentos situado en un barrio en el que Craig y yo entendíamos que las reglas de supervivencia eran muy diferentes.

Los domingos por la tarde, los cuatro solíamos ir en coche a Parkway Gardens para cenar con mis abuelos paternos, a los que llamábamos Dandy y Grandma, y los tres hermanos pequeños de mi padre, Andrew, Carleton y Francesca. Ellos habían nacido al menos una década más tarde que papá y, por tanto, parecían más hermanos nuestros que tíos. En mi opinión, era más un padre que un hermano para ellos, y les daba consejos y dinero cuando lo necesitaban. Francesca era inteligente y guapa, y a veces me dejaba peinarle la larga melena. Andrew y Carleton tenían poco más de veinte años y eran increíblemente modernos. Llevaban pantalones de campana y jerséis de cuello alto. Vestían chaqueta de cuero y tenían novia, y hablaban de cosas como Malcolm X y «el poder del soul». Craig y yo nos pasábamos horas en su cuarto, situado en la parte trasera del apartamento, intentando empaparnos de su modernidad.

Mi abuelo, cuyo nombre también era Fraser Robinson, no era tan divertido: un patriarca que fumaba puros y se sentaba en la butaca reclinable con el periódico abierto en el regazo y el telediario vespertino a todo volumen. Su personalidad distaba mucho de la de mi padre. A Dandy todo le molestaba. Se enfadaba por los titulares del día, por el estado del mundo que veía por televisión y por los jóvenes negros —«*boo-boos*», los llamaba— que, según él, holgazaneaban por el barrio y daban mala fama a la raza en general. Gritaba al televisor. Gritaba a mi abuela, una adorable y devota cristiana de voz suave llamada LaVaughn (mis padres me pusieron Michelle LaVaughn Robinson en honor a ella). De día, mi abuela regentaba eficientemente una tienda de biblias en Far South Side, pero cuando estaba con Dandy mostraba una mansedumbre que incluso de niña me desconcertaba. Cocinaba para él y soportaba su sucesión constante de quejas sin rechistar. Pese a mi juventud, me molestaban el silencio y la pasividad de mi abuela en su relación con Dandy.

Según mi madre, yo era la única de la familia que replicaba a Dandy cuando gritaba. Lo hice con frecuencia, porque me sacaba de quicio que mi abuela no expresara su opinión y porque todos guardaban silencio cuando él estaba allí. Por último, lo hacía porque quería a Dandy y a la vez me costaba entenderlo. Reconocía en mí su testarudez. Dandy también ocultaba un lado tierno del cual yo solo veía atisbos. A veces me frotaba suavemente el cuello cuando me sentaba a los pies de su butaca reclinable. Sonreía cuando mi padre decía algo divertido o cuando uno de los niños deslizaba una palabra sofisticada en una conversación. Pero entonces algo lo incordiaba y empezaba a gruñir otra vez.

«Deja de gritar a todo el mundo, Dandy —le decía yo entonces. O—: No seas malo con la abuela. —Y a menudo añadía—: ¿Por qué te has enfadado tanto?»

La respuesta a esa pregunta era compleja y sencilla a la vez. Dandy se encogía de hombros y, malhumorado, volvía a concentrarse en el periódico. Sin embargo, mis padres intentaron explicármelo en casa.

Dandy era de la región de Lowcountry, en Carolina del Sur, y se había criado en el húmedo puerto marítimo de Georgetown, donde en su día miles de esclavos trabajaban en las extensas plantaciones recogiendo cosechas de arroz e índigo para hacer ricos a sus amos. Mi abuelo, nacido en 1912, era nieto de esclavos, hijo de un operario de fábrica y el mayor de diez hermanos. De niño era espabilado e inteligente; lo apodaban «el Profesor» y muy pronto se marcó el objetivo de ir a la universidad algún día. Pero no solo era negro y de familia pobre, sino que cumplió la mayoría de edad en plena Gran Depresión. Al terminar el instituto, Dandy empezó a trabajar en una empresa maderera, consciente de que si se quedaba en Georgetown sus opciones siempre serían limitadas. Cuando cerró la fábrica se trasladó a Chicago, igual que muchos afroamericanos de su generación, en lo que se conoció como la Gran Migración. A lo largo de cinco décadas, seis millones de negros sureños se instalaron en grandes ciudades del norte de Estados Unidos para huir de la opresión racial y buscar empleo en la industria.

Si esto fuera una historia del sueño americano, Dandy, que llegó a Chicago a principios de los años treinta, habría encontrado un buen empleo y habría accedido a la universidad. Pero la realidad era muy distinta. Costaba encontrar trabajo, en parte porque los capataces de algunas de las grandes fábricas de Chicago preferían contratar a inmigrantes europeos antes que a afroamericanos. Dandy aceptaba cualquier ocupación que le ofrecieran; colocó bolos en una bolera, y también ejerció de manitas. Poco a poco, renunció a la idea de ir a la universidad y decidió formarse como electricista. Sin embargo, eso tampoco fue posible. Si uno quería trabajar de electricista —o de peón siderúrgico, carpintero o fontanero— en las grandes obras de Chicago necesitaba el carnet de sindicalista. Y, si eras negro, las posibilidades de conseguirlo eran exiguas.

Esta particular forma de discriminación alteró el destino de diversas generaciones de afroamericanos, entre ellos muchos hombres de mi familia. Limitó sus ingresos, sus oportunidades y, a la postre, sus sueños. Al no poder incorporarse a un sindicato, a Southside no le estaba permitido trabajar de carpintero en las grandes constructoras que ofrecían un salario fijo. Mi tío abuelo Terry, el marido de Robbie, había dejado la profesión de fontanero por la misma razón y acabó siendo empleado de ferrocarril. Del lado de mi madre también estaba el tío Pete, que no había podido unirse al sindicato de taxistas y empezó a conducir un minibús sin licencia con el que recogía a clientes que vivían en las zonas menos seguras del oeste de la ciudad, donde no circulaban taxis normales. Eran hombres muy inteligentes y físicamente capacitados a los que se les negaron puestos de trabajo estables y bien remunerados, lo cual les impidió a su vez comprarse una casa, mandar a sus hijos a la universidad o ahorrar para la jubilación. Sé que les dolía verse marginados y atrapados en ocupaciones para las que estaban sobradamente cualificados. Veían cómo los sobrepasaba la gente blanca y, en ocasiones, formaban a nuevos empleados que sabían que algún día podían ser sus jefes. Lo cual generaba en ellos al menos un ápice de resentimiento y desconfianza: nunca sabías cómo te veían los demás.

En cuanto a Dandy, no todo en la vida fue negativo para él. Conoció a mi abuela en una iglesia del South Side y acabó encontrando empleo a través de la Works Progress Administration, un programa de ayudas puesto en marcha por el gobierno federal para contratar a trabajadores no cualificados en proyectos de construcción públicos durante la Gran Depresión. Luego pasó treinta años como empleado de correos hasta que se jubiló con una pensión que le permitía gritar todo el tiempo a los *boo-boos* que salían por televisión desde su cómoda butaca reclinable.

Al final tuvo cinco hijos tan inteligentes y disciplinados como él. Nomenee, la segunda, obtuvo su licenciatura en la Facultad de Negocios de Harvard. Andrew era maquinista y Carleton se convirtió en ingeniero. Durante un tiempo, Francesca fue directora creativa en el sector de la publicidad y finalmente trabajó como profesora de primaria. Aun así, Dandy no interpretaba los logros de sus hijos como una extensión de los suyos. Como veíamos cada domingo cuando íbamos a cenar a Parkway Gardens, mi abuelo vivía con el amargo regusto de sus sueños rotos.

Si mis preguntas a Dandy eran enrevesadas e imposibles de responder, pronto me di cuenta de que muchas preguntas son así. Yo también estaba encontrándome con interrogantes que no sabía contestar. Uno lo formuló una niña cuyo nombre no recuerdo, una de las primas lejanas que jugaban con nosotros en el patio de la casa de mi tía abuela, situada más al oeste. Mientras los adultos tomaban café y se reían en la cocina, Craig y yo nos uníamos al grupo de los niños. A veces era incómodo y forzábamos la sensación de amistad, pero normalmente funcionaba. Craig casi siempre desaparecía en una cancha de baloncesto. Yo saltaba a la comba o intentaba inmiscuirme en la conversación que estuvieran manteniendo.

Un día de verano, cuando tenía unos diez años, me senté en una escalinata a charlar con un grupo de niñas de mi edad. Todas llevábamos coletas y pantalón corto y nos dedicábamos a matar el tiempo. ¿De qué hablábamos? Podría ser de cualquier cosa: la escuela, nuestros hermanos mayores o un hormiguero que hubiera en el suelo.

En un momento dado, una de las niñas me miró de soslayo y dijo un poco acaloradamente: «¿Por qué hablas como una niña blanca?».

Sabía que la pregunta pretendía ser un insulto o cuando menos un desafío, pero también que tenía curiosidad por saber por qué hablábamos de manera diferente. Al parecer, estábamos emparentadas pero pertenecíamos a mundos diferentes.

«No es cierto», respondí, un poco escandalizada por que lo hubiera insinuado siquiera y abochornada por cómo me miraban las otras niñas.

Con todo, sabía a qué se refería. No podía negarse, aunque yo lo hubiera hecho. Craig y yo no hablábamos como algunos de nuestros familiares. Nuestros padres habían insistido mucho en la importancia de una dicción correcta, en que dijéramos «*going*» en lugar de «*goin'*» e «*isn't*» en lugar de «*ain't*». Nos enseñaron a terminar las palabras. Nos compraron un diccionario y la *Encylopaedia Britannica*, que, con sus títulos grabados en oro, ocupaba una estantería en la escalera del apartamento. Siempre que teníamos una duda acerca de una palabra, un concepto o un episodio histórico, nos indicaban que consultáramos aquellos libros. Dandy también fue una influencia, ya que nos corregía la gramática o nos ordenaba que pronunciásemos bien cuando íbamos a cenar a su casa. Dandy y mis padres querían que tuviésemos más oportunidades que las que ellos habían tenido. Lo tenían planeado. Lo fomentaban. No solo querían que fuéramos inteligentes, sino también dueños de nuestra inteligencia, que la habitáramos con orgullo, y eso se dejaba entrever en nuestra forma de hablar.

Sin embargo, también podía ser un problema. Hablar de una manera determinada —según algunos, la manera «blanca»— se veía como una traición, como un signo de arrogancia o como si en cierto modo estuviéramos renegando de nuestra cultura. Años después, cuando conocí a mi marido (un hombre de piel clara para algunos y de piel oscura para otros, que habla como un hawaiano negro educado en universidades de la Ivy League y criado en Kansas por una familia blanca de clase media), fui testigo de que esa confusión se manifestaba en los blancos igual que en los negros. Vería la necesidad que tienen las personas de definir a los demás por su etnicidad o por el color de su piel. Estados Unidos plantearía a Barack Obama las mismas preguntas que, inconscientemente, estaba planteándome aquel día mi prima en la escalinata: ¿Eres lo que aparentas ser? ¿Puedo confiar en ti o no?

El resto del día evité hablar con ella, ya que me desconcertaba su hostilidad, pero también quería que me viera como una persona auténtica que no presumía de estar aventajada. Saber qué debía hacer era complicado. En todo momento oía el sonido de la conversación de los adultos en la cocina, las escandalosas risotadas de mis padres sobrevolando el patio. Veía a mi hermano en la esquina, disputando un trepidante partido con un grupo de chicos. Todo el mundo parecía encajar excepto yo. Cuando rememoro la incomodidad de aquel momento soy consciente de que me enfrentaba al más universal de los desafíos, que consiste en entender cómo encaja quién eres con el lugar del que provienes y el lugar hacia el que quieres ir. También me doy cuenta de lo mucho que me faltaba para encontrar mi propia voz.

4

En el colegio, cada día hacíamos una pausa de una hora para almorzar. Solía ir a casa con otras cuatro o cinco niñas, que hablábamos sin parar y nos sentábamos en el suelo de la cocina a jugar y a ver la televisión mientras mi madre nos preparaba bocadillos. Aquello fue el comienzo de un hábito que me ha sostenido toda la vida: conservar un grupo unido y alegre de amigas en cuya sabiduría femenina podía apoyarme. En mi grupo del almuerzo hablábamos de todo lo que había sucedido aquella mañana en el colegio, de las quejas que teníamos de los profesores y de los deberes que nos parecían inútiles. Nos encantaban los Jackson 5 y no sabíamos qué pensar de los Osmonds. Había estallado el escándalo Watergate, pero ninguna de nosotras lo entendía. Solo veíamos a un montón de señores hablando a un micrófono en Washington, D. C., que nos parecía una ciudad lejana llena de edificios y hombres blancos.

Mi madre era feliz cuidándonos, ya que eso le permitía indagar fácilmente en nuestro mundo. Mientras mis amigas y yo comíamos y cotilleábamos, ella se quedaba allí en silencio, ocupada en alguna labor doméstica sin ocultar el hecho de que estaba escuchando hasta la última palabra. De todos modos, mi familia, con cuatro personas embutidas en un piso pequeño, tampoco gozaba de privacidad, lo cual solo importaba en ocasiones. Craig, al que de repente le interesaban las chicas, había empezado a encerrarse en el cuarto de baño para hablar por teléfono.

Comparado con el resto de los colegios de Chicago, Bryn Mawr podría considerarse un centro de calidad intermedia. Con el paso de los años, la población de estudiantes era cada vez más negra y pobre. Durante un tiempo existió en la ciudad una iniciativa para trasladar niños a otros colegios más nuevos, pero los padres de Bryn Mawr habían conseguido evitarlo argumentando que era más conveniente invertir el dinero en mejorar la escuela. De niña, yo no me daba cuenta de si las instalaciones estaban deterioradas o si era importante que apenas quedaran niños blancos. La escuela iba desde preescolar hasta octavo, lo cual significaba que, cuando llegué a los cursos superiores, conocía cada interruptor, pizarra y grieta del pasillo. Conocía a casi todos los profesores y a la mayoría de los niños. Para mí, Bryan Mawr era prácticamente una extensión de mi hogar.

Cuando empecé séptimo curso, *The Chicago Defender*, un semanario popular entre los lectores afroamericanos, publicó un corrosivo artículo de opinión que aseguraba que Bryn Mawr había pasado de ser una de las mejores escuelas públicas de la ciudad a convertirse en una «chabola decadente» gobernada por una «mentalidad de gueto». El doctor Lavizzo, nuestro director, defendió a su comunidad de padres y alumnos y calificó el artículo de «mentira atroz» que solo parecía «incitar sentimientos de fracaso y huida».

El doctor Lavizzo era un hombre rechoncho y alegre con un voluminoso peinado afro que le sobresalía a ambos lados de la calva. Entendía exactamente a qué se oponía. El fracaso es una sensación mucho antes de convertirse en un hecho consumado. Es una sensación de vulnerabilidad mezclada con dudas que se ve intensificada por el miedo. Esa «sensación de fracaso» que mencionaba ya era omnipresente en mi barrio, por ejemplo entre los padres que no podían salir adelante económicamente, los niños que empezaban a sospechar que su vida no sería diferente o las familias que veían que sus vecinos más adinerados se iban a las afueras o trasladaban a sus hijos a colegios católicos. Los agentes inmobiliarios que deambulaban por South Shore agravaban la situación al insinuar a los propietarios que debían vender antes de que fuera demasiado tarde. Los rumores llevaban a la gente a pensar que el fracaso era inminente, que ya estaba a medio camino. Podías verte atrapado en la ruina o podías huir de ella. Pronunciaban la palabra más temida por todos —«gueto»—, y la dejaban caer como una cerilla encendida.

Mi madre no se creía nada. Ya llevaba diez años en South Shore y acabaría viviendo allí otros cuarenta. No se dejaba llevar por el alarmismo ni por ninguna quimera. Era una persona sumamente realista y controlaba lo que podía.

En Bryn Mawr se convirtió en uno de los miembros más activos de la Asociación de Padres y Profesores, donde ayudaba a recaudar dinero para comprar material escolar y organizaba cenas de agradecimiento a los docentes. Contribuyó a convencer a la escuela para que crease un aula especial para los estudiantes de alto rendimiento. Esto último, idea del doctor Lavizzo, consistía en agrupar a los alumnos por capacidades y no por edad, es decir, juntar a los niños más brillantes para que pudieran aprender más rápido.

La idea fue controvertida, como ocurre con todos los proyectos para personas con talento. Pero, durante mis tres últimos años en Bryn Mawr, me beneficié de él. Pasé a formar parte de un grupo de unos veinte alumnos de varios cursos a los que se asignó un aula propia y separada del resto de la escuela, y teníamos horarios de recreo, almuerzo, música y gimnasia diferentes. Participábamos en actividades especiales, que incluían visitas semanales a un centro de estudios superiores en el que asistíamos a un taller de escritura o diseccionábamos una rata en el laboratorio de biología. En el aula llevábamos a cabo muchos trabajos por nuestra cuenta, nos marcábamos nuestros propios objetivos y avanzábamos a la velocidad que juzgáramos adecuada.

Tuvimos profesores en exclusiva para nosotros, primero el señor Martinez y luego el señor Bennett, afroamericanos amables y simpáticos que escuchaban con atención a sus alumnos. Era obvio que la escuela había invertido en nosotros, lo cual nos motivó a esforzarnos más y sentirnos mejor con nosotros mismos. La posibilidad de aprender de manera independiente me volvió aún más competitiva. Avanzaba con rapidez en clase y comparaba discretamente mis progresos con los de mis compañeros en tareas que iban desde divisiones largas y preálgebra hasta redactar párrafos sueltos o entregar trabajos de investigación. Para mí era como un juego. Y, como ocurre con cualquier juego y con la mayoría de los niños, era especialmente feliz cuando llevaba la delantera.

A mi madre le contaba todo lo que ocurría en el colegio. La ponía al día a toda prisa cuando entraba en casa por la tarde, dejaba la mochila en el suelo e iba en busca de un tentempié. No sabía con exactitud qué hacía mi madre cuando estábamos en el colegio, sobre todo porque nunca preguntaba. No sabía en qué pensaba, cómo se sentía siendo un ama de casa tradicional en lugar de desempeñar otro trabajo. Lo único que sabía era que cuando aparecía en casa había comida en la nevera, y no solo para mí, sino también para mis amigos. Y que cuando mi clase iba de excursión, mi madre casi siempre se ofrecía voluntaria y se ponía un bonito vestido y pintalabios oscuro para acompañarnos en el autobús hasta el centro de estudios superiores o el zoo.

En casa vivíamos con un presupuesto ajustado, pero raras veces comentábamos sus límites. Mi madre se arreglaba ella misma las uñas, se teñía el pelo (una vez le quedó verde por error) y solo estrenaba ropa cuando mi padre se la regalaba por su cumpleaños. Nunca sería rica, pero siempre fue mañosa. Cuando éramos pequeños, convertía por arte de magia los calcetines en marionetas exactamente iguales a los Teleñecos. Me cosía muchas prendas, al menos hasta que empecé secundaria, cuando insistí en que dejara de hacerlo.

Cada cierto tiempo modificaba la distribución del salón, cubría el sofá con una funda nueva o cambiaba las fotos y los grabados colgados de la pared. Cada año, cuando llegaba el calor, hacía una limpieza de primavera: pasaba la aspiradora por los muebles, lavaba las cortinas y retiraba las contraventanas para que pudiéramos limpiar los cristales y pasar un trapo a los alféizares, antes de sustituirlos por rejillas que permitieran la entrada del aire primaveral en nuestro pequeño y abarrotado apartamento. Después solía bajar a limpiar la casa de Robbie y Terry, sobre todo cuando envejecieron y perdieron facultades. Gracias a mi madre, cuando me llega el aroma a Pine-Sol, de inmediato me siento mejor.

Por Navidad se volvía especialmente creativa. Un año se le ocurrió cubrir el radiador con un cartón cuyo estampado imitaba unos ladrillos rojos para que tuviéramos nuestra propia chimenea. Luego pidió a mi padre, el artista oficial de la familia, que pintara unas llamas anaranjadas en unos trozos de papel muy fino, que, al iluminarlos por detrás con una bombilla, simulaban una hoguera bastante convincente. En Año Nuevo respetaba la tradición de comprar una cesta de alimentos especiales, de las que venían llenas de barras de queso, latas de ostras ahumadas y distintos tipos de salami. Invitaba a Francesca, la hermana de mi padre, a acompañarnos en los juegos de mesa. Pedíamos pizza para cenar y nos pasábamos el resto de la velada disfrutando de los sofisticados entrantes. Mi madre servía bandejas de rollitos de cerdo, gambas fritas y un queso especial para untar horneado sobre galletas saladas Ritz. Cuando se acercaba la medianoche, tomábamos una diminuta copa de champán.

Mi madre siempre mantenía la calma. Las madres de algunas amigas mías vivían los altibajos de sus hijas como propios, y conocía a muchos niños cuyos padres se sentían demasiado agobiados con sus retos personales como para estar muy presentes. Mi madre simplemente era equilibrada. No juzgaba ni se entrometía de buenas a primeras, sino que analizaba nuestro estado de ánimo y era un testigo bondadoso de las dificultades o los triunfos que el día pudiera depararnos. Cuando las cosas iban mal, no se mostraba demasiado compasiva. Cuando habíamos hecho algo bien, nos elogiaba lo justo para que supiéramos que estaba contenta pero evitando que se convirtiera en nuestra motivación para hacer las cosas.

Cuando daba consejos, acostumbraban a ser prácticos. «No tiene por qué caerte bien la profesora —me dijo un día que llegué a casa quejándome—. Sin embargo, esa mujer tiene en su cabeza las matemáticas que tú necesitas en la tuya. Céntrate en eso e ignora todo lo demás.» A Craig y a mí siempre nos demostraba su amor, pero no nos controlaba en exceso. Su objetivo era que saliéramos al mundo. «No estoy criando bebés —nos decía—. Estoy criando adultos.» Más que normas, ella y mi padre nos ofrecían directrices. Esa es la razón por la que cuando éramos adolescentes nunca tuvimos toque de queda. En lugar de eso, nos preguntaban qué hora de regreso nos parecía razonable y confiaban en que cumpliéramos nuestra palabra.

Un día, cuando Craig estaba en octavo curso, una niña que le gustaba lo invitó a ir a su casa, dejando claro que sus padres estarían fuera y no los molestarían.

A mi hermano la indecisión le resultaba agónica; aquella oportunidad lo excitaba, pero sabía que era taimada e indecorosa, la clase de conducta que mis padres nunca aprobarían. Sin embargo, ello no le impidió contarle a mi madre una media verdad en la que mencionó a la chica pero dijo que se citarían en el parque público.

Sintiéndose culpable por el mero hecho de haberlo pensado, Craig acabó por confesarle todo el plan, esperando o tal vez deseando que mi madre montara en cólera y le prohibiera ir.

Sin embargo, no lo hizo. No lo haría nunca porque ella no funcionaba así.

Escuchó a mi hermano, pero lo hizo responsable de su decisión. «Haz lo que creas oportuno», le dijo, y volvió a ocuparse de los platos que había en el fregadero o de la colada que debía doblar.

Aquel fue otro pequeño empujón para que Craig saliera al mundo. Estoy segura de que, en el fondo, mi madre ya sabía que él había tomado la decisión correcta. Ahora sé que cada paso que daba se veía reforzado por la serena confianza de habernos criado como a adultos. Nosotros tomábamos las decisiones. Era nuestra vida y no la suya, y siempre lo sería.

Cuando tenía catorce años me consideraba medio adulta, o puede que incluso dos tercios de una adulta. Ya tenía la menstruación, lo cual anuncié de inmediato y con gran emoción a todos los habitantes de la casa, porque en mi familia éramos así. Había sustituido un sujetador de niña por uno ligeramente más femenino, lo cual también me encantaba. En lugar de comer en casa, lo hacía con mis compañeros de escuela en la sala del señor Bennett. En lugar de ir al hogar de Southside los sábados a escuchar sus discos de jazz y jugar con Rex, pasaba por delante con la bici y continuaba hasta la casa de Oglesby Avenue donde vivían las hermanas Gore.

Eran mis mejores amigas y, en cierto modo, también mis ídolos. Diane estaba en mi mismo curso y Pam uno por debajo. Las dos eran muy guapas; Diane tenía la piel clara y Pam más oscura, y ambas poseían una plácida elegancia que emanaba de ellas de forma natural. Su hermana pequeña, Gina, era unos años más joven. En su casa había pocos hombres. Su padre no vivía allí y apenas hablaban de él. Tenían un hermano mucho mayor que no solía aparecer por allí. La señora Gore era una mujer optimista y atractiva que trabajaba a tiempo completo. Tenía un tocador lleno de frascos de perfume, polveras que me parecían tan exóticas como las joyas. Me encantaba ir a su casa. Pam, Diane y yo hablábamos sin parar de los chicos que nos gustaban. Nos aplicábamos brillo de labios y nos probábamos la ropa de las demás, conscientes repentinamente de que ciertos pantalones resaltaban más la curva de nuestras caderas. Por aquella época consumía gran parte de mi energía dándole vueltas a la cabeza, escuchando música a solas en mi habitación, soñando con bailar lento con un chico mono o mirando por la ventana con la esperanza de que pasara en bicicleta alguno de mis amores, así que encontrar a unas hermanas con las que compartir aquellos años fue una bendición.

En casa de los Gore no podían entrar chicos, pero rondaban como moscardones. Pasaban una y otra vez por delante con la bicicleta. Se sentaban en la escalera esperando que Diane o Pam salieran a coquetear con ellos. Allá donde mirara, los cuerpos estaban cambiando. De repente, los niños del colegio eran grandotes y desmañados, irradiaban inquietud y tenían la voz grave. Algunas de mis amigas aparentaban dieciocho años y se paseaban en pantalones muy cortos y tops, con una expresión fría y desenvuelta, como si conocieran algún secreto, como si de pronto vivieran en otro plano mientras las demás seguíamos siendo inseguras, esperando la llamada del mundo adulto.

Como tantas otras chicas, mucho antes de empezar a parecer una mujer tomé conciencia de mi cuerpo. Ahora me movía por el barrio con más independencia y menos ataduras respecto de mis padres. A última hora de la tarde cogía el autobús para ir a clases de danza en la Academia Mayfair, donde estudiaba jazz y acrobacia. A veces hacía recados para mi madre. Con las nuevas libertades llegaron también nuevos retos. Me acostumbré a mirar al frente siempre que pasaba por delante de un grupo de hombres apostados en una esquina. Hacía oídos sordos a los piropos que recibía. Aprendí qué manzanas del barrio se consideraban más peligrosas y tenía claro que no debía ir sola por la noche.

En casa, mis padres asumieron que daban cobijo a dos adolescentes y reconvirtieron el porche trasero de la cocina en un dormitorio para Craig, que estaba en segundo curso en el instituto. La endeble partición que Southside había construido años antes desapareció. Yo me instalé en la que había sido la habitación de mis padres y ellos en la de los niños y, por primera vez, mi hermano y yo disfrutamos de un espacio propio. Mi nuevo dormitorio era de ensueño e incluía una colcha y fundas de almohada con un estampado de flores azules y blancas, una alfombra de color azul marino y una cama blanca de princesa, con tocador y lámpara a juego. Cada uno teníamos una extensión propia (mi teléfono era azul claro, acorde con la nueva decoración, y el de Craig de un negro varonil).

Organicé mi primer beso de verdad por teléfono. Fue con un chico llamado Ronnell. No iba a mi colegio ni vivía en mi barrio, pero cantaba en el coro infantil de Chicago con mi compañera Chiaka y, utilizándola como intermediaria, habíamos llegado a la conclusión de que nos gustábamos. Nuestras llamadas eran un poco incómodas, pero no me importaba. Me encantaba la sensación de gustar a alguien. No recuerdo quién propuso a quién que nos reuniéramos delante de mi casa una tarde para intentar besarnos, pero sí recuerdo que ambos estábamos ilusionados.

Nuestro beso no tuvo nada de sensacional o especialmente inspirador, pero fue divertido. Poco a poco me di cuenta de que estar con chicos era entretenido. Y las horas que pasaba viendo los partidos de Craig desde la grada de algún gimnasio dejaron de parecerme una obligación fraternal porque ¿qué era un partido de baloncesto sino un escaparate de chicos? Me ponía los vaqueros más ceñidos que tuviera y algunas pulseras de más para llamar más la atención, y a veces me acompañaba una de las hermanas Gore en la grada. Una noche, un chico del equipo universitario me sonrió al abandonar la pista y le correspondí. Tuve la sensación de que mi futuro estaba a la vuelta de la esquina.

Estaba distanciándome lentamente de mis padres y cada vez era menos dada a verbalizar hasta el último pensamiento que se me pasara por la cabeza. Cuando volvíamos a casa de aquellos partidos de baloncesto, iba en silencio en el asiento trasero del Buick; mis pensamientos eran demasiado profundos o confusos para compartirlos. Ahora me veía atrapada en el solitario placer de ser adolescente, convencida de que los adultos que me rodeaban nunca lo habían sido.

A veces, cuando terminaba de cepillarme los dientes por la noche me encontraba el apartamento a oscuras, las luces del salón y la cocina apagadas; todo el mundo acomodado en su propia esfera. Si distinguía un resplandor debajo de la puerta de Craig sabía que estaba haciendo los deberes. Veía la luz parpadeante del televisor en el dormitorio de mis padres y los oía murmurar y reírse. Igual que nunca me preguntaba qué sentía mi madre siendo ama de casa a tiempo completo, tampoco me preguntaba qué se sentía estando casada. Pero ahora entiendo que incluso un matrimonio feliz tiene sus dificultades, que es una relación que hay que ir renovando una y otra vez. Daba por sentada la unión de mis padres. Era un hecho simple y sólido sobre el cual se erigía la vida de los cuatro. Mucho después, mi madre me contó que cada año, cuando llegaba la primavera a Chicago y el aire era más cálido, se planteaba dejar a mi padre. Era para ella una fantasía, algo que le parecía saludable y puede que incluso vigorizante, casi como un ritual.

Si jamás has pasado un invierno en Chicago, permíteme que te lo describa: uno puede vivir cien días seguidos bajo un cielo gris acero que se cierne sobre la ciudad como si fuera una tapadera. Del lago llegan vientos gélidos y cortantes. La nieve cae de muchas maneras distintas, en grandes descargas nocturnas y en borrascas laterales diurnas, en forma de desmoralizante aguanieve o como nubes espumosas de cuento de hadas. Normalmente, las aceras y los parabrisas están cubiertos de hielo, mucho hielo, que luego hay que raspar. A primera hora de la mañana se oye el ruido de ese raspado antes de que la gente se monte en el coche para ir a trabajar. Tus vecinos, irreconocibles bajo las gruesas capas de ropa, bajan la cabeza para protegerse del viento. Los quitanieves municipales recorren las calles mientras la nieve blanca se amontona y se ensucia hasta que ya nada es prístino.

Sin embargo, al final ocurre algo. Da comienzo un sosegado punto de inflexión. Puede ser sutil, un olor a humedad en el aire o el cielo despejándose un poco. Primero sientes en el corazón la posibilidad de que el invierno haya pasado. Al principio puede que no confíes en ello, pero luego sí. Porque ha salido el sol, se adivinan pequeños brotes nudosos en los árboles y tus vecinos se han quitado los gruesos abrigos. Y es posible que tus pensamientos sean más livianos la mañana en que decides abrir todas las ventanas del apartamento para limpiar los cristales y pasar un paño por el alféizar. Te permite pensar, preguntarte si has perdido otras oportunidades al casarte con este hombre, vivir en esta casa y tener estos hijos.

Puedes pasarte el día entero valorando otras formas de vida antes de colocar de nuevo las ventanas en su marco y vaciar el cubo con Pine-Sol en el fregadero. Y quizá entonces recuperes todas tus certezas, porque, en efecto, es primavera y, una vez más, has decidido quedarte.

5

Mi madre volvió a trabajar cuando yo empecé en el instituto. Encontró empleo como auxiliar administrativa en una entidad bancaria en pleno centro de Chicago, plagado de rascacielos. Se compró ropa nueva para el trabajo y empezó a hacer el trayecto todas las mañanas: tomaba el autobús en dirección norte en el bulevar Jeffery, o la acompañaba mi padre en el Buick, si sus horarios coincidían. El empleo supuso una bienvenida alteración de la rutina, y nuestra familia necesitaba el dinero. Mis padres llevaban un tiempo pagando la matrícula de Craig en la escuela católica, y ahora él empezaba a pensar en la universidad, conmigo pisándole los talones.

Mi hermano ya había dado el estirón. Era un grandullón de movimientos fluidos y con una potencia de piernas asombrosa, y se le consideraba uno de los mejores jugadores de baloncesto de la ciudad. En casa comía mucho. Bebía litros de leche, devoraba pizzas familiares enteras de una tacada y a menudo se tomaba un tentempié entre la cena y la hora de acostarse. Como siempre, lograba combinar la alegría de vivir con una concentración intensa; mantenía montones de amigos y sacaba buenas notas a la vez que destacaba como deportista. Había recorrido el Medio Oeste con un equipo que participaba en una liguilla de verano y que contaba con una futura superestrella llamada Isiah Thomas, que acabaría ingresando en el Salón de la Fama de la NBA. Cuando a Craig le llegó el momento de empezar en el instituto lo pretendieron los entrenadores de algunos de los mejores centros públicos de Chicago, deseosos de llenar huecos en sus plantillas. Eran equipos que atraían no solo a un público nutrido, sino también a ojeadores universitarios, pero mis padres se opusieron a que Craig sacrificase su educación en aras de la gloria fugaz de ser una estrella de instituto.

Mount Carmel, con su potente equipo de baloncesto en la Liga Católica y su exigente plan de estudios, les pareció a mis padres la mejor solución, merecedora de los miles de dólares que la escuela de mi hermano estaba costándoles. Los profesores de Craig eran curas de sotana marrón a los que había que dirigirse como «padre». La mayoría de sus compañeros de clase eran blancos, muchos de ellos jóvenes de ascendencia irlandesa y católica procedentes de barrios de clase obrera blanca. Para finales de su primer año, ya lo cortejaban un par de equipos universitarios de la primera división, algunos de los cuales probablemente le ofrecerían correr con todos los gastos de la matrícula. Aun así, mis padres querían que no se cerrase ninguna puerta y procurase entrar en la mejor universidad posible. Ya se preocuparían ellos de los costes.

Mi ingreso en el instituto, por suerte, no nos costó más que los billetes de autobús. Tuve la fortuna de superar la prueba de acceso en la primera escuela especializada de Chicago, el Instituto Whitney M. Young, que estaba en lo que entonces era una zona deprimida justo al oeste del Loop, pero iba camino de convertirse en uno de los mejores centros públicos de enseñanza de la ciudad. El Whitney Young debía su nombre a un activista de los derechos civiles, y se había inaugurado unos años antes como una alternativa al transporte de escolares en autobús y una manera de integrar estudiantes de distintas razas y clases. El instituto, ubicado en la línea divisoria entre las zonas norte y sur de Chicago, estaba diseñado para atraer a estudiantes de alto rendimiento de todos los colores. El alumnado debía estar compuesto por un cuarenta por ciento de negros, un cuarenta por ciento de blancos y el veinte por ciento restante de hispanos u otros. Pero cuando yo estudié, alrededor del ochenta por ciento de los alumnos eran no blancos.

El mero recorrido hasta el instituto en mi primer día fue toda una experiencia: noventa minutos de trayecto complicado en dos buses urbanos distintos, con trasbordo en el centro incluido. Aquella mañana me levanté a las cinco, me puse ropa nueva y unos pendientes bonitos. Desayuné sin tener ni idea de dónde comería. Me despedí de mis padres, dudando de si sería siquiera yo misma al final de la jornada. En teoría, el instituto era un período de cambio. Y el Whitney Young fue para mí el lugar donde todo ocurriría.

El instituto era llamativo y moderno, no se parecía a ningún centro de enseñanza que hubiera visto. Había un edificio entero dedicado a las artes, con aulas especiales para que el coro cantara y las bandas tocasen, y otras para la fotografía y la alfarería. El centro entero estaba construido a modo de templo de la enseñanza. Un torrente de alumnos atravesaba la entrada principal, con paso resuelto desde el primer día.

Había unos mil novecientos estudiantes en el Whitney Young, y a mí me parecían, todos ellos, más adultos y confiados de lo que yo sería nunca. En Bryn Mawr había sido una de las niñas más mayores, y de pronto era una de las chicas más jóvenes del instituto. Al bajar del autobús me fijé en que, además de mochila, muchas de las estudiantes llevaban bolso de verdad.

Mi mayor preocupación sobre el instituto era: «¿Soy lo bastante buena?». Fue una pregunta que me reconcomió durante el primer mes, incluso cuando ya estaba acostumbrada a despertarme antes del alba y moverme por los diversos edificios para llegar a una clase. El Whitney Young estaba subdividido en cinco «casas», cada una de las cuales servía de base para sus miembros y tenía el fin de aportar cercanía a la experiencia de estudiar en un centro tan grande. Yo estaba en la Casa Dorada, a cargo de un subdirector llamado señor Smith, que daba la casualidad de que vivía a unos pocos números de distancia de la casa de mi familia en Euclid Avenue. Llevaba años haciendo trabajillos de vez en cuando para el señor Smith y su familia, desde cuidar de sus hijos y darles clases de piano hasta intentar adiestrar a su inadiestrable cachorro. Encontrarme con el señor Smith en el instituto fue un leve consuelo, un puente entre el Whitney Young y mi barrio, pero no fue suficiente para calmar mi nerviosismo.

Solo un puñado de chicos de mi barrio habían entrado en el Whitney Young. Mi vecina y amiga Terri Johnson estudiaba allí, igual que mi compañera de clase Chiaka, con la que mantenía una amistosa competencia desde la guardería, además de uno o dos chicos. Varios de nosotros viajábamos juntos en autobús por la mañana y luego de vuelta a casa al final de la jornada, pero en el instituto estábamos, por lo general, separados. También me manejaba, por primera vez, sin la protección de mi hermano mayor. En Bryn Mawr, Craig había ablandado a los profesores con su dulzura y se había ganado cierto respeto de «chico guay» en el patio. La luz que había dejado a su paso podía aprovecharla yo más tarde. Siempre se me había conocido, en prácticamente todos los lugares a los que iba, como la hermana pequeña de Craig Robinson.

De pronto, era Michelle Robinson a secas, sin el añadido de Craig. En el Whitney Young tenía que descubrir por mi cuenta quién era yo. Mi estrategia inicial consistió en mantenerme callada y procurar observar a mis nuevos compañeros de clase. ¿Quiénes eran esos chicos? Lo único que sabía era que eran inteligentes; los chicos más inteligentes de la ciudad, al parecer. Pero ¿acaso no lo era yo también? ¿No habíamos acabado allí nosotras tres, Terri, Chiaka y yo, porque éramos tan inteligentes como ellos?

La verdad es que no lo sabía. No tenía ni idea de si éramos tan inteligentes como los demás.

Solo sabía que éramos las mejores estudiantes que habían salido de una escuela mayoritariamente negra a la que se consideraba del montón, situada en un barrio mayoritariamente negro y del montón. Pero ¿y si eso no era suficiente? ¿Y si solo éramos las mejores de los peores?

Esa era la duda que me acompañó durante el período de orientación, durante mis primeras clases de biología e inglés en el instituto y durante mis algo torpes conversaciones en la cafetería para hacer nuevos amigos. «No es suficiente. No es suficiente.» Eran dudas sobre el lugar del que procedía y lo que había creído acerca de mí misma hasta ese momento. Sabía que esa sensación iría a más si no encontraba una manera de detenerla.

Estaba descubriendo que Chicago era una ciudad mucho más grande de lo que había imaginado. Fue algo que aprendí en parte a lo largo de las tres horas de autobús que me tocaba hacer a diario, a menudo obligada a viajar de pie porque el vehículo iba demasiado lleno para conseguir asiento.

A través de la ventana disfrutaba de una panorámica larga y lenta de lo que se me antojaba la totalidad del South Side: las tiendecillas y los restaurantes de carne asada todavía tenían la persiana metálica echada a la luz grisácea de la primera hora del día, y las canchas de baloncesto y los patios asfaltados estaban desiertos. Subíamos hacia el norte y luego doblábamos al oeste, para a continuación ir de nuevo hacia el norte, haciendo quiebros y paradas cada dos manzanas para recoger más pasajeros. Cruzábamos los barrios de Jackson Park Highlands y Hyde Park, donde el campus de la Universidad de Chicago estaba oculto tras una gigantesca puerta de hierro forjado. Después de un tiempo que se me hacía una eternidad, por fin acelerábamos para tomar Lake Shore Drive y seguir la curva del lago Michigan rumbo al norte, hacia el centro de la ciudad.

A un autobús no se le meten prisas. Te subes y te dejas llevar. Todas las mañanas hacía un trasbordo en el centro, en plena hora punta. A través del cristal veía a hombres y mujeres bien vestidos —trajes, faldas y sonoros tacones— que entraban a trabajar con un café en la mano y las prisas de quien se cree muy importante. Aún no sabía que a las personas de esa clase se las llamaba «profesionales». Ignoraba todavía qué títulos universitarios tenían que haberse sacado para acceder a los altos edificios corporativos que flanqueaban las calles del centro. Aun así, me gustaba lo resueltas que parecían.

Entretanto, en la escuela iba recopilando discretamente información, en un intento de ubicarme entre todos esos chavales tan listos. Hasta ese momento, mis experiencias con los chicos de otros barrios se habían limitado a las visitas a mis primos y unos pocos años de escuela de verano municipal en Rainbow Beach, donde todos proveníamos, sin embargo, de alguna parte del South Side y nadie era rico. En el Whitney Young conocí a chicos que vivían en el North Side, una zona de Chicago que para mí era como la cara oculta de la Luna, un lugar en el que no había pensado nunca y que no tenía motivos para visitar. También descubrí que existía una élite afroamericana. La mayoría de mis nuevos amigos del instituto eran negros, pero eso no conllevaba necesariamente que compartiésemos las mismas experiencias. Muchos de ellos tenían padres que eran abogados o médicos y parecían conocerse gracias a un club social afroamericano llamado Jack and Jill. Durante las vacaciones habían ido a esquiar o viajado a destinos para los que se requería pasaporte. Hablaban de cosas que me resultaban desconocidas, como programas de prácticas de verano y universidades históricamente negras. Los padres de uno de estos compañeros, un chico con aspecto de empollón que siempre era amable con todo el mundo, habían fundado una gran empresa de productos cosméticos y vivían en una de las calles más lujosas de la zona de rascacielos del centro.

Aquel era mi nuevo mundo. No pretendo dar a entender que la totalidad de los alumnos del instituto fueran ricos o sofisticados a rabiar. Había muchísimos jóvenes que procedían de barrios como el mío y que se enfrentaban a circunstancias mucho peores que las que yo conocería nunca. Pero mis primeros meses en el Whitney Young me mostraron algo que antes me había resultado invisible: cómo los contactos y el privilegio daban a algunas personas ventajas sobre otras.

Mi primer boletín de notas finales en el instituto resultó ser bastante bueno, al igual que el siguiente. Durante esos dos primeros años empecé a forjar la misma clase de confianza que tenía en Bryn Mawr. Con cada modesto logro, con cada zancadilla que conseguía esquivar en el instituto, mis dudas poco a poco iban despejándose. Me gustaban la mayoría de mis profesores. No me daba miedo levantar la mano en clase. En el Whitney Young era seguro ser inteligente. Se daba por sentado que todo el mundo trabajaba para ir a la universidad, lo que significaba que nadie ocultaba su inteligencia por temor a que alguien lo acusara de hablar como una niña blanca. Me encantaban todas las asignaturas que exigían redactar y me esforcé mucho con precálculo. Era pasable como estudiante de francés. Tenía compañeros que siempre iban un paso o dos por delante de mí, cuyos logros parecían no costarles ningún esfuerzo, pero intentaba que eso no me afectara. Empezaba a comprender que a menudo podía eliminar esa ventaja si dedicaba horas extras al estudio. No era de las que sacaban la máxima nota en todo, pero siempre me esforzaba, y hubo semestres en los que me quedé cerca.

Craig, entretanto, se había matriculado en la Universidad de Princeton, dejando un hueco de un metro noventa y ocho y noventa kilos de peso en nuestra vida cotidiana. Nuestra nevera pasó a estar menos repleta de carne y leche, y ya no ocupaban la línea de teléfono las chicas que llamaban para hablar con él. Había recibido propuestas de grandes universidades que le ofrecían una beca de baloncesto, lo que habría hecho de él alguien famoso en la universidad, pero con el apoyo de mis padres había escogido Princeton, que costaba más pero, a sus ojos, también prometía más. Mi padre no cabía en sí de orgullo cuando Craig alcanzó la titularidad en el equipo de baloncesto de Princeton durante su segundo año. Con su paso vacilante y apoyado en dos muletas, seguía disfrutando de los trayectos largos en coche. Había cambiado su viejo Buick por uno más nuevo, este de un reluciente granate intenso. Cuando podía tomarse el día libre en su trabajo, conducía doce horas a través de Indiana, Ohio, Pennsylvania o New Jersey para asistir a uno de los partidos de Craig.

Por culpa del largo trayecto al Whitney Young coincidía menos con mis padres. Visto en retrospectiva, supongo que en aquella época debieron de sentirse solos o, por lo menos, atravesar un período de readaptación. Ahora pasaba más tiempo fuera de casa que en ella. Por las tardes, cruzaba agotadísima la puerta de mi hogar entre las seis o las siete, a tiempo para una cena rápida y un ratito de charla con mis padres sobre cómo había ido la jornada. Pero una vez fregados los platos, desaparecía para hacer los deberes, para lo que a menudo bajaba mis libros hasta el rincón de la enciclopedia, junto al hueco de la escalera y el apartamento de Robbie y Terry, a fin de disfrutar de un poco de paz e intimidad.

Mis padres no mencionaron ni una vez el estrés que les suponía tener que pagar la universidad, pero yo era consciente de su situación. Cuando mi profesora de francés anunció que organizaría un viaje opcional a París durante uno de nuestros períodos vacacionales para quienes pudieran permitírselo, ni siquiera lo mencioné en casa. Era la diferencia que existía entre los chicos del Jack and Jill, muchos de los cuales eran ya buenos amigos míos, y yo. Tenía una casa en la que encontraba orden y cariño, dinero para el autobús que cruzaba la ciudad hasta el instituto y un plato caliente todas las noches. Más allá de eso, no pensaba pedir nada a mis padres.

Aun así, una noche, mis padres me hicieron sentarme para hablar conmigo. Me quedé perpleja cuando mi madre me anunció que se había enterado del viaje a Francia por la madre de Terri Johnson.

—¿Por qué no nos lo has contado? —preguntó.

—Porque cuesta demasiado dinero.

—Eso en realidad no lo decides tú, Miche —replicó mi padre en tono amable, casi ofendido—. ¿Y cómo vamos a decidirlo nosotros, si ni siquiera estamos al corriente?

Los miré a los dos, sin saber qué decir. Mi madre me miró con ojos bondadosos. Mi padre se había quitado el uniforme del trabajo y se había puesto una camisa blanca limpia. Para entonces tenían cuarenta y pocos años y llevaban casados casi veinte. Ninguno de los dos había pasado unas vacaciones en Europa. Nunca viajaban a la playa ni salían a cenar. No tenían una casa en propiedad. Nosotros éramos su inversión, Craig y yo. Todo nos lo llevábamos nosotros. Al cabo de unos meses embarqué rumbo a París con mi profesora y alrededor de una docena de mis compañeros de clase del Whitney Young. Visitaríamos el Louvre y la Torre Eiffel. Compraríamos *crêpes* en los puestos callejeros. Hablaríamos francés como un hatajo de críos de instituto de Chicago, pero al menos lo hablaríamos. Mientras el avión se alejaba de la puerta de embarque aquel día, miré por la ventanilla hacia el aeropuerto, sabiendo que mi madre observaba desde algún lugar detrás de los ventanales de cristal negro, cubierta con su abrigo de invierno y despidiéndome con la mano.

Como sucede con todos los estudiantes de instituto del mundo, a mis amigos y a mí nos gustaba reunirnos. Los días en que salíamos de clase antes de lo habitual o cuando había pocos deberes, íbamos todos al centro, donde aterrizábamos en el centro comercial de ocho plantas de Water Tower Place. Una vez allí, subíamos y bajábamos por las escaleras mecánicas, nos dejábamos el dinero en palomitas gourmet de Garrett's y nos adueñábamos de mesas del McDonald's durante horas. Ojeábamos los vaqueros de marca y los bolsos en los grandes almacenes, a menudo seguidos con discreción por guardias de seguridad a los que no les gustaba nuestro aspecto. A veces íbamos a ver una peli.

Éramos felices; felices con nuestra libertad, felices los unos con los otros, felices con el modo en que la ciudad parecía brillar más los días que no pensábamos en los estudios. Éramos chicos de ciudad que aprendían a campar a sus anchas.

Pasaba mucho tiempo con una compañera de clase llamada Santita Jackson, que por la mañana se subía al autobús del bulevar Jeffery unas paradas después de mí y que llegó a ser una de mis mejores amigas en el instituto. Santita tenía unos ojos oscuros preciosos, la cara redonda y el porte de una mujer sabia, aun a los dieciséis años. Era la típica chica que en Whitney Young se apuntaba a todos los cursos avanzados opcionales disponibles, y además destacaba en todos ellos. Llevaba falda cuando todas las demás nos poníamos vaqueros, y cantaba con una voz tan clara y potente que acabaría yendo de gira años más tarde como corista de Roberta Flack. Además, era profunda. Era lo que más me gustaba de Santita; como yo, podía hacer el ganso cuando estábamos en grupo, pero estando las dos solas nos poníamos reflexivas y profundas, dos filósofas adolescentes que intentaban resolver los interrogantes, grandes y pequeños, de la vida. Pasábamos horas en el suelo de la habitación de Santita en la primera planta de la casa blanca de estilo Tudor que su familia tenía en Jackson Park Highlands, una zona más rica de South Shore, hablando sobre las cosas que nos molestaban, el rumbo que llevaba nuestra vida y lo que entendíamos o no entendíamos del mundo. Como amiga, sabía escuchar y dar buenos consejos, y yo intentaba hacer lo propio con ella.

El padre de Santita era famoso. Esa era una realidad insoslayable en su vida. Era la primogénita del reverendo Jesse Jackson, el fogoso predicador baptista y poderoso dirigente político, que estaba cobrando cada vez más peso. Jackson había trabajado en estrecha colaboración con Martin Luther King Jr. y había fundado una organización política llamada Operation PUSH, que defendía los derechos de los afroamericanos. Para cuando entramos en el instituto, ya era una celebridad. Recorría todo el país haciendo llamamientos a que la población negra se sacudiera de encima los negativos estereotipos del gueto y reclamase el poder político que se le había negado durante tanto tiempo. Hacía que los escolares se comprometieran por escrito a apagar la tele para dedicar dos horas a los deberes todas las noches. Hacía que los padres prometieran no desentenderse. Luchaba contra la sensación de fracaso que se había extendido en tantas comunidades afroamericanas e instaba a sus habitantes a tomar las riendas de su destino. «¡Nadie, nadie en absoluto, es demasiado pobre para apagar la tele dos horas cada noche!», gritaba.

Pasar tiempo en casa de Santina podía ser emocionante. Era espaciosa y un poco caótica, el hogar de los cinco hijos de la familia, y estaba repleta de macizos muebles victorianos y de cristalería de época que a la madre de Santita, Jacqueline, le gustaba coleccionar. La señora Jackson, como la llamaba yo, era de espíritu extrovertido y risa sonora. Llevaba ropa colorida y muy holgada y servía las comidas en una mesa enorme, a la que invitaba a sentarse a cualquiera que pasara por allí, en su mayor parte miembros de lo que ella llamaba «el movimiento», entre los cuales había importantes empresarios, políticos y poetas, amén de un grupo de famosos que incluía desde cantantes hasta deportistas.

A diferencia de lo que sucedía en nuestro apartamento de Euclid, donde la vida seguía un ritmo ordenado y predecible, donde las inquietudes de mis padres casi nunca iban más allá de mantener a nuestra familia feliz y encaminada hacia el éxito, los Jackson parecían enzarzados en algo más extraordinario, más confuso y, en apariencia, más importante. Educaban a Santita y sus hermanos para que fueran políticamente activos. Sabían cómo y qué boicotear. Se manifestaban por las causas de su padre. Lo acompañaban en sus viajes de trabajo y visitaban lugares como Israel y Cuba, Nueva York y Atlanta. Se habían subido a estrados ante enormes multitudes y estaban aprendiendo a absorber la angustia y la incertidumbre que conllevaba tener un padre, un padre negro además, con una vida pública. El reverendo Jackson tenía un equipo de guardaespaldas, hombres corpulentos y silenciosos que viajaban con él. En aquel entonces solo comprendí a medias que había recibido amenazas de muerte.

Santita adoraba a su padre y estaba orgullosa de su labor, pero también intentaba tener una vida propia. Tanto ella como yo creíamos firmemente que había que reforzar el carácter de los jóvenes negros de todo Estados Unidos, pero a la vez nos urgía llegar al centro comercial de Water Tower Place antes de que acabaran las rebajas de zapatillas de deporte. A menudo nos veíamos buscando a alguien que nos llevara o nos prestase un coche. A veces pedíamos a algún miembro del personal que nos acompañase, o a alguno de los visitantes que entraban y salían del hogar de los Jackson a todas horas. Lo que cedíamos era el control. Se convertiría en una de mis primeras lecciones sobre la vida en la política, aunque entonces no lo supiera: los horarios y los planes pueden cambiar. Santita y yo a menudo nos veíamos obligadas a esperar a causa de algún retraso relacionado con su padre —una reunión que se alargaba o un avión que todavía volaba en círculos sobre el aeropuerto—, o a dar rodeos porque había que hacer varias paradas de última hora. Creíamos que nos acompañaban a casa desde el instituto o que íbamos al centro comercial, pero en lugar de eso acabábamos en un mitin en el West Side o atrapadas durante horas en la sede de Operation PUSH.

Un día nos encontramos manifestándonos con una multitud de partidarios de Jesse Jackson en el desfile del día de Bud Billiken. Es una de las tradiciones más solemnes del South Side: un alarde de bandas de música y carrozas que recorre unos tres kilómetros por Martin Luther King Jr. Drive y está dedicado al orgullo afroamericano. Para cualquiera que ocupase un lugar destacado en su comunidad o en la política era —y sigue siendo a día de hoy— más o menos obligatorio hacer acto de presencia en el desfile y seguir su recorrido.

Entonces lo ignoraba, pero faltaban unos pocos años para que el padre de Santita presentara su candidatura oficial a la presidencia de Estados Unidos. En 1984, Jesse Jackson sería el segundo afroamericano en presentar una campaña seria a la presidencia, después de la congresista Shirley Chisholm, que se presentó en 1972. (Entre los candidatos demócratas, acabó en tercer lugar.)

Lo que sí sabía entonces era que no me gustaba mucho la sensación de estar allí, en el desfile, asándome al sol entre globos y bocinas, trombones y vítores multitudinarios. La fanfarria era divertida, pero aquello, y la política en general, tenía algo que me hacía sentir incómoda. Para empezar, yo era una persona a la que le gustaban las cosas ordenadas y planificadas con antelación y, por lo que alcanzaba a entender, una vida dedicada a la política no parecía tener nada de ordenado. El desfile no formaba parte de mis planes. Pero yo quería a Santita y, además, era una niña educada que casi siempre obedecía a los mayores, de modo que, cuando me pidieron que participase en el desfile, accedí.

Cuando aquella tarde regresé a mi casa de Euclid Avenue me encontré a mi madre riéndose. «Acabo de verte en la tele», me dijo. Al parecer, estaba mirando las noticias y me había reconocido desfilando junto a Santita, saludando y sonriendo. Supongo que su sonrisa se debía, también, a que había captado mi incomodidad, la sensación de que me había visto inmersa en algo que no era de mi agrado.

Llegó el momento de buscar universidad, y tanto a Santita como a mí nos interesaban facultades de la Costa Este. Ella fue a echar un vistazo a Harvard, pero se enfadó porque un encargado de admisiones fue desagradable con ella a causa de la actividad política de su padre, cuando lo único que ella quería era que la aceptasen por sí misma. En cuanto a mí, pasé un fin de semana con Craig en Princeton, donde mi hermano parecía haber adoptado un productivo ritmo consistente en jugar al baloncesto, ir a clase y frecuentar un local del campus para estudiantes minoritarios. El campus era grande y bonito, con edificios cubiertos de hiedra, y los amigos de Craig parecían bastante simpáticos. No le di muchas más vueltas. Ningún miembro de mi familia cercana había tenido demasiada experiencia con la universidad, de modo que, en cualquier caso, no había mucho que considerar. Como siempre había ocurrido, imaginé que, si a Craig le había gustado, a mí también me gustaría, y que todo lo que él pudiera lograr, también podría hacerlo yo. Así pues, Princeton se convirtió en mi primera opción como universidad.

A comienzos de mi último año en Whitney Young tuve una primera reunión con la orientadora universitaria que el instituto me había asignado.

No puedo contar gran cosa sobre la orientadora porque borré de mi memoria aquella experiencia casi al instante. No recuerdo su edad, raza o manera de mirarme el día que me presenté en su despacho, rebosante de orgullo porque estaba a punto de graduarme y me encontraba entre el diez por ciento con las mejores notas de mi clase en el Whitney Young, porque me habían elegido tesorera del último curso, porque había entrado en la prestigiosa National Honor Society y porque había logrado disipar casi todas las dudas con las que llegué cuando era una nerviosa estudiante de primer curso. No recuerdo si repasó mi expediente académico antes o después de que yo le anunciara que estaba interesada en unirme a mi hermano en Princeton el otoño siguiente.

Es posible, en realidad, que durante aquel breve encuentro la orientadora universitaria me dijera cosas que tal vez fueran positivas y útiles, pero no recuerdo ninguna. Porque, con razón o sin ella, solo me quedé con una frase concreta de todas las que pronunció aquella mujer.

«No estoy segura —dijo mientras me dedicaba una sonrisa falsa— de que des la talla para Princeton.»

Su juicio, tan rápido como despectivo, se basaba probablemente en un repaso rápido de mis notas y resultados en los test. Imagino que era lo que hacía durante todo el día: informar a los estudiantes de último curso de dónde encajaban y dónde no. Estoy convencida de que ella creía que estaba siendo realista. Dudo que tuviera en mente otro pensamiento durante nuestra charla.

Pero, como he dicho, el fracaso es una sensación mucho antes de llegar a concretarse. Y a mí, la sensación que me dio fue que eso era exactamente lo que aquella mujer estaba tratando de hacerme ver: la perspectiva del fracaso mucho antes de haber intentado tener éxito. Estaba diciéndome que rebajase mis expectativas, que era todo lo contrario de lo que mis padres me habían inculcado durante toda mi vida.

Si hubiera decidido creerla, su opinión habría socavado mi autoconfianza una vez más y habría resucitado la vieja duda del «no es suficiente, no es suficiente».

Sin embargo, haber seguido el ritmo de los ambiciosos alumnos del Whitney Young durante tres años me había enseñado que yo era algo más. No pensaba dejar que la opinión de una sola persona cambiase todo lo que creía saber sobre mí misma. Presentaría una solicitud de ingreso en Princeton y en varias universidades más, pero no consultaría a la orientadora en lo sucesivo. En lugar de su ayuda busqué la de alguien que me conocía de verdad. El señor Smith, mi vecino y subdirector, sabía, por propia experiencia, cuáles eran mis puntos fuertes como estudiante y, por si fuera poco, me confiaba a sus hijos. Accedió a escribirme una carta de recomendación.

A lo largo de mi vida he tenido la suerte de conocer a toda clase de personas extraordinarias y con talento: dirigentes mundiales, inventores, músicos, astronautas, deportistas, catedráticos, emprendedores, artistas y escritores, pioneros de la medicina y la investigación. Algunos, aunque no los suficientes, son mujeres. Algunos, aunque no los suficientes, son negros o de color. Algunos nacieron pobres o tuvieron una vida repleta de dificultades, y aun así se comportan en apariencia como si hubieran disfrutado de todas las ventajas del mundo. Lo que he aprendido es lo siguiente: de todos ellos ha habido quien ha dudado. Algunos siguen teniendo montones de críticos y detractores que no paran de gritarles «Ya te lo advertí» cada vez que cometen un pequeño error. Pero las personas más exitosas que conozco han aprendido a vivir con las críticas, a apoyarse en la gente que cree en ellas y a seguir adelante con sus objetivos.

Aquel día, cuando salí del despacho de la orientadora universitaria del Whitney Young estaba furiosa, más herida en el ego que cualquier otra cosa. Mi único pensamiento era: «Te vas a enterar».

Pero luego me tranquilicé y volví al trabajo. Nunca había pensado que entrar en la universidad fuese a resultar fácil, pero estaba aprendiendo a concentrarme y tener fe en mi propia historia. Intenté plasmar toda aquella experiencia en mi carta para la universidad. Escribí sobre la esclerosis múltiple de mi padre y la falta de experiencia de mi familia con la educación superior. Sabía que no sería una estudiante que encajase al instante en Princeton. No oculté que apuntaba hacia arriba porque, dada mi procedencia, en realidad era lo único que podía hacer.

Y en última instancia, sí logré que aquella orientadora universitaria se enterase, porque seis o siete meses más tarde llegó una carta a nuestro buzón de Euclid Avenue en la que me comunicaban que había sido admitida en Princeton. Mis padres y yo lo celebramos aquella noche pidiendo pizza de Italian Fiesta. Telefoneé a Craig y le anuncié a gritos la buena nueva. Al día siguiente llamé a la puerta del señor Smith para contarle que me habían aceptado y darle las gracias por su ayuda. No fui, en cambio, al despacho de la orientadora para explicarle que se había equivocado, que al final sí que daba la talla para Princeton. No nos habría servido de nada a ninguna de las dos. En realidad, no necesitaba que se enterase de nada. Solo tenía que enterarme yo.

6

Mi padre me acompañó en coche a Princeton en el verano de 1981, cruzando las rectas y llanas autopistas que conectan Illinois con New Jersey. Pero fue algo más que un simple viaje por carretera entre padre e hija. Mi novio, David, nos acompañó durante todo el trayecto. Me habían invitado a asistir a un programa especial de orientación de verano de tres semanas de duración que ofrecía tiempo extra a determinados estudiantes nuevos para ayudarlos a instalarse en el campus. Craig lo había hecho dos años antes y parecía conveniente. De modo que hice las maletas, me despedí de mi madre —no lloramos ni nos pusimos sentimentales— y subí al coche.

Estaba deseando abandonar la ciudad, en parte porque había pasado los dos últimos meses trabajando en una cadena de montaje en un pequeño taller de encuadernación de libros situado en el centro de Chicago: una rutina aburrida que se prolongaba durante ocho horas al día, cinco días por semana, y que actuó como fantástico recordatorio de lo acertado que era ir a la universidad. La madre de David trabajaba en la encuadernadora y nos había ayudado a encontrar empleo allí a su hijo y a mí. David era inteligente y atento, un joven alto y apuesto dos años mayor que yo. Se había hecho amigo de Craig en la cancha de baloncesto del barrio unos años antes. Con el tiempo, empezó a salir conmigo. Durante el año académico, David se encontraba en una universidad que estaba fuera del estado, lo que evitaba que me distrajera de mis estudios. Durante las vacaciones y en verano, sin embargo, volvía a la casa de su madre en el extremo sudoeste de la ciudad y pasaba casi a diario a recogerme con su coche.

David era un chico tranquilo y, además, mucho más adulto que cualquier otro novio que hubiera tenido. Se sentaba en el sofá y miraba el partido con mi padre; bromeaba con Craig y conversaba educadamente con mi madre. Teníamos citas de verdad, en las que empezábamos con una cena en un restaurante de la cadena Red Lobster y luego íbamos al cine. De día, en el taller de encuadernación, usábamos las pistolas y gastábamos bromas hasta que no quedaba nada que decir. A ninguno nos interesaba en especial aquel trabajo, más allá de que nos permitiría ahorrar para la universidad. Me iría de la ciudad muy pronto. En cierto sentido ya estaba medio fuera: mi mente se hallaba rumbo a Princeton.

Así pues, aquella tarde de principios de agosto en la que el trío que formábamos mi padre, mi novio y yo abandonó por fin la carretera 1 y atravesó la alameda que llevaba al campus, ya estaba más que dispuesta a pasar página. Estaba preparada para llevar rodando mis dos maletas hasta la residencia de verano y estrechar la mano de los demás asistentes al cursillo (sobre todo estudiantes de alguna minoría o con bajos ingresos, además de un puñado de deportistas). Estaba preparada para probar la comida de la cantina, memorizar el mapa del campus y superar toda tarea que me pusieran por delante. Estaba allí. Había aterrizado. Tenía diecisiete años y mi vida avanzaba viento en popa.

Solo había un problema, y era David, que nada más cruzar la frontera estatal de Pennsylvania había empezado a mostrarse tristón. Mientras sacábamos con esfuerzo mi equipaje del maletero del coche de mi padre, noté que ya se sentía solo. Llevábamos más de un año saliendo. Incluso nos habíamos dicho «te quiero». Mientras mi padre se tomaba su consabido minuto extra para apearse del asiento del conductor y erguirse sobre sus muletas, David y yo esperamos en silencio bajo el ocaso, mirando el perfecto rombo de césped verde que había delante de mi residencia. ¿Nos visitaríamos? ¿Nos escribiríamos cartas de amor? ¿Era una despedida temporal o una ruptura? Caí en la cuenta de que nunca habíamos hablado de estas cosas tan importantes. David me sostuvo la mano con formalidad. Era desconcertante. Yo sabía lo que quería, pero no encontraba palabras para expresarlo. Esperaba que algún día mis sentimientos por un hombre me dejaran noqueada, verme arrastrada tal y como había leído en las mejores historias de amor. Mi padre y mi madre se enamoraron cuando eran adolescentes, él la acompañó al baile de fin de curso del instituto donde ella estudiaba. Yo sabía que los amores adolescentes en ocasiones eran genuinos y duraderos. Deseaba creer que había un muchacho que aparecería en mi vida el día menos pensado y pasaría a serlo todo para mí.

Lo malo era que no se trataba del muchacho que estaba plantado delante de mí en aquel momento.

Mi padre por fin interrumpió el silencio entre David y yo, diciendo que ya era hora de que subiéramos mis trastos a la residencia. Había reservado una habitación en un motel de la ciudad para ellos dos. Tenían pensado regresar a Chicago al día siguiente.

En el aparcamiento, abracé con cariño a mi padre. Siempre había tenido fuerza en los brazos, gracias a su pasión juvenil por el boxeo y la natación, y la conservaba por el esfuerzo que le exigía desplazarse con las muletas. «Sé buena, Miche», dijo al soltarme, sin que en la cara se le notase otra emoción que el orgullo. Después tuvo el detalle de subir al coche para concedernos algo de intimidad a David y a mí.

Nos quedamos a solas en la acera, los dos cohibidos y tratando de alargar el tiempo. Mi corazón rebosaba de afecto cuando se inclinó sobre mí para besarme. Aquella parte siempre era un placer. Envolvía con los brazos a un buen chico de Chicago al que yo le importaba de verdad. Pero en cuestión de minutos entraría en un nuevo mundo. Me inquietaba vivir fuera de casa por primera vez, dejar la única vida que había conocido. Pero una parte de mí comprendía que era mejor cortar de raíz, con rapidez. Nuestra despedida aquella noche fue real y para siempre. Probablemente debería haberle dicho a la cara en aquel momento que nuestra relación había acabado, pero me acobardé, consciente de que dolería, tanto verbalizarlo como oírlo. En vez de eso, dejé que David se fuera sin más.

Resultó que aún tenía muchas cosas que aprender sobre la vida, o por lo menos de la vida en Princeton a principios de la década de los ochenta. Después de pasar varias semanas estimulantes como estudiante de verano, rodeada de algunas docenas de compañeros que me resultaron tan accesibles como familiares, el semestre de otoño empezó de forma oficial. Había trasladado mis pertenencias a la habitación de una nueva residencia y observé desde mi ventana de la segunda planta cómo entraban en tropel en el campus miles de chicos y chicas, en su mayoría blancos, cargados con estéreos y percheros repletos de ropa. Algunos llegaban en limusina; incluso una joven apareció con dos —de las largas—, cargadas con todo su equipaje.

Princeton era extremadamente blanca y muy masculina. Era una realidad innegable. En el campus, el número de chicos duplicaba casi el de las chicas. Los estudiantes negros suponían menos del nueve por ciento en mi clase de primero. Si durante el programa de orientación había empezado a sentirme bastante integrada, de pronto destacábamos como semillas de amapola en un cuenco de arroz. Nunca antes había formado parte de una comunidad predominantemente blanca. Jamás había destacado entre la multitud o en un aula por el color de mi piel. Fue una experiencia que me hizo sentir incómoda, por lo menos al principio.

Con el tiempo, aprendí a adaptarme. Una parte del proceso de ajuste resultó fácil. Para empezar, a nadie parecía preocuparle demasiado la delincuencia. Los estudiantes dejaban sus dormitorios sin cerrar, las bicicletas apoyadas tranquilamente en el caballete delante de los edificios, los pendientes de oro abandonados en el lavamanos del cuarto de baño de la residencia. Su confianza en el mundo parecía infinita. Yo me había pasado años vigilando mis posesiones con discreción en el trayecto de ida y vuelta en autobús al Whitney Young, y cuando por la tarde regresaba a pie a casa llevaba la llave encajada entre dos nudillos y con la punta hacia fuera, por si necesitaba defenderme.

En Princeton, parecía que de lo único que tenía que preocuparme era de mis estudios. Todo lo demás se había diseñado pensando en nuestro bienestar como estudiantes. Las cafeterías servían cinco clases diferentes de desayuno. Había unos robles enormes bajo los que sentarse y prados abiertos en los que podíamos jugar al frisbee para aliviar el estrés. La biblioteca principal era como una catedral, con techos altos y mesas relucientes de madera noble sobre las que podíamos abrir nuestros libros y estudiar en silencio. Estábamos protegidos, aislados, cuidados. Empecé a comprender que muchos jóvenes no habían conocido otra cosa en su vida.

Todo eso venía acompañado por un nuevo vocabulario que necesitaba dominar. ¿Qué era un «precepto»? ¿Qué era un «período lectivo sin docencia»? Nadie me había explicado el significado de sábanas «extralargas» en la lista de material básico de la universidad, de modo que compré ropa de cama demasiado corta y, por lo tanto, me pasé el primer año durmiendo con los pies sobre el protector plástico del colchón de la residencia. Existía una curva de aprendizaje especialmente grande en todo lo relativo a los deportes. Yo me había criado viendo fútbol americano, baloncesto y béisbol, pero resultó que los que estudiaban en la privada en la Costa Este hacían más cosas. Había lacrosse; había hockey sobre hierba; había hasta squash. Para una chica del South Side de Chicago podía ser un poco desconcertante. «¿Eres palista?» No tenía ni idea de lo que significaba eso.

Solo tenía una ventaja, la misma que tuve cuando empecé en la guardería: seguía siendo la hermana pequeña de Craig Robinson. Craig ya estaba en tercer curso y jugaba en el equipo universitario de baloncesto. Era, como había sido siempre, un chico popular. Hasta los guardias de seguridad del campus lo saludaban por su nombre. Craig tenía una vida, y yo logré colarme en ella. Conocí a sus compañeros de equipo y a sus respectivas amistades.

95

Craig vivía sin pagar alquiler, como vigilante, en un dormitorio del último piso del Third World Center, una organización que daba apoyo a los estudiantes de color. El TWC, como lo llamábamos la mayoría, enseguida se convirtió en una especie de base de operaciones para mí. Allí se celebraban fiestas y comidas de hermandad. Había tutores voluntarios que nos ayudaban con los deberes y espacios de ocio. Durante el programa de verano había hecho un puñado de amigas, y muchas de nosotras pasábamos nuestro tiempo libre en el TWC. Entre ellas estaba Suzanne Alele. Suzanne era alta y delgada, con las cejas gruesas y una melena oscura y exuberante cuyos rizos le caían por la espalda. Había nacido en Nigeria y crecido en Kingston, Jamaica, aunque su familia se había mudado a Maryland cuando era adolescente. Tal vez por eso parecía libre de cualquier identidad cultural única. Suzanne ejercía una atracción natural; era difícil no notarlo. Tenía un porte que yo siempre he asociado con la desenvoltura caribeña, una ligereza de espíritu que la hacía destacar entre los estudiantes de Princeton. No le daba reparo ir a una fiesta donde no conocía a nadie. Aunque estaba estudiando para ser médica, no renunciaba a apuntarse a clases de alfarería o de danza por la sencilla razón de que la hacían feliz.

Más adelante, durante nuestro segundo año, Suzanne se apuntó a un club de gastronomía, que era lo más parecido que había en Princeton a una fraternidad o sororidad. Me encantaban las anécdotas que Suzanne nos contaba tras los banquetes y las fiestas a las que acudía, aunque yo no sentía ningún interés por apuntarme. Estaba contenta con la comunidad de estudiantes negros y latinos que había encontrado a través del TWC, y encantada con permanecer en los márgenes de la vida social de Princeton en su conjunto. Nuestro grupo era reducido, pero estaba muy unido. Organizábamos fiestas y bailábamos hasta entrada la noche. A la hora de comer, a menudo nos juntábamos a la mesa diez o más personas, relajadas y entre risas, lo que me recordaba a las multitudinarias comidas que mi familia organizaba en casa de Southside.

Imagino que a los administradores de Princeton no les hacía mucha gracia que casi todos los estudiantes de color hicieran piña. Lo que esperaban era que todo el alumnado de distintas razas y orígenes étnicos se mezclara sin dificultad, y eso ahondase en la calidad de la vida estudiantil de la totalidad de los implicados. Es un noble propósito. Entiendo que, por lo que respecta a la diversidad en el campus, lo ideal sería alcanzar algo parecido a lo que suele mostrarse en los folletos de las universidades: estudiantes sonrientes que trabajan y se divierten en perfectos grupos multiétnicos. Pero incluso a día de hoy, a pesar de que los estudiantes blancos siguen superando en número a los de color en los campus universitarios, la carga de la integración recae casi siempre sobre los estudiantes minoritarios. Según mi experiencia, es mucho pedir.

En Princeton necesitaba a mis amigos negros. Nos proporcionábamos mutuamente consuelo y apoyo. Éramos muchos los que llegábamos a la universidad sin ser siquiera conscientes de las desventajas que padecíamos. Es un proceso lento ir descubriendo que tus compañeros han recibido clases especiales de preparación para las pruebas de acceso a la universidad o contenidos de nivel universitario en el instituto, o que han estudiado en internados privados y, por lo tanto, no se enfrentan a la dificultad añadida que supone vivir fuera de casa por primera vez. Era como subir al escenario para ofrecer tu primer recital de piano y descubrir que nunca habías tocado nada que no fuera un instrumento con las teclas rotas. El mundo cambia de orientación, pero te piden que te adaptes y lo superes, que interpretes tu música como todos los demás.

Es algo factible, por supuesto —los estudiantes que pertenecen a colectivos minoritarios o desfavorecidos superan el reto a diario—, pero requiere energía. Requiere energía ser la única persona negra en una sala de conferencias o uno de los pocos no blancos que se ofrece para participar en una obra de teatro o para jugar en un equipo de una liga intrauniversitaria. Exige esfuerzo, un punto adicional de confianza, hablar en esos entornos y reivindicar con naturalidad tu presencia en la sala. Y por eso, cuando mis amigos y yo coincidíamos para cenar todas las noches sentíamos cierto grado de alivio. Por eso hacíamos largas sobremesas y nos reíamos cuanto podíamos.

Mis dos compañeras de habitación blancas en Pyne Hall eran geniales, pero no pasé en la residencia el tiempo suficiente para trabar una amistad profunda con ellas. La verdad es que no tenía muchas amigas blancas, en general. Ahora me doy cuenta de que la culpa también fue mía. Era cauta; me aferraba a lo que conocía. Cuesta verbalizar lo que a veces se capta en el ambiente, los matices discretos y crueles del no encajar, los indicios sutiles que te advierten que no arriesgues, que busques a tu gente y permanezcas donde estás.

Cathy, una de mis compañeras de habitación, aparecería en las noticias muchos años más tarde para contar, abochornada, algo que yo no supe cuando vivíamos juntas: su madre, una maestra de Nueva Orleans, estaba tan molesta por que a su hija le hubieran asignado una compañera de habitación negra que había insistido a la universidad para que nos separasen. La madre de Cathy también concedió una entrevista, en la que confirmaba la historia y ampliaba el contexto: se había criado en una casa en la que los epítetos racistas formaban parte del vocabulario familiar y había tenido un abuelo que se vanagloriaba de haber expulsado a los negros de su pueblo cuando era sheriff. Le había «horrorizado», en sus palabras, que yo estuviera cerca de su hija.

Lo único que supe en su momento fue que, a mediados de nuestro primer año, Cathy se trasladó de nuestra habitación triple a una individual. Me alegra decir que yo no tenía ni idea de por qué.

Mi beca de Princeton me exigía que buscara un empleo a tiempo parcial, y acabé consiguiendo uno estupendo. Me contrataron como auxiliar de dirección en el TWC. Ayudaba unas diez horas por semana fuera de mi horario lectivo; me sentaba ante un escritorio junto a Loretta, la secretaria a tiempo completo, y escribía memorándums a máquina, cogía el teléfono y ayudaba a los estudiantes que acudían con preguntas. Me encantaba estar empleada allí, tener trabajo de oficina que hacer. Me encantaba la pequeña sacudida de satisfacción que sentía cada vez que terminaba alguna tarea organizativa de poca monta. Pero, por encima de todo, me encantaba mi jefa, Czerny Brasuell.

Czerny era una mujer negra inteligente, vivaz y hermosa que llevaba vaqueros de pata de elefante y sandalias de plataforma y siempre parecía manejar cuatro o cinco asuntos a la vez. Para los estudiantes de color de Princeton era una mentora y defensora, que trabajaba para que la universidad fuese más inclusiva para nosotros. Estar cerca de ella era una experiencia extraordinaria; era lo más cerca que había estado nunca de una mujer independiente con un trabajo que la entusiasmaba. También era madre soltera de un niño llamado Jonathan, al que yo a menudo le hacía de canguro.

Czerny vio potencial en mí, aunque también era evidente mi falta de experiencia vital. Me trataba como a una adulta, me pedía opinión y me escuchaba cuando le describía las preocupaciones y los líos administrativos que me habían planteado los estudiantes. Parecía decidida a despertar en mí más iniciativa. Buena parte de las preguntas que me hacía comenzaban con «¿Alguna vez has...?». ¿Alguna vez había, por ejemplo, leído las obras de James Cone? ¿Alguna vez había cuestionado las inversiones de Princeton en Sudáfrica o si no podría hacerse más para matricular a estudiantes pertenecientes a minorías? La mayor parte de las veces mi respuesta era que no, pero mi interés se despertaba en cuanto ella mencionaba un tema.

«¿Alguna vez has estado en Nueva York?», me preguntó un buen día. Mi respuesta fue de nuevo que no, pero Czerny no tardó en ponerle remedio. Un sábado por la mañana, el pequeño Jonathan, una amiga que también trabajaba en el TWC y yo nos apretamos en el coche de Czerny y nos llevó a toda velocidad en dirección a Manhattan, sin parar de hablar durante todo el trayecto. Nueva York era el hogar de Czerny, igual que Chicago era el mío. Nadie

99

sabe en realidad el apego que tiene a su hogar hasta que se muda a otra parte, hasta que experimenta lo que es sentirse desplazado.

En un abrir y cerrar de ojos nos plantamos en el corazón de Nueva York, sumidos en un torrente de taxis amarillos y bocinazos mientras Czerny pisaba el freno a fondo entre un semáforo y el siguiente tan solo un segundo antes de que cambiara a rojo. No recuerdo con exactitud lo que hicimos aquel día, aunque sé que comimos pizza. Vimos el Rockefeller Center, atravesamos Central Park con el coche y atisbamos desde la distancia la Estatua de la Libertad, con su esperanzada antorcha. Czerny tenía cosas que recoger, cosas que dejar. Aparcaba en doble fila en travesías con mucho tráfico y entraba y salía como una exhalación de los edificios. Nosotros esperábamos con impotencia dentro del coche mientras los conductores a nuestro alrededor daban pitidos enfadados. Nueva York me abrumó. Era rápida y ruidosa, un lugar menos paciente que Chicago. Sin embargo, allí Czerny rebosaba vida.

Estaba a punto de aparcar en doble fila otra vez cuando echó un vistazo al tráfico por el retrovisor y, de pronto, pareció cambiar de opinión. Me hizo un gesto a mí, que iba en el asiento del copiloto, para indicarme que me deslizase hasta su sitio.

«Tienes carnet, ¿no? —preguntó, y cuando asentí con la cabeza dijo—: Genial. Coge el volante. Basta que des una vuelta lenta a la manzana. O a lo mejor dos. Luego vuelves aquí. No tardaré más de cinco minutos, te lo prometo.»

La miré como si estuviera chiflada. Y lo estaba, en mi opinión, por pensar que yo podría conducir en Manhattan; solo era una adolescente, una forastera en aquella ciudad desquiciada, inexperta y del todo incapaz, a mis ojos, de responsabilizarme no solo de su coche sino de su hijo durante un incierto paseo para hacer tiempo entre el tráfico de la tarde. Pero mis reticencias solo despertaron en Czerny algo que siempre asociaré con los neoyorquinos: un rechazo inmediato contra la falta de ambición. Se bajó del coche y no me dejó otra opción que conducir. «Supéralo y vive un poco», era su mensaje.

Para entonces, yo aprendía a todas horas. Me defendía en las clases, estudiando casi siempre en una sala tranquila del Third Tower Center o en la biblioteca. Aprendía a escribir con eficacia, a pensar con sentido crítico. Sin querer, me matriculé en una asignatura para estudiantes de cursos más avanzados y la saqué adelante; todo acabó saliendo bien. La experiencia me dio ánimos, porque era una prueba de que, trabajando, podía salir de casi cualquier apuro. Cualesquiera que fuesen las carencias con las que hubiera llegado, daba la impresión de que sería capaz de compensarlas echando más horas, pidiendo ayuda cuando la necesitase y aprendiendo a dosificar mi tiempo y a no perderlo.

Aun así, era imposible ser una joven negra en una facultad mayoritariamente blanca y no sentir que ciertos estudiantes e incluso algunos profesores me vigilaban de cerca, como si se preguntaran si había entrado en Harvard solo porque era negra. Esos momentos pueden resultar molestos, aunque estoy segura de que en ocasiones solo eran imaginaciones mías. Sin embargo, plantaba en mi interior la semilla de una duda: ¿estaba allí como parte de un mero experimento social?

Poco a poco, no obstante, empecé a entender que había muchas clases de personas que recibían una ayuda adicional cuando solicitaban una plaza en la universidad. Como minoría, nosotros éramos de las más visibles, pero quedó claro que se aplicaban criterios especiales para matricular a toda clase de alumnos cuyos méritos o notas quizá no fueran los mejores, pero que tenían otras cualidades que la escuela buscaba. Estaban los deportistas, por ejemplo. Estaban las excepciones que se hacían con los estudiantes cuyos padres o abuelos habían jugado en los Tigers de Princeton o cuyas familias habían financiado la construcción de una residencia o una biblioteca. También aprendí que ser rico no te protegía del fracaso. Fui testigo de cómo más de un estudiante, blancos y negros, privilegiados o no, lo pasaba mal. Algunos salían demasiado de fiesta, a otros los machacaba el estrés, y otros o bien eran simplemente perezosos o bien estaban tan sobrepasados que necesitaban huir. Mi trabajo, a mi modo de ver, consistía en mantenerme firme, sacar las mejores notas que pudiera y salir adelante.

En mi segundo año, cuando Suzanne y yo nos trasladamos juntas a un dormitorio doble, ya había aprendido a organizarme mejor. Estaba más acostumbrada a ser una de las pocas estudiantes de color en una sala de conferencias abarrotada. Intentaba no sentirme intimidada cuando los chicos hablaban tanto en clase que casi no dejaban que nadie más interviniese. Al oírlos, me daba cuenta de que no eran más inteligentes que el resto de nosotras. Lo único que pasaba era que tenían más confianza, que se sentían en la cresta de una antigua ola de superioridad, mantenidos a flote por el hecho de que la historia nunca les hubiera contado nada diferente.

Algunos de mis compañeros se sentían más fuera de lugar que yo. Mi amigo Derrick recuerda que algunos estudiantes blancos se negaban a compartir acera con él. Otra chica a la que conocíamos se sorprendió cuando su compañera de habitación blanca se quejó ante las autoridades de la escuela cuando invitó a seis amigos a su dormitorio para celebrar su cumpleaños. Los alumnos de minorías éramos tan pocos en Princeton que supongo que nuestra presencia siempre resultaba visible. Yo hice todo lo que estaba en mi mano para mantenerme a la altura de las personas más privilegiadas que me rodeaban o incluso superarlas poco a poco. Como ya me había pasado en el Whitney Young, mi tesón se sostenía en parte en aquella sensación de «os vais a enterar». Si en el instituto me había sentido representante de mi barrio, en Princeton representaba a mi raza. Cada vez que intervenía con acierto en clase o sacaba buena nota en un examen, esperaba en silencio haber contribuido a una causa mayor.

Empezaba a descubrir que Suzanne no era muy dada a la reflexión. Le puse el apodo de «Screwzy»* por comportamiento poco

---

* Combinación de Suzy y *screwy*, «excéntrica». *(N. de los T.)*

práctico. Tomaba la mayoría de sus decisiones —con quién saldría, qué asignaturas cursaría— teniendo en cuenta ante todo qué opción sería la más divertida. Y cuando se acababa la diversión, cambiaba de rumbo enseguida. Mientras yo me afiliaba a la Organización para la Unidad Negra y en general me mantenía cercana al TWC, Suzanne corría en el equipo de atletismo y se metía en la organización del equipo de sprint football, donde disfrutaba de la proximidad de unos hombres apuestos y atléticos. A través de la fraternidad tenía amigas que eran blancas y ricas, entre ellas una estrella de cine adolescente y una estudiante europea de la que se rumoreaba que era princesa. Suzanne había cedido a la presión de sus padres para que estudiara Medicina, aunque al final lo dejó porque interfería con sus ganas de divertirse. En un momento dado, la universidad le dio un toque de atención por sus notas, pero ni siquiera eso pareció preocuparla. Si yo era Blas, ella Epi. La habitación que compartíamos parecía un campo de batalla, donde Suzanne habitaba en su lado en medio de un patético paisaje de ropa desparramada y papeles y yo me hacía fuerte en mi cama, rodeada de mis posesiones meticulosamente ordenadas.

—¿De verdad tienes que hacer eso? —le decía cuando la veía llegar del entrenamiento de atletismo y dirigirse a la ducha mientras tiraba al suelo la ropa sudada, donde se quedaría durante la semana siguiente, mezclada con la ropa limpia y los trabajos de clase sin terminar.

—¿Hacer qué? —replicaba ella, con su radiante sonrisa.

A veces tenía que abstraerme del caos de Suzanne para poder pensar con claridad. En ocasiones me daban ganas de gritarle, pero nunca lo hice. Suzanne era como era; no iba a cambiar. Cuando la cosa se salía de madre, yo recogía todos sus trastos y los amontonaba en su cama.

Ahora veo que me desafiaba de una manera positiva, que me hizo entender que no todo el mundo necesita tener sus archivadores etiquetados y en orden alfabético; ni siquiera tener archivadores. Años más tarde, me enamoraría de un chico que, como Suzanne, guardaba sus pertenencias en montones y nunca sentía la necesidad de doblar la ropa. Pero fui capaz de convivir con eso, gracias a Suzanne. De hecho, sigo viviendo con ese hombre a día de hoy. Eso es lo que aprende una maniática del control en la universidad, quizá por encima de cualquier otra cosa: hay otras maneras de ser.

«¿Alguna vez has pensado en organizar un pequeño programa extraescolar para niños?», me dijo Czerny un día. Me lo preguntaba por cortesía. Con el tiempo, me había volcado tanto en su hijo Jonathan, que ya iba a primaria, que pasaba buena parte de mis tardes deambulando por Princeton con él de ayudante, o en el Third Tower Center, donde tocábamos duetos al piano desafinado o leíamos en un sofá raído. Czerny me pagaba las horas, pero por lo visto consideraba que no era suficiente. «Lo digo en serio —insistió—. Conozco a muchos profesores que siempre andan buscando a alguien que cuide de sus hijos cuando salen de clase. Podrías montarlo en el centro. Prueba, a ver qué tal sale.»

Gracias a la publicidad que Czerny me hizo, no pasó mucho tiempo antes de que tuviera tres o cuatro niños a los que cuidar. Eran hijos de miembros del personal de la administración y de profesores negros de Princeton, quienes a su vez constituían una minoría y, como el resto de nosotros, tendían a acabar pasando por el TWC. Varias tardes a la semana les daba una merienda saludable y correteaba con ellos por el césped cuando salían de la escuela. Si tenían deberes, los hacíamos juntos.

Las horas se me pasaban volando. Estar con niños ejercía sobre mí un maravilloso efecto que disipaba el estrés de los estudios y me obligaba a salir de mis pensamientos y a vivir el momento presente. De pequeña me pasaba días enteros jugando a las mamás con mis muñecas, fingiendo que sabía vestirlas y darles de comer, cepillándoles el pelo y poniéndoles tiritas con mimo en las rodillas de plástico. Al hacerlo de verdad, descubrí que el programa extraescolar era mucho más complicado pero no menos gratificante de lo que había imaginado. Tras pasar unas horas con los niños volvía agotada a la residencia, pero feliz.

Una vez por semana, más o menos, si encontraba un rincón tranquilo, agarraba el teléfono y marcaba el número de nuestro apartamento en Euclid Avenue. Si mi padre tenía turno de mañana, podía encontrarlo a última hora de la tarde, sentado —o eso imaginaba yo— con las piernas en alto en su butaca reclinable del salón, mirando la tele y esperando a que mi madre llegara a casa del trabajo. Por la noche, solía ser ella la que respondía al teléfono. Les contaba a los dos mi vida universitaria al detalle, desde lo poco que me gustaba la profesora de francés hasta las monerías de los niños de mi programa extraescolar, pasando por el hecho de que tanto Suzanne como yo estábamos coladas por un estudiante de Ingeniería afroamericano de ojos verdes y penetrantes que, a pesar de que lo seguíamos allá donde fuese, apenas reparaba en nosotras.

Mis anécdotas hacían reír a mi padre. «¿De verdad? —decía—. ¡Vaya, vaya! A lo mejor ese proyecto de ingeniero no os merece a ninguna de las dos.»

Cuando yo dejaba de parlotear, él repasaba las novedades de casa. Dandy y Grandma se habían mudado a la ciudad natal del abuelo, Georgetown, en Carolina del Sur, y la abuela se sentía un poco sola. Me contaba que mi madre hacía horas extras cuidando de Robbie, que ya pasaba de los setenta años, estaba viuda y padecía problemas de salud. Nunca mencionaba sus propios problemas, pero yo sabía que estaban ahí. En un momento dado, un sábado en que a Craig le tocaba partido en Princeton, mis padres condujeron hasta allí para verlo, y entonces tuve un primer atisbo de cómo estaba cambiando su vida, de lo que nunca contaban por teléfono. Después de dejar el coche en el inmenso aparcamiento que había delante del gimnasio Jadwin, mi padre se deslizó a regañadientes hasta una silla de ruedas y consintió que mi madre lo empujara hasta el interior.

Yo casi me negaba a ver lo que estaba pasándole a mi padre. No podía soportarlo. Había investigado un poco acerca de la esclerosis múltiple en la biblioteca de Princeton y fotocopiado artículos de revistas de medicina que luego enviaba a casa. Les insistí en que mi padre consultase a un especialista o se apuntase a algún tipo de fisioterapia, pero él no quería ni oír hablar del tema. Por muchas horas que pasáramos hablando por teléfono mientras yo estaba en la universidad, su salud era el único tema que él no tocaba nunca. Si le preguntaba cómo se encontraba, la respuesta siempre era: «Me encuentro bien». Y eso era todo. Yo dejaba que su voz me consolase. No daba muestras de sentir dolor ni se autocompadecía; solo transmitía buen humor, afecto y un ligerísimo toque de jazz. Para mí era como el aire que respiraba. Rebosaba de cariño, y eso me bastaba. Antes de colgar, siempre me preguntaba si necesitaba algo —dinero, por ejemplo—, pero nunca le dije que sí.

7

Mi casa empezaba a parecerme más lejana, casi como un lugar de mi imaginación. Mientras estaba en la universidad, mantuve el contacto con un puñado de mis amigas del instituto, sobre todo con Santita, que había acabado en la Universidad de Howard en Washington, D. C. Fui a pasar un fin de semana largo con ella, y nos reímos y sostuvimos conversaciones profundas, como siempre habíamos hecho. El campus de Howard era urbano —«¡Chica, sigues viviendo en el barrio!», le dije en tono de mofa cuando una rata gigante pasó corriendo por delante de la puerta de su residencia— y su población estudiantil era negra casi en su totalidad. Envidiaba a Santita por no sentirse aislada a causa de su raza, pues no tenía que sufrir la presión diaria que suponía ser una de los pocos estudiantes de color, pero, a pesar de todo, me sentí satisfecha cuando volví a las amplias extensiones de césped esmeralda y los arcos de piedra de Princeton, aunque allí poca gente pudiera entender mis circunstancias.

Había escogido la especialidad de Sociología y sacaba buenas notas. Empecé a salir con un jugador de fútbol americano, un muchacho inteligente al que le gustaba divertirse. Suzanne y yo pasamos a compartir habitación con otra amiga, Angela Kennedy, una chica dicharachera de Washington, D. C. Angela tenía un sentido del humor rápido y disparatado, y se tomaba como un juego hacernos reír. A pesar de que era una joven negra y urbana, vestía como una niña pija, con zapatos de cordones de aire masculino y jerséis rosas, y aun así lograba que el conjunto le quedara bien.

Yo venía de un mundo pero vivía inmersa en otro, donde la gente se preocupaba por acceder a la facultad de Derecho y por los partidos de squash. Era una tensión que no desapareció nunca del todo. En la universidad, cuando alguien me preguntaba de dónde era, respondía: «De Chicago». Para dejar claro que no era una de esas chicas de las prósperas urbanizaciones, añadía con un toque de orgullo: «Del South Side». Sabía que para alguna gente esas palabras evocaban estereotipos de un gueto negro, dado que las peleas entre bandas y los incidentes violentos en los bloques de protección oficial eran lo que más a menudo aparecía en las noticias. Pero yo, una vez más, intentaba representar lo contrario. En Princeton encajaba como la que más, y provenía del South Side. Me parecía importante decirlo en voz alta.

Para mí, el South Side era algo distinto a lo que mostraban por la tele: era mi hogar. Y mi casa era nuestro apartamento de Euclid Avenue, con su moqueta raída y sus techos bajos y mi padre repanchigado en su butaca reclinable. Era nuestro minúsculo jardín con las flores de Robbie y el banco de piedra donde había besado a aquel chico, Ronnell. Mi hogar era mi pasado, unido por un hilo casi invisible al lugar donde me encontraba en aquel momento.

Dicho eso, sí que teníamos un familiar en Princeton, la hermana pequeña de Dandy, la tía Sis. Era una mujer sencilla y luminosa que vivía en una casa sencilla y luminosa a las afueras de la población. No sé qué llevó hasta Princeton a la tía Sis en un principio, pero residía allí desde hacía mucho, haciendo trabajo doméstico para familias locales, sin perder nunca el acento sureño. Al igual que Dandy, la tía Sis se había criado en Georgetown, Carolina del Sur, que yo recordaba de un par de visitas que había hecho de pequeña algún verano con mis padres. Recordaba el calor húmedo, las encinas cubiertas de musgo español, los cipreses que crecían en los pantanos y los ancianos que pescaban en los arroyos lodosos. También había cantidades alarmantes de insectos, que zumbaban en el aire del atardecer como pequeños helicópteros de combate.

Durante nuestras visitas nos alojábamos en casa de mi tío abuelo Thomas, otro hermano de Dandy. Era un director de instituto muy jovial que me llevaba a su lugar de trabajo y me dejaba sentarme a su mesa, y que tuvo la bondad de comprarme un bote de mantequilla de cacahuete cuando puse mala cara al ver el gigantesco desayuno de beicon, galletas y sémola amarilla de maíz que la tía Dot, su mujer, servía todas las mañanas. Estar en el Sur me encantaba y a la vez me horrorizaba, por la sencilla razón de que era muy distinto a lo que conocía. En las carreteras que rodeaban la ciudad, pasábamos por delante de las verjas de lo que antaño eran plantaciones de esclavos, aunque eran algo tan asumido que nadie se molestaba nunca en hacer comentarios al respecto. Siguiendo un solitario camino de tierra que se adentraba en el bosque, comimos venado en una destartalada cabaña que pertenecía a otros primos lejanos. Uno de nuestros primos lejanos se llevó a Craig a la parte de atrás y le enseñó a disparar. Ya de noche, los dos tuvimos problemas para dormir, dado el silencio sepulcral que solo interrumpían los grillos que cantaban desde los árboles.

El murmullo de aquellos insectos y las ramas retorcidas de las encinas permanecieron con nosotros mucho después de que hubiéramos vuelto al Norte, latiendo en nuestro interior casi como un segundo corazón. Incluso de pequeña, entendía que el Sur formaba parte de mí y de mi herencia. Para mi padre tenía un sentido muy especial regresar allí para visitar a su familia. Era un sentimiento tan poderoso que Dandy quiso mudarse de vuelta a Georgetown, aunque de pequeño hubiera tenido que huir. Cuando al fin regresó, no fue para instalarse en una idílica casita a la orilla del río, con una valla blanca y un jardincito apañado, sino más bien (como vimos Craig y yo al hacerle una visita) en una casa anodina, como muchas otras, junto a un bullicioso centro comercial.

El Sur no era el paraíso, pero significaba algo para nosotros. Formaba parte de nuestra historia, aun cuando esa historia incluía un desagradable legado de racismo. Las historias familiares de la mayoría de mis conocidos de Chicago —los chicos con los que iba al Bryn Mawr, muchos de mis amigos en el Whitney Young— eran parecidas. Los niños, simplemente, «bajaban al Sur» todos los veranos para que corretearan con sus primos segundos de Georgia, Luisiana o Mississippi. Lo más probable es que tuvieran abuelos u otros parientes que se habían sumado a la Gran Migración con la esperanza de encontrar trabajo y huir del racismo. Dandy se había trasladado a Chicago desde Carolina del Sur, y la madre de Southside desde Alabama. Como la mayoría de quienes habían participado en la Gran Migración, probablemente eran descendientes de esclavos. Eso significaba que también yo lo era, como muchos de mis amigos de Princeton. Pero también empezaba a entender que en Estados Unidos había otras maneras de ser negro. Estaba conociendo a chicos de las ciudades de la Costa Este cuyas raíces eran portorriqueñas, cubanas y dominicanas. La familia de Czerny procedía de Haití. Un buen amigo mío, David Manyard, había nacido en una acaudalada familia bahameña. Y luego estaba Suzanne, con su partida de nacimiento nigeriana y su colección de queridas tías en Jamaica. Todos éramos diferentes. No hablábamos de nuestros antepasados, ¿por qué íbamos a hacerlo? Éramos jóvenes y solo pensábamos en el futuro; aunque, por supuesto, no sabíamos nada de lo que nos deparaba.

Una o dos veces al año, la tía Sis nos invitaba a Craig y a mí a cenar en su casa en el otro lado de Princeton. Nos servía platos rebosantes de jugosas costillas con berzas humeantes, y luego pasaba una cesta llena de pan de maíz cortado en cuadrados perfectos, que nosotros untábamos de mantequilla. Nunca dejaba que un vaso se quedara sin té, que ella preparaba dulce a rabiar, y nos animaba a repetir las veces que hiciera falta. Que yo recuerde, con la tía Sis nunca hablamos de nada serio. Era una hora más o menos de charla educada e insustancial, acompañada de un caliente y reconfortante banquete al estilo de Carolina del Sur. Yo veía a la tía Sis como una anciana amable, pero nos estaba regalando algo que todavía éramos demasiado jóvenes para reconocer: nos colmaba con el pasado —el nuestro, el suyo, el de nuestro padre y nuestro abuelo—, sin sentir jamás la necesidad de hacer un comentario al respecto. Comíamos sin más, ayudábamos a fregar los platos y luego volvíamos caminando con la panza llena hasta el campus.

He aquí un recuerdo, que como la mayoría de ellos es imperfecto y personal. Es de mi segundo año en la universidad y tiene que ver con Kevin, mi novio deportista.

Kevin es de Ohio y combina de forma casi imposible estatura, simpatía y rasgos faciales de chico duro. Juega de *safety* en los Tigers, porque es rápido y valiente a la hora de placar; al mismo tiempo, estudia para ser médico. Va dos años por delante de mí, comparte clases con mi hermano y pronto se graduará. Tiene una cicatriz muy mona en el labio y cuando sonríe me hace sentir especial. Los dos estamos muy ocupados y tenemos grupos de amigos diferentes, pero nos gusta pasar tiempo juntos. Pedimos pizza y salimos los fines de semana. Está siempre activo y le cuesta estarse quieto.

«Vamos a dar una vuelta en coche», dice Kevin un día. Pronto estamos en su coche, cruzamos el campus y tomamos un camino de tierra casi oculto. Es primavera en New Jersey, un día cálido y despejado que nos deja ver el cielo allá donde miremos.

¿Vamos hablando? ¿Cogidos de la mano? No lo recuerdo, pero la sensación es de liviandad y despreocupación, y al cabo de un minuto Kevin pisa el freno y detiene el vehículo. Ha parado junto a un gran prado, cuya hierba alta está raquítica y pajiza tras el invierno y, aun así, salpicada de minúsculas flores tempraneras. Sale del coche.

—Ven —me dice, indicándome que le siga.

—¿Qué vamos a hacer?

Me mira como si yo tuviera que saberlo.

—Vamos a correr por este prado.

Lo cruzamos a toda velocidad de un lado a otro moviendo los brazos como niños pequeños y gritando con alegría para romper el silencio. «¡Tenemos que correr por este campo! ¡Por supuesto que sí!», pienso.

Al desplomarnos después en el interior del coche, Kevin y yo jadeamos y estamos casi mareados. Es un breve momento, aparentemente sin importancia a fin de cuentas. Lo he conservado precisamente por ser una tontería, porque me sacó, aunque fuera por unos instantes, de mi vida cotidiana, más seria. Porque, aunque fuese una estudiante con vida social, que seguía disfrutando de largas comidas compartidas y no dudaba en arrancarse a bailar en las fiestas del Third World Center, a todas horas continuaba centrada en el futuro. Por debajo de mi apariencia de universitaria relajada, vivía discreta pero decididamente dispuesta a triunfar, decidida a no desviarme de mi trayectoria. La lista de cosas que debía hacer estaba grabada en mi cabeza y me acompañaba a todas partes. Llevaba la cuenta de mis objetivos y mis victorias. Si había un desafío que acometer, lo acometía. Así es la vida de una chica que no puede dejar de preguntarse: «¿Soy lo bastante buena?», y todavía está intentando encontrar la respuesta.

Kevin, entretanto, era una persona que se desviaba de su trayectoria. Asumía riesgos y hacía cosas inesperadas. Y lo disfrutaba. Él y Craig se graduaron en Princeton al final de mi segundo año en la universidad. Craig se mudó a Manchester, Inglaterra, para jugar al baloncesto de forma profesional. Yo creía que Kevin iba camino de la facultad de Medicina, pero entonces dio uno de sus bandazos y decidió aplazar los estudios para trabajar como mascota deportiva.

Sí, así es. Estaba decidido a hacer una prueba para los Browns de Cleveland... pero no como jugador, sino para hacer de un perro tontorrón llamado Chomps. Era lo que Kevin quería. Era un sueño: otro campo en el que correr, porque... ¿por qué no? Aquel verano Kevin incluso viajó hasta Chicago desde la casa de su familia a las afueras de Cleveland, en teoría para verme pero también para encontrar el disfraz de animal peludo ideal para su inminente audición. Pasamos una tarde entera buscando el traje de animal perfecto para él. No estoy segura de si al final consiguió el puesto de mascota, aunque es cierto que con el tiempo se convirtió en médico, y además en uno muy bueno. En su momento, de forma injusta, vi con malos ojos aquel bandazo de Kevin. No podía entender que alguien no utilizase de inmediato su costoso título de Princeton como trampolín para el mundo. ¿Quién quiere ser un perro que da volteretas cuando podría estar estudiando Medicina?

Pero esa era mi manera de ver las cosas. Yo iba siguiendo todos los pasos del manual, desfilando al compás decidido de un esfuerzo, un resultado, un esfuerzo, un resultado... Era una seguidora devota del camino establecido, aunque solo fuera porque en mi familia nadie (salvo Craig) lo había pisado antes. Mi manera de pensar en el futuro no era especialmente imaginativa. Ya estaba pensando en la facultad de Derecho.

La vida en Euclid Avenue me había enseñado a ser prudente y práctica en lo relativo tanto al tiempo como al dinero. El mayor bandazo que había dado nunca fue pasar el verano de mi segundo año en Princeton trabajando como monitora de campamento en el valle del Hudson, en Nueva York, cuidando de niños urbanitas que tenían sus primeras experiencias con el bosque. El trabajo me encantaba, pero estaba mal pagado. Salí de aquello más o menos arruinada, más dependiente del dinero de mi familia de lo que deseaba. Aunque no se quejaron ni una vez, me sentí culpable durante años.

Aquel fue el mismo verano en el que empezó a morir gente a la que quería. Mi tía abuela Robbie, mi profesora de piano, falleció en junio; dejó en herencia a mis padres la casa de Euclid, lo que les permitió ser propietarios de un inmueble por primera vez. Southside murió un mes más tarde de un cáncer de pulmón. Su desconfianza hacia los médicos había impedido que recibiese atención médica hasta que fue demasiado tarde. Después del funeral de Southside, la enorme familia de mi madre se apiñó en la pequeña y acogedora casa del difunto, acompañada de amigos y vecinos. Sentí el cálido tirón del pasado y la tristeza. Me había acostumbrado a la vida en el mundo universitario, rodeada de jóvenes y lejos de casa. Ahora sentía algo más profundo que lo que sentía habitualmente en Princeton, cómo mi familia estaba experimentando un cambio generacional. Mis primos pequeños estaban crecidos; mis tías, envejecidas. Había bebés y cónyuges nuevos. Un disco de jazz atronaba en el equipo estéreo casero del comedor, y nos dimos un banquete con lo que traían todos los asistentes: jamón cocido, tartas de gelatina de frutas y estofados. Pero Southside no estaba. Era doloroso, si bien el tiempo nos empujaba a todos hacia delante.

Todas las primaveras, varias empresas venían al campus de Princeton en busca de estudiantes que estaban a punto de graduarse a los que contratar. Compañeros de clase a los que antes veías con unos vaqueros y la camisa por fuera, de pronto cruzaban el campus con un traje de raya diplomática, y entendías que ese chico o esa chica confiaba en lograr un puesto en un rascacielos de Manhattan. Sucedía visto y no visto: los banqueros, abogados, médicos y ejecutivos del mañana emigraban veloces hacia el siguiente trampolín, ya fuera un curso de posgrado o un empleo con un buen sueldo. Estoy segura de que había algunos a los que su corazón los llevaba hacia la educación, las letras o el trabajo sin ánimo de lucro, o que se iban de misiones con el Cuerpo de Paz o se alistaban en el ejército, pero conocí a muy pocos. Estaba ocupada trepando por mi escalera hacia el éxito.

Quizá si me hubiera parado a pensarlo me habría dado cuenta de que estaba quemada con los estudios. Probablemente no me habría venido mal probar algo distinto. En lugar de eso, hice los exámenes de acceso a Derecho y ascendí como era debido al siguiente escalón, que era solicitar acceso en las mejores facultades de Derecho del país. Me consideraba inteligente, juiciosa y ambiciosa. Me había criado entre animados debates de sobremesa con mis padres. Podía armar argumentos sólidos y me jactaba de no dar nunca mi brazo a torcer en una disputa. ¿No era esa la definición misma de un abogado? Yo creía que sí.

Ahora puedo ver que en mi aspiración de ser abogada me impulsaba en parte el deseo de lograr la aprobación de la gente. De pequeña, cuando anunciaba que quería ser pediatra a un profesor, un vecino o una de las amigas de Robbie en el coro de la iglesia, sus reacciones eran del tipo «Vaya, vaya... ¡Qué impresionante!», y yo siempre disfrutaba ese momento. Años más tarde, la verdad es que no había cambiado. Los profesores, la familia, personas a las que acababa de conocer me preguntaban qué planes tenía, y cuando les comentaba que estudiaría en la facultad de Derecho de Harvard, el sentido de reafirmación era abrumador. Me aplaudían por el mero hecho de haber entrado, aunque en realidad hubiese sido un poco de rebote, desde la lista de espera. Pero estaba dentro. La gente me miraba como si ya hubiera dejado mi huella en el mundo.

Quizá sea ese el mayor problema de conceder demasiada importancia a lo que opinan los demás: puede confinarte al camino establecido, el camino del «Vaya, vaya... ¡Qué impresionante!», y mantenerte allí durante mucho tiempo. A lo mejor te impide arriesgarte o planteártelo siquiera, porque perder la estima ajena puede parecer un precio demasiado alto. Pasé tres años en Massachusetts, estudiando Derecho constitucional y complicadas cuestiones legales. Para algunos, quizá resulte verdaderamente interesante, pero para mí no lo era. Durante esos tres años, hice amigos a los que querré y respetaré siempre, personas que disfrutaban de veras estudiando las leyes. Pero yo no era así. Aunque no sentía esa pasión, no quería fracasar. No estaba dispuesta a salirme del camino. Tenía que seguir acumulando logros hasta poder responder a la pregunta más importante: «¿Soy lo bastante buena? Pues sí, la verdad es que sí».

Fue entonces cuando las recompensas se volvieron reales. Conseguí un trabajo remunerado en las oficinas de Chicago de un elegante bufete llamado Sidley & Austin. Había vuelto a la ciudad en la que nací, solo que ahora iba a trabajar en la planta 47 de un céntrico edificio. Antes, cuando era una cría de South Side que iba en autobús al instituto, pasaba por delante y contemplaba en silencio a través del cristal a las personas que caminaban con zancadas de gigante hacia su trabajo. Ahora era uno de esos gigantes. A mis veinticinco años, tenía una ayudante. Ganaba más dinero del que habían ganado nunca mis padres. Mis compañeros de trabajo eran educados, cultos y casi todos blancos. Llevaba caros trajes de diseño. Pagaba las mensualidades del préstamo para la facultad de Derecho e iba a step después del trabajo. Me compré un coche caro, porque podía.

¿Hay algo que cuestionarse? No lo parece. Ya eres abogada. Has tomado todo lo que te han dado —el amor de tus padres, la fe de tus profesores, la música de Southside y Robbie, las comidas de la tía Sis, el vocabulario que te inculcó Dandy— y todo ello te ha traído hasta aquí. Has escalado la montaña. Buena parte de tu trabajo es bastante aburrido, pero hay una parte que te gusta, la que consiste en ayudar a la empresa a contratar nuevos jóvenes abogados. Un socio sénior te pide que seas la mentora de un estudiante que viene a hacer las prácticas de verano, y la respuesta es fácil: por supuesto que lo harás. Aún no eres consciente de cómo el mero hecho de decir «sí» podría cambiarte la vida para siempre. Junto a tu nombre en la hoja de designaciones aparece otro, el de un prometedor estudiante de Derecho que está ocupado escalando su propia escalera. Como tú, es negro y de Harvard. Aparte de eso, no sabes nada; solo su nombre, que es raro.

8

Barack Obama llegó tarde el primer día. Yo estaba en mi despacho de la planta 47, esperando que llegara. Como la mayoría de los abogados en su primer año, estaba ocupada. Pasaba muchas horas en Sidley & Austin, donde a menudo comía en mi escritorio mientras trataba de lidiar con un flujo continuo de documentos, todos ellos escritos en la precisa jerga de los abogados. A esas alturas, básicamente podía decirse que sabía tres idiomas. Ya conocía la forma de hablar relajada del South Side y el habla formal de las universidades prestigiosas, a los que se añadía ahora la jerga jurídica. Me había contratado el grupo del bufete que se encargaba de los asuntos de marketing y propiedad intelectual, que se consideraba más creativo que otros departamentos, porque, al menos a ratos, nos las veíamos con temas publicitarios. Parte de mi trabajo consistía en leer con atención los guiones de los anuncios de nuestros clientes que se emitían en radio y televisión para asegurarme de que no vulnerasen las normas gubernamentales. Más tarde me encargaron que velara por los intereses jurídicos del Dinosaurio Barney. (Sí, eso es lo que se entiende por «creativo» en un bufete de abogados.)

El problema que yo le veía era que, como abogada júnior, mi trabajo no conllevaba demasiado trato directo con personas, y yo era una Robinson, criada en el entorno social de mi extensa familia, moldeada por el amor innato de mi padre por las aglomeraciones.

Para soportar la soledad bromeaba con Lorraine, mi ayudante, una afroamericana afable y muy organizada, varios años mayor que yo, que ocupaba una mesa a la puerta de mi despacho y atendía mis llamadas. Tenía una buena relación profesional con mis colegas, pero en general todo el mundo estaba hasta el cuello de trabajo y procuraba no perder el tiempo. Lo que me mantenía pegada a mi escritorio, con mis documentos. Si tenía que pasar setenta horas a la semana en alguna parte, mi despacho no era el peor sitio del mundo. Podía mirar por la ventana que daba a la ciudad y ver el lago Michigan, donde en verano navegaban vistosos veleros. Si me colocaba en determinado ángulo, podía entrever una franja estrecha del South Side. Desde mi posición, los barrios parecían tranquilos, casi de juguete, pero la realidad era, en muchos casos, muy diferente. Partes del South Side se habían apagado con el cierre de los comercios, y seguían marchándose muchas familias. La epidemia de drogas, que había arrasado las comunidades afroamericanas de ciudades como Detroit o Nueva York, acababa de llegar a Chicago, los problemas eran igual de destructivos. Las bandas se peleaban por el territorio y reclutaban a niños para que se ocuparan de las esquinas donde hacían negocios. Los chavales sabían que traficar con drogas daba mucho más dinero que ir a la escuela. El índice de asesinatos de la ciudad empezaba a mostrar una tendencia ascendente, señal inequívoca de los problemas que se avecinaban.

Desde que había acabado la carrera de Derecho vivía en mi antiguo barrio de South Shore, que todavía estaba relativamente a salvo de pandillas y drogas. Mis padres se habían mudado a la primera planta, el antiguo espacio de Robbie y Terry. Me invitaron a instalarme en el apartamento de arriba, donde vivíamos cuando yo era pequeña. Lo redecoré un poco con un sofá blanco y telas estampadas enmarcadas. De vez en cuando firmaba un cheque para mis padres que cubría mi parte de los gastos. No podía decirse que fuera un alquiler, pero ellos insistían en que bastaba y sobraba. Aunque mi apartamento tenía entrada particular, las más de las veces yo atravesaba la cocina de abajo para ir y venir del trabajo, en parte porque la puerta de atrás daba al garaje y en parte porque aún era y siempre sería una Robinson. Aunque ahora me tuviera por una de esas jóvenes profesionales independientes que siempre había soñado ser, no me gustaba mucho estar sola. Seguía disfrutando mis breves charlas cotidianas con mis padres para ponernos al día. Aquella misma mañana les había dado un abrazo antes de salir disparada por la puerta y atravesar en coche un aguacero para llegar al trabajo. Para llegar al trabajo... puntual, añado.

Miré mi reloj.

—¿Sabemos algo de este tío? —pregunté a Lorraine a voces.

—No, chica —respondió.

Le noté en la voz que estaba divirtiéndose. Sabía lo mucho que me molestaba que la gente llegara tarde.

Barack Obama ya había creado revuelo en el bufete. Para empezar, acababa de terminar su primer año en la facultad de Derecho, y nosotros por lo general solo contratábamos a estudiantes de segundo para los puestos de verano. Pero corría el rumor de que era excepcional. Se comentaba que una profesora suya de Harvard afirmaba que era el estudiante de Derecho más dotado que había tenido nunca. Varias de las secretarias que lo vieron llegar a la entrevista decían que, además de tener reputación de ser una lumbrera, era mono.

Yo tenía mis dudas. Según mi experiencia, le pones un traje a un hombre negro medio inteligente y los blancos tienden a perder la cabeza. Dudaba que se hubiese ganado tantos elogios. Había echado un vistazo a su foto en la edición veraniega de nuestra lista de personal y me había dejado fría. Tenía una sonrisa amplia y cierto aire de empollón. Según su biografía, era oriundo de Hawái, lo que al menos lo convertía en un empollón exótico. Por lo demás, no había nada destacable. La única sorpresa me la había llevado unas semanas antes, cuando le hice una rápida llamada para presentarme. La voz del otro lado de la línea me había pillado desprevenida: una voz de barítono melodiosa que no parecía encajar en modo alguno con su foto.

Pasaron otros diez minutos antes de que anunciara su llegada en la recepción de nuestra planta. Cuando salí a buscarlo, el tal Barack Obama estaba sentado en un sillón, vestido con un traje oscuro y todavía algo húmedo por la lluvia. Me sonrió compungido y se disculpó por el retraso mientras me daba la mano. Lucía una gran sonrisa y era más alto y delgado de lo que había imaginado. Daba toda la impresión de que no comía demasiado y que no estaba nada acostumbrado a llevar ropa formal. Si sabía que llegaba con fama de niño prodigio, no lo demostró. Mientras lo acompañaba por la oficina y le mostraba dónde estaba cada cosa, me escuchó en silencio, con atención y respeto. Al cabo de unos veinte minutos, lo dejé en manos del socio principal que sería su supervisor oficial durante el verano y volví a mi escritorio.

Aquel mismo día llevé a Barack a comer al lujoso restaurante de la planta baja de nuestro edificio de oficinas. Era lo bueno de tener un asociado en prácticas al que orientar: ofrecía una excusa para comer fuera, y encima a cuenta de la empresa. Como orientadora de Barack, mi cometido era asegurarme de que estuviera contento en el trabajo, tuviese alguien a quien acudir si necesitaba consejo y se sintiera conectado con el equipo en su conjunto. La idea con todos los asociados de verano era que el bufete pudiera contratarlo para un puesto a jornada completa en cuanto tuviese el título de Derecho.

Me di cuenta enseguida de que Barack no iba a necesitar muchos consejos. Era tres años mayor que yo, pues estaba a punto de cumplir veintiocho. A diferencia de mí, había trabajado varios años después de terminar sus estudios en la Universidad de Columbia y antes de entrar en la facultad de Derecho. Lo que más me llamó la atención fue lo seguro que parecía de la dirección que llevaba en la vida. Se lo veía extrañamente libre de dudas, aunque a primera vista costara entender por qué. Comparada con mi avance hacia el éxito, la trayectoria de Barack era un zigzag improvisado a través de mundos dispares. Durante la comida me enteré de que era hijo de un padre keniano negro y una madre blanca de Kansas cuyo matrimonio había sido tan juvenil como breve, había nacido y había crecido en Honolulú, Hawái, pero había pasado cuatro años de su infancia haciendo volar cometas y cazando grillos en Indonesia. Después del instituto, había pasado dos años como estudiante del Occidental College de Los Ángeles, antes de hacer el traslado de expediente a la Universidad de Columbia, en Nueva York. Allí, según sus palabras, no se había comportado en absoluto como el típico universitario en la gran ciudad sino que más bien había vivido como un ermitaño, pues leía obras magnas de la literatura y la filosofía a la vez que escribía mala poesía y ayunaba los domingos.

Nos reímos de aquello e intercambiamos anécdotas sobre nuestra juventud y lo que nos había llevado al Derecho. Barack era serio sin tomarse en serio. Era ligero de trato pero poderoso de pensamiento. Se trataba de una combinación extraña y estimulante. Me sorprendió, asimismo, lo mucho que sabía acerca de Chicago.

Barack era la primera persona a la que conocía en Sidley que había pasado tiempo en las barberías, los restaurantes de carne asada y las parroquias de los predicadores negros del South Side. Antes de matricularse en la facultad de Derecho había trabajado en Chicago durante tres años como organizador comunitario, cobrando muy poco dinero de una entidad sin ánimo de lucro que daba servicio a las iglesias locales. Su tarea era ayudar a reconstruir barrios y recuperar empleos. La experiencia había sido gratificante al tiempo que frustrante. Sus esfuerzos eran objeto de reproche por parte de los dirigentes sindicales y diana de las críticas tanto de negros como de blancos. Aun así, con el paso del tiempo había cosechado unas pocas victorias, y eso parecía animarlo. Me explicó que estudiaba Derecho porque la organización comunitaria le había enseñado que para conseguir un cambio social significativo hacía falta no solo el trabajo de la gente que estaba a pie de calle, sino también unas políticas y una acción ejecutiva más firmes.

A pesar de mi resistencia a la expectación que lo había precedido, me descubrí admirando tanto la confianza como la convicción de Barack. Era refrescante, poco convencional y extrañamente elegante. Ni una sola vez, sin embargo, lo vi como alguien con quien pudiera querer salir. Para empezar, era su mentora en el bufete. Además, hacía poco había decidido no salir con nadie durante un tiempo porque estaba demasiado ocupada para dedicar ningún esfuerzo a una relación. Por último, vi con horror que, al final de la comida, Barack se encendía un cigarrillo, lo que por sí solo habría bastado para apagar cualquier interés, de haber existido alguno. Sería, pensé para mis adentros, un buen asociado en prácticas para un verano.

A lo largo del siguiente par de semanas fuimos adoptando una rutina informal. Entrada la tarde, Barack se acercaba por el pasillo y se dejaba caer en una de las sillas de mi despacho, como si hiciera años que me conociese. A veces daba esa impresión. Conversábamos con naturalidad y nuestros modos de pensar se parecían. Nos mirábamos de reojo cuando a nuestro alrededor la gente se estresaba de manera obsesiva, cuando los socios hacían comentarios que parecían despectivos o desafortunados. La realidad, tácita pero obvia, era que se trataba de un hermano, y en nuestra oficina, que daba empleo a más de cuatrocientos abogados, solo unos cinco letrados a jornada completa eran afroamericanos. Lo que nos llevaba a buscarnos era fácil de comprender.

Barack no tenía nada que ver con el típico asociado de verano ansioso (como yo, sin ir más lejos, dos años antes en Sidley), que busca hacer contactos como un poseso y, nervioso, se pregunta si lo espera un empleo de campanillas. Él se movía con un aire despreocupado, tranquilo y distante, que solo parecía aumentar su atractivo. Dentro del bufete, su reputación seguía en alza. Ya estaban pidiéndole que diera su opinión sobre temas legales complicados. En algún momento de principios de verano, redactó un memorándum de treinta páginas sobre gestión empresarial de tal minuciosidad y elocuencia que se convirtió en una leyenda al instante. ¿Quién era aquel tipo? Todo el mundo parecía intrigado.

—Te traigo una copia —dijo Barack un día mientras dejaba su memorándum sobre mi mesa con una sonrisa.

—Gracias —respondí mientras cogía el documento—. Tengo ganas de leérmelo.

En cuanto se fue, lo metí en un cajón.

¿Sabía que nunca llegué a leérmelo? Lo más probable es que sí, creo; me lo había dado medio en broma. Estábamos en grupos de especialidades distintas, de modo que no existía un solapamiento entre nuestros ámbitos de trabajo. Ya me las veía con documentos suficientes con lo mío; además, no necesitaba que me impresionara. Barack y yo ya éramos amigos. Comíamos fuera al menos una vez por semana y en ocasiones más a menudo. Poco a poco fuimos descubriendo cosas el uno del otro. Él sabía que yo vivía en la misma casa que mis padres, que mis recuerdos más felices de la facultad de Derecho de Harvard eran los relacionados con el trabajo que había hecho para la Oficina de Ayuda Legal. Yo sabía que él devoraba tomos de filosofía política como si fueran lectura de playa, que invertía en libros todo el dinero que le quedaba después de cubrir gastos. Sabía que su padre había muerto en un accidente de tráfico en Kenia y que él había viajado hasta allí para comprender mejor quién era aquel hombre. Sabía que le encantaba el baloncesto, que corría largas distancias los fines de semana y que hablaba con emoción de sus amigos y familiares en la isla de Oahu. Sabía que no le habían faltado novias en el pasado, pero que en aquel momento no tenía.

Eso último era algo que me veía capaz de corregir. Si algo tenía mi vida en Chicago era que estaba rodeada de solteras negras de éxito. Aunque trabajaba hasta tarde, me gustaba salir con gente. Tenía amigas del trabajo, amigas del instituto, amigas que había hecho a través de mis contactos profesionales y amigas a las que había conocido a través de Craig, que estaba recién casado y se ganaba la vida como inversor bancario en la ciudad. Éramos un grupo alegre y mixto que nos reuníamos cuando podíamos y nos poníamos al día a lo largo de largas y abundantes comidas los fines de semana. Yo había salido con un par de estudiantes de Derecho, pero no había conocido a nadie especial desde mi regreso a Chicago y tampoco había sentido demasiado interés por conocerlo. Había anunciado a propios y extraños que daba prioridad a mi carrera profesional. Lo que sí tenía, no obstante, eran muchas amigas que buscaban a alguien con quien salir.

Una tarde de principios de verano me llevé a Barack a un local del centro, que venía a ser un punto de encuentro extraoficial para profesionales negros en el que a menudo quedaba con mis amigas.

Resultaba indiscutible que Barack era un partidazo. Era guapo, desenvuelto y exitoso. Era atlético, interesante y buena persona. ¿Qué más podía pedirse? Entré decidida en el restaurante, segura de estar haciéndole un favor a todo el mundo, a él y a las damas. Casi de inmediato se le acercó una conocida mía, una mujer guapa y poderosa que trabajaba en las finanzas. Observé que Barack despertaba al instante su atención. Complacida, fui a buscar otros rostros conocidos entre la muchedumbre.

Veinte minutos más tarde, avisté a Barack al otro lado de la sala, atrapado en una conversación interminable con la misma mujer, que en apariencia llevaba la voz cantante. Con una mirada me dio a entender que quería que lo rescatara. Pero ya era mayorcito; dejé que se rescatara solo.

«¿Sabes lo que me preguntó? —me dijo al día siguiente cuando se presentó en mi despacho, todavía con cierta sorpresa—. Me preguntó si me gustaba ir a montar a caballo.» Me contó que habían hablado de sus películas favoritas, lo que tampoco había ido muy bien.

Barack era cerebral; demasiado, probablemente, para el gusto de la mayoría. Y tal vez yo debería haberme dado cuenta antes. Mi mundo estaba lleno de personas esperanzadas y trabajadoras que tenían coches nuevos, estaban comprándose su primer apartamento y les gustaba hablar del tema. Barack prefería pasar la tarde a solas, leyendo sobre urbanismo. Como organizador comunitario, había dedicado semanas y meses a escuchar los desafíos que le describían las personas pobres. Su confianza en la esperanza y en la posibilidad de mejorar las vidas de la gente lo distinguían del resto. Hubo un tiempo, me contó, en el que se habría comportado de forma menos seria, más alocada. Durante los primeros veinte años de su vida había respondido al apodo de «Barry». En algún momento del camino, sin embargo, había adoptado su nombre completo —Barack Hussein Obama— y su complicada identidad. Era blanco y negro, africano y americano. Era humilde y vivía con modestia, pero aun así conocía la riqueza de su pensamiento y el mundo de privilegios que este le abriría. Yo veía que se lo tomaba todo en serio. Podía ser alegre y bromista, pero nunca perdía de vista cierto sentido, más amplio, de obligación. Estaba embarcado en una especie de misión, aunque todavía no sabía adónde lo llevaría. Lo único que yo tenía claro era que no se encontraba en su ambiente en una conversación informal. Cuando volví a quedar con mis amigos, lo dejé en la oficina.

Cuando era pequeña, mis padres fumaban. Se encendían un pitillo por la noche, sentados en la cocina, mientras comentaban la jornada. Fumaban mientras fregaban los platos de la cena más tarde, aunque a veces abrían la ventana para que entrase un poco de aire. No eran fumadores empedernidos, pero sí habituales, y además empecinados. Siguieron fumando mucho después de que la ciencia dejara claro que era malo para la salud.

Aquello me sacaba de quicio, y a Craig también. Tosíamos con grandes aspavientos cada vez que se encendían un cigarrillo. Un día, cuando éramos muy pequeños, bajamos de un estante un cartón entero de cigarrillos Newport y nos pusimos a destruirlo, partiendo los pitillos como si fueran judías sobre el fregadero de la cocina. En otra ocasión untamos la boquilla de sus cigarrillos con salsa picante y volvimos a ponerlos en la cajetilla. Les dábamos sermones sobre el cáncer de pulmón y les explicábamos los horrores que nos habían enseñado en la clase de educación para la salud: imágenes de pulmones de fumadores, negros como el carbón, la muerte dentro mismo de tu pecho. En comparación, nos habían mostrado fotos de sanos pulmones rosas, libres de contaminación por humo. La información sobre los riesgos que conllevaba fumar era lo bastante obvia para que el comportamiento de mis padres resultase frustrante: bueno/malo; sano/enfermo. Tú escoges tu futuro. Era lo mismo que nos habían enseñado ellos. Y, aun así, tardarían en dejarlo de una vez por todas.

Barack fumaba como mis padres: después de las comidas, paseando por la ciudad o cuando estaba nervioso y tenía que hacer algo con las manos. En 1989 se fumaba más que ahora. La investigación sobre los efectos del tabaco en los fumadores pasivos era relativamente nueva. La gente fumaba en los restaurantes, las oficinas y los aeropuertos. Aun así, yo había visto lo que se sabía. Para mí, y para todas las personas sensatas a las que conocía, fumar era un acto de pura autodestrucción.

Barack sabía exactamente lo que yo pensaba de aquel asunto. Nuestra amistad se basaba en una franqueza sin pelos en la lengua que creo que nos gustaba a los dos.

«¿Cómo es posible que alguien tan inteligente como tú haga algo tan estúpido?», le había espetado el día que nos conocimos al verlo rematar nuestro almuerzo con un pitillo. Era una pregunta sincera.

Si mal no recuerdo, se limitó a encogerse de hombros, en señal de que me daba la razón. Fumar era el único tema en el que la lógica de Barack parecía abandonarlo por completo.

Sin embargo, quisiera yo reconocerlo o no, algo había empezado a cambiar entre nosotros. Los días en los que estábamos demasiado ocupados para vernos en persona me descubría preguntándome en qué andaría metido. Procuraba no sentirme decepcionada cuando no asomaba por la puerta de mi despacho; procuraba no emocionarme demasiado cuando lo hacía. Sentía algo por aquel hombre, pero era un sentimiento enterrado a mucha profundidad bajo mi decisión de mantener mi vida y mi carrera en orden y orientadas hacia delante, libres de todo drama. Iba por buen camino para llegar a socia con participación en Sidley & Austin. Era todo lo que quería, o por lo menos eso me decía a mí misma. Tal vez yo estuviera desentendiéndome de lo que empezaba a crecer entre nosotros, pero él no.

—Creo que deberíamos salir —anunció Barack una tarde mientras acabábamos de comer.

—¿Cómo, tú y yo? —Fingí que me asombraba que lo considerase siquiera posible—. Ya te he dicho que no quiero salir con nadie. Y además soy tu orientadora.

Barack se rio.

—Como si eso contara. No eres mi jefa —objetó—. Y eres bastante mona.

Barack tenía una sonrisa que parecía cruzarle la cara de lado a lado. Y era tan galante y sensato. Más de una vez, me expuso argumentos por los que debíamos salir. Nos llevábamos bien; nos hacíamos reír; los dos estábamos solteros y confesábamos un desinterés casi inmediato por todas las demás personas a las que conocíamos. A nadie del bufete, argüía, iba a importarle que saliésemos. Es más, tal vez lo vieran como algo positivo. Él sospechaba que los socios querían que acabase trabajando con ellos al cabo de un tiempo. Si salíamos juntos, había más probabilidades de que se comprometiera a hacerlo.

—¿Quieres decir que soy una especie de señuelo? —repliqué entre risas—. Te sobrevaloras.

A lo largo del verano el bufete organizó una serie de actos y excursiones para sus asociados, a los que cualquier interesado podía apuntarse en unas hojas que hacían circular. Una de las propuestas era una representación entre semana en un teatro no muy alejado de la oficina. Nos apuntamos a los dos.

Nos sentamos uno al lado del otro en el teatro, cansados los dos tras una larga jornada de trabajo. Subió el telón y empezaron las canciones. Cuando se encendieron las luces en el entreacto, miré a Barack de reojo. Estaba hundido en la butaca, con el codo derecho apoyado en el reposabrazos, el dedo índice en la frente y una expresión indescifrable.

—¿Qué te parece? —pregunté.

Me miró de reojo.

—Horrible, ¿no?

Me reí, encantada al ver que los dos pensábamos lo mismo. Barack se incorporó en el asiento.

—¿Y si salimos de aquí? —propuso—. Podríamos irnos, sin más.

En circunstancias normales, no lo habría hecho. No era de esa clase de persona. Me importaba demasiado lo que pensaran de mí el resto de los abogados; ¿qué iban a decir si reparaban en nuestros asientos vacíos? Me importaba demasiado, en general, acabar lo que había empezado, llevar el más mínimo acto hasta su mismísimo final. Por desgracia, era otro aspecto de mi yo más cumplidor. Aguantaba el sufrimiento para salvar las apariencias. Pero, al parecer, de pronto me había juntado con alguien que no era así.

Evitando a todos nuestros conocidos del trabajo, nos escabullimos del teatro. Los últimos rayos de sol abandonaban un cielo violáceo. Respiré, con un alivio tan evidente que Barack se echó a reír.

—¿Adónde vamos ahora? —pregunté.

—¿Qué te parece si vamos a comer algo?

Caminamos hasta un bar cercano de la misma manera en que solíamos caminar: yo un paso por delante de él. Barack se movía con cierta parsimonia hawaiana, sin prisas, incluso y sobre todo cuando se las metían. A mí, en cambio, me costaba aflojar el ritmo. Pero recuerdo que aquella noche me dije que debía frenar un poco, un poquito nada más, lo suficiente para oír lo que Barack estaba diciendo, porque empezaba a darme cuenta de que me importaba escuchar todo lo que decía.

Hasta aquel momento, había construido mi vida con mucho cuidado, como si montase una figura de origami tersa, sin resquicios de aire. Estaba orgullosa de su aspecto. Pero era delicada. Si se aflojaba una esquina, tal vez descubriera que algo me inquietaba. Si se soltaba otra, quizá revelase que no estaba convencida de la trayectoria profesional que había elegido, con todas las cosas que me había dicho que quería. Ahora pienso que por eso me protegía con tanto denuedo, por eso aún no estaba preparada para abrirme a él. Barack era como un viento que amenazaba con ponerlo todo patas arriba.

Un día o dos más tarde, me preguntó si podía acompañarlo en coche a una barbacoa para asociados en prácticas que se celebraba aquel fin de semana en la casa que tenía un socio principal en una de las lujosas urbanizaciones a orillas del lago que había al norte de la ciudad. El tiempo estaba despejado, y el lago centelleaba al otro lado de un césped bien cuidado. La fiesta era un recordatorio no demasiado sutil de las recompensas que obtendríamos si seguíamos trabajando en el bufete. Yo sabía que Barack andaba a vueltas con lo que quería hacer en la vida, con la dirección que deseaba dar a su carrera. Al igual que yo, nunca había sido rico, y tampoco aspiraba a ello. Prefería ser eficaz antes que rico, con diferencia, pero todavía estaba tratando de averiguar cómo.

Deambulamos por la fiesta sin ser del todo pareja y aun así casi siempre juntos, pasando de un corrillo de colegas a otro, bebiendo limonada, comiendo hamburguesas y ensalada de patata en platos de plástico. Nos separábamos y luego volvíamos a encontrarnos. Parecía algo natural. Él tonteaba discretamente conmigo y yo le correspondía. Varios de los hombres improvisaron un partidillo de baloncesto, y vi que Barack se acercaba a la cancha con sus chancletas para apuntarse. Se llevaba bien con todos los compañeros del bufete, desde los envarados abogados de más edad hasta los jóvenes más ambiciosos que en ese momento jugaban al baloncesto. «Es buena persona», pensé para mis adentros mientras miraba cómo pasaba el balón a otro abogado.

Como me había tragado decenas y decenas de partidos en el instituto y la universidad, sabía reconocer a un buen jugador nada más verlo, y Barack aprobó enseguida el examen. Era atlético y se movía con celeridad y agilidad, dando muestras de una potencia en la que no había reparado antes. No podía apartar mis ojos de él. Cuando volvimos a la ciudad al atardecer, sentí un nuevo dolor. Era julio. Barack se iría en agosto y desaparecería en la facultad de Derecho y todo lo que la vida le tuviera deparado allí. Hacíamos el ganso, como siempre, y cotilleábamos sobre lo que había dicho cada cual en la barbacoa, pero sentía un anhelo especial. Mientras trazábamos la curva hacia el sur de Lake Shore Drive, me debatía en silencio conmigo misma. ¿Había una manera de salir con él sin ponerse serios? ¿Cuánto podía resentirse mi trabajo? ¿Importaría algo que otra gente se enterase? No veía nada claro, pero de pronto caí en la cuenta de que me había cansado de esperar la claridad.

Él vivía en Hyde Park, realquilado en el piso de un amigo. Para cuando entramos en su barrio, la tensión espesaba el aire que nos separaba, como si por fin algo fuera a suceder. ¿O eran imaginaciones mías? A lo mejor me había cerrado en banda demasiadas veces. A lo mejor él ya había tirado la toalla y solo me veía como una buena amiga, una chica con un coche con aire acondicionado que podía acompañarlo cuando hiciera falta.

Paré el coche delante de su edificio. Dejamos que pasara un incómodo instante, esperando a que fuese el otro quien iniciase la despedida. Barack me miró con la cabeza ladeada.

—¿Vamos a tomar un helado? —dijo.

Fue entonces cuando supe que algo estaba pasando entre nosotros. Por una vez, decidí dejar de pensar y vivir sin más. Era una cálida tarde de verano en la ciudad que amaba. Fuimos a una heladería a una manzana del edificio donde Barack vivía; pedimos dos cucuruchos y nos sentamos en la acera para comérnoslos. Nos colocamos muy juntos, con las rodillas en alto, cansados pero complacidos tras un día al aire libre, y dimos buena cuenta de nuestro helado, con rapidez y en silencio, intentando acabar antes de que se derritiera. A lo mejor Barack lo advirtió en la expresión de mi cara o lo intuyó en mi postura: estaba empezando a soltarme. Me miraba con curiosidad y un atisbo de sonrisa.

—¿Puedo besarte? —preguntó.

Y entonces me incliné hacia él y todo cobró claridad.

Nuestra historia

9

En cuanto me permití sentir algo por Barack, se agolparon los sentimientos: experimenté un arrebato de gratitud y admiración. Cualquier preocupación que hubiese sentido sobre mi vida y mi carrera, e incluso sobre el propio Barack, se desvaneció con ese primer beso. Quería conocerlo mejor, explorar y experimentar cuanto antes todo lo que tuviera que ver con él.

Quizá porque Barack debía presentarse de vuelta en Harvard al cabo de un mes, no perdimos el tiempo con flirteos. Empecé a pasar noches en su pequeño apartamento, situado en la segunda planta de un edificio sin ascensor sobre una tienda en una calle ruidosa. Había una mesita, un par de sillas desvencijadas y un colchón de matrimonio en el suelo. Montones de libros y periódicos de Barack cubrían todas las superficies despejadas y buena parte del suelo. Colgaba sus americanas en los respaldos de las sillas de la cocina y tenía la nevera prácticamente vacía. No era acogedor, pero ahora que estábamos juntos sentía que era nuestro hogar.

Barack no era como ninguno de mis novios anteriores. Parecía muy seguro de sí mismo. Era abiertamente cariñoso. Me decía que era hermosa. Me hacía sentir bien. Para mí, era una especie de unicornio, tan poco habitual que parecía casi irreal. Nunca hablaba de comprar una casa o un coche, ni siquiera unos zapatos nuevos. Leía hasta altas horas de la madrugada, a menudo hasta mucho después de que yo me durmiese, devorando libros de historia, biografías e incluso obras de Toni Morrison. También leía varios periódicos cada día. Estaba al tanto de las últimas reseñas de libros, de la clasificación de la Liga Americana de Béisbol y de lo que tramaban los representantes electos del South Side. Podía hablar con la misma pasión de las elecciones polacas que de las películas más recientes.

Sin aire acondicionado, no teníamos más opción que dejar las ventanas abiertas durante la noche, para intentar que se refrescase el abrasador apartamento. El barrio de Barack era un lugar ajetreado y ruidoso. Casi cada hora, una sirena de policía ululaba junto a la ventana, o bien alguien se ponía a gritar y hacía que me despertase sobresaltada en el colchón. Si a mí todo eso me perturbaba, a Barack no lo trastornaba en absoluto. Ya entonces notaba que él se sentía mucho más cómodo que yo en el trajín del mundo. Una noche me desperté y me lo encontré mirando al techo, su perfil iluminado por el resplandor de las farolas de la calle. Parecía ligeramente preocupado, como si estuviese dando vueltas a algo muy personal. ¿Sería nuestra relación? ¿La pérdida de su padre?

—Eh, ¿en qué andas pensando? —susurré.

Se volvió hacia mí con una sonrisa tímida.

—Oh —dijo—. Solo estaba pensando en la desigualdad de ingresos.

Fui aprendiendo que así era como funcionaba la mente de Barack. Pensaba mucho sobre cuestiones grandes y abstractas, y tenía la descabellada idea de que sería capaz de hacer algo al respecto. Eso era nuevo para mí. Hasta entonces, me había rodeado de buenas personas que se preocupaban por cosas importantes pero que se dedicaban a progresar en su profesión y a mantener a sus familias. Barack era distinto. Daba importancia a las exigencias de su vida cotidiana, pero a la vez, en especial por la noche, sus pensamientos se dirigían hacia asuntos de mucha mayor envergadura.

La mayor parte del tiempo lo pasábamos en el bufete, en la oficina. Cada mañana me sacudía la modorra y me encerraba de nuevo en mi existencia de abogada júnior, volviendo a mi pila de documentos. Barack trabajaba en sus propios documentos en un despacho compartido al fondo del pasillo y seguía impresionando a los socios de la firma.

Preocupada aún por lo que otros pudieran pensar, me empeñé en que mantuviésemos nuestra relación oculta a nuestros colegas, aunque con poco éxito. Lorraine, mi ayudante, dirigía a Barack una sonrisa cómplice cada vez que este se dejaba caer por mi despacho. Durante esa época, el trabajo parecía algo que teníamos que hacer antes de poder pasar tiempo juntos de nuevo. Lejos de la oficina, Barack y yo hablábamos sin descanso mientras dábamos agradables paseos y durante comidas que se nos hacían cortas pero que en realidad duraban horas. Hablábamos sobre los músicos que nos gustaban, como Stevie Wonder y Marvin Gaye. Estaba embelesada. Me encantaba el lento deje de su voz y la manera en que su mirada se enternecía cuando yo contaba una historia graciosa. Empezaba a apreciar el hecho de que nunca tuviese prisa, de que no se preocupase nunca por el tiempo.

Cada día traía consigo pequeños descubrimientos: yo era seguidora de los Cubs, mientras que a él le gustaban los White Sox. Me encantaban los macarrones con queso; él no los soportaba. Le gustaban las películas oscuras y dramáticas, mientras que lo mío eran las comedias románticas. Él era zurdo y tenía una letra perfecta; yo escribía unos garabatos indescifrables con la mano derecha. En el mes anterior a que Barack volviese a Harvard nos contamos lo que parecieron ser todos y cada uno de nuestros recuerdos y pensamientos, desde nuestras historias de infancia hasta nuestras humillaciones de adolescencia, así como los pasados romances. Barack sentía especial curiosidad por cómo me había criado: la monotonía año tras año, década tras década, de la vida en Euclid Avenue, durante la que Craig, mi madre, mi padre y yo formamos las cuatro esquinas de un robusto cuadrado. Durante los años en que fue organizador comunitario, Barack había pasado mucho tiempo en iglesias, lo que hacía que apreciase la religión establecida, si bien se mantuvo menos tradicional. El matrimonio, me dijo muy pronto, le parecía innecesario.

No recuerdo haber presentado a Barack a mi familia ese verano, pero Craig dice que sí lo hice. Según él, los dos aparecimos una noche en la casa de Euclid Avenue. Craig había ido de visita, y estaba sentado en el porche delantero con mis padres. Barack, me recordó Craig, se mostró amable y confiado, y les dio conversación durante un par de minutos hasta que ambos subimos a mi apartamento a buscar algo.

A mi padre le gustó Barack desde el principio, pero no creía que tuviera muchas posibilidades. Había visto cómo dejaba mi novio del instituto, David, a las puertas de Princeton, y cómo abandonaba a Kevin, el jugador universitario de fútbol americano, en cuanto lo vi vestido con su disfraz de mascota peluda. Mis padres sabían que no les convenía encariñarse demasiado con ninguno de mis novios. Me habían educado para ser capaz de organizarme la vida, y eso era lo que estaba haciendo. Les había dicho muchísimas veces que estaba demasiado concentrada y ocupada para hacer hueco a un hombre en ella.

Según Craig, mi padre sacudió la cabeza y se echó a reír mientras Barack y yo nos alejábamos.

«Un tipo majo —dijo—. Lástima que no vaya a durar.»

Si mi familia era un cuadrado, la de Barack era una forma geométrica más complicada. Su familia atravesaba océanos enteros, y él había pasado años intentando entender qué significaba esto. Su madre, Ann Dunham, era una estudiante universitaria de diecisiete años que vivía en Hawái cuando se enamoró de un alumno keniano llamado Barack Obama. El matrimonio fue breve. Resultó que el flamante marido ya tenía otra mujer en Nairobi. Tras su divorcio, Ann se casó con un geólogo javanés llamado Lolo Soetoro. Se trasladaron a Yakarta, en Indonesia, llevándose consigo a Barack Obama hijo —mi Barack Obama—, que tenía entonces seis años.

Tal como Barack me lo contó, él era feliz en Indonesia y se llevaba bien con su padrastro, pero su madre tenía dudas sobre la calidad de su educación allí. Envió a su hijo de vuelta a Oahu, en Hawái, para que asistiese a un colegio privado y viviese con sus abuelos. Ann era un espíritu libre que pasaría años yendo y viniendo entre Hawái e Indonesia. Aparte de un viaje largo que hizo a Hawái cuando Barack tenía diez años, su padre —un hombre que, según todos los testimonios, tenía una mente vigorosa y un vigoroso problema con la bebida— se mantuvo ausente.

Pero Barack recibió mucho amor. Sus abuelos en Oahu los mimaban tanto a él como a su hermanastra menor, Maya. Su madre, aunque seguía viviendo en Yakarta, era afectuosa y comprensiva desde la distancia. Barack también hablaba con cariño de otra hermanastra suya que vivía en Nairobi, llamada Auma. Él se había criado con muchísima menos estabilidad que yo, pero no se quejaba. Su historia era su historia. Su vida familiar había hecho de él alguien independiente y optimista. El hecho de que hubiese sabido sortear con éxito su inusual infancia no hacía más que reforzar la idea de que estaba en condiciones de afrontar algo más.

Una noche húmeda lo acompañé a hacer un favor a un viejo amigo. Un colega de su época como organizador comunitario le había pedido si podía dirigir una sesión de formación en una parroquia negra en Roseland, en el Far South Side, una zona que había sido diezmada por el cierre de las fundiciones de acero. Para Barack, supuso volver durante unas horas a su antiguo trabajo y a la parte de Chicago donde lo ejerció, cosa que hizo con gusto. Mientras entrábamos en la iglesia, ambos aún vestidos con nuestra ropa de trabajo, caí en la cuenta de que nunca me había parado a pensar en qué consistía realmente el trabajo de un organizador comunitario. Bajamos por una escalera hasta un sótano de techo bajo iluminado con fluorescentes, donde unos quince parroquianos —mujeres en su mayoría— nos esperaban sentados en sillas plegables y abanicándose, acalorados. Me senté al fondo. Barack avanzó hacia la zona delantera y saludó a los allí congregados.

Debió de parecerles alguien joven y con aspecto de abogado. Reparé en que estaban tomándole la medida, tratando de determinar si era una especie de forastero o si tenía algo de valor que ofrecer. El ambiente me resultaba muy familiar. Me había pasado la infancia yendo al seminario musical semanal de mi tía abuela Robbie en una iglesia episcopal metodista africana bastante parecida a aquella. Las mujeres presentes en la sala no eran muy distintas de las que cantaban en el coro de Robbie o de las que se presentaron con bandejas de comida cuando Southside falleció. Eran mujeres de buen corazón e implicadas con su comunidad, muchas de ellas madres solteras o abuelas, de esas que dan un paso adelante para ayudar cuando nadie más se ofrece a hacerlo.

Tras presentarse, Barack dio pie a una conversación que duraría alrededor de una hora. Pidió a los presentes que contasen sus historias y describiesen sus inquietudes respecto a la vida en el barrio. Barack contó su propia historia, enlazándola con la idea del activismo social. Estaba allí para convencerlos de que nuestras historias nos conectaban a los unos con los otros, y que esas historias podían contribuir a generar un cambio sustancial. También ellos —un minúsculo grupo dentro de una pequeña iglesia en un barrio aparentemente olvidado—, explicó, podían crear verdadero poder político. Pero eso exigía esfuerzo, les advirtió. Requería escuchar a los convecinos y generar confianza allí donde a menudo era un bien escaso. Implicaba pedir a desconocidos que les cediesen un poco de su tiempo y una pequeña cantidad de su sueldo. Conllevaba que les contestasen que no de diez o cien maneras distintas antes de oír el «sí» que lo cambiaría todo. Pero Barack les aseguró que podían tener influencia. Podían promover cambios. Había sido testigo de que el proceso daba sus frutos, aunque no siempre sin complicaciones, en una colonia local de viviendas sociales, donde un grupo de personas muy similar a aquel había logrado inscribir a nuevos votantes, hacer que los residentes se reunieran con las autoridades municipales para hablar de la contaminación por amianto, y convencer a la alcaldía para que destinase fondos a un centro de formación profesional en el barrio.

Mientras mecía a un niño pequeño sobre su rodilla, la mujer corpulenta que estaba sentada a mi lado no se molestaba en ocultar que le costaba creer a Barack. Lo inspeccionaba alzando el mentón y sacando el labio inferior, como si dijese: «¿Quién eres tú para decirnos lo que tenemos que hacer?».

Sin embargo, a Barack su actitud no le preocupaba. Al fin y al cabo, era un unicornio, con ese nombre, esos orígenes y esa adscripción racial tan peculiares. Estaba acostumbrado a tener que demostrar su valía allá adonde fuese.

La idea que estaba exponiendo no era fácil de vender. Roseland había recibido un golpe tras otro, desde la partida de las familias blancas hasta el fracaso de la industria del acero, pasando por la degradación de su sistema escolar o el crecimiento del negocio de la droga. Barack me había contado que, como activista que había trabajado en comunidades urbanas, había tenido que hacer frente muy a menudo a la desconfianza de la gente —en particular de los negros—, un cinismo fruto de una sucesión de mil pequeñas decepciones. Yo lo entendía. Lo había visto en mi propio barrio, en mi propia familia. La amargura, la pérdida de la fe. Lo veía en mis dos abuelos, como consecuencia de la frustración de todos sus objetivos, de todas las renuncias que se habían visto obligados a hacer. En la profesora de segundo curso que prácticamente había desistido de enseñarnos nada en Bryn Mawr. En la vecina que había dejado de cortar su césped o se había resignado a no saber adónde iban sus hijos después de clase. En cada desecho que alguien dejaba caer despreocupadamente sobre la hierba de nuestro parque local. En todas y cada una de esas cuestiones que considerábamos imposibles de arreglar, incluidos nosotros mismos.

Barack no hablaba a la gente de Roseland con condescendencia, y tampoco estaba intentando congraciarse con ellos obviando su posición de privilegio y sobreactuando en su «papel de negro». Frente a los temores y las frustraciones de los parroquianos, su situación de marginación y de paralizante impotencia, Barack tenía la osadía de señalar en la dirección opuesta.

Nunca había dedicado mucho tiempo a reflexionar sobre los aspectos más negativos de ser afroamericana. Me habían educado para que pensase en positivo. Había absorbido el amor de mi familia y la determinación de mis padres de vernos triunfar. Había estado junto a Santita Jackson en las manifestaciones, escuchando a su padre mientras instaba a los negros a recuperar el orgullo. Mi impulso me había llevado siempre a ver más allá de mi barrio, a mirar hacia delante y tratar de superar los obstáculos. Y lo había conseguido. Había obtenido dos títulos de la Ivy League. Me había hecho un hueco en un importante bufete de abogados. Mis padres y mis abuelos se enorgullecían de mí. Con todo, al escuchar a Barack, empecé a entender que su versión de la esperanza iba mucho más allá que la mía: me di cuenta de que una cosa era lograr salir de un lugar complicado y otra muy distinta conseguir que el lugar en sí dejase de ser complicado.

Una vez más, me embargó la sensación de ser consciente de lo especial que era Barack. A mi alrededor, las mujeres de la iglesia también empezaron a hacer gestos de aprobación y a rematar las frases de Barack con expresiones como «Mmm» y «¡Eso es!».

La intensidad de su voz fue aumentando. No era un predicador, pero no había duda de que estaba predicando algo: una visión. La elección, tal como él la veía, era esta: o bien uno se daba por vencido, o bien trabajaba para que las cosas cambiasen.

—¿Qué es lo mejor para nosotros? —preguntó a los congregados en la sala—. ¿Nos conformamos con el mundo tal como es o trabajamos para que sea como debería ser?

Era una frase que había tomado prestada de un libro que leyó cuando empezaba como activista, y que yo recordaría durante años. Fue lo que mejor me permitió entender lo que motivaba a Barack: el mundo como debería ser.

A mi lado, la mujer con el niño en su regazo finalmente estalló:

—¡Eso es! —exclamó, convencida por fin—. ¡Amén!

«Amén», me dije. Porque yo también estaba convencida.

Antes de volver a la facultad, a mediados de agosto, Barack me dijo que me quería. Nuestros sentimientos nos habían pillado desprevenidos a ambos. Aunque apenas hacía un par de meses que nos conocíamos, y aunque era algo en cierta medida inoportuno, estábamos enamorados. Pero ahora que Barack volvía a la facultad de Derecho estaríamos a más de mil quinientos kilómetros de distancia. A Barack le quedaban dos años en la universidad, y decía que le gustaría instalarse en Chicago después de graduarse. No nos planteábamos que yo dejase mi vida allí mientras tanto. Como asociada aún medio novata en mi bufete, era consciente de que la siguiente fase de mi carrera era importante. Mis logros determinarían si conseguía ascender o no. Y puesto que yo también había estudiado Derecho, sabía lo ocupado que Barack iba a estar. Lo habían nombrado editor de la *Harvard Law Review*, una revista mensual gestionada por estudiantes que estaba considerada una de las principales publicaciones sobre cuestiones legales de todo el país. Era un honor que lo hubieran elegido para formar parte del equipo editorial, pero también sería como añadir un trabajo a tiempo completo a la de por sí pesada carga que le suponía estudiar Derecho.

Así pues, ¿qué nos quedaba? El teléfono fijo. Estábamos en 1989, y entonces no llevábamos el móvil en el bolsillo, no había mensajes de texto ni un emoji podía hacer las veces de un beso. El teléfono fijo requería tiempo y disponibilidad. Las llamadas personales por lo general se hacían desde casa, por la noche, cuando estábamos agotados y deseando meternos en la cama.

Antes de irse, Barack me dijo que prefería escribir cartas.

«No soy mucho de teléfono», fue su manera de expresarlo. Como si con eso quedase zanjado el asunto.

Pero no fue así en absoluto. Veníamos de pasarnos el verano hablando y no quería esperar a que sus cartas llegasen por correo. Esa era otra pequeña diferencia entre nosotros: Barack era capaz de abrir su corazón usando un bolígrafo. Él se había criado a base de cartas que llegaban en forma de livianos sobres de correo aéreo de su madre desde Indonesia. Pero yo era más partidaria del cara a cara: me había criado a base de cenas de los domingos en casa de Southside, donde a veces había que gritar para hacerse oír. En mi familia hablábamos. Mi padre, que acababa de cambiar su coche por una furgoneta adaptada a su discapacidad, seguía presentándose en casa de sus primos tan a menudo como le era posible para verlos en persona. Amigos, vecinos y primos de primos también aparecían regularmente en Euclid Avenue y se plantaban en el salón junto a mi padre, sentado en su sillón reclinable, para contar historias o pedir opinión. Mi padre tampoco tenía ningún problema con el teléfono. Durante años lo había visto llamar casi a diario a mi abuela, que estaba en Carolina del Sur, para preguntarle qué tal le iba.

Hice saber a Barack que, para que nuestra relación funcionase, más le valía acostumbrarse al teléfono. «Si no hablo contigo —le dije—, quizá tenga que buscarme algún otro que me escuche.» Lo decía en broma, pero no del todo.

Y así fue como Barack aprendió a hablar por teléfono. Durante aquel otoño hablamos tan a menudo como pudimos, cada uno encerrado en su mundo y con sus horarios, y aun así compartiendo los pequeños detalles del día a día. Pasaron los meses, pero nuestros sentimientos se asentaron y afianzaron.

En mi bufete, formaba parte del equipo de reclutamiento de la oficina de Chicago. Como reclutadora, mi objetivo era atraer a estudiantes no solo inteligentes y tenaces, sino también a otros candidatos que no fueran hombres y blancos. Había otra mujer afroamericana en el equipo de reclutamiento, una asociada sénior llamada Mercedes Laing, que tenía unos diez años más que yo y acabó convirtiéndose en una querida amiga y mentora. Como yo, tenía dos titulaciones de la Ivy League y estaba más que acostumbrada a participar en reuniones donde nadie más era como ella. Ambas coincidimos en que debíamos luchar por no acostumbrarnos a ello ni aceptarlo. En las reuniones sobre reclutamiento, yo defendía con insistencia que el bufete debía ampliar el espectro a la hora de buscar jóvenes talentos. La costumbre arraigada era contactar con estudiantes de un selecto grupo de facultades —de Harvard, Stanford, Yale, Northwestern, la Universidad de Chicago y la Universidad de Illinois, principalmente—, los lugares donde se habían formado la mayoría de los abogados de la firma. El proceso de reclutamiento solía ser circular: una generación de abogados contrataba nuevos abogados cuya experiencia vital y formación fuesen similares a las suyas propias, lo que dejaba poco espacio para la diversidad de cualquier clase.

Para ayudar a remediar este problema en mi bufete, propuse que considerásemos candidatos procedentes de otras universidades públicas y de centros con un alumnado tradicionalmente negro, como la Universidad de Howard. Cuando el equipo de reclutamiento se reunió para revisar currículos de estudiantes, planteé objeciones cada vez que uno de ellos era descartado de manera automática porque en su expediente constaba un notable o por haber estudiado en una universidad menos prestigiosa. Si nos tomábamos en serio la idea de fichar a abogados pertenecientes a minorías, debíamos pensar en cómo habían aprovechado las oportunidades que la vida les hubiese ofrecido, en lugar de valorar tan solo su rendimiento académico en una universidad de élite. No se trataba de rebajar el exigente listón del bufete, sino de tener en cuenta que, si nos aferrábamos al modo más rígido y anticuado de evaluar el potencial de los nuevos abogados, estábamos dejando escapar a muchas personas que, si bien no encajaban en ese perfil, podían contribuir al éxito del bufete. Teníamos que entrevistar a más estudiantes antes de descartarlos.

Me encantaba hacer viajes de reclutamiento a Harvard, ya que así tenía libertad para reunirme con un grupo diverso de estudiantes. Además, me daba una excusa para ver a Barack. La primera vez que fui, me recogió en su coche, un coche de morro chato y color amarillo plátano que había comprado con el poco dinero de que disponía. Cuando giró la llave, el motor arrancó y el coche dio una violenta sacudida antes de asentarse en un gruñido profundo y sostenido que nos zarandeó en los asientos. Le lancé una mirada de incredulidad.

—¿Conduces este trasto? —exclamé alzando la voz por encima del ruido.

Me respondió con una sonrisa tímida, como diciendo «Lo tengo todo controlado».

—Dame un par de minutos —dijo mientras metía una marcha—. Acaba funcionando.

Unos minutos más tarde, cuando ya circulábamos por una calle concurrida, añadió:

—Por cierto, quizá sea mejor que no mires hacia abajo.

Ya había visto lo que Barack quería ocultarme: un agujero oxidado de unos diez centímetros en el suelo de su coche, a través del cual podía verse la carretera pasando a toda velocidad bajo nuestros pies.

Ya entonces supe que la vida con Barack nunca sería aburrida. Sería más bien de color amarillo plátano y seguramente emocionante. También entonces se me ocurrió pensar que lo más probable era que él nunca ganara mucho dinero.

Ese año volamos hasta Honolulú por Navidad. Nunca había estado en Hawái, pero creía que me gustaría. Al fin y al cabo, venía de Chicago, donde el invierno se alargaba hasta abril. Para mí, escapar del invierno siempre fue toda una alegría.

Durante la universidad, mi amiga Suzanne me había llevado a playas de fina arena blanca de Kingston, Jamaica, donde jugamos con las olas en un mar que parecía jade. Suzanne me guio con mano experta a través de un caótico mercado, chapurreando con los vendedores callejeros.

«¡Prueba *isto*!», me gritó un día mientras me ofrecía un plato con pedazos de pescado a la parrilla, ñames fritos, tallos de caña de azúcar y trozos de mango. Suzanne quería que yo lo probase todo, para que viese cuántas cosas maravillosas había.

Visitar Oahu con Barack no era muy distinto. Llevaba ya más de una década viviendo en el continente, pero Hawái seguía siendo importantísimo para él. Quería que yo lo experimentase todo, desde las palmeras que flanqueaban las calles de Honolulú y todo el arco de la playa de Waikiki hasta las verdes colinas que rodeaban la ciudad. Nos alojamos en un apartamento que unos amigos de la familia nos prestaron, y cada día hacíamos excursiones hasta el mar, para nadar y holgazanear al sol. Conocí a Maya, la hermanastra de Barack, una joven de diecinueve años amable e inteligente que estaba estudiando en Barnard College, en Nueva York. Tenía las mejillas redondeadas, unos grandes ojos marrones y una melena morena que se rizaba en una espesa maraña alrededor de sus hombros. Conocí a sus abuelos, Madelyn y Stanley Dunham, o «Toot y Gramps», como él los llamaba. Vivían en el mismo edificio alto de pisos donde habían criado a Barack, en un pequeño apartamento decorado con telas indonesias que Ann había ido enviando a lo largo de los años.

Y conocí también a la propia Ann, una mujer rolliza y vivaz de pelo oscuro y rizado, y con la misma barbilla angulosa que Barack. Llevaba voluminosas joyas de plata, un vestido batik de colores intensos y unas sandalias robustas. Fue amable conmigo y expresó curiosidad por mis orígenes y mi carrera. Saltaba a la vista que adoraba a su hijo. Se la veía deseosa de sentarse a charlar con él para explicarle su trabajo como antropóloga e intercambiar recomendaciones de libros, como si estuviese poniéndose al día con un viejo amigo.

Todos en la familia aún llamaban «Barry» a Barack. Aunque hacía mucho tiempo que habían salido de su Kansas natal, sus abuelos me parecieron las personas del Medio Oeste desubicadas que Barack siempre me había contado que eran. Gramps era corpulento, tenía aspecto de oso y contaba chistes malos. Toot, una mujer fornida de pelo cano que había llegado a ser vicepresidenta de una entidad bancaria local, nos preparaba bocadillos de ensalada de atún para el almuerzo. Por las noches nos sacaba un aperitivo de sardinas sobre galletas Ritz y servía la cena en bandejas para que todos pudiésemos mirar las noticias de la tele o jugar una disputada partida de Scrabble. Era una familia modesta de clase media, en muchos sentidos no muy distinta de la mía.

Había algo de reconfortante en eso, tanto para mí como para Barack. Pese a lo diferentes que éramos, encajábamos de una manera interesante. Era como si lo parecidas que eran nuestras familias explicase la atracción que existía entre ambos y lo fácil que era todo entre nosotros.

En Hawái, Barack se relajaba. Estaba en casa. Y allí no sentía la necesidad de demostrar nada a nadie. Todo lo hacíamos con retraso, pero no importaba, ni siquiera a mí. Bobby, un compañero del instituto de Barack que era pescador profesional, nos sacó en su barco un día para bucear un rato y dar una vuelta sin rumbo. Fue entonces cuando vi a Barack más relajado que nunca, holgazaneando bajo un cielo azul con un viejo amigo, desconectado por fin de las noticias del día y de las lecturas de la facultad, o de lo que habría que hacer para solucionar la desigualdad económica.

Muchísimos de mis amigos juzgaban a sus potenciales parejas por la apariencia externa, y se centraban en primer lugar en su aspecto y en sus perspectivas económicas, en lugar de en su carácter. Era como si pensaran que, si resultaba que la persona que habían elegido tenía dificultades para comunicarse o no se sentía cómoda mostrándose vulnerable, al final el tiempo o el matrimonio lo resolverían. Pero, desde nuestra primera conversación, Barack me había demostrado que no temía expresar sus miedos o debilidades y que valoraba la sinceridad. En el trabajo, había sido testigo de su predisposición a sacrificar sus propios deseos y necesidades en aras de un bien superior.

Y ahora, en Hawái, me daba cuenta de que su carácter se manifestaba en los pequeños detalles. La amistad que aún mantenía con sus compañeros del instituto mostraba la solidez de sus relaciones. En su devoción por su madre, una mujer con mucho carácter, yo veía un profundo respeto por las mujeres y por su independencia.

Sabía que Barack no tendría ningún problema en que su pareja tuviese sus propias pasiones y opiniones. Esas eran cosas que no se aprendían en una relación, que ni siquiera el amor podía crear o cambiar. Al abrirme las puertas de su mundo, Barack estaba enseñándome todo lo que necesitaba saber sobre el tipo de compañero de vida que sería.

Una tarde nos sentamos en una franja de arena fina y observamos a los surfistas mientras cabalgaban enormes olas. Estuvimos allí cuatro horas, simplemente hablando, mientras el sol caía en el horizonte y el resto de las personas que había en la playa recogían sus bártulos para volver a casa. Había ido a Hawái para acceder a parte del pasado de Barack, y estábamos sentados a la orilla de un inmenso océano, imaginando nuestro futuro juntos, comentando en qué tipo de casa nos gustaría vivir algún día, qué clase de padres queríamos ser. Parecía algo osado hablar de esas cosas, pero también resultaba tranquilizador, porque teníamos la sensación de que esa conversación entre los dos podría durar toda la vida.

De vuelta en Chicago, de nuevo lejos de Barack, muy rara vez salí de fiesta o trasnoché. Me pasaba tan contenta la noche del sábado leyendo una buena novela en el sofá.

Cuando me aburría, llamaba a alguna vieja amiga. Incluso ahora que tenía un novio serio, mis amigas eran las que me ayudaban a mantener la estabilidad. Santita Jackson estaba recorriendo el país como cantante, pero hablábamos cuando podíamos. Alrededor de un año antes me había sentado con mis padres en el salón de su casa para ver, henchida de orgullo, cómo Santita y sus hermanos presentaban a su padre en la Convención Nacional Demócrata de 1988. El reverendo Jackson había hecho un intento decoroso de ser candidato a la presidencia, obteniendo incluso la victoria en una docena de primarias, y al hacerlo había llenado hogares como el nuestro de un nuevo y profundo grado de esperanza e ilusión, aunque en el fondo sabíamos que sus posibilidades eran muy escasas.

Hablaba regularmente con Verna Williams, una amiga de la facultad de Derecho. Verna había coincidido un par de veces con Barack y le había gustado mucho, pero me provocaba diciéndome que había rebajado mi listón, disparatadamente alto por lo general, al permitir que un fumador entrase en mi vida. Con Angela Kennedy seguíamos riéndonos a carcajadas, aunque ahora trabajaba como profesora en New Jersey, al tiempo que criaba a un niño y trataba de mantenerse a flote mientras contemplaba cómo su matrimonio se desmoronaba. Nos habíamos conocido cuando éramos unas universitarias tontorronas y semimaduras, y ahora éramos adultas, con vidas y preocupaciones de adultas. A veces me echaba a reír solo de pensarlo.

Suzanne era el mismo espíritu libre que cuando compartimos habitación en Princeton. Aparecía y desaparecía de mi vida y seguía midiendo el valor de sus días únicamente en función de si eran placenteros o no. Pasábamos largas temporadas sin hablar, pero luego recuperábamos con gran facilidad el hilo de nuestra amistad. Como siempre, yo la llamaba Screwzy, y ella a mí, Miche. Nuestros mundos continuaban siendo tan diferentes como lo fueron en la universidad. Ya entonces, Suzanne era como una hermana cuya vida yo solo podía seguir desde la distancia, desde el otro lado del abismo que nuestras diferencias intrínsecas creaban. Era exasperante, encantadora y siempre importante para mí. Me pedía consejo y luego se empeñaba en desoírlo. «¿Sería un error salir con una estrella del pop semifamosa y mujeriega?» Por supuesto que sí, pero ella lo hacía igualmente. Porque «¿Por qué no?», me decía. Lo más desesperante fue cuando, después de la universidad, desperdició la oportunidad de entrar en una facultad de Negocios de la Ivy League porque estaba segura de que le supondría demasiado trabajo, y por lo tanto poca diversión, para acabar obteniendo su MBA en un programa no tan estresante de una universidad pública, que yo interpreté como una decisión fruto de la pereza.

A veces, las decisiones que tomaba Suzanne parecían lo opuesto a mi manera de hacer las cosas, un voto a favor de relajarse y no esforzarse tanto. Ahora puedo decir que la juzgué de manera injusta por ello, pero entonces estaba convencida de tener razón. Poco después de empezar a salir con Barack la llamé para explayarme sobre lo que sentía por él. Estuvo encantada de oírme tan feliz. Ella también tenía noticias que contarme: iba a dejar su trabajo como especialista en informática para dedicarse a viajar... durante meses, no semanas. Suzanne y su madre se disponían a partir en una aventura alrededor del mundo. Porque «¿Por qué no?».

Nunca supe si Suzanne inconscientemente sabía que algo raro sucedía en las células de su cuerpo, que estaban siendo víctimas de un secuestro silencioso. Lo que sí supe fue que, durante el otoño de 1989, mientras yo llevaba hombreras marcadas y soportaba largas y aburridas reuniones en el bufete, Suzanne y su madre procuraban no mancharse de curri sus vestidos veraniegos en Camboya y bailaban al amanecer sobre los magníficos paseos del Taj Mahal. Mientras yo me preocupaba por cuadrar mis cuentas, recogía la ropa en la lavandería y veía cómo se marchitaban y caían las hojas de los árboles a lo largo de Euclid Avenue, imaginaba que Suzanne recorría la calurosa y húmeda Bangkok rebosante de alegría. No sé cómo fueron sus viajes ni adónde fue, porque nunca daba señales de vida. Estaba demasiado ocupada viviendo, empapándose hasta reventar de todo lo que el mundo le ofrecía.

Cuando volvió a casa, a Maryland, y encontró un momento para llamarme, las noticias eran tan impactantes que apenas fui capaz de digerirlas.

«Tengo cáncer —me dijo con su ronca voz entrecortada—. Mucho cáncer.»

Sus médicos se lo acababan de diagnosticar. Me describió su plan de tratamiento, pero yo estaba demasiado sobrecogida para prestar atención a los detalles. Antes de colgar, me dijo que, en una cruel jugarreta del destino, su madre también había caído gravemente enferma.

No estoy segura de haber creído alguna vez que la vida es justa, pero siempre había pensado que una podía ingeniárselas para superar casi cualquier problema. El cáncer de Suzanne fue la primera cosa que hizo que me cuestionara mi manera de ver el mundo.

Porque, aunque aún no tenía perfilados todos los detalles, sí tenía algunas cosas claras sobre mi futuro: desde mi primer año de universidad seguía un plan que me había trazado, toda una serie de casillas que debía ir marcando una tras otra.

Para Suzanne y para mí, la vida debía transcurrir de la manera siguiente: seríamos damas de honor cada una en la boda de la otra; nuestros maridos serían sumamente distintos, por supuesto, pero se caerían de maravilla el uno al otro; tendríamos hijos al mismo tiempo, viajaríamos en familia a la playa en Jamaica y seríamos cada una la tía favorita de los hijos de la otra cuando fuesen mayores. Yo regalaría libros a sus niños por sus cumpleaños; ella a los míos, pogos saltarines. Íbamos a reírnos y a compartir secretos, y a exasperarnos ante las costumbres ridículas de la otra, hasta que un día caeríamos en la cuenta de que éramos dos viejecitas que habían sido las mejores amigas toda una vida y nos preguntaríamos, sorprendidas, adónde se había ido todo nuestro tiempo.

Para mí, así era el mundo tal como debería haber sido.

Lo que me parece extraordinario al echar la vista atrás ahora es cómo fui capaz de seguir haciendo mi trabajo a lo largo de aquel invierno y la siguiente primavera. Era abogada, y los abogados trabajábamos. Todo el tiempo. No había elección, me dije. El trabajo era importante, me dije. Así que continué yendo cada mañana a la oficina.

En Maryland, Suzanne vivía con su enfermedad. Tenía que hacer frente a citas con los médicos y a operaciones quirúrgicas al mismo tiempo que intentaba cuidar de su madre, que también luchaba contra un cáncer que no tenía ninguna relación con el de Suzanne. Era mala suerte, mala fortuna, algo tan anómalo que daba miedo solo de pensarlo. El resto de la familia de Suzanne no estaba particularmente unida, a excepción de dos de sus primas favoritas, que la ayudaron cuanto pudieron. Nuestra amiga Angela fue varias veces a verla desde New Jersey, pero tenía que hacerse cargo de su bebé y de su trabajo. Recluté a Verna, mi amiga de la facultad de Derecho, para que visitara a Suzanne cuando pudiese, ya que mi trabajo me lo impedía. Verna la había visto en un par de ocasiones cuando estábamos en Harvard, y por pura coincidencia vivía ahora en Silver Spring, en un edificio próximo al de Suzanne.

Era mucho pedirle a Verna, que había perdido recientemente a su padre y tenía que hacer frente a su propio duelo. Pero era una amiga de verdad, y una persona compasiva. Me llamó a la oficina un día de mayo para contarme los pormenores de una de aquellas visitas.

«Le arreglé un poco el pelo», dijo.

El hecho de que Suzanne no pudiese peinarse por sí misma debería haberme bastado, pero me había protegido de la verdad. En parte, seguía pensando que aquello no estaba sucediendo. Me aferraba a la idea de que Suzanne remontaría.

Fue finalmente Angela la que me llamó en junio y no se anduvo por las ramas. «Si vas a venir, Miche, más vale que lo hagas cuanto antes», dijo.

Para entonces, Suzanne ya estaba ingresada en el hospital. Se encontraba demasiado débil para hablar, y fue entonces cuando acepté que se acercaba el final. Colgué el teléfono y compré un billete de avión. Llegué al hospital y allí me la encontré, tumbada en la cama mientras Angela y su prima cuidaban de ella. La madre de Suzanne había fallecido unos días antes, y ahora ella estaba en coma. Angela me hizo un hueco junto a su lecho.

Observé a Suzanne, su rostro perfecto con forma de corazón y su piel morena rojiza. Parecía extrañamente intacta a pesar de la enfermedad. Su pelo moreno se mantenía largo y brillante; alguien le había hecho dos trenzas flojas que le llegaban casi a la cintura. Sus piernas de atleta estaban cubiertas por las mantas. Se la veía joven, como una chica de veintiséis años dulce y hermosa que estuviese quizá en mitad de una siesta.

Me arrepentí de no haber ido antes. Me arrepentí de las muchas ocasiones, a lo largo de nuestra dilatada amistad, en que me empeñé en que Suzanne estaba tomando la decisión equivocada cuando posiblemente estaba haciendo lo correcto. De pronto me alegré de todas esas veces en que ignoró mis consejos. Me alegré de que no se hubiese deslomado para conseguir un prestigioso título de una facultad de Negocios. De que hubiese desaparecido durante un fin de semana con una semifamosa estrella del pop, solo para divertirse. De que hubiese ido al Taj Mahal a contemplar el amanecer con su madre. Suzanne había vivido cosas desconocidas para mí.

Ese día sostuve su mano flácida y la observé mientras su respiración se volvía agitada. En algún momento la enfermera nos hizo un gesto inequívoco: estaba sucediendo. Suzanne se iba. Mi mente se apagó. No tuve pensamientos profundos ni revelaciones sobre la vida o la pérdida. Si acaso, me enfadé.

Decir que era injusto que Suzanne hubiese enfermado y muriese a los veintiséis años parece algo muy simplón. Pero era un hecho, frío y desagradable como pocos. Cuando finalmente me separé de su cuerpo en aquella habitación de hospital, lo que pensaba era: «Se ha ido y yo sigo aquí». Fuera, en el pasillo, había personas deambulando en bata que eran mucho mayores y parecían mucho más enfermas que Suzanne, pero ahí seguían. Iba a tomar un vuelo repleto de gente de vuelta a Chicago, a conducir por una autopista llena de coches y a subir en ascensor hasta mi despacho. Iba a ver a todas esas personas aparentemente felices en sus coches, caminando por la acera con ropa de verano, sentadas tan tranquilas en las cafeterías y trabajando en sus mesas, todas ellas ignorantes de lo que le había pasado a Suzanne; inconscientes, al parecer, de que también ellas podían morir en cualquier momento. Me pareció fatal que el mundo siguiese adelante como si nada. Que todos siguiésemos aquí salvo mi Suzanne.

10

Ese verano empecé a escribir un diario. Me compré un cuaderno negro forrado de tela con flores moradas y lo tenía junto a la cama. Lo llevaba conmigo cuando hacía algún viaje por trabajo. No escribía cada día, ni siquiera cada semana, solo cogía el bolígrafo cuando tenía tiempo y energía para poner en orden mis confusos pensamientos; alguna semana escribía varias entradas, y después nada hasta al cabo de un mes o más. Todo ese ejercicio de dejar constancia de los propios pensamientos era algo nuevo para mí; una costumbre que había adoptado en parte por Barack, quien había escrito diarios de forma intermitente desde hacía años.

Barack había vuelto a Chicago durante sus vacaciones de verano en Harvard y vino directamente a vivir conmigo en mi apartamento de Euclid Avenue, lo cual le permitió conocer a mi familia. Hablaba con mi padre de deporte cuando este se disponía a salir de casa para hacer un turno en la depuradora. A veces ayudaba a mi madre a meter en casa las compras desde el garaje. Era una sensación agradable. Craig ya había puesto a prueba el carácter de Barack de la manera más concienzuda y reveladora que conocía: haciéndole participar en un partido de baloncesto de fin de semana con una panda de amigos. De hecho, lo hizo a petición mía. Su opinión sobre Barack era importante para mí; mi hermano sabía calar a las personas, especialmente por la manera como jugaban un partido. Barack había superado la prueba. Se movía bien sobre la pista, me dijo mi hermano, y sabía cuándo hacer el pase correcto, y además no se achantaba a la hora de tirar cuando tenía espacio para hacerlo. «Aunque no es un robapelotas —me dijo Craig—, tiene agallas.»

Barack había aceptado un trabajo de verano en un bufete del centro cuyas oficinas estaban cerca de donde yo trabajaba, pero su estancia en Chicago iba a ser breve. Lo habían elegido presidente de la *Harvard Law Review* para el siguiente curso escolar, y tendría que volver a Harvard antes de lo previsto para ponerse manos a la obra. La competencia para liderar la *Review* era feroz cada año, por lo que ser elegido para el puesto constituía un extraordinario logro para cualquiera. Barack era el primer afroamericano en ser seleccionado en los ciento tres años de historia de la publicación, un hito de tal calibre que hasta *The New York Times* se hizo eco de ello en un artículo en el que aparecía una foto de un Barack sonriente con bufanda y abrigo de invierno.

Mi novio era alguien importante. Podía haber conseguido un trabajo muy bien remunerado en un montón de bufetes, pero su intención era dedicarse al derecho civil en cuanto tuviera el título, aunque eso significase que tardaría el doble de tiempo en pagar su préstamo estudiantil. Todos los que le conocían lo instaban a que siguiera los pasos de muchos de los anteriores editores de la *Review* y que presentara su candidatura para ser ayudante de un juez del Tribunal Supremo. Pero eso a Barack no le interesaba. Quería vivir en Chicago, tenía ideas para escribir un libro sobre el asunto de la raza en Estados Unidos y el firme propósito de encontrar un trabajo que encajase con sus ideales. No acabaría dedicándose al derecho de sociedades. Se manejaba con un aplomo que a mí me resultaba asombroso.

Toda esa confianza era admirable, pero, con franqueza, hay que convivir con ella. La intensa determinación de Barack era algo a lo que necesitaba acostumbrarme. Ante su convicción de que sería capaz de cambiar las cosas en el mundo, yo no podía evitar sentirme un poco perdida. Su determinación parecía poner en cuestión la mía propia.

Así que empecé un diario. En la primera página, cuidando la letra, expuse mis motivos para empezar a escribirlo:

> Uno. Me siento muy confundida sobre el rumbo que quiero dar a mi vida. ¿Qué tipo de persona quiero ser? ¿Cómo quiero contribuir al mundo?

> Dos. Estoy tomándome muy en serio mi relación con Barack y siento que necesito controlarme un poco más.

El librito florido ha sobrevivido ya un par de décadas y varias mudanzas. Estuvo durante ocho años en una estantería de la Casa Blanca, hasta hace bien poco, cuando lo saqué de una caja en mi nueva casa para tratar de recordar a la joven abogada que fui. Leo ahora lo que escribí entonces y veo exactamente lo que estaba tratando de decirme a mí misma, lo que una mentora que no se anduviese con tonterías me habría dicho. En realidad, era sencillo: lo primero era que odiaba ser abogada. No estaba hecha para ese trabajo. Aunque se me daba muy bien, me sentía vacía al hacerlo. Reconocerlo me desazonaba, habida cuenta de lo mucho que me había esforzado y la considerable deuda que había acumulado para llegar donde estaba. Mi necesidad de destacar y hacerlo todo a la perfección me había llevado a pasar por alto las señales, y había acabado tomando el camino equivocado.

Lo segundo era que estaba profundamente enamorada de un tipo de inteligencia y ambición poderosas que podrían acabar engullendo las mías. Ya entonces lo veía venir, como una ola dispuesta a arrastrarme bajo el agua. No iba a apartarme de su recorrido —para entonces ya estaba demasiado comprometida con Barack, demasiado enamorada—, pero sí necesitaba plantarme firmemente cuanto antes sobre mis pies.

Eso implicaba buscar una nueva profesión, y lo que más me inquietaba era que no tenía ninguna idea específica de qué me gustaría hacer. De alguna manera, en todos mis años de formación había sido incapaz de reflexionar sobre qué era lo que me apasionaba y cómo podría hacerlo encajar con algún trabajo que me pareciese importante. De joven no había explorado absolutamente nada. Barack, por su parte, había probado distintos trabajos, había conocido a toda clase de personas, y al hacerlo había ido tomando conciencia de cuáles eran sus prioridades. Esas experiencias le habían proporcionado una cierta madurez. Yo, sin embargo, había tenido tanto miedo a extraviarme de mi camino, tal necesidad de sentir que era respetable y capaz de pagar mis facturas, que me había encaminado medio sonámbula hacia la abogacía.

En un año había encontrado a Barack y había perdido a Suzanne, y la fuerza de ambos acontecimientos me había dejado aturdida. La súbita muerte de Suzanne me había hecho tomar conciencia de que quería que mi vida tuviese más alegría y más sentido. Para bien y para mal, consideraba a Barack responsable de mi confusión. Escribí en mi diario:

Si en mi vida no hubiese un hombre que está continuamente interrogándome sobre lo que me motiva y lo que me duele, ¿me lo cuestionaría por mí misma?

No dejaba de pensar en lo que podría hacer, en cuáles eran mis habilidades. ¿Podría ser profesora? ¿Trabajar en la administración de una universidad? ¿Podría gestionar algún tipo de programa para graduados universitarios? Quizá debería trabajar en una fundación o en una organización sin ánimo de lucro. Me motivaba ayudar a chavales desfavorecidos. Me preguntaba si podría encontrar un empleo que me satisficiese y me dejase tiempo suficiente para hacer voluntariado, o disfrutar del arte o tener hijos. Quería sentirme plena. Hice una lista de asuntos que me interesaban: educación, embarazos en adolescentes, autoestima de las personas negras. Sabía que un trabajo más relevante traería consigo una bajada de sueldo. Más seria resultó mi siguiente lista, la de mis gastos mínimos, los que quedaban tras renunciar a todos los lujos que me había permitido con el salario de abogada, cosas como mi abono para el gimnasio.

Dedicaba una suma importante al mes a devolver mi préstamo estudiantil y a pagar el coche, además del dinero que se iba en comida, gasolina y seguros, eso sin el que necesitaría para pagar el alquiler si en algún momento me iba de casa de mis padres.

Nada era imposible, pero tampoco parecía fácil. Empecé a informarme sobre posibles trabajos relacionados con el derecho del entretenimiento, pensando que quizá sería interesante y me evitaría tener que renunciar a un buen salario. Pero en mi interior sentía cómo iba asentándose lentamente una certeza: no estaba hecha para ejercer como abogada. Un día tomé nota de un artículo sobre la gran cantidad de abogados, en particular mujeres, que experimentaban fatiga, estrés e insatisfacción. «Qué deprimente», escribí en mi diario.

Pasé buena parte de aquel agosto trabajando en una sala de conferencias alquilada en un hotel de Washington, D. C., adonde me habían enviado para preparar un caso. Aunque estaba demasiado ocupada como para poder visitar la ciudad, el cambio de escenario y de rutina me distrajo lo suficiente de las grandes preguntas que empezaban a surgir en mi cabeza.

La noche que tomé el avión de vuelta a Chicago sentí que una profunda desazón se apoderaba de mí porque estaba a punto de regresar a mi rutina habitual y volvería a sumirme en la neblina de mi confusión.

Mi madre tuvo el detalle de ir a buscarme a O'Hare. El mero hecho de verla me reconfortó. A sus cincuenta y pocos años, trabajaba a jornada completa como secretaria de dirección en una entidad bancaria del centro, repleta de hombres que se habían hecho banqueros porque, antes que ellos, sus padres también lo habían sido. Mi madre era una fuerza de la naturaleza. Tenía poca paciencia con los idiotas. Llevaba el pelo corto y ropa práctica y discreta. Era competente y tranquila. Como había sucedido cuando Craig y yo éramos niños, no se entrometía en nuestras vidas privadas. Expresaba su amor estando siempre ahí cuando la necesitábamos. Te recibía cuando llegaba tu vuelo. Te llevaba a casa y te ofrecía algo de comer si tenías hambre. Su temperamento ecuánime era para mí como un cobijo, un lugar donde sentirme segura.

Mientras íbamos hacia el centro de la ciudad, dejé escapar un gran suspiro.

—¿Estás bien? —me preguntó.

Volví la mirada hacia ella.

—No lo sé —empecé a decir—. Es que…

Y a continuación me desahogué. Le conté que no estaba contenta con mi trabajo, ni siquiera con la profesión que había elegido; que era profundamente infeliz. Le hablé de lo desesperada que estaba por hacer un cambio importante, pero que a la vez me preocupaba no ganar el suficiente dinero si lo hacía. Tenía las emociones a flor de piel. Solté otro suspiro.

—No me siento realizada —añadí.

Ahora pienso en cómo debió de sentarle eso a mi madre, que llevaba entonces nueve años en un trabajo que había aceptado principalmente para contribuir a pagar mi carrera universitaria. Y eso después de años de no tener ningún empleo para así poder coser mi uniforme escolar, prepararme la comida y hacer la colada para mi padre. En cuanto a mi padre, por el bien de nuestra familia, se pasaba a su vez ocho horas al día vigilando los indicadores de las calderas en la planta de filtración de aguas. Mi madre, que acababa de conducir una hora para recogerme en el aeropuerto, que estaba permitiéndome vivir sin pagar alquiler en el piso de arriba de su casa y que tendría que levantarse de madrugada a la mañana siguiente para ayudar a mi padre, inválido, a prepararse para ir a trabajar, no estaba precisamente dispuesta a sentir lástima por mí porque necesitaba encontrarle un propósito a mi vida.

Estoy convencida de que la realización personal era para ella un problema de ricos. Dudo que mis padres, en los treinta años que llevaban juntos, hubiesen hablado de ello ni siquiera una sola vez.

Mi madre no me juzgaba. No era de las que daban lecciones o enfatizaban sus propios sacrificios. Había apoyado con discreción cada decisión que yo había tomado a lo largo de mi vida. Sin embargo, esa vez me lanzó una mirada de soslayo, puso el intermitente para salir de la autopista e ir a nuestro barrio, y soltó una risita.

—Si estás pidiéndome consejo —dijo—, te recomiendo que primero ganes dinero y después te preocupes por tu felicidad.

Pasé los seis meses siguientes intentando sentirme mejor respecto a mi trabajo, sin hacer ningún cambio súbito. Me reuní con el socio encargado de mi división, a quien pedí que me asignara responsabilidades de mayor envergadura. Traté de concentrarme en los proyectos que me parecían más importantes, incluidos mis intentos de reclutar a un nuevo grupo más diverso de becarios de verano. Al mismo tiempo, estuve pendiente de las ofertas de empleo y me esforcé por conocer a más personas que no fueran abogados. Estaba convencida de que, de alguna manera, encontraría el camino para sentirme realizada.

En casa, en Euclid Avenue, no me veía capaz de afrontar la nueva situación. A mi padre empezaron a hinchársele los pies sin motivo aparente. Su piel tenía un aspecto extraño. Sin embargo, cada vez que le preguntaba cómo estaba me daba la misma respuesta que me había dado durante años.

«Estoy bien», decía, como si fuera un sinsentido formular aquella pregunta. Y a continuación cambiaba de tema.

De nuevo era invierno en Chicago. Me despertaba por las mañanas con el ruido de los vecinos raspando el hielo de sus limpiaparabrisas en la calle. El viento soplaba y la nieve se acumulaba. La luz del sol era débil. A través de la ventana de mi despacho en la planta 47, podía ver una vasta extensión de hielo sobre el lago Michigan, y sobre este un cielo gris. Vestía ropa de lana y estaba deseando que llegase el deshielo. En el Medio Oeste, en el invierno se trata de esperar: hasta que el frío dé un respiro, hasta que un pájaro cante, hasta que las primeras flores surjan de debajo de la nieve. Entretanto, lo único que cabe hacer es mantener la moral.

Mi padre no había perdido su buen humor. Craig venía de vez en cuando a cenar con la familia, y nos sentábamos a la mesa y nos reíamos como siempre, aunque ahora también nos acompañaba Janis, la mujer de Craig. Alegre y ambiciosa, Janis era analista de telecomunicaciones, trabajaba en el centro y, al igual que todos, adoraba a mi padre. Craig, por su parte, era un gran ejemplo de éxito profesional. Estaba sacándose un MBA y trabajaba como vicepresidente en un banco; además, él y Janis acababan de comprarse un estupendo apartamento en Hyde Park. Llevaba trajes a medida y había llegado al volante de su deportivo rojo. Entonces yo no lo sabía, pero nada de todo eso lo hacía feliz. Como yo, Craig estaba incubando su propia crisis, y en los años siguientes tendría que plantearse si su trabajo le importaba y lo satisfacía de verdad. Pero sabiendo lo orgulloso que nuestro padre estaba de lo que sus hijos habían logrado, ninguno de los dos sacamos el tema durante la cena.

Cuando se despedía tras una de sus visitas, Craig dirigió a mi padre una última mirada de preocupación y le hizo la pregunta de rigor sobre su salud. La respuesta que obtuvo fue un jovial «Estoy bien».

Lo dábamos por bueno porque era tranquilizador, y nos gustaba que así fuese. Mi padre llevaba años viviendo con esclerosis múltiple y siempre había conseguido «estar bien». Queríamos creerle, aunque veíamos cómo empeoraba. Estaba bien, nos decíamos, porque aún se levantaba cada día e iba a trabajar. Estaba bien porque nos habíamos fijado en que tomaba un segundo plato de carne asada esa noche. Estaba bien, sobre todo si no nos fijábamos mucho en sus pies.

Había tenido varias conversaciones tensas con mi madre en las que le había preguntado por qué mi padre no quería ir al médico. Pero, al igual que yo, mamá se había dado por vencida tras pedirle repetidamente que lo hiciera sin haber conseguido nada. Para mi padre, los médicos nunca daban buenas noticias, por lo que era preferible evitarlos. Pese a lo mucho que le gustaba hablar, no quería mencionar sus problemas. Quería apañárselas a su manera. Para adaptarse a la hinchazón de sus pies, simplemente pidió a mi madre que le comprase unas botas de trabajo más holgadas.

El silencio en torno a la visita al médico se prolongó durante todo el mes de enero y hasta febrero de ese año. Mi padre se movía con una dolorida lentitud, usaba un andador de aluminio para desplazarse por la casa y tenía que detenerse a menudo para tomar aliento. Por las mañanas, tardaba más en llegar desde la cama hasta el cuarto de baño, de este a la cocina y, por último, a la puerta trasera, donde tenía que bajar los tres escalones que llevaban al garaje, a fin de conducir desde allí hasta su trabajo. A pesar de lo que estaba pasando en casa, insistía en que en la depuradora todo iba bien. Usaba un patinete motorizado para ir de una caldera a otra y se enorgullecía de saberse necesario en el trabajo. En veintiséis años no había faltado a un solo turno. Si una caldera se sobrecalentaba, mi padre decía ser uno de los pocos trabajadores con experiencia suficiente para, actuando con rapidez, evitar el desastre. Era optimista y, recientemente, se había postulado para una promoción.

Aunque mi padre nos decía que estaba bien, mi madre y yo veíamos que no era así. En casa, por las noches, mi padre pasaba la mayor parte del tiempo viendo partidos de baloncesto y de hockey por la televisión con aspecto débil y agotado en su butaca. Además de sus pies, nos habíamos percatado de que ahora parecía que se le estaba hinchando algo en el cuello, lo que le había proporcionado un extraño temblor en la voz.

Por fin, decidimos que teníamos que hacer algo. Craig nunca quería hacer de poli malo, y mi madre se atenía a su decisión de no hablar sobre la salud de mi padre. En una conversación de ese tipo, siempre me tocaba a mí ser la dura con mi padre. Le dije que tenía que pedir ayuda, aunque solo fuese por nosotros, y que yo pensaba llamar a su médico por la mañana. Prometió que, si yo pedía cita, él acudiría. Lo insté a que durmiese hasta tarde la mañana siguiente para dar un descanso a su cuerpo. Esa noche, mi madre y yo nos acostamos con una sensación de alivio por haber conseguido cierto control.

Pero mi padre sentía que el descanso era una forma de derrota. Cuando bajé por la mañana me lo encontré sentado a la mesa con el andador a su lado. Llevaba puesto su uniforme municipal azul marino y se esforzaba por ponerse los zapatos. Se iba a trabajar.

—Papá —dije—, pensé que ibas a descansar. Vamos a pedir esa cita en el médico...

Se encogió de hombros.

—Lo sé, cariño —dijo con una voz ronca por lo que fuese que tenía en el cuello—. Pero ahora mismo estoy bien.

Su testarudez se encontraba sepultada bajo tantas capas de orgullo que me resultaba imposible discutir con él. No había forma de detenerlo. Mis padres nos habían criado para que nos hiciésemos cargo de nuestros propios asuntos, lo que significaba que debía confiar en que él haría lo propio con los suyos, a pesar de que apenas era capaz de ponerse los zapatos. Así que dejé que hiciera lo que quisiera. Me guardé para mí mis preocupaciones, le di un beso y volví al piso de arriba dispuesta a prepararme para mi propia jornada laboral. Decidí que más tarde llamaría a mi madre a su oficina y le diría que teníamos que pensar una estrategia para obligar a mi padre a tomarse un tiempo de descanso.

Oí que se cerraba la puerta trasera. Pocos minutos después, volví a la cocina y la encontré vacía. El andador de mi padre estaba junto a la puerta. Me asomé y miré por la mirilla para comprobar que su furgoneta ya no estaba.

Pero sí que estaba. Y mi padre también, de espaldas a mí, con una gorra y su chaqueta de invierno. No había conseguido bajar todos los escalones y había necesitado sentarse. El agotamiento se reflejaba en la inclinación lateral de su cabeza y en la pesadumbre con la que se apoyaba contra la barandilla de madera. No era tanto que estuviese en plena crisis, sino más bien demasiado exhausto para proseguir. Parecía evidente que intentaba coger fuerzas para darse la vuelta y volver adentro. Fui consciente de que estaba viéndolo en un momento de absoluta derrota.

Cuánta soledad debió de haber sentido al vivir veinte años con una enfermedad así, siguiendo adelante sin queja alguna mientras su cuerpo iba consumiéndose lentamente. Al ver a mi padre en aquella escalera sentí un dolor que no había experimentado nunca. Mi reacción instintiva fue la de salir corriendo y ayudarlo a entrar de nuevo en el calor de la casa, pero me reprimí, pues sabía que eso supondría otro golpe más a su dignidad. Respiré hondo y me alejé de la puerta.

Pensé que lo vería cuando entrase. Le quitaría las botas de trabajo, le daría un poco de agua, lo acomodaría en su butaca, con el reconocimiento tácito entre ambos de que ya no había duda: tendría que aceptar que lo ayudasen.

Esperé a oír el sonido de la puerta trasera. Pasaron cinco minutos, y otros cinco, hasta que volví a mirar por la mirilla para cerciorarme de que había podido ponerse en pie. Pero no había nadie en la escalera. De alguna manera, luchando contra todas las partes de su cuerpo hinchadas y deterioradas, había encontrado fuerzas para bajar los escalones, recorrer el camino helado y llegar hasta su furgoneta, que ahora estaría a mitad de camino hacia la depuradora. No se daba por vencido.

Barack y yo llevábamos meses dando vueltas a la idea del matrimonio. Hacía año y medio que estábamos juntos y seguíamos totalmente enamorados. Él estaba cursando su último semestre en Harvard y ocupado con su trabajo en la *Law Review*, pero pronto volvería para pasar el examen de ingreso en el colegio de abogados de Illinois y buscar trabajo. El plan era que vendría a vivir a Euclid Avenue, esta vez de forma más permanente. Otro motivo más por el yo que estaba deseando que el invierno terminase cuanto antes.

Habíamos hablado sobre cómo entendíamos el matrimonio cada uno, y a veces me preocupaba lo distintas que eran nuestras opiniones al respecto. Para mí, casarme era algo que daba por descontado, algo que desde muy joven esperaba hacer algún día (igual que tener hijos, que también había dado por supuesto desde que me desvivía por mis muñecas cuando era niña). Barack no estaba en contra de casarse, pero no tenía prisa por hacerlo. Para él, nuestro amor ya lo era todo, era cimiento suficiente sobre el que construir una vida plena y feliz juntos, con o sin anillos.

Ambos éramos productos de la manera en que nos habíamos criado. Su madre se había casado dos veces, y divorciado otras dos, pero había logrado que nada de eso afectara a su vida, a su carrera y a sus hijos pequeños. Mis padres habían permanecido juntos y habían tomado cada decisión y habían abordado cada empeño de manera conjunta. En treinta años, pocas habían sido las noches que pasaron separados.

Barack entendía el matrimonio como dos personas unidas por el amor pero que mantenían vidas, sueños y ambiciones independientes. Para mí, era la fusión plena de dos personas, en la que el bienestar de la familia era prioritario frente a cualquier otro interés u objetivo individual. Yo no quería una vida exactamente como la que mis padres tenían. No deseaba vivir para siempre en la misma casa o tener el mismo trabajo. Pero sí anhelaba la estabilidad que ellos tenían.

Supuse que puliríamos nuestros sentimientos cuando Barack volviese a Chicago, cuando llegase el calor. Solo tenía que esperar, aunque la espera iba a ser dura. Anhelaba la permanencia. Desde mi apartamento, podía oír a mis padres hablar en el piso de abajo, la risa de mi madre cuando él contaba alguna historia. Los oía apagar la tele cuando se disponían a acostarse. Tenía veintisiete años, y había días en que lo único que deseaba era sentirme completa. Quería coger todas las cosas que amaba y fijarlas implacablemente al suelo. Había experimentado ya suficientes pérdidas como para saber que aún vendrían más.

Yo pedí cita para que mi padre viese a un médico, pero fue mi madre quien lo llevó a la consulta (en ambulancia, de hecho). Sus pies se habían hinchado y reblandecido hasta el extremo de que por fin reconoció que ponerse de pie era como pisar agujas. Cuando llegó el momento de acudir a la cita, le resultó imposible apoyarse en ellos. Ese día yo estaba trabajando, pero mi madre me describió la escena: unos enfermeros sacaron a mi padre de casa en camilla mientras él intentaba bromear con ellos.

Lo llevaron directamente al hospital de la Universidad de Chicago. Pasaron los días y mi padre siguió hinchándose. Su cara se abotagó, su cuello se inflamó, su voz se volvió más débil. El diagnóstico oficial fue síndrome de Cushing, quizá relacionado con la esclerosis múltiple, o quizá no. En cualquier caso, su situación era mala. Un escaneo reveló que tenía un tumor en la garganta que había alcanzado tal tamaño que casi estaba asfixiándolo.

«No sé cómo no lo noté», le dijo al médico mi padre, que parecía genuinamente sorprendido, como si no hubiese tenido ni un solo síntoma hasta llegar a ese punto, como si no hubiese pasado semanas y meses, años incluso, ignorando su dolor.

Mi madre, Craig, Janis y yo nos turnamos para ir al hospital a hacerle compañía. Íbamos y veníamos día tras día mientras los médicos lo atiborraban a medicinas, le insertaban tubos y lo conectaban a máquinas. Nos esforzábamos por comprender lo que los especialistas nos decían, pero no entendíamos casi nada. Recolocábamos las almohadas de mi padre y hablábamos distraídamente sobre baloncesto universitario o sobre el tiempo que hacía, sabiendo que él nos escuchaba, aunque hablar le resultaba agotador. Éramos una familia de planificadores, pero ahora todo parecía improvisado. Poco a poco, mi padre se hundía alejándose de nosotros. Lo llamábamos con antiguos recuerdos, y veíamos que despertaban un ligero brillo en sus ojos. ¿Recuerdas el *Deuce and a Quarter* y cómo nos revolvíamos en el enorme asiento trasero cuando salíamos en verano a comer en el coche? ¿Recuerdas los guantes de boxeo que nos regalaste y la piscina del Dukes Happy Holiday Resort? ¿Y cómo construías los decorados para Robbie? ¿Y qué me dices de las cenas en casa de Dandy? ¿Recuerdas cuando mamá nos preparó gambas rebozadas en Nochevieja?

Una noche pasé por el hospital y me encontré a mi padre solo. Mi madre se había ido a casa a dormir. La habitación estaba en silencio. Toda la planta del hospital lo estaba. Era la primera semana de marzo y la nieve invernal acababa de derretirse, dejando la ciudad humedecida. Mi padre llevaba unos diez días en el hospital. Tenía cincuenta y cinco años, pero parecía un anciano, con los ojos amarillentos y los brazos demasiado pesados para poder moverlos. Aunque estaba despierto, no podía hablar; nunca sabré si era por la hinchazón o por la emoción.

Estaba sentada en una silla junto a su cama y observaba cómo se esforzaba por respirar. Cuando puse mi mano en la suya, me dio un apretón reconfortante. Nos miramos en silencio. Teníamos demasiadas cosas que decirnos, y al mismo tiempo parecía como si ya nos lo hubiésemos dicho todo. Lo único que quedaba era una certeza: nos acercábamos al final. No se recuperaría. Se iba a perder todo el resto de mi vida. Yo estaba perdiendo su estabilidad, su consuelo, su alegría cotidiana. Noté que las lágrimas rodaban por mis mejillas.

Con su mirada fija en la mía, se acercó el envés de mi mano a los labios y lo besó una y otra y otra vez. Era su manera de decir: «Tranquila, no llores». Estaba expresando tristeza, pero también algo más sosegado y profundo, un mensaje que quería dejar claro. Con esos besos estaba diciéndome que me quería con todo su corazón, que estaba orgulloso de la mujer en la que me había convertido. Estaba diciendo que sabía que tenía que haber ido al médico mucho antes. Estaba pidiéndome perdón. Estaba despidiéndose de mí.

Permanecí a su lado hasta que se quedó dormido esa noche, salí del hospital envuelta por una gélida oscuridad y conduje hasta Euclid Avenue, donde mi madre ya había apagado las luces. Ahora, en la casa estábamos solas mi madre y yo y el futuro que nos aguardaba, fuera el que fuese. Porque para cuando saliese el sol mi padre se habría ido. Mi padre, Fraser Robinson III, sufrió un ataque cardíaco y falleció esa noche, después de habérnoslo dado absolutamente todo.

11

Es doloroso seguir viviendo cuando alguien ha muerto. Es así. Puede doler caminar por un pasillo o abrir la nevera. Duele ponerse un par de calcetines o lavarse los dientes. La comida no sabe a nada. Los colores pierden su brillo. La música duele, los recuerdos también. Una mira algo que en otras circunstancias le parecería hermoso —un cielo violáceo al atardecer o un patio lleno de niños que juegan— y de algún modo solo agudiza la pérdida. El duelo es algo muy solitario.

Al día siguiente de la muerte de mi padre, mi madre, Craig y yo fuimos a una funeraria en el South Side para elegir el ataúd y organizar el funeral. «Hacer los preparativos», como dicen en la jerga de las funerarias. No recuerdo mucho de nuestra visita, salvo lo aturdidos que estábamos, cada uno tratando de sobrellevar su respectivo duelo privado. A pesar de ello, mientras cumplíamos con el ritual de comprar la caja adecuada en la que enterrar a nuestro padre, Craig y yo fuimos capaces de tener nuestra primera y única pelea como hermanos adultos.

Yo quería comprar el ataúd más elegante y caro que tenían allí, equipado con todas las asas y almohadillas posibles. No había ninguna razón particular para quererlo así, era simplemente algo que hacer cuando no había nada más que hacer. La parte práctica de nuestra educación no me permitía dar demasiada importancia a las amables y bienintencionadas palabras de consuelo con que la gente nos obsequiaría unos días más tarde en el funeral. No era fácil que me reconfortase la idea de que mi padre se había ido a un lugar mejor, o que estaba entre los ángeles. Tal como yo lo veía, simplemente se merecía un ataúd bonito.

Craig insistía en que papá habría querido algo básico: modesto y práctico, pero nada más. Era lo que encajaba con la personalidad de nuestro padre, decía. Cualquier otra cosa sería demasiado ostentosa.

Empezamos en voz baja, pero enseguida estallamos mientras el amable director de la funeraria fingía no oírnos y mi madre nos lanzaba una mirada silenciosa desde la bruma de su propio dolor. Estábamos gritando por cosas que no tenían nada que ver con el ataúd. Estábamos teniendo una discusión ridícula y fuera de lugar porque, tras una muerte, todas y cada una de las cosas del mundo parecen ridículas y fuera de lugar. Al final, enterramos a nuestro padre en un ataúd ni demasiado elegante ni demasiado básico, y nunca volvimos a hablar de ello.

Llevamos a mamá de vuelta a Euclid Avenue. Los tres nos sentamos a la mesa de la cocina, y la visión de la cuarta silla vacía acrecentó nuestra tristeza. Enseguida nos pusimos a llorar. Pasamos así lo que pareció un rato largo, lloriqueando hasta que estuvimos exhaustos y se nos acabaron las lágrimas. Mi madre, que apenas había abierto la boca en todo el día, por fin lo hizo.

—Miradnos —dijo con pena.

Pero en su manera de decirlo había un toque de ligereza. Estaba señalando que los Robinson estábamos hechos un desastre, algo ridículo: con los párpados hinchados y las narices goteando, volcando nuestra dolorosa y extraña impotencia allí en la cocina. ¿Quiénes éramos? ¿Acaso no nos lo había enseñado él? Con una sola palabra, mi madre nos estaba sacando de nuestra soledad como solo ella era capaz de hacerlo.

Mamá me miró a mí, yo miré a Craig, y de pronto el momento nos pareció gracioso. Sabíamos que la primera risita habría venido de esa silla vacía. Poco a poco, las risitas nerviosas fueron intensificándose hasta acabar en ataques de risa. Soy consciente de que puede parecer extraño, pero se nos daba mucho mejor reír que llorar. Lo importante era que a papá le habría gustado, así que nos permitimos soltar unas carcajadas.

Perder a mi padre hizo que sintiese que no había tiempo que perder dando vueltas a cómo debería ser mi vida. Había muerto con tan solo cincuenta y cinco años. Suzanne, con veintiséis. La lección era sencilla: la vida es corta y no hay que desperdiciarla. Si me moría, no quería que la gente me recordase por los montones de documentos legales que había redactado o las marcas comerciales corporativas que había ayudado a defender. Estaba convencida de que tenía más cosas que ofrecer al mundo. Había llegado el momento de hacer algo.

Aunque aún no sabía dónde me gustaría acabar, escribí cartas de presentación y las envié por todo Chicago. Por fortuna, unas cuantas personas respondieron y me invitaron a comer o me citaron para una entrevista aunque no tuviesen un puesto que ofrecerme. Me presenté ante cualquier persona que yo considerase que podría aconsejarme. Mi idea no era tanto conseguir un trabajo como ampliar mi horizonte de posibilidades y averiguar de qué modo otras personas se las habían ingeniado. Iba dándome cuenta de que la siguiente etapa de mi viaje no surgiría porque sí, de que mis prestigiosos títulos académicos no me conducirían automáticamente a un trabajo gratificante. Encontrar una nueva carrera profesional, y no solo un nuevo trabajo, no era cuestión de hojear las páginas de contactos de un directorio de antiguos alumnos; exigía una reflexión y un esfuerzo más profundos. Tendría que espabilarme y aprender. Así que, una y otra vez, planteé mi dilema profesional a las personas con las que iba reuniéndome, al tiempo que les preguntaba a qué se dedicaban y a quiénes conocían. Pregunté a todo aquel que se me ocurrió a qué tipo de trabajo podía aspirar una abogada que, en realidad, no quisiese ejercer la abogacía.

Muchas personas se ofrecieron a hablar conmigo, y una tarde

visité el despacho de un hombre amable y atento llamado Art Sussman, abogado de la Universidad de Chicago. Resultó que mi madre había sido su secretaria mientras yo cursaba el segundo año en el instituto, antes de que ella encontrara empleo en el banco. A Art le sorprendió que yo nunca hubiese estado en el lugar de trabajo de mi madre, que no hubiese pisado el campus de la universidad hasta ese momento, a pesar de haber crecido a unos pocos kilómetros de distancia.

Si era sincera, nunca había tenido ninguna razón para visitar aquel campus. El colegio de mi barrio no organizaba excursiones a la universidad. Si había actos culturales abiertos a toda la comunidad, mi familia no se había enterado. No teníamos amigos —ni siquiera conocidos— que fuesen alumnos o exalumnos de la Universidad de Chicago. Era un centro educativo de élite y, para prácticamente toda la gente de mi entorno durante mi infancia y mi adolescencia, eso significaba que no era para nosotros. Sus edificios de granito daban la espalda en un sentido casi literal a las calles que rodeaban el campus. Cuando pasábamos cerca con el coche, mi padre se exasperaba con los grupos de estudiantes que cruzaban Euclid Avenue de cualquier manera, y se preguntaba cómo era posible que gente tan inteligente nunca hubiera aprendido a cruzar la calle por los pasos de peatones.

Al igual que muchos habitantes del South Side, mi familia tenía una idea limitada de la universidad, a pesar de que mi madre había pasado un año trabajando felizmente allí. Cuando llegó el momento de que Craig y yo pensásemos en qué universidad queríamos estudiar, ni se nos pasó por la cabeza enviar una solicitud a la Universidad de Chicago. Por alguna razón, nos pareció que Princeton sería más accesible.

Art escuchó con incredulidad cuanto acabo de explicar.

—¿De verdad que nunca habías estado aquí? ¿Nunca?

—No. Ni una sola vez.

Decirlo en voz alta me proporcionaba un extraño poder. Hasta entonces no le había dado muchas vueltas, pero en ese momento reconocí que habría sido una estupenda estudiante de la Universidad de Chicago, si ellos hubiesen sabido de mi existencia y yo de la suya. Tomé conciencia de que tenía algo que aportar. De pronto me di cuenta de que ser negra y del South Side me ayudaba a detectar problemas que alguien como Art Sussman ni siquiera era consciente de que existían.

Unos años después tendría ocasión de trabajar para la universidad y enfrentarme directamente a algunos de esos problemas de relación de la institución con la comunidad, pero en ese momento Art solo estaba siendo atento y ofreciéndose a hacer circular mi currículo.

Art no tenía un trabajo que ofrecerme, pero me presentó a varios de sus amigos, lo que desencadenó una trascendental sucesión de acontecimientos que me llevó hasta una persona muy importante en mi vida: Valerie Jarrett. Como yo, Valerie procedía del South Side y era alguien que acabaría cambiándome la vida, no una vez sino muchas.

Valerie Jarrett era la flamante subdirectora de gabinete en la oficina del alcalde de Chicago y tenía conexiones profundas con toda la comunidad afroamericana de la ciudad. Había sido lo suficientemente espabilada para conseguir trabajo en un prestigioso bufete al salir de la facultad de Derecho, y después había sabido darse cuenta de que eso no era lo suyo. Había llegado al ayuntamiento en gran medida inspirada por Harold Washington, que había sido elegido alcalde en 1983, cuando yo estaba fuera de la ciudad estudiando en la universidad, y fue el primer afroamericano en ocupar el cargo. A mis padres les encantaba por cómo sabía conectar con la gente de a pie, por su capacidad, por cómo era capaz de citar a Shakespeare en sus discurso, y por el famoso entusiasmo con el que comía pollo frito en los actos sociales en el South Side. Pero lo más importante era que a Washington no le gustaban los líderes del Partido Demócrata que llevaban tanto tiempo gobernando Chicago. Unos políticos que otorgaban jugosos contratos a quienes hacían donaciones y que, por lo general, mantenían a los negros al servicio del partido pero rara vez les permitían acceder a cargos oficiales electos.

Washington había construido su campaña en torno a la reforma del sistema político de la ciudad y a la promesa de una mejor atención a los barrios más descuidados, y ganó las elecciones por los pelos. Era un superhéroe negro avispado. Chocaba con frecuencia y sin miedo con los miembros de la Asamblea Municipal, la mayoría de ellos blancos, y se lo consideraba una especie de leyenda viviente, en especial entre los habitantes negros de la ciudad. Su visión había sido una inspiración temprana para Barack, que llegó a Chicago poco después de la elección de Washington.

Valerie también se sintió atraída por Washington. Se incorporó a su equipo al comienzo de su segundo mandato. También era madre de una niña pequeña y estaba a punto de divorciarse. Aunque no fue fácil para ella, asumió un importante recorte salarial al dejar su distinguido bufete para irse a trabajar en el ayuntamiento. Para colmo, a los pocos meses de empezar en su nuevo puesto se produjo una tragedia: Harold Washington sufrió un fulminante ataque al corazón y murió. La Asamblea Municipal nombró a un concejal negro para ocupar el lugar del difunto Washington, pero no duró mucho. En las siguientes elecciones, los votantes eligieron a Richard M. Daley, hijo del anterior alcalde, Richard J. Daley, a quienes muchos consideraban el padrino del famoso clientelismo chicagüense. Para los afroamericanos, esto supuso una triste vuelta a las tradicionales costumbres blancas de la política de Chicago.

Aunque tenía sus dudas sobre la nueva administración, Valerie decidió permanecer en el ayuntamiento, y pasó del departamento legal a formar parte del equipo del alcalde Daley. Estaba contenta de estar allí. Me contó que había vivido con alivio la transición del derecho de sociedades a la administración pública, y lo motivada que se sentía al trabajar en lo que sentía que era el mundo real.

La sede del Ayuntamiento y del Condado de Chicago es un monolito de granito gris de once plantas y tejado plano que ocupa toda una manzana. El edificio, como constaté el día de verano que me presenté allí para mi entrevista de trabajo con Valerie, estaba lleno de gente.

Había parejas casándose y gente inscribiendo sus coches en el registro; personas poniendo quejas sobre baches, sus caseros, el alcantarillado y cualquier otra cosa que creyesen que el ayuntamiento podía mejorar; había bebés en cochecitos y ancianas en sillas de ruedas; había periodistas y miembros de grupos de presión, y también personas sin hogar intentando huir del calor. En la acera, delante del edificio, un grupo de activistas agitaba pancartas y gritaba consignas, aunque no consigo recordar cuál era el motivo de su enfado. Lo que sí sé es que el caos áspero y controlado del lugar me desconcertó y, al mismo tiempo, me sedujo por completo. El ayuntamiento era de la gente. Era un lugar ruidoso y animado, no como mi bufete.

Valerie había reservado veinte minutos de su jornada para hablar conmigo, pero nuestra conversación acabó prolongándose hora y media. Era una mujer afroamericana delgada y de piel clara que vestía un impecable traje a medida, hablaba con suavidad y transmitía tranquilidad, con la calma de sus ojos marrones y un asombroso control de cómo funcionaba la ciudad. Disfrutaba con lo que hacía, aunque no evitaba hablar de lo duro que podía ser el trabajo en la administración. Valerie tenía algo que hizo que me relajase de inmediato. Años más tarde me contó que, para su sorpresa, ese día yo había sabido dar la vuelta al proceso de una entrevista convencional: le había proporcionado un poco de información básica y útil sobre mí, pero a cambio la había sometido a un interrogatorio para entender todo lo que ella sentía respecto del trabajo que hacía y saber en qué medida el alcalde escuchaba a sus subordinados. Yo estaba tratando de averiguar si el trabajo encajaba conmigo en la misma medida que ella intentaba dilucidar si yo encajaba en el trabajo.

Le hice un montón de preguntas a Valerie, aprovechando la valiosa oportunidad de hablar con una mujer cuyos orígenes eran similares a los míos pero que iba unos años por delante de mí en su carrera. Valerie era tranquila, atrevida y sensata como pocas personas que yo hubiese conocido hasta entonces. Era alguien de quien aprender, a quien tener cerca. Lo supe enseguida.

Antes de que me fuese, me ofreció un trabajo al que podía incorporarme en cuanto estuviese dispuesta: me invitó a sumarme a su equipo como ayudante del alcalde Daley. Dejaría de ejercer la abogacía. Mi salario sería aproximadamente la mitad de lo que ganaba entonces. Me dijo que me tomase un tiempo para pensar si estaba realmente preparada para hacer un cambio como ese. Era yo quien daba el salto, y era yo también quien debía tomar la decisión. Nunca había tenido al ayuntamiento en alta estima. El hecho de ser negra y haberme criado en el South Side hacía que tuviese poca fe en la política. Tradicionalmente, se había usado contra los negros, como un instrumento para mantenernos aislados y excluidos, sin acceso a una buena educación, sin empleo y, en todo caso, mal pagados. Tenía abuelos que habían vivido el horror de las leyes de Jim Crow y la humillación de la discriminación a la hora de acceder a una vivienda, y en esencia desconfiaban de cualquier clase de autoridad. (Southside, como ya expliqué, creía que hasta el dentista le tenía manía.) Mi padre, que fue empleado municipal durante la mayor parte de su vida, prácticamente se vio obligado a ejercer como delegado del Partido Demócrata en su distrito electoral para tener siquiera alguna posibilidad de ascender en su trabajo. Disfrutaba del aspecto social de sus obligaciones en el distrito, pero siempre le había desagradado el clientelismo de la alcaldía.

Pero, de pronto, me estaba planteando si aceptar un puesto en el ayuntamiento. Me estremecía el recorte de sueldo, pero me atraía la oportunidad que Valerie me había ofrecido. Era un futuro completamente diferente del que me había imaginado. Estaba a punto de dar el salto, pero debía tener en cuenta una cosa más: ya no estaba sola. Cuando Valerie me llamó unos días más tarde para tantear la situación, le dije que aún estaba considerando la oferta. Entonces le hice una última pregunta, que sin duda no se esperaba: «¿Podría, por favor, presentarte también a mi prometido?».

Supongo que aquí debería recapitular. Barack había venido a Chicago para estar conmigo tanto tiempo como pudiese en torno a la fecha del funeral, antes de volver a Harvard para culminar sus estudios. Tras su graduación a finales de mayo, embaló sus pertenencias, vendió su coche amarillo plátano y regresó a Chicago para instalarse conmigo en el número 7436 de Euclid Avenue. Habíamos vivido durante casi dos años como una pareja a distancia, y ahora por fin podríamos dejar de serlo. Podríamos cenar juntos los lunes, y los martes, los miércoles y los jueves también. Podríamos hacer la compra y doblar la colada delante del televisor. Las muchas noches en que aún lloraba por la muerte de mi padre, Barack estaba allí para consolarme.

Barack se sentía aliviado por haber terminado Derecho, y estaba deseoso de empezar a trabajar. Además, había vendido su idea de un libro de no ficción sobre raza e identidad a una editorial neoyorquina, lo cual para alguien como él, que veneraba los libros, era un enorme regalo y todo un logro. Le habían dado un adelanto y disponía de un año para escribir el libro.

Barack tenía muchísimas opciones. Su reputación —los elogiosos informes de sus profesores en la facultad de Derecho, el artículo de *The New York Times* sobre su elección como presidente de la *Harvard Law Review*— parecía atraer hacia él toda una avalancha de oportunidades. Le ofrecieron trabajos como profesor, como abogado de empresa y para ejercer en el ámbito de los derechos civiles.

Hay algo profundamente alentador en alguien que considera que sus oportunidades son ilimitadas. Barack había trabajado mucho para conseguir todo lo que ahora estaba recibiendo, pero no comparaba sus avances con los de los demás, como hacía tanta gente que yo conocía, incluso yo misma en ocasiones. Era como si ni siquiera pensase en la feroz competencia de la vida ni en todas las posesiones materiales que se suponía que un abogado treintañero debía anhelar, como casas y coches lujosos. Ya había reparado en esa cualidad suya antes, pero ahora que estábamos juntos y me planteaba dar el primer giro importante a mi vida la valoraba aún más. Barack creía y confiaba cuando otros no lo hacían. Tenía una fe sencilla e inspiradora según la cual, si uno se mantenía fiel a sus principios, las cosas acabarían saliendo bien. A esas alturas yo había tenido conversaciones prudentes y sensatas con muchísima gente sobre cómo cambiar de carrera. Podía ver la inquietud y la preocupación en todas esas caras cuando les hablaba de los préstamos que todavía tenía que devolver o de que aún no había podido comprarme una casa. No podía evitar pensar que mi padre había evitado cualquier riesgo para poder dar estabilidad a la familia. El consejo de mi madre aún resonaba en mi cabeza: «Primero gana dinero y después preocúpate por tu felicidad». A mi ansiedad contribuía también un anhelo más importante que cualquier otro deseo: sabía que quería tener hijos, y mejor antes que después. ¿Cómo podría hacerlo si de buenas a primeras empezaba desde cero en un nuevo trabajo?

Barack, cuando se presentó en Chicago, absorbió mis preocupaciones, escuchó mientras repasaba todas mis obligaciones económicas, y me dijo que a él también lo ilusionaba la idea de tener hijos. Reconoció que no teníamos forma de predecir cómo nos las apañaríamos, ya que ninguno de los dos quería quedarse constreñido al carácter previsible de una vida de abogados. Pero no éramos ni mucho menos pobres y nuestro futuro era prometedor, quizá más prometedor aún porque no era fácil imaginar cómo sería.

Era el único que me animaba a seguir adelante, a dejar de lado mis inquietudes y lanzarme hacia aquello que creyese que podría hacerme feliz. No pasaba nada por dar el salto hacia lo desconocido porque —y esta sería una noticia sorprendente para casi cualquier miembro de mi clan familiar, remontándonos hasta Dandy y Southside— lo desconocido no me mataría.

«No te preocupes —me decía Barack—. Eres capaz de hacerlo. Nos las apañaremos.»

Unas palabras ahora sobre el examen de ingreso en el colegio de abogados. Es necesario para cualquier abogado que desee ejercer la abogacía y se trata de un muy exigente examen de dos días, doce horas, pensado para demostrar que se poseen conocimientos de todo lo relacionado con el ejercicio de la abogacía. Tal y como Barack iba a hacer, yo me había presentado al examen de Illinois tres años antes, el verano después de terminar mis estudios en Harvard.

Aunque mi intención inicial había sido dedicar dos meses a resolver exámenes de preparación, Craig iba a casarse con Janis ese verano. Janis me había pedido que fuese una de sus damas de honor y yo me metí en el papel a fondo y desde el principio. Reaccioné con entusiasmo ante cada vestido de boda que Janis se probaba y ayudé a planificar las actividades de la despedida de soltera. Estaba mucho más ilusionada ante la boda de mi hermano que con la idea de estudiar para el examen.

Ese otoño, una vez hecho el examen y celebrada la boda, un día llamé a mi padre desde el trabajo y le pedí que fuera a ver si había llegado el correo. Así era. Le pregunté si había una carta para mí. La había. ¿Era una del Colegio de Abogados del Estado de Illinois? Pues sí, eso era lo que constaba en el remitente. A continuación le pedí que lo abriese por mí, y fue entonces cuando oí en el otro extremo de la línea telefónica unos crujidos seguidos de una larga pausa.

Había suspendido.

En toda mi vida, nunca antes había suspendido un examen, a menos que cuente como tal el momento en la guardería en que me hicieron ponerme de pie en clase y fui incapaz de leer la palabra «blanco» en la tarjeta que mi profesora me mostraba. Pero no había superado el examen de ingreso. Estaba avergonzada, convencida de que había decepcionado a todas las personas que me habían dado clase, animado o contratado a lo largo de mi vida. No estaba acostumbrada a cometer errores. En todo caso, por lo general me esforzaba demasiado, especialmente cuando se trataba de preparar un momento importante o un examen, pero en esa ocasión me había confiado. Ahora pienso que fue debido al desinterés que sentí a lo largo de todo mi tiempo en la facultad de Derecho, harta como estaba de seguir estudiando materias que me parecían alejadas de la vida real. Quería estar rodeada de personas, no de libros, y por eso para mí la mejor parte de los años de facultad había sido el tiempo que pasé como voluntaria en la Oficina de Ayuda Legal, donde podía ayudar a alguien a conseguir su cheque de la Seguridad Social o a hacer frente al comportamiento abusivo de un casero.

Aun así, no me gustaba suspender. El resquemor me duraría meses, incluso después de que muchos de mis colegas en el bufete confesaran que ellos tampoco habían superado el examen a la primera. Tiempo más tarde, ese mismo otoño, hinqué los codos y estudié para un examen de repesca, que aprobé con facilidad. Al final, aparte de mi orgullo herido, mi metedura de pata no tendría consecuencias.

Al cabo de varios años el recuerdo de mi primer fracaso me hacía observar a Barack con una curiosidad adicional. Iba a clases de repaso del temario y llevaba consigo de un sitio a otro sus propios libros para repasar, si bien no parecía que estudiase tan a menudo como yo creía que debería; o al menos como yo haría. Pero no iba a importunarlo, o a ponerme siquiera como ejemplo de lo que podía salir mal. La cabeza de Barack era como una maleta llena a rebosar de información. Yo lo llamaba «el hombre de los datos» porque parecía que tenía una estadística apropiada para cualquier pequeño asunto que surgiera durante una conversación. Su memoria parecía casi fotográfica. Lo cierto es que no me preocupaba la posibilidad de que no superase el examen; y a él tampoco, lo cual resultaba un poco irritante.

Así que lo celebramos anticipadamente, el mismo día que terminó el examen, reservando una mesa para dos en un restaurante del centro. Era uno de nuestros sitios favoritos, un lugar para las ocasiones especiales. Estábamos en pleno verano y éramos felices. Cuando la cena llegaba a su fin Barack me sonrió y sacó el tema del matrimonio. Me tomó la mano y me dijo que, aunque me amaba con todo su ser, seguía sin ver qué sentido tenía casarse. Sentí cómo las mejillas se me sonrojaban. Era como si hubiese pulsado un botón dentro de mí, uno de esos botones rojos, grandes y parpadeantes que se ven en las centrales nucleares, rodeados de señales de advertencia y mapas de evacuación. ¿De verdad que íbamos a hablar de eso ahora?

Pues sí. Ya habíamos abordado un montón de veces el hipotético asunto del matrimonio, y las cosas no habían cambiado mucho. Yo era una tradicional y él no. Estaba claro que ninguno de los dos íbamos a cambiar de postura. Pero eso no impedía que hablásemos del tema acaloradamente y con entusiasmo; al fin y al cabo, éramos dos abogados. Rodeada de hombres con chaquetas deportivas y mujeres con elegantes vestidos que disfrutaban de sus exquisitas comidas, hice lo que pude para no elevar la voz.

«Si estamos comprometidos —dije con toda la calma de la que fui capaz—, ¿por qué no habríamos de formalizar ese compromiso? ¿Qué parte de tu dignidad tendrías que sacrificar para hacerlo?»

A partir de ahí, tuvimos la ya vieja discusión. ¿Era importante el matrimonio? ¿Por qué lo era? ¿Cuál era su problema? ¿Cuál era mi problema? ¿Qué tipo de futuro tendríamos si no éramos capaces de resolver ese asunto? Lanzábamos y rebatíamos argumentos, como discuten los abogados. Yo era, con diferencia, la que estaba más exaltada y quien más hablaba.

Al cabo de un rato apareció un camarero con una bandeja de postre cubierta con una tapa plateada. La puso delante de mí y la descubrió. Estaba casi demasiado molesta para bajar la vista, pero cuando lo hice vi que, donde debería estar la tarta de chocolate, había una caja de terciopelo oscuro. En su interior, un anillo de diamantes.

Barack me miró con ojos juguetones. Había conseguido engañarme. Todo había sido un ardid. Tardé un segundo en desarmar mi enfado y transformarlo en alegre sorpresa. Me había hecho enfadar porque esa era la última vez en nuestra vida que argumentaría contra el matrimonio. Caso cerrado. Hincó una rodilla frente a mí y, con un temblor de emoción en la voz, me preguntó sinceramente si le haría el honor de casarme con él. Después supe que ya había hablado tanto con mi madre como con mi hermano para pedirles su bendición. Cuando dije que sí, fue como si todas las personas del restaurante se pusieran a aplaudir.

Durante todo un minuto o dos contemplé absorta el anillo que llevaba en el dedo. Miré a Barack para confirmar que todo era real. Estaba sonriendo. Me había sorprendido por completo. En cierto sentido, ambos habíamos ganado. «Bueno —dijo risueñamente—, espero que con esto te calles.»

Había dicho que sí a Barack y poco después dije que sí a Valerie Jarrett y acepté su oferta para trabajar en el ayuntamiento. Antes de comprometerme, me empeñé en cumplir con mi petición de presentar a Barack y Valerie, y organicé una cena durante la que pudiésemos hablar los tres.

Lo hice por un par de motivos. En primer lugar, porque Valerie me gustaba, me había impresionado y, tanto si acababa aceptando el puesto como si no, me hacía ilusión conocerla mejor. Y sabía que a Barack también lo impresionaría. Pero un motivo más importante era que quería oír su historia. Al igual que Barack, Valerie había pasado parte de su infancia en otro país —en su caso, Irán, donde su padre era médico en un hospital— y volvió a Estados Unidos para estudiar, lo que le había proporcionado la misma perspectiva lúcida que yo veía en Barack. Barack tenía dudas sobre el hecho de que yo trabajase en el ayuntamiento. Al igual que en el caso de Valerie, también él estaba influido por el estilo de liderazgo que Harold Washington había ejercido en la alcaldía, pero sentía muchísimo menos entusiasmo por los políticos a la antigua usanza que Richard M. Daley representaba. Era el activista social que llevaba dentro: incluso cuando Washington era alcalde, Barack había tenido que luchar con el ayuntamiento para conseguir un mínimo apoyo para proyectos de base. Aunque no había hecho más que animarme en mi búsqueda de trabajo, creo que temía en silencio que acabase frustrada.

Valerie era la persona adecuada para dar respuesta a mis preocupaciones. Había trastocado su vida entera para trabajar para Washington y se había quedado sin él casi de inmediato. Del vacío que siguió a su muerte podía extraerse una moraleja para el futuro. En Chicago habíamos cometido el error de depositar todas nuestras esperanzas sobre los hombros de una persona, en lugar de construir la red política necesaria para respaldar su visión. Los votantes, en particular los votantes progresistas y negros, veían a Washington como una especie de redentor, un símbolo, el hombre que lo cambiaría todo. Había llevado esa carga, y había inspirado a gente como Barack o Valerie a dejar el sector privado para pasarse al activismo o al servicio público. Pero cuando Harold Washington murió, la mayor parte de la energía que había generado murió con él.

Valerie había tenido que pensárselo antes de decidir seguir en el equipo del alcalde, pero nos explicó por qué creía que había hecho lo correcto. Nos contó que se sentía apoyada por Daley y que sabía que estaba siendo útil a la ciudad. Su lealtad, nos dijo, había sido para con los principios de Harold Washington más que hacia el hombre en sí. La inspiración por sí sola es algo superficial; hay que respaldarla con mucho esfuerzo. Esa idea se nos quedó grabada tanto a Barack como a mí, y en el transcurso de esa cena sentí como si algo se hubiese cimentado: Valerie Jarrett formaba ya parte de nuestras vidas. Aunque nunca lo hablamos, era casi como si los tres nos hubiésemos comprometido a apoyarnos a lo largo del camino.

Quedaba una última cosa por hacer, ahora que íbamos a casarnos, ahora que yo había aceptado el nuevo trabajo y Barack se había comprometido con un bufete dedicado a casos de utilidad pública: nos fuimos de vacaciones; mejor dicho, en una especie de peregrinación.

Salimos de Chicago en avión un miércoles de finales de agosto, tuvimos que hacer un largo trasbordo en el aeropuerto de Frankfurt (Alemania) y después de otras ocho horas de vuelo llegamos a Nairobi (Kenia) justo antes del amanecer. Cuando por fin pisamos el suelo bajo la luna keniana, parecía que estábamos en otro mundo.

Había estado en Jamaica y en las Bahamas, y había ido en unas cuantas ocasiones a Europa, pero esta era la primera vez que estaba tan lejos de casa. Sentí de inmediato la extrañeza de Nairobi —o, más bien, mi propia extrañeza en relación con la ciudad—, incluso con las primeras luces del alba. Es una sensación que he aprendido a disfrutar a medida que he viajado más: la manera en que un nuevo lugar se hace notar al instante. El aire tiene un peso distinto de aquel al que una está acostumbrada; transporta olores que no puedes identificar bien, quizá un leve aroma a humo de madera o a gasóleo, o la dulzura de algo que florece en los árboles. El sol que sale es el mismo, pero su aspecto es ligeramente diferente del que conoces.

Auma, la hermanastra de Barack, nos esperaba en el aeropuerto y nos saludó con afecto. Solo se habían visto en contadas ocasiones, la primera de ellas seis años antes, cuando Auma vistió Chicago, pero tenían un vínculo estrecho. Auma es un año mayor que Barack. Su madre, Grace Kezia, estaba embarazada de Auma cuando Barack Obama padre salió de Nairobi para estudiar en Hawái, donde conoció a la madre de Barack.

Auma tenía la piel de ébano y los dientes de un blanco brillante, y un acento británico muy marcado. Su sonrisa era enorme y acogedora. Yo estaba tan cansada del viaje que apenas era capaz de mantener una conversación, pero me fijé en que su sonrisa era igual de espontánea que la de Barack. Era evidente que Auma también había heredado la inteligencia de la familia: se había criado en Kenia y regresaba a su país con frecuencia, pero había ido a la universidad en Alemania y aún vivía allí, donde cursaba un doctorado. Hablaba con fluidez inglés, alemán, suajili y la lengua local de su familia, llamada luo. Como nosotros, estaba de visita en aquel entonces.

Auma había dispuesto que Barack y yo nos quedásemos en el apartamento vacío de un amigo, un piso espartano de un dormitorio en un bloque de hormigón de lo más corriente que habían pintado de rosa chillón. Durante los dos primeros días estábamos tan agotados debido al jet lag que parecía que nos movíamos a cámara lenta. O quizá era simplemente el ritmo de Nairobi, que seguía una lógica radicalmente diferente de la de Chicago. Sus calles y rotondas de estilo británico estaban congestionadas por una combinación de peatones, ciclistas, coches y *matatus*, los tambaleantes minibuses irregulares que podían verse por todas partes, pintados con grandes estampas y ofrendas a Dios, y con los techos cubiertos con varias capas de maletas atadas, tan rebosantes de pasajeros que a veces estos se subían en marcha agarrándose peligrosamente al exterior.

Estaba en África. Era algo embriagador, agotador y completamente nuevo para mí. El coche de Auma era tan viejo que a menudo había que empujarlo para que el motor arrancase. Me había comprado unas zapatillas blancas para llevar al viaje, y en menos de un día, después de tanto empujar el coche, ya se habían vuelto de un color marrón rojizo, manchadas por la tierra de tono canela de Nairobi.

Barack se sentía más a gusto en Nairobi que yo, ya que esa era la segunda vez que estaba en la ciudad. Yo me movía con la torpeza de un turista, consciente de que éramos forasteros a pesar de nuestra piel negra. En ocasiones la gente se nos quedaba mirando en la calle. No esperaba pasar desapercibida de buenas a primeras, pero creo que llegué allí pensando que sentiría una especie de conexión visceral con el continente que, a lo largo de mi infancia y juventud, había considerado algo parecido a una patria. Pero, por supuesto, África no nos debía nada. Es muy curioso tomar conciencia de la sensación de estar entre dos aguas siendo afroamericana en África. Me provocó un sentimiento de tristeza difícil de explicar, como si viviera el desarraigo en ambas tierras.

Días más tarde aún me sentía desubicada, y ambos teníamos dolor de garganta. Barack y yo nos peleamos; soy incapaz de recordar a propósito de qué exactamente. A pesar de todo el asombro que sentíamos en Kenia, también estábamos cansados, lo que nos llevaba a discutir por cualquier cosa, lo cual a su vez nos condujo, por el motivo que fuera, al enfado. Escribí en mi diario: «Estoy muy enfadada con Barack. Creo que no tenemos nada en común». Hasta ahí llegaron mis pensamientos. Para expresar mi frustración, hice un rayajo largo y enfático que atravesaba el resto de la página.

Al igual que cualquier pareja más o menos reciente, estábamos aprendiendo a pelearnos. No lo hacíamos a menudo, y solía ser por nimiedades. Pero nos peleábamos. Para bien o para mal, a veces grito cuando estoy enfadada. Barack, por su parte, permanece calmado y racional. Hemos tardado años en entender que así es como somos cada uno, pero con el tiempo hemos encontrado la manera de expresar y superar nuestra irritación. Aún nos peleamos de vez en cuando, pero nunca perdemos de vista nuestro amor mutuo, por mucha que sea la tensión.

A la mañana siguiente nos despertamos en Nairobi bajo un cielo despejado, con energías renovadas y sintiéndonos más contentos y más nosotros. Quedamos con Auma en una estación ferroviaria del centro, y allí los tres tomamos un tren de pasajeros para dirigirnos hacia el oeste, al hogar ancestral de la familia Obama. Sentada junto a una ventanilla en un compartimento repleto de kenianos, algunos de los cuales viajaban con pollos vivos metidos en cestos y otros con muebles que habían comprado en la ciudad, me dio por pensar de nuevo en lo rara que se había vuelto de pronto mi vida; en cómo ese hombre que estaba sentado a mi lado había aparecido un día en mi oficina, con su extraño nombre y su espontánea sonrisa, y lo había cambiado todo. Estaba pegada a la ventanilla mientras pasaba ante mis ojos la comunidad de Kibera, la mayor barriada urbana de toda África, con sus barracas de techos bajos y tejados de hojalata, sus caminos embarrados y alcantarillas descubiertas, y una clase de pobreza que no había visto nunca y difícilmente habría podido imaginar.

Pasamos varias horas en el tren. Barack acabó abriendo un libro, pero yo seguí mirando por la ventanilla cómo las barriadas de Nairobi daban paso a la campiña de color verde esmeralda. El tren traqueteó hacia el norte hasta el pueblo de Kisumu, donde Auma, Barack y yo descendimos al abrasador calor ecuatorial. Desde allí, hicimos la última etapa del viaje por un camino lleno de baches que atravesaba los campos de maíz hasta llegar a Kogelo, la aldea de su abuela.

Nunca olvidaré el color rojo arcilla de la tierra en esa parte de Kenia. Cómo su polvo recubría la piel y el pelo de los niños que nos saludaban desde el borde de la carretera. Recuerdo estar sudorosa y sedienta mientras recorríamos a pie el último tramo del camino para llegar al recinto de la abuela de Barack, a la bien conservada casa de hormigón donde llevaba años viviendo. Ella cultivaba un huerto adyacente y cuidaba de unas cuantas vacas. La abuela Sarah, la llamaban. Era una mujer bajita y fornida con mirada sabia y una sonrisa rodeada de arrugas. No hablaba inglés, solo luo, y expresó su alegría por que hubiésemos hecho un viaje tan largo para verla. A su lado, me sentí muy alta. Me escudriñó con curiosidad, como si tratara de averiguar de dónde venía y cómo había acabado delante de su puerta. Una de las primeras preguntas que me hizo fue: «¿Cuál de tus padres es blanco?».

Me eché a reír y le expliqué, con la ayuda de Auma, que era negra de la cabeza a los pies, básicamente lo más negra que se podía ser en Estados Unidos.

A la abuela Sarah eso le pareció gracioso. Todo le parecía gracioso, y se burlaba de Barack por no saber hablar luo. Me maravilló su facilidad para la alegría. Al caer el sol, sacrificó un pollo y nos preparó un guiso, que sirvió con una pasta de harina de maíz llamada *ugali*. En todo ese tiempo fueron apareciendo vecinos y parientes que deseaban saludar a los jóvenes Obama y felicitarnos por nuestro compromiso. Engullí agradecida la comida mientras el sol se ponía y la noche caía sobre la aldea, que no tenía electricidad. Había una brillante lluvia de estrellas sobre nuestras cabezas. Que yo estuviera en ese lugar parecía un pequeño milagro. Escuchaba el sonido de los grillos en los campos de maíz que nos rodeaban y el runrún de animales que no podíamos ver. Recuerdo una sensación de asombro ante la amplitud de la tierra y el cielo que me envolvían, y al mismo tiempo de comodidad y protección dentro de ese minúsculo hogar. Tenía un trabajo nuevo, un prometido y una familia más numerosa; incluso una abuela keniana a la que le había gustado. Era verdad: había salido despedida de mi mundo, y de momento todo iba bien.

12

Barack y yo nos casamos un soleado sábado de octubre, frente a cientos de amigos y familiares, en la Trinity United Church of Christ, en el South Side. Fue una boda multitudinaria, tal como correspondía. Al celebrarla en Chicago, no cabía reducir la lista de invitados. Mis raíces eran demasiado profundas. No solo tenía primos, sino primos de los primos, que a su vez tenían hijos a los que no podía excluir. Todos ellos contribuirían a que la ocasión fuera más emotiva y alegre. Los hermanos menores de mi padre estuvieron presentes, y también la familia de mi madre al completo. También viejos amigos del colegio y vecinos, gente de Princeton, del Whitney Young. La señora Smith, esposa del subdirector de mi instituto, que aún vivía en la misma calle que nosotros, Euclid Avenue, ayudó a organizar la boda, mientras que los señores Thompson, nuestros vecinos, tocaron con su grupo de jazz unas horas más tarde, durante el banquete. Santita Jackson era mi dama de honor. Yo había invitado a excolegas del bufete y a nuevos colegas del ayuntamiento. Los compañeros de bufete de Barack estaban allí, al igual que sus viejos amigos dinamizadores comunitarios. Los divertidos compañeros del instituto de Barack en Hawái hicieron buenas migas con un puñado de parientes suyos de Kenia, que lucían coloridos sombreros de África Oriental. Por desgracia, el invierno anterior habíamos perdido a Gramps, el abuelo de Barack, pero su madre y su abuela habían hecho el esfuerzo de viajar hasta Chicago, al igual que Auma y Maya, hermanastras de continentes distintos. Era la primera vez que nuestras respectivas familias se reunían, y reinaba un ambiente muy festivo.

Estábamos rodeados de cariño; el cariño multicultural de los Obama, y el cariño cimentador de los Robinson del South Side, todo ello entretejido ahora en el interior de la iglesia. Me agarré con fuerza del brazo de Craig mientras me acompañaba por el pasillo. Cuando llegamos al frente, mi mirada se encontró con la de mi madre. Estaba sentada en la primera fila, con un vestido largo de lentejuelas en color blanco y negro que habíamos escogido juntas, el mentón en alto y una expresión de orgullo en los ojos. Aunque echábamos de menos a mi padre todos los días, seguíamos adelante, como él habría querido.

Barack había amanecido con un catarro horroroso, pero en cuanto llegó a la iglesia se le había pasado de forma milagrosa. Ahora me sonreía con los ojos vivarachos desde su puesto en el altar, con un esmoquin alquilado y un par de lustrosos zapatos nuevos. El matrimonio representaba un misterio aún más grande para él que para mí, pero en los catorce meses que había durado nuestro compromiso él había puesto toda la carne en el asador. Habíamos tomado todas las decisiones relativas a ese día con mucho cuidado. Barack, que había declarado en un principio que no le interesaban los pormenores nupciales, acabó por dar su opinión de forma afectuosa —y previsible— respecto a todo, desde los arreglos florales hasta la comida del banquete. Habíamos elegido nuestra canción de boda, y Santita la entonaría con su impresionante voz.

Era un tema de Stevie Wonder titulado «You and I (We Can Conquer the World)», [«Tú y yo (podemos conquistar el mundo)»]. La había oído por primera vez cuando era niña y estaba en tercero o cuarto, y Southside me había regalado el álbum *Talking Book*, mi primer disco de larga duración, un objeto muy valioso para mí. Lo guardaba en su casa, y él me dejaba ponerlo cada vez que lo visitaba. Me había enseñado cómo cuidar el vinilo, cómo limpiar de polvo los surcos, cómo levantar la aguja del tocadiscos y cómo depositarla con delicadeza en el punto deseado. Por lo general, se esfumaba y me dejaba a solas con la música para que yo aprendiera en privado todo lo que el disco podía enseñarme, más que nada cantando a voz en cuello la letra, una y otra vez, con mis pequeños pulmones de niña: «Well, in my mind, we can conquer the world / In love you and I, you and I, you and I...» [«En mis pensamientos podemos conquistar el mundo, enamorados tú y yo, tú y yo, tú y yo...»]. Tenía nueve años en aquel entonces. No sabía nada del amor, el compromiso o la conquista del mundo. No podía hacer otra cosa que hacerme ilusiones esplendorosas sobre el amor y sobre el hombre que aparecería algún día para hacerme sentir así de fuerte. ¿Sería Michael Jackson? ¿Alguien como mi padre? No tenía la más remota idea de cómo sería la persona que se convertiría en el «tú» de mi «yo».

Y, sin embargo, allí estábamos.

Trinity Church era célebre por los actos enérgicos y conmovedores que organizaba. El pastor de la iglesia, el reverendo Jeremiah Wright, conocido por sus sermones que causaban sensación y por su apasionado compromiso con la justicia social, era el encargado de oficiar nuestra boda. Tras dar la bienvenida a nuestros amigos y familiares, sostuvo en alto nuestras alianzas para que todos las vieran. Habló con pasión de lo que significaba formalizar un enlace y del hecho de que fuera testigo de ello aquella comunidad afectuosa, integrada por personas que tan bien nos conocían a Barack y a mí.

Entonces cobré conciencia de la fuerza de lo que estábamos haciendo. Estábamos allí, con el futuro aún por escribir, pronunciando nuestros votos, agarrados de las manos.

Fuera lo que fuese lo que el destino nos deparaba, nos adentraríamos en él juntos. Me había volcado en los planes para ese día, pero ahora entendía que lo que importaba de verdad, lo que recordaría siempre, sería la sensación de Barack apretando mi mano. Me infundía más paz que ninguna otra cosa en la vida. Tenía fe en esa unión, en ese hombre. Declararlo fue la cosa más sencilla del mundo. Al mirar a Barack a la cara supe sin asomo de duda que él sentía lo mismo. Ni él ni yo lloramos ese día. En todo caso, estábamos un poco aturdidos. Después de eso, reuniríamos a los varios cientos de testigos y nos dirigiríamos al banquete. Comeríamos, beberíamos y bailaríamos hasta caer rendidos de júbilo.

Habíamos planeado la luna de miel como un viaje por las carreteras del norte de California. El día después de la boda cogimos un avión a San Francisco, pasamos varios días en viñedos, luego enfilamos la carretera hasta la costa con el propósito de leer libros, contemplar la llanura azul del océano y despejar la mente. Fue maravilloso, a pesar de que el catarro de Barack había reaparecido con fuerza, y también a pesar de los baños de barro, que no nos parecieron en absoluto relajantes y sí un poco pringosos.

Después de un año ajetreado, nos hacía mucha falta darnos un respiro. En un principio Barack había planeado dedicar los meses anteriores a la boda a terminar su libro y trabajar en el nuevo bufete, pero había acabado por aparcarlo casi todo de golpe. Se habían puesto en contacto con él los líderes de una organización nacional no partidista llamada Project VOTE!, que encabezaban los esfuerzos por registrar a nuevos electores en los estados donde la participación de las minorías era tradicionalmente baja. Le propusieron que se encargara de abrir una oficina local en Chicago para registrar a votantes negros de cara a las elecciones de noviembre. Según sus cálculos, en ese estado había cerca de cuatrocientos mil afroamericanos con derecho a voto pero que aún no estaban registrados, la mayoría de ellos en Chicago o sus alrededores.

Aunque el sueldo era bajo, era un trabajo acorde con las convicciones de Barack. Ese año, una candidata afroamericana, Carol Moseley Braun, había sorprendido a todo el mundo al ganar por un estrecho margen la carrera por la candidatura demócrata al Senado de Estados Unidos. Bill Clinton se disputaría la presidencia con George H. W. Bush. No era un buen momento para que los electores pertenecientes a minorías se abstuvieran.

Me quedaría corta si dijera que Barack se entregó de lleno a la tarea. El objetivo de Project VOTE! era registrar a nuevos votantes de Illinois al ritmo vertiginoso de diez mil por semana. Se trataba de un trabajo parecido al que realizaba como dinamizador comunitario de base: durante la primavera y el verano, había visitado con su equipo innumerables sótanos de iglesias y había ido puerta a puerta para hablar con electores no registrados. Se reunía a menudo con los líderes de la comunidad y pronunciaba una y otra vez el mismo discurso ante donantes adinerados, lo que ayudó a costear los anuncios de radio y la impresión de folletos informativos destinados a repartirse en barrios negros y bloques de viviendas protegidas. El mensaje de la organización era claro y contundente: el acto de votar confería poder. Si alguien quería un cambio no podía quedarse en casa el día de las elecciones.

Por las noches, Barack llegaba a nuestra casa de Euclid Avenue y se desplomaba en el sofá, apestando a los cigarrillos que aún fumaba cuando yo no estaba delante. Se le veía cansado, pero nunca agotado. Llevaba minuciosamente la cuenta de los registros. Habían alcanzado un impresionante promedio de siete mil nuevos registros por semana, pero la cifra seguía estando por debajo del objetivo. Buscaba estrategias para comunicar mejor el mensaje, reclutar más voluntarios y localizar los grupos de personas aún ocultos. Daba la impresión de que se enfrentaba al desafío como si se tratara de un cubo de Rubik, un rompecabezas que solo conseguiría resolver si lograba colocar las piezas en el orden correcto. Me contaba que las personas más difíciles de convencer eran los más jóvenes, de entre dieciocho y treinta años, pues parecían no confiar en absoluto en la administración pública.

Yo llevaba ya un año trabajando con Valerie en la oficina del alcalde. Era una ocupación variada y de un carácter lo bastante social para resultar casi siempre interesante. Si antes me pasaba el día redactando escritos en un despacho tranquilo con moqueta de lujo y vistas al lago, ahora trabajaba en una sala sin ventanas en una de las plantas superiores del ayuntamiento, mientras los ciudadanos entraban y salían ruidosamente del edificio a todas horas.

Encadenaba reuniones con directores de departamento, colaboraba con los equipos de comisionados municipales y, en ocasiones, me enviaban a distintos barrios de Chicago. A menudo partía en misiones para examinar árboles caídos que había que retirar o para hablar con pastores de parroquias locales molestos por el tráfico o la recogida de residuos, y con frecuencia representaba al ayuntamiento en actos cívicos. Una vez tuve que separar a unas personas que estaban propinándose empujones en un picnic para la tercera edad en el North Side. Ninguna de esas tareas era propia de una abogada de empresa, y por eso el cambio me parecía fantástico. Estaba viviendo Chicago como nunca antes lo había hecho.

Por otro lado, estaba aprendiendo otra lección valiosa al pasar tanto tiempo en compañía de Valerie Jarrett y Susan Sher, una abogada del ayuntamiento de Chicago, que era quien me había presentado a Valerie. Eran dos mujeres que —como estaba comprobando— se las ingeniaban para mostrarse seguras de sí mismas y destilar una gran humanidad al mismo tiempo.

Aunque tenía un trato más estrecho con Valerie que con Susan, tomaba buena nota de lo que hacían las dos. Era lo que había hecho cuando observaba a Czerny, mi mentora en la universidad. Eran mujeres que conocían su propia voz y se atrevían a hacerla oír. Cuando la ocasión lo requería, podían ser divertidas y humildes, pero confiaban en sus opiniones personales y no temían decir lo que pensaban en salas llenas de hombres obstinados. Además, cabe señalar que eran madres trabajadoras. Me fijaba mucho en cómo se conducían, pues aspiraba a convertirme en una algún día. Valerie nunca se lo pensaba dos veces antes de abandonar una reunión importante cuando recibía una llamada del colegio de su hija. Susan se marchaba pitando en medio de la jornada si uno de sus hijos tenía fiebre o participaba en una función musical de preescolar. Nunca se disculparon por dar prioridad a las necesidades de sus hijos, aunque eso implicara alterar el flujo de trabajo de vez en cuando. No intentaban separar la vida laboral de la personal como había notado que hacían mis compañeros masculinos del bufete. Ni siquiera estoy segura de que esa fuera una opción para Valerie y Susan. Tenían que estar a la altura de lo que se esperaba de ellas en particular como madres. Además, ambas eran divorciadas, lo que llevaba consigo otros retos emocionales y económicos. No luchaban por alcanzar la perfección, pero de algún modo conseguían sobresalir siempre, unidas las dos por una amistad profunda. Esto no dejaba de impactarme. Simplemente eran ellas mismas, lo que se me antojaba admirable, poderoso y aleccionador.

Cuando Barack y yo regresamos de nuestro viaje de novios nos esperaban noticias buenas y malas. Las buenas se materializaron en las elecciones de noviembre, que dieron lugar a una oleada de cambios esperanzadores. La victoria arrolladora de Bill Clinton en Illinois y otras zonas del país desalojó al presidente Bush del poder tras solo un mandato. Carol Moseley Braun también obtuvo un triunfo que la convirtió en la primera mujer afroamericana en llegar al Senado. Barack se entusiasmó aún más al enterarse de que la participación electoral había sido espectacular: Project VOTE! no solo había registrado directamente a ciento diez mil nuevos votantes, sino que, con toda seguridad, la campaña más amplia para incentivar el voto había incrementado la participación general.

Por primera vez en una década, más de medio millón de electores negros de Chicago acudieron a las urnas, demostrando que tenían el poder de influir en los resultados políticos. Eso envió un mensaje muy claro a los legisladores y futuros políticos: el de que el voto afroamericano importaba. Cualquiera que desconociera o pasara por alto las necesidades y preocupaciones de los negros pagaría un precio político por ello. Lo ocurrido encerraba también un mensaje para la comunidad negra en sí, un recordatorio de que el progreso era posible, de que nuestra valía podía medirse. Todo eso resultaba alentador para Barack. Aunque era agotador, había colaborado con líderes de la comunidad, ciudadanos de a pie y cargos electos, y había obtenido resultados. Varios medios de comunicación se hicieron eco del enorme impacto que Project VOTE! había tenido. Un redactor de la revista *Chicago* describía a Barack como «un adicto al trabajo alto y afable», y le sugería que algún día se presentara candidato a un cargo, idea que él desechó sin darle mayor importancia.

Y esa era la mala noticia: el adicto al trabajo alto y afable con el que acababa de casarme no había terminado su libro, pues había estado ocupado registrando votantes. Solo había conseguido entregar un manuscrito parcial. Cuando volvimos de California, descubrimos que la editorial había cancelado el contrato y que Barack estaba obligado a devolver el dinero que le habían dado.

Si Barack entró en pánico, no fue delante de mí. Yo había empezado en un nuevo puesto tras la luna de miel. Seguía en el ayuntamiento, pero ahora trabajaba para Valerie Jarrett en la comisión de planificación y desarrollo económico. Estaba bastante atareada en mi nuevo trabajo, y el trajín diario de la ciudad me dejaba agotada por las tardes, con ganas de desconectar el cerebro y tumbarme en el sofá a ver la tele. Si algo había aprendido de la profunda implicación de Barack en Project VOTE! era que no servía de nada que me preocupara por sus preocupaciones, porque parecían abrumarme más a mí que a él. Barack era como un artista circense a quien le gustaba hacer girar varios platos a la vez: si la situación se calmaba demasiado, lo interpretaba como una señal de que había más cosas que hacer. Yo empezaba a entender que Barack era alguien que aceptaba ocuparse de proyectos nuevos sin prestar atención a los límites de su tiempo o energía. Había accedido a formar parte de las juntas directivas de un par de organizaciones sin ánimo de lucro y aceptado un empleo como profesor a tiempo parcial en la Universidad de Chicago, pese a que albergaba la intención de trabajar a jornada completa en el bufete.

Por otro lado, estaba el libro. La agente de Barack estaba convencida de que podía vender la idea a otra editorial, aunque para ello él tendría que completar un borrador pronto. Con la bendición del bufete que ya había esperado un año a que él le prestara plena dedicación: escribiría el libro aislado en una pequeña cabaña alquilada en algún lugar, donde evitaría las distracciones diarias y podría trabajar hasta completarlo. Me comunicó todo eso una noche, en casa, unas seis semanas después de la boda. Su madre había encontrado la cabaña perfecta para él. Ya se la había alquilado. El alquiler era barato y la casa estaba en un sitio tranquilo, frente a la playa de Sanur, en la isla indonesia de Bali, a casi quince mil kilómetros de mí.

Parece el planteamiento de un chiste malo, ¿no? ¿Qué ocurre cuando un individualista amante de la soledad se casa con una mujer sociable y familiar a la que la soledad no le gusta en absoluto? La respuesta es sin duda la mejor solución a casi todas las dudas que surgen en un matrimonio, al margen de quién seas o de dónde resida el problema: encontrar la manera de adaptarte. Si te has comprometido para siempre, en realidad no hay alternativa.

Barack viajó a Bali en avión y se pasó unas cinco semanas solo con sus pensamientos mientras trabajaba en su libro *Los sueños de mi padre*, rellenando con su cuidada letra un bloc rayado amarillo detrás de otro, repasando sus ideas durante paseos diurnos entre los cocoteros y la marea que besaba la playa. Yo permanecía en casa, en Euclid Avenue, encima del piso de mi madre, viendo cómo otro invierno descendía sobre Chicago. Para mantenerme ocupada, quedaba con los amigos y acudía al gimnasio por la tarde. Durante mis interacciones habituales en el trabajo o en la ciudad, me sorprendía a mí misma pronunciando con toda naturalidad una expresión nueva y extraña para mí: «Mi esposo». «Mi esposo y yo queremos comprarnos una casa.» «Mi esposo es escritor y está acabando un libro.» Echaba mucho de menos a Barack, pero me convencí de que, aunque éramos recién casados, seguramente aquel paréntesis sería para bien.

Barack se había ido lejos para terminar su libro inacabado. Quizá fue un acto de consideración hacia mí. Tenía que recordarme a mí misma que me había casado con un hombre con una forma de pensar poco convencional. Estaba abordando sus asuntos de una manera que para él era la más sensata y eficiente, aunque desde fuera pareciese que se hubiera ido de vacaciones a la playa justo después de pasar la luna de miel conmigo.

«Tú y yo, tú y yo, tú y yo...» Estábamos aprendiendo a adaptarnos, a entretejer nuestras vidas en un «nosotros» sólido y eterno. Aunque seguíamos siendo los mismos de siempre, ahora teníamos nuevas etiquetas, un segundo juego de identidades. Él era mi marido. Y yo, su esposa. Era inevitable la sensación de que habíamos contraído nuevas obligaciones el uno para con el otro.

Muchas mujeres, entre ellas yo, consideran que la palabra «esposa» está cargada de connotaciones. Entraña una historia. Para quienes nos criamos en las décadas de 1960 y 1970 las esposas eran mujeres blancas que aparecían en las telecomedias. Se pasaban el día en casa, deshaciéndose en atenciones hacia los niños, y tenían la cena preparada en la cocina. No importaba que yo viera esos programas en el salón de Euclid Avenue mientras mi madre, que también se pasaba el día en casa, preparaba la cena y mi acicalado padre se recuperaba de un día agotador en el trabajo. El estilo de vida de mis padres era tan tradicional como el que veíamos por la tele. Barack a veces comenta en broma que mi infancia fue como una versión negra de *Leave It to Beaver*, protagonizada por los Robinson de South Side, tan formales y lozanos como la familia Cleaver de Mayfield, aunque, por supuesto, éramos más pobres, y mi padre llevaba un mono azul de trabajador municipal en vez de un traje como el señor Cleaver. Barack hace esa comparación con un deje de envidia, porque su infancia fue muy distinta, pero también para combatir la idea de que las familias afroamericanas son incapaces por algún motivo de alcanzar el sueño de formar parte de una clase media estable, como nuestros vecinos blancos.

A mí personalmente de niña me encantaba *The Mary Tyler Moore Show*. Mary tenía un empleo, un vestuario elegante y una melena estupenda. Era independiente y divertida, y, a diferencia de las otras mujeres de la tele, tenía problemas interesantes. Mantenía conversaciones que no giraban en torno a los niños o las tareas del hogar. No se dejaba mangonear por su jefe ni estaba obsesionada con encontrar marido. Era juvenil y madura a la vez. En aquel panorama muy muy anterior a internet, cuando conocíamos el mundo a través de tres canales de televisión generalistas, esas cosas resultaban importantes. Si eras una chica con la cabeza bien amueblada y la intuición de que querías llegar a ser algo más que una esposa, Mary Tyler Moore era tu diosa.

Y allí estaba yo, sentada en el mismo piso en el que había visto esos programas de televisión y comido esos platos servidos por mi paciente y entregada madre, Marian Robinson. Disfrutaba de muchas ventajas, una educación, un concepto sano de mí misma, una ambición profunda, y era lo bastante sensata para estar agradecida por ello, con mi madre en particular por habérmelo inculcado. Me había enseñado a leer antes de que fuera a la guardería, ayudándome a formar las palabras mientras estaba enroscada sobre su regazo como un gatito, estudiando un ejemplar de *Dick y Jane* de la biblioteca. Cocinaba para nosotros con mimo, nos ponía brócoli y coles de Bruselas en el plato y nos exigía que nos lo comiéramos. Incluso cosió a mano mi vestido para el baile de graduación. El caso es que se había volcado en nosotros con diligencia y lo había dado todo. Había permitido que nuestra familia la definiera. Yo ya tenía edad para comprender que todas las horas que mi madre nos había dedicado a Craig y a mí eran horas que se había robado a sí misma.

Los muchos privilegios de los que gozaba en la vida estaban provocándome una especie de secuela. Me habían educado para que confiara en mí misma sin conocer límites, para que creyera que podía perseguir mis sueños y conseguir todo cuanto quisiera. Y lo quería todo. Porque, tal como Suzanne decía, «¿Por qué no?». Aspiraba al entusiasmo de tener una carrera y ser independiente, como Mary Tyler Moore, y al mismo tiempo me atraía ser madre, incluso con los sacrificios que esto implicaba. Aspiraba a una vida laboral y a una vida doméstica, pero con la garantía de que una no se impondría sobre la otra. Acariciaba la esperanza de ser igual que mi madre y a la vez distinta por completo. Eran reflexiones extrañas y confusas. ¿Podía conseguirlo todo? ¿Llegaría a tenerlo todo algún día? Lo ignoraba por completo.

Barack regresó de Bali bronceado y con una maleta repleta de blocs rayados llenos de sus palabras. El libro, en esencia, estaba terminado. Al cabo de unos meses su agente lo había revendido a otra editorial, lo que le permitió saldar su deuda, y asegurarse de que se publicaría. Lo más importante para mí era que, en cuestión de horas, habíamos recuperado el ritmo relajado de nuestra vida de recién casados. Barack estaba de vuelta en mi mundo. «Mi marido.» Sonreía al oír mis bromas, se interesaba por cómo me había ido el día y estaba feliz de verme por la noche.

Los meses transcurrían, y nosotros cocinábamos, trabajábamos, nos reíamos y trazábamos planes. En primavera, nos mudamos del 7436 de South Euclid Avenue a un bonito apartamento con habitaciones dispuestas una detrás de otra a lo largo de un pasillo: una nueva plataforma de lanzamiento para nuestra vida. Alentada por Barack, asumí otro riesgo y volví a cambiar de empleo. Me despedí de Valerie y Susan, en el ayuntamiento, para explorar por fin el tipo de trabajo sin ánimo de lucro que siempre me había interesado. Encontré un puesto de liderazgo que me brindaría la oportunidad de crecer profesionalmente. Aún había muchas cosas sobre mi vida que no había decidido; seguía sin saber cómo ser una Mary y a la vez una Marian, cómo tener una carrera profesional y ser también madre y ama de casa. Todas las preocupaciones podían esperar, concluí, porque ahora formábamos un «nosotros» y éramos felices. Y la felicidad parecía un buen punto de partida para todo.

13

El nuevo trabajo me ponía nerviosa. Me habían contratado como directora ejecutiva de la delegación en Chicago de una organización llamada Public Allies. Se trataba de una especie de empresa emergente que a su vez formaba parte de una empresa emergente, en un campo en el que yo no tenía mucha experiencia profesional. Public Allies fichaba a jóvenes con talento y les brindaba formación intensiva y asesoramiento comprometido. A continuación, estos jóvenes conseguían prácticas remuneradas en organizaciones comunitarias y entidades públicas. Se confiaba en que progresaran y realizaran aportaciones valiosas, y que esas oportunidades proporcionaran a los nuevos empleados —o «aliados», como los llamábamos— tanto la experiencia como el impulso para seguir trabajando en el sector público y sin ánimo de lucro durante años. Estábamos intentando forjar una nueva generación de líderes comunitarios.

Era una idea muy cercana a mis valores. En Princeton, la mayoría de mis amigos y yo ni siquiera nos habíamos planteado una carrera de servicio público. Public Allies quería cambiar esa situación.

En Public Allies lo más importante era el potencial: encontrarlo, desarrollarlo y ponerlo en práctica. No hacía falta un título universitario para convertirse en un «aliado». Bastaba con el certificado de bachillerato o GED, ser mayor de diecisiete años y menor de treinta y mostrar dotes de liderazgo, aunque aún no las hubieran aprovechado.

Su objetivo era buscar a personas jóvenes cuyas mejores cualidades habrían pasado inadvertidas de otro modo y ofrecerles la oportunidad de hacer algo importante. Ese trabajo fue casi como una invitación para, por fin, poner en práctica mis conocimientos. Tenía una intuición sobre todo el potencial que existía sin descubrir en barrios como el mío, y estaba bastante segura de que sabría cómo encontrarlo.

Cuando pensaba en mi nuevo trabajo, mi mente se retrotraía a la infancia, en concreto al mes aproximado que pasé en el caos de aquella clase de segundo, en medio de una lluvia de lápices, hasta que mi madre me sacó de allí. En aquel entonces solo me había sentido afortunada. Desde entonces, mi suerte en la vida siguió mejorando, en un efecto bola de nieve. Ahora pensaba más en la veintena de chicos que se habían quedado varados en aquella aula teniendo que soportar a una maestra apática. Yo sabía que no era más inteligente que ellos. Simplemente había contado con la ventaja de que mi madre me defendiera. Ahora que era adulta, meditaba sobre eso más a menudo, sobre todo cuando la gente me aplaudía por mis logros. Había tenido suerte. Esos alumnos de segundo, sin tener culpa alguna, habían perdido un año de aprendizaje. Para entonces ya tenía experiencia suficiente para comprender que incluso los pequeños obstáculos también daban lugar con rapidez a un efecto bola de nieve.

En Washington, las fundadoras de Public Allies habían reclutado a una quincena de aliados que trabajaban en varias entidades por toda la ciudad. Habían recaudado dinero suficiente para abrir una nueva delegación en Chicago. Ahí era donde encajaba yo, entusiasmada y nerviosa a partes iguales ante la oportunidad.

Fui consciente de golpe de que, por mucho que quisiese hacer el bien, antes tenía que pensar en mis obligaciones. Al principio me ofrecieron un sueldo tan bajo que sencillamente no podía permitirme aceptar: era muchísimo menos de lo que ganaba trabajando para el ayuntamiento de Chicago, que a su vez ya era la mitad de mi salario como abogada. No había olvidado lo que mi madre decía sobre el dinero y la felicidad: «Primero gana dinero y luego preocúpate por tu felicidad». Era consciente de que había otra gente que no tenía préstamos que devolver o que disponía de otra red de seguridad financiera que le proporcionaban su familia, más privilegiada, o un cónyuge que trabajaba. Esa gente sí podía permitirse trabajar en organizaciones sin ánimo de lucro, mientras que personas como yo, también de gran corazón y apasionadas que podrían hacer el trabajo igualmente bien, debían tener en cuenta cuánto ganarían y tomar una decisión difícil.

Quedó claro que, si quería integrarme en el mundo de las oenegés, tendría que pedir justo la remuneración que necesitaba, que era superior a lo que Public Allies tenía previsto pagarme. Esa era mi realidad, ni más ni menos. No podía sentirme cohibida o avergonzada por mis necesidades. Además de mis gastos habituales, debía devolver mes a mes el préstamo estudiantil, y estaba casada con un hombre con su propia carga de deudas que saldar. Pero las líderes de la organización se las ingeniaron para encontrar nuevas fuentes de financiación que me permitieron unirme a su equipo.

Resuelto aquello, estaba lista para empezar, ansiosa por aprovechar al máximo la oportunidad que me habían brindado. Era la primera ocasión que se me presentaba de construir algo desde cero: el éxito o el fracaso dependerían casi por completo de mi trabajo, no del de mi jefe ni de nadie más. Me pasé la primavera trabajando con ahínco para montar una oficina y contratar un pequeño equipo a fin de que contáramos con un grupo de aliados cuando llegara el otoño.

Mientras tanto, recurrí a los contactos que Barack y yo habíamos hecho en Chicago en busca de patrocinadores que contribuyeran a dar apoyo económico a Public Allies, y de personas del sector público dispuestas a acoger a un aliado en su organización. Valerie Jarrett me ayudó a firmar convenios de prácticas en la alcaldía y el departamento de Sanidad del ayuntamiento. La red de dinamizadores comunitarios de Barack nos permitió conseguir ayuda legal, defensa jurídica y oportunidades pedagógicas para los aliados. Varios compañeros de mi antiguo bufete extendieron cheques y me presentaron a donantes importantes.

Encontrar a los aliados era mi parte favorita del trabajo. Mi equipo y yo visitábamos centros de formación continuada y algunos de los grandes institutos urbanos de la zona de Chicago. Llamábamos a las puertas de viviendas protegidas, asistíamos a reuniones comunitarias y sondeábamos programas que colaboraban con madres solteras. Interrogábamos a todo el mundo, desde pastores de iglesia hasta profesores, pasando por el encargado del McDonald's del barrio, y les pedíamos que identificaran a los jóvenes más interesantes que conocían. ¿Quiénes eran los líderes? ¿Quién estaba preparado para dedicarse a tareas de mayor calado? Esas eran las personas a las que queríamos animar a presentar una solicitud, rogarles que se olvidaran por un momento de los obstáculos que solían impedirles esas cosas. Prometíamos que haríamos cuanto estuviera en nuestra mano —ya fuera facilitarles un pase de autobús o algo de dinero para la guardería de los hijos— para ayudar a cubrir sus necesidades.

En otoño contábamos con veintisiete aliados que trabajaban por todo Chicago realizando prácticas en muchos sitios, desde el ayuntamiento hasta un organismo de asistencia comunitaria del South Side, pasando por el instituto Latino Youth. Los aliados formaban un grupo dinámico, lleno de idealismo y sueños. Tenían orígenes muy diversos. Entre ellos había un expandillero, una hispana que se había criado en la zona sudoccidental de Chicago y había estudiado en Harvard, una mujer que vivía en uno de los bloques de pisos sociales y que criaba a su hijo mientras intentaba ahorrar para ir a la universidad, y un hombre de veintiséis años que, aunque había dejado el instituto, había seguido formándose con libros de la biblioteca y luego se había matriculado de nuevo para obtener el título.

Todos los viernes, el grupo de aliados se reunía al completo para participar en una serie de talleres de desarrollo profesional. Yo disfrutaba esas jornadas más que cualquier otra cosa. Me encantaba el barullo que se armaba en la sala conforme los aliados entraban, dejaban caer sus mochilas en un rincón y se despojaban de sus capas de ropa de invierno mientras se colocaban en círculo. Me encantaba ayudarlos, ya fuera sobre el uso de Excel, la ropa adecuada para un trabajo de oficina o el secreto para atreverse a expresar sus ideas en una sala repleta de personas más cultas y más seguras de sí mismas. Si había recibido informes de que alguno de ellos llegaba tarde al trabajo o no se tomaba en serio sus obligaciones, le decía que esperábamos algo más. Cuando algunos se desesperaban, les aconsejaba que vieran las cosas con perspectiva, que recordaran lo afortunados que eran en comparación con otras personas.

Celebrábamos cada paso en el aprendizaje, cada avance. Y había muchos. No todos los aliados acabarían trabajando en los sectores sin ánimo de lucro o público, ni todos conseguirían superar los escollos derivados de una extracción más humilde, pero con el tiempo me ha sorprendido comprobar cuántos de nuestros fichajes han alcanzado el éxito a pesar de todo y se han comprometido a realizar un esfuerzo a largo plazo por el bien común. Veinticinco años después de sus inicios, Public Allies sigue funcionando viento en popa. Tiene delegaciones en Chicago y dos docenas de ciudades más, y con miles de alumnos por todo el país. Saber que desempeñé un pequeño papel en ello, que ayudé a crear algo duradero, es una de las sensaciones más gratas que he experimentado en mi vida profesional.

Lo considero el mejor empleo que he tenido, por la maravillosa emoción que se apoderaba de mí cuando lo ejercía y por las pequeñas victorias que con tanto empeño conquistábamos, ya fuera encontrar un buen contrato de prácticas a un hablante nativo de español o aplacar los temores de alguien por trabajar en un barrio que no conocía bien.

Por primera vez en mi vida, tenía la sensación de que estaba haciendo algo importante, que impactaba de forma directa en la existencia de otras personas. Me hacía sentir bien mantener el contacto tanto con mi ciudad como con mi cultura. Además, me permitía comprender mejor lo que Barack sentía cuando trabajaba como dinamizador y en Project VOTE! Este tipo de trabajo es una ardua batalla, pero te proporciona todo cuanto necesitarás jamás.

Mientras yo me centraba en Public Allies, Barack se había adaptado a lo que para él era un período relativamente anodino y previsible. Impartía una clase sobre el racismo y la ley en la facultad de Derecho de la Universidad de Chicago, y de día trabajaba en el bufete. La mayoría de los casos que llevaba tenían que ver con el derecho a voto y la discriminación laboral. Aún organizaba talleres de dinamización comunitaria de vez en cuando. Parecía la existencia perfecta para un treintañero con inquietudes intelectuales y sociales que había rechazado muchas opciones mejor pagadas por fidelidad a sus principios. Lo había conseguido, a mi juicio. Había encontrado un equilibrio noble. Era abogado, profesor y también dinamizador comunitario. Y pronto sería un autor publicado, además.

Tras su regreso de Bali, Barack se había pasado más de un año escribiendo un segundo borrador de su libro durante los ratos que sus empleos le dejaban libres. Trabajaba hasta altas horas de la noche en una habitación pequeña que habíamos acondicionado como estudio, un búnker desordenado y con libros tirados por todas partes al que yo llamaba cariñosamente «el agujero». A veces entraba y pasaba por encima de sus pilas de papeles mientras estaba concentrado, e intentaba llamar su atención con una broma y una sonrisa. Reaccionaba con buen humor a mis interrupciones, pero solo cuando no me quedaba demasiado rato.

Con el tiempo he comprendido que Barack es de esa clase de personas que necesitan un agujero, un lugar aislado donde poder leer y escribir sin que nadie las moleste. Es como si el tiempo que pasa allí le recargara las pilas. Teniendo esto en mente, nos las hemos ingeniado para crear una versión de un «agujero» en todas las residencias donde hemos vivido. Hasta el día de hoy, cada vez que llegamos a una casa de alquiler en Hawái o en Martha's Vineyard, una de las primeras cosas que hace es buscar una habitación vacía que le sirva como agujero de vacaciones. Una vez allí, alterna entre los seis o siete libros que lee a la vez y tira sus periódicos al suelo. Para él, su agujero es una especie de santuario donde nacen sus ideas más profundas. Para mí, es una leonera desordenada y desmoralizante. Uno de los requisitos de todos los agujeros, estén donde estén, es que tengan una puerta que yo pueda cerrar. *Los sueños de mi padre* se publicó por fin. Aunque cosechó buenas críticas, no vendió muchos ejemplares, pero eso era lo de menos. Lo importante era que Barack había conseguido condensar la historia de su vida encajando las piezas de su identidad, con elementos de África, Kansas, Indonesia, Hawái y Chicago, dotando a su persona de cierta unidad. Estaba orgullosa de él. Por medio de la escritura, había firmado una paz literaria con el fantasma de su padre, que había estado ausente durante casi toda su vida. En solitario, Barack había tratado de desentrañar todos los misterios sembrados por Obama padre. Pero así era como había actuado siempre. Yo era consciente de que, desde joven, él había intentado cargar con todas las responsabilidades.

Una vez terminado el libro, se abrió un espacio en la vida de Barack. Como de costumbre, se sintió impulsado a llenarlo de inmediato. Estaba enfrentándose a una noticia dura: a su madre, Ann, le habían diagnosticado cáncer. Había vuelto de Yakarta y se había instalado en Honolulú para someterse a un tratamiento. Tanto Maya como Toot ayudaban a cuidar de ella en Hawái, y Barack la llamaba a menudo para saber cómo estaba. Sin embargo, el diagnóstico había llegado tarde, el cáncer había avanzado y costaba predecir qué iba a suceder. Yo sabía que eso constituía una preocupación enorme para Barack.

En Chicago volvía a hablarse mucho de política. La senadora de Illinois que representaba a mi barrio del South Side iba a presentarse al Congreso de Estados Unidos, lo cual dejaría vacío su escaño en el Senado del estado. Esto significaba que Barack podría aspirar a ocuparlo.

¿Estaba interesado? ¿Se postularía? Aunque entonces era imposible que lo supiera, esas preguntas acabarían por dominar la siguiente década de nuestra vida. ¿Quería? ¿Podía? ¿Lo haría? ¿Debía hacerlo? Pero antes de esas preguntas siempre surgía otra, planteada por el propio Barack, sobre el hecho de presentarse a cualquier cargo público: «¿Tú qué opinas, Miche?». Yo nunca tenía que devanarme los sesos para darle una respuesta.

No me parecía muy buena idea que Barack se presentara candidato. Mis razones podían variar un poco cada vez que la pregunta reaparecía, pero mi posición a grandes rasgos no cambiaba.

No me gustaban mucho los políticos y, por tanto, no me gustaba que mi marido se convirtiera en uno. Casi todo lo que sabía de política estatal se basaba en lo que leía en los periódicos, y nada de ello me parecía especialmente bueno. Mi amistad con Santita Jackson me había dejado con la sensación de que los políticos a menudo se veían obligados a estar lejos de casa. En general, yo veía a los legisladores casi como tortugas acorazadas de piel gruesa y movimientos lentos. Barack era demasiado sincero y albergaba planes demasiado audaces para convertirse en uno de esos políticos egoístas.

En el fondo, yo creía que las buenas personas tenían formas mejores de cambiar el mundo. Temía que se lo comieran vivo.

Sin embargo, si Barack creía que podía lograr algo con la política, ¿quién era yo para interponerme en su camino? ¿Quién era yo para pisotearle la idea antes de que intentara ponerla en práctica? Después de todo, él había sido el único que me había animado a continuar cuando quise abandonar mi carrera de abogada, que me había apoyado cuando entré a trabajar en el ayuntamiento. Barack tenía sus dudas al respecto, y en aquellos momentos estaba pluriempleado para compensar la reducción de sueldo que yo había aceptado para hacer el bien a tiempo completo en Public Allies. Durante los seis años que llevábamos juntos, él no había dudado de mí ni una vez. Siempre repetía: «No te preocupes. Lo conseguirás. Ya encontraremos la manera».

Así que le di mi aprobación para presentarse a su primer cargo público, aunque con un toque de prudencia conyugal:

—Creo que te llevarás una decepción —le advertí—. Si sales elegido, tendrás que irte a Springfield y no conseguirás nada, por más que te esfuerces. Te volverán loco.

—Es posible —dijo Barack encogiéndose de hombros—, pero tal vez pueda hacer algo bueno. ¿Quién sabe?

—Tienes razón —respondí encogiéndome de hombros a mi vez. No me correspondía a mí minar su optimismo—. ¿Quién sabe?

Como todo el mundo sabe a estas alturas, mi esposo se convirtió en político, después de todo. Era una buena persona que aspiraba a ejercer un efecto positivo en el mundo y, a pesar de mis dudas, decidió que esa era la mejor manera de conseguirlo.

Barack resultó elegido para el Senado de Illinois en noviembre de 1996 y juró el cargo dos meses después, a principios del año siguiente. Para mi sorpresa, disfruté con el desarrollo de la campaña. Había ayudado a recoger firmas para su candidatura, yendo puerta a puerta por mi viejo barrio los sábados, escuchando las opiniones de los vecinos sobre las cosas que consideraban que había que arreglar. Me traía recuerdos de los fines de semana que pasé de niña subiendo los escalones de los porches detrás de mi padre mientras él cumplía con sus obligaciones como responsable de distrito. Por lo demás, apenas se requería mi ayuda, lo que me pareció perfecto. Podía tomarme la campaña como pasatiempo, con la posibilidad de retomarlo cuando me viniera bien y divertirme un poco antes de volver a mi trabajo.

La madre de Barack falleció en Honolulú poco después de que él anunciara su candidatura. Su deterioro había sido tan rápido que él no llegó a tiempo para despedirse. Eso lo dejó destrozado. Ann Dunham era quien lo había iniciado en la riqueza de la literatura y la fuerza de un argumento bien razonado. Sin ella, Barack quizá nunca habría aprendido a apreciar lo sencillo y emocionante que era saltar de un continente a otro, o abrazar lo desconocido. Era una exploradora que seguía de forma intrépida los dictados de su corazón. Yo veía su espíritu reflejado en Barack en pequeños y grandes detalles. El dolor por su pérdida se unió al que se había clavado en mi familia cuando murió mi padre.

Ahora que había llegado el invierno y la Asamblea Legislativa se encontraba en período de sesiones, pasábamos buena parte de la semana separados. Los lunes por la noche Barack conducía cuatro horas hasta Springfield y se registraba en un hotel barato en el que se alojaban muchos otros legisladores. Por lo general, regresaba los jueves, bastante tarde. Tenía un pequeño despacho en las oficinas del estado y un ayudante a tiempo parcial en Chicago. Había reducido su volumen de trabajo en el bufete, pero para que no nos retrasáramos en el pago de nuestras deudas había decidido impartir más cursos en la facultad de Derecho. Cuando no estaba en casa hablábamos por teléfono todas las noches, intercambiábamos impresiones y nos contábamos anécdotas sobre nuestro día a día. Los viernes, cuando él volvía a estar en Chicago, al salir del trabajo teníamos una cita fija en un restaurante del centro.

Recuerdo esas noches con mucho cariño. Dada mi devoción por la puntualidad, siempre esperaba a Barack, pero no me importaba que llegara tarde, pues comenzaba el fin de semana y a esas alturas ya estaba acostumbrada. Sabía que acabaría por llegar y que el corazón me daría un vuelco, como siempre, al verlo entrar por la puerta y entregar su abrigo de invierno a la recepcionista antes de abrirse paso entre las mesas y dedicarme una sonrisa de oreja a oreja cuando por fin posaba los ojos en los míos. «Mi esposo.» La rutina me relajaba. Pedíamos prácticamente lo mismo cada viernes —estofado, coles de Bruselas y puré de patatas— y, cuando nos lo servían, nos lo comíamos hasta dejar el plato limpio.

Fue una época dorada para nosotros, por el equilibrio que reinaba en nuestro matrimonio, él con sus objetivos y yo con los míos. Durante una sola de sus primeras semanas en el Senado, en Springfield, Barack había presentado diecisiete nuevos proyectos de ley, un posible récord y un indicio de lo ansioso que estaba por conseguir avances. Algunos acabarían por aprobarse, pero casi todos serían rechazados en la cámara, que estaba bajo control republicano. En esos primeros meses vi confirmada mi predicción de que la política sería una lucha agotadora sembrada de puntos muertos y traiciones, negocios sucios y acuerdos dolorosos. Pero también vi que Barack había acertado asimismo en su pronóstico. El forcejeo de la legislación se le daba curiosamente bien. Mantenía la calma, acostumbrado a ser un intruso, y encajaba las derrotas con su despreocupada tranquilidad hawaiana. Conservaba la esperanza convencido de que una parte de su visión conseguiría prevalecer algún día. Ya había empezado a recibir palos por todas partes, pero no le importaba. Daba la impresión de que había nacido para eso.

Yo también me encontraba en pleno período de transición. Había aceptado un nuevo trabajo y me había sorprendido a mí misma al decidir abandonar la organización que había ayudado a montar y desarrollar con tanto ahínco. Durante tres años me había entregado a ello por completo, responsabilizándome tanto de las tareas más importantes como de las más nimias, como reponer el papel de la impresora. Ahora que Public Allies crecía con fuerza, me sentía con derecho a retirarme. Entonces, una oportunidad surgió casi de la nada.

La Universidad de Chicago buscaba un decano adjunto que se centrara en las relaciones con la comunidad y ayudase a que la entidad se integrase mejor en la ciudad. Esta persona contactaría con las comunidades locales, sobre todo en el barrio del South Side que la rodeaba, y crearía un programa de servicios comunitarios para conectar a los estudiantes con las oportunidades de voluntariado en la zona. Al igual que mi trabajo en Public Allies, ese nuevo empleo guardaba relación con una realidad que yo había vivido en persona. La Universidad de Chicago siempre se me había antojado menos interesada en mí que las facultades de postín de la Costa Este en las que había estudiado. La posibilidad de conseguir cambiar esa situación, que más estudiantes se implicaran con la ciudad y más vecinos con la universidad, me resultaba inspiradora. También había motivos prácticos para aceptar el puesto. El sueldo era mejor, el horario más razonable, y había otras personas encargadas de que hubiera papel en la impresora. Empezaba a pensar más en qué clase de vida quería tener. Durante nuestras citas nocturnas, Barack y yo reanudábamos una conversación que manteníamos desde hacía años sobre cómo y dónde podía actuar cada uno de nosotros para marcar la diferencia.

Algunas de las viejas preguntas sobre quién era yo y a qué aspiraba en la vida habían vuelto a mi mente. Había aceptado el nuevo trabajo en parte para tener más espacio para nuestra vida, y también porque las prestaciones sanitarias que me ofrecían eran mejores que las que había tenido nunca. Y eso acabaría por ser importante. Mientras estábamos sentados a la luz de las velas, con las manos entrelazadas sobre la mesa, otra noche de viernes, había una arruga en nuestra felicidad. Queríamos formar una familia, pero nos estaba costando quedarnos embarazados.

Si tuviera que elaborar una lista sobre cosas de las que nadie te habla hasta que las vives tú misma, tal vez empezaría por los problemas para tener un hijo. Barack y yo estábamos muy ilusionados cuando por fin me quedé embarazada. Pero, por desgracia, esa vez el bebé no llegó a término. El aborto espontáneo, que es como se llama una pérdida así, es una experiencia profundamente solitaria y dolorosa. Cuando una sufre un aborto, tiende a interpretarlo como un fallo personal pese a que no lo es. O como una tragedia, cosa que tampoco es, por muy devastador que parezca en el momento. Lo que nadie nos cuenta es que los abortos espontáneos les ocurren a muchas mujeres cuando están intentando formar una familia. Lo descubrí solo después de mencionar que había sufrido uno a un par de amigas, que reaccionaron con grandes muestras de cariño y apoyo y me hablaron de sus propios abortos. Eso no mitigó el dolor, pero al revelar sus tribulaciones me tranquilizaron. Me ayudaron a comprender que aquello por lo que había pasado no era nada raro.

Al cabo de un tiempo, Barack y yo fuimos a ver a un médico. Con ayuda de la tecnología médica, buscamos la manera de abordar nuestras dificultades. Yo quería un bebé. Era una necesidad que había sentido siempre. De niña, cuando me cansé de besar la piel de plástico de mis bebés de juguete, le supliqué a mi madre que tuviera otro, uno de verdad, solo para mí. Le prometí que me encargaría de cuidarlo yo sola.

Ahora sentía que lo estaba haciendo. La asamblea estatal había retomado la actividad para su período de otoño, lo que significaba que Barack tenía que pasar mucho tiempo fuera de casa por trabajo y yo tenía que ir sola a muchas citas y pruebas médicas. A veces me parecía injusto que, por ser la mujer, yo tuviese que pasar por todo esto y Barack no. Llevaba mucho tiempo esperando. Ambos queríamos formar una familia. Pero yo era la que tenía que soportar el tratamiento sola, confiando en que nuestro sueño de tener una familia se hiciese realidad.

Quizá fue entonces cuando sentí un primer asomo de rencor hacia la política y la entrega inquebrantable de Barack a su trabajo que hacía que pasase tanto tiempo fuera. Barack era cariñoso y el bebé que queríamos tener era algo muy importante para él, pero podía ocuparse de sus asuntos como de costumbre mientras yo tenía que interrumpir mi rutina con visitas diarias a la consulta del médico. No tenía que ir a que le sacasen sangre como yo. No tenía que cancelar reuniones para ir de médicos. Aunque nada de eso era culpa suya, no era equitativo. Para cualquier mujer que creyese que la igualdad es importante, resultaba un tanto confuso. Era yo quien aparcaría mis pasiones y mi carrera profesional para hacer realidad esa parte de nuestro sueño compartido. ¿De verdad era eso lo que deseaba? Sí, lo deseaba con toda el alma.

Por fin oí algo que borró todo rastro de rencor: unos latidos captados por medio de ultrasonidos. Íbamos a tener un bebé. Aquello era real. De pronto, sentí que la responsabilidad y las dificultades de los tratamientos médicos habían merecido la pena, y que el mundo se teñía de nuevos colores. Iba por ahí con un secreto en mi interior. Ese era mi privilegio, mi don por ser mujer. Sentía que resplandecía con la promesa de lo que llevaba en mi vientre.

Llevábamos una vida orientada al exterior, pero ahora también sucedía algo dentro: estaba creciendo un bebé, una niña diminuta. Aunque no la veíamos, sabíamos que estaba allí, cada vez más grande en cuerpo y espíritu, a medida que el otoño cedía el paso al invierno y luego a la primavera. Aunque antes me había sentido molesta porque el tratamiento me afectaba más a mí que a Barack, ahora me sentía muy afortunada por ser yo quien estaba todo el tiempo con el bebé. Nunca estaba ni me sentía sola. Ella se encontraba allí, siempre, mientras yo conducía hacia el trabajo, cortaba hortalizas para una ensalada o yacía en la cama por la noche. Era una sensación extraordinaria tras el abrumador sentimiento de soledad que había experimentado después del aborto y el aislamiento que había vivido durante el tratamiento médico. Pero todo eso era agua pasada.

Los veranos en Chicago son especiales para mí. Me encanta el modo en que el cielo permanece iluminado hasta tarde, los veleros invaden el lago Michigan y la temperatura se dispara hasta el punto de que resulta casi imposible recordar las penalidades del invierno. Y también en verano, me encanta cuando la política va perdiendo intensidad y la vida se vuelve más divertida.

Aunque en realidad no controlábamos nada, al final parecía como si lo hubiéramos calculado todo. El 4 de julio de 1998, muy temprano por la mañana, sentí los primeros dolores del parto. Barack y yo nos presentamos en el hospital de la Universidad de Chicago, acompañados por Maya —la hermanastra de Barack había cogido un avión desde Hawái para estar allí la semana que yo salía de cuentas— y mi madre. Faltaban horas para que las brasas de las barbacoas comenzaran a brillar por toda la ciudad y la gente extendiera sus esteras sobre la hierba a la orilla del lago, agitando banderas y esperando a que los fuegos artificiales de la ciudad florecieran sobre el agua. Ese año nos lo perderíamos, inmersos en un florecimiento y un resplandor diferentes. No pensábamos en la patria sino en la familia cuando Malia Ann Obama, uno de los dos bebés más perfectos jamás alumbrados, vino al mundo.

14

La maternidad se convirtió en mi principal motivación. Sin perder un segundo, me sumergí de lleno en mi nuevo papel de madre.

Barack y yo examinábamos a la pequeña Malia, el misterio de sus labios de botón de rosa, la pelusa negra que le recubría la cabeza, su mirada desenfocada y los movimientos vacilantes y espasmódicos de sus diminutas extremidades. La bañábamos, la arropábamos y la sosteníamos contra nuestro pecho. Estábamos siempre pendientes de sus comidas, sus horas de sueño y cada uno de sus gorgoritos.

Era una personita minúscula, encomendada a nuestro cuidado. Podía pasarme una hora entera mirándola respirar. Cuando hay un niño pequeño en una casa, deja de haber normas a las que atenerse. Barack y yo nos reíamos al pensar lo que habíamos cambiado al ser padres. Si antes dedicábamos la hora de la cena a hablar sobre grandes ideas, ahora discutíamos sobre si Malia se había vuelto demasiado dependiente de su chupete y cotejábamos nuestros métodos para conseguir que se durmiera. Nada nos hacía más felices. Incluso llevábamos a la pequeña Malia en su cochecito a nuestras citas de los viernes por la noche.

Varios meses después de que Malia naciera volví a trabajar en la Universidad de Chicago. Negocié que solo trabajaría media jornada, convencida de que sería la solución ideal, que me permitiría ser una profesional y a la vez una madre perfecta. Contratamos a una niñera, Glorina Casabal, una cuidadora cariñosa y experta.

Nacida en Filipinas, era enfermera titulada y había criado a dos hijos propios. Glorina, a quien llamábamos Glo, una mujer bajita y bulliciosa con el pelo corto, un peinado práctico y gafas con montura de alambre dorada, podía cambiar un pañal en doce segundos exactos. Destilaba la energía de una enfermera hipercompetente y capaz de todo, y durante los cuatro años siguientes se convertiría en un miembro de la familia muy querido. Su principal cualidad era el amor entrañable que profesaba a nuestro bebé.

Con lo que no contaba era con que un empleo a jornada parcial, sobre todo cuando se supone que es una versión reducida del trabajo a tiempo completo anterior, puede convertirse en una trampa. Seguí asistiendo a todas las reuniones y lidiando con casi las mismas responsabilidades. La única diferencia era que ahora ganaba la mitad de sueldo e intentaba embutirlo todo en una semana de veinticuatro horas. Era difícil mantener la cordura. Me sentía culpable cuando tenía que mantener conversaciones telefónicas de trabajo en casa y cuando me distraía pensando en Malia mientras estaba en el trabajo. Se suponía que el trabajo a tiempo parcial me proporcionaría más libertad, pero más bien me daba la sensación de que lo hacía todo a medias.

Barack, en cambio, no parecía haber perdido el ritmo en absoluto. Unos meses después del nacimiento de Malia salió reelegido por un período de cuatro años en el Senado estatal, con un ochenta y nueve por ciento de los votos. Era un político popular y triunfador y empezaba a plantearse metas más ambiciosas, como concurrir a las elecciones al Congreso de Estados Unidos. Confiaba en ocupar el puesto de un demócrata llamado Bobby Rush, que llevaba cuatro legislaturas en el escaño. ¿Me pareció una buena idea que se presentara candidato al Congreso? No, lo cierto es que no. Se me antojaba muy improbable que ganara, porque seguía siendo prácticamente desconocido para mucha gente. Pero ahora se dedicaba a la política y algunos de sus asesores lo animaban a lanzarse. Hay algo que sé con certeza acerca de mi esposo: no se le puede mostrar una oportunidad de ampliar su campo de acción y esperar que la desaproveche sin más. Porque no la desaprovechará. Ese no es su estilo.

Cuando Malia tenía casi dieciocho meses, la llevamos a Hawái por Navidad para que visitara a su bisabuela Toot, que contaba ya setenta y siete años. Toot vivía en el mismo pequeño piso en el que se había instalado décadas atrás. Se suponía que sería una visita familiar, el único momento del año en que Toot podía ver a su nieto y a su bisnieta. Habíamos reservado una modesta habitación en un hotel cerca de Waikiki Beach y empezado a contar los días que faltaban. Pero entonces la política se interpuso en nuestro camino. El Senado de Illinois estaba debatiendo un importante proyecto de ley penal. Barack me llamó desde Springfield para avisarme de que tendríamos que aplazar el viaje unos días mientras se desarrollaba el debate. Aunque la noticia no me entusiasmó, comprendí que era algo que no dependía de él. Lo único que me importaba era que llegáramos a Hawái, tarde o temprano. No quería que Toot pasara sola la Navidad; además, Barack y yo necesitábamos tomarnos un respiro.

Como su candidatura al Congreso ya era oficial, rara vez desconectaba, y rara vez pasaba tiempo en casa con Malia y conmigo. Así era la cruda realidad de los períodos preelectorales. Además de sus otras responsabilidades, Barack sentía la presión de tener que pasar todo ese tiempo en campaña para mejorar sus posibilidades de victoria. No tardé en descubrir también que, para su equipo de campaña, las horas y los minutos que Barack pasaba en privado con su familia constituían en esencia un desperdicio de ese tiempo tan valioso.

A esas alturas yo ya sabía que lo mejor era intentar mantenerme al margen de los altibajos diarios de la carrera electoral. Había dado mi aprobación a la decisión de Barack de presentarse, con una actitud de «quitémonos esto de encima cuanto antes», pero quería que la campaña terminase ya. Pensé que tal vez fracasaría en su intento de dar el salto a la política nacional y que eso lo motivaría a probar algo totalmente distinto. En mi mundo ideal, Barack se habría convertido en presidente de una fundación, por ejemplo, lo que le permitiría influir en asuntos importantes y también llegar a cenar a casa.

Volamos a Hawái el 23 de diciembre, cuando el Senado estatal interrumpió su actividad por las fiestas, a pesar de que aún no se había votado el proyecto de ley penal. Waikiki Beach fue toda una revelación para la pequeña Malia. Se paseaba arriba y abajo por la playa, lanzando patadas a las olas y divirtiéndose hasta caer rendida. Pasamos una Navidad alegre y tranquila con Toot en su piso, abriendo regalos y maravillándonos ante la entrega que mostraba hacia el puzle de cinco mil piezas que estaba armando. Como siempre, las aguas verdes de Oahu y la jovialidad de sus habitantes nos ayudaron a olvidar nuestras preocupaciones diarias, lo que nos permitió quedarnos felices y absortos con algo tan simple como la sensación del clima cálido en la piel y el regocijo de nuestra hija ante absolutamente todo.

Todo iba bien hasta que Barack recibió una llamada de Illinois de alguien que le comunicó que el Senado reanudaría las sesiones para rematar el proyecto de ley penal. Si quería votar, tenía que regresar a Springfield cuanto antes. Se me cayó el alma a los pies al ver que Barack entraba en acción y cambiaba nuestro vuelo de regreso para el día siguiente. Teníamos que irnos. No había alternativa. Aunque no me hacía feliz la perspectiva de marcharnos, comprendí de nuevo que la política funcionaba así. Se trataba de una votación importante —el proyecto de ley incluía nuevas medidas de control de armas, que Barack había defendido con fuerza— y lo bastante apurada como para que la ausencia de un solo senador pudiera suponer que la ley no se aprobara. No había más que hablar: regresaríamos a casa.

Entonces, sin embargo, sucedió algo inesperado. Por la noche, Malia contrajo una fiebre muy alta. Aunque había terminado el día tan contenta, ahora gemía de dolor, y aún era demasiado pequeña para proporcionarnos detalles concretos. Le dimos paracetamol, que no sirvió de mucho. Se tironeaba de una oreja, lo que me hizo sospechar que tenía infección de oído. Teníamos que tomar nuestro vuelo en unas horas. Advertí que la preocupación se acentuaba en el rostro de Barack, atrapado entre sus obligaciones laborales y familiares.

—No está en condiciones de subirse a un avión —dije—. Eso es evidente.

—Lo sé.

—Tenemos que cambiar el vuelo otra vez.

—Lo sé.

Quedó sobreentendido el hecho de que él podía salir por la puerta, coger un taxi al aeropuerto y llegar a Springfield a tiempo para votar. Podía abandonar a su hija enferma y a su esposa preocupada en medio del Pacífico para reunirse con sus colegas. Era una opción, pero no pensaba proponerla porque estaba preocupada por Malia. ¿Y si la fiebre empeoraba? ¿Y si tenía que llevarla al hospital? ¿De verdad Barack estaba planteándose la posibilidad de irse?

Resultó que no. No se lo planteaba. Era algo que jamás se le habría pasado por la cabeza.

Llamó a su asistente legislativo para explicarle que faltaría a la votación del proyecto de ley penal. Me daba igual. Estaba demasiado concentrada en nuestra hija. Y en cuanto finalizó la llamada, Barack también le dedicó toda su atención. Era nuestra personita. Se lo debíamos todo.

Después de un par de días de descanso y unos antibióticos, la infección de oído de Malia remitió y volvió a ser nuestra niña saltarina de antes. La vida seguía adelante, como siempre. Otro día perfecto de cielo azul en Honolulú, embarcamos en un avión y volamos de vuelta a Chicago, al invierno gélido y a lo que empezaba a perfilarse como un desastre político para Barack.

Los partidarios del proyecto de ley penal habían perdido, por cinco votos. Las matemáticas estaban claras: aunque Barack hubiera regresado de Hawái a tiempo, su voto, casi con toda seguridad, no habría alterado el resultado. Aun así, tuvo que pagar un precio por su ausencia. Sus rivales en las primarias al Congreso habían aprovechado sin dudarlo la oportunidad para pintarlo como alguien que prefería estar de vacaciones —nada menos que en Hawái— y no se había dignado volver para votar sobre una cuestión tan importante como el control de armas.

Nadie parecía tener en cuenta que él era de Hawái y que había ido a visitar a su abuela viuda. A nadie le importaba que su hija hubiera enfermado. Lo único que importaba era la votación. La prensa lo machacó durante semanas, y uno de sus rivales también le tiró alguna pedrada, como cuando dijo a un periodista que «utilizar a su hija como excusa por no ir a trabajar tampoco dice mucho en favor del carácter del sujeto».

Yo no estaba acostumbrada a nada de eso. No estaba acostumbrada a tener rivales o a que examinaran a mi familia con lupa en las noticias. Nunca había oído a nadie cuestionar así el carácter de mi esposo. Me dolía pensar que escoger una buena opción —la opción correcta, a mi juicio— estuviera saliéndole tan caro. Barack defendió con serenidad su decisión de quedarse con Malia y conmigo en Hawái. «Oímos hablar mucho a los políticos sobre la importancia de los valores familiares —escribió en el periódico de nuestro barrio—. Espero que, cuando un senador del estado intenta vivir lo más de acuerdo posible con esos valores, ustedes lo comprendan.»

Al parecer, los tres años de trabajo de Barack en el Senado del estado se habían esfumado. Se había ganado la confianza de legisladores de todo el estado, tanto demócratas como republicanos. Pero eso no parecía tener importancia ya. La carrera electoral se había convertido en una serie de golpes bajos.

Desde el principio de la campaña, los adversarios de Barack y sus seguidores habían estado atacándolo para fomentar el miedo y la desconfianza entre los votantes afroamericanos, insinuando que Barack formaba parte de la trama urdida por los vecinos blancos ricos para imponer su candidato preferido al South Side. Bobby Rush, el rival de Barack en las primarias al Congreso, afirmó: «Fue a Harvard y se convirtió en un tonto con estudios. Esa gente titulada por universidades de élite del Este no nos impresiona». En otras palabras: no es uno de los nuestros. Barack no era un negro auténtico, como ellos; alguien que hablaba así, ofrecía ese aspecto y leía tantos libros jamás podría serlo.

Lo que más me molestaba era que Barack ejemplificaba todo lo que los padres del South Side decían querer para sus hijos. Representaba todo lo que tantos líderes negros habían propugnado durante años: había estudiado y, lejos de abandonar la comunidad afroamericana, intentaba trabajar en su favor. Estaban atacando a Barack por las razones equivocadas. Me asombraba que nuestros líderes lo trataran solo como una amenaza a su poder, que sembraran sospechas esgrimiendo ideas retrógradas sobre la raza y la clase social.

Me ponían enferma.

Barack, por su parte, se lo tomaba con más filosofía que yo, pues en Springfield ya había comprobado lo desagradable que podía llegar a ser la política. Maltrecho pero sin ninguna intención de rendirse, puso todo su empeño en salir adelante, incluso mientras Bobby Rush lograba cada vez más apoyos. A medida que el reloj marcaba la proximidad de las primarias, Malia y yo apenas lo veíamos, aunque nos llamaba a diario para darnos las buenas noches.

Yo estaba más agradecida que nunca por esos días que habíamos pasado en la playa. Sabía que, en el fondo, Barack también. Percibía en su voz un deje de pena casi cada vez que se despedía antes de colgar el teléfono y pasar otra noche alejado de nosotras. Era como si lo obligaran a diario a elegir entre la familia y la política, la política y la familia.

En marzo, Barack perdió con claridad las primarias demócratas ante Bobby Rush.

Durante todo ese tiempo, yo no había dejado de abrazar a nuestra hija.

Y entonces llegó nuestra segunda hija. Natasha Marian Obama nació el 10 de junio de 2001. Malia, que casi tenía tres años, esperaba en casa con mi madre. Nuestro nuevo bebé era una niña preciosa, con la cabeza recubierta de pelo oscuro y rizado, como un corderito, y ojos castaños muy despiertos; el cuarto vértice de nuestro cuadrado. Barack y yo estábamos como en una nube.

Habíamos planeado llamarla Sasha. Yo había elegido el nombre porque me parecía que tenía algo de descarado. Una chica llamada Sasha no aguantaría tonterías de nadie. Como buena progenitora, no dejaba de desear lo mejor para nuestras hijas, de rezar por que nunca sufrieran ningún daño. Abrigaba la esperanza de que de mayores fueran brillantes, enérgicas y optimistas como su padre, y ambiciosas y trabajadoras como su madre. Por encima de todo, quería que fueran fuertes y que siguiesen siempre adelante, pasara lo que pasase. No tenía idea de cómo se desarrollaría nuestra vida familiar; ignoraba si las cosas nos irían bien, si todo nos saldría mal o si, como la mayoría de la gente, nos encontraríamos un poco de todo. Mi deber consistía en asegurarnos de que estuviéramos preparados para ello.

Mi puesto en la universidad me había dejado una sensación de agotamiento, y había debilitado nuestra economía debido a los elevados gastos por el cuidado de la niña. Tras el nacimiento de Sasha, ni siquiera tenía claro si quería regresar a mi trabajo o si lo mejor para la familia sería que me quedara en casa a tiempo completo. Nuestra niñera quería a nuestras hijas como si fueran suyas, pero no pudo rechazar un puesto mejor pagado como enfermera que le habían ofrecido. No podía reprochárselo, pero lloré sin parar la noche que nos lo contó, consciente de lo difícil que nos resultaría mantener el equilibrio en nuestra vida sin ella. Sabía lo afortunados que éramos por haber tenido el dinero para contra-

Esta es mi familia, vestida para una celebración: mi padre, Fraser; mi madre, Marian; y Craig, mi protector hermano mayor.

La que me sostiene en brazos es Robbie, mi tía abuela y profesora de piano.

Mi padre, Fraser Robinson, trabajó más de veinte años para la ciudad de Chicago supervisando las calderas en una depuradora de aguas situada a orillas del lago. Aunque cada vez le costaba más caminar debido a la esclerosis múltiple, no faltó un solo día al trabajo.

Mis padres
y yo.

→

Siempre fui más
prudente que mi
hermano, Craig, al que
aquí vemos colgado
cabeza abajo de un
columpio.

El amado Buick Electra 225 de mi padre; nosotros lo llamábamos *Deuce and a Quarter*.

Cada verano íbamos al complejo turístico Dukes Happy en Michigan, donde se tomó esta fotografía de mi hermano Craig y yo. →

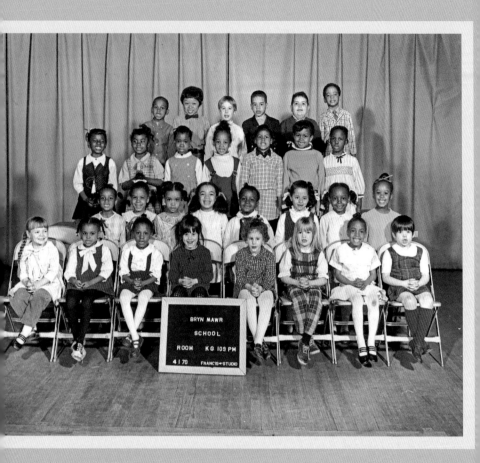

Mi clase de
preescolar; yo soy
la segunda por la
derecha en la
tercera fila.

Mi clase de quinto; yo estoy en el centro, tercera fila. Como se ve, mi clase cambió muchísimo en cinco años, pues muchas de las familias más acomodadas se mudaron del South Side a las afueras, mientras las familias negras se quedaron en el barrio. Este fenómeno se conoce como «fuga blanca».

Mi madre y mi padre montaron esta decoración especial para las fiestas: usando cartulinas y papel de arroz, convirtieron nuestro humilde radiador en una vistosa chimenea navideña.

→

Aquí estoy en Princeton.

←

Me inquietaba la idea de ir a la universidad, pero hice muy buenas amigas allí; entre ellas Suzanne Alele, que me enseñó a vivir con alegría.

Barack y yo en el apartamento de la segunda planta de Euclid Avenue donde me había criado y donde vivimos cuando ambos éramos jóvenes abogados.

Barack me hizo esta foto en Lamu, Kenia, durante nuestro primer viaje juntos.

→

Nuestra boda fue uno de los días más felices de mi vida. Craig sustituyó a mi padre y me llevó al altar.

A Barack siempre le han gustado mucho los niños, y yo sabía que sería un padre fantástico. Nuestra vida cambió para siempre cuando nació Malia, que aparece en esta imagen.

→

Sasha nació unos tres años después que Malia y completó nuestra familia. Aquí estamos los cuatro en uno de nuestros primeros viajes por Navidad a Hawái, el estado natal de Barack.

←

Malia y Sasha siempre han estado muy unidas y sigo derritiéndome con su ternura.

→

tarla en un principio. Pero, ahora que se iba, era como perder un brazo.

Me encantaba estar con mis pequeñas. Apreciaba el valor de cada hora y cada minuto que dedicaba a nuestro hogar, sobre todo teniendo en cuenta el horario tan irregular de Barack. Pensé una vez más en la decisión de mi madre de quedarse en casa con Craig y conmigo. Sin duda, esa posibilidad también tenía sus inconvenientes, pero, en comparación con el estilo de vida que yo llevaba, parecía simple, algo que tal vez valía la pena probar. Me gustaba la idea de encargarme de una sola cosa en vez de dos, de no tener un lío mental a causa del conflicto entre mis obligaciones domésticas y laborales.

Pero entonces recibí una llamada de Susan Sher, mi mentora y colega en el ayuntamiento, que ahora ocupaba un alto cargo en el centro médico de la Universidad de Chicago. Una de las máximas prioridades del centro era mejorar la colaboración con la comunidad. Buscaban un director ejecutivo de asuntos comunitarios, un puesto que parecía hecho a medida para mí. ¿Estaba interesada en presentarme a una entrevista?

En un principio tuve mis dudas. La vida con un recién nacido es agotadora y estresante. Me levantaba varias veces por la noche para amamantar a Sasha, por lo que tenía sueño atrasado y, en consecuencia, mi estado mental no era óptimo. Incluso, pese a que era una maníaca del orden y la limpieza, estaba perdiendo la batalla. Había juguetes, libros infantiles y paquetes de toallitas de bebé desparramados por toda la casa. Cada vez que salíamos de casa llevábamos con nosotros un cochecito enorme y un bolso cambiador pasado de moda y lleno de artículos esenciales: una bolsa con autocierre llena de Cheerios, algunos juguetes de uso diario y una muda de ropa extra… para todos.

Pero la maternidad también había traído consigo un maravilloso grupo de amigas. Casi todas trabajábamos en una amplia variedad de sectores. Muchos de nuestros hijos tenían la misma edad. Cuantos más hijos teníamos, más unidas estábamos. Nos veíamos casi cada fin de semana. Cuidábamos de los bebés de las otras, salíamos de excursión en grupo al zoo y veíamos los espectáculos de Disney on Ice juntas. A veces, los sábados por la tarde, simplemente dejábamos a todos los críos en el cuarto de juegos de alguna de nosotras mientras comíamos y charlábamos. Eran mujeres cultas, ambiciosas, madres entregadas a sus hijos y estaban tan perdidas como yo respecto a cómo encontrar un equilibrio entre las exigencias de una carrera profesional y las que conllevaba ser madre. Cada una hacía lo que podía. Algunas trabajaban a jornada completa, otras a tiempo parcial, y el resto se quedaba en casa con los niños. Había quienes dejaban que sus hijos comieran perritos calientes y chips de maíz; otras solo les daban cosas de harina integral. Unas tenían maridos supercolaboradores; otras, esposos como el mío, que estaban sobrecargados de trabajo y que pasaban mucho tiempo fuera del hogar. Algunas de mis amigas eran increíblemente felices; otras intentaban introducir cambios para encontrar un mejor equilibrio. Casi todas vivíamos en un estado de ajuste constante, afinando unos aspectos de nuestra rutina con la esperanza de aportar más estabilidad a otros.

Las tardes que pasábamos juntas me enseñaron que no existe una única manera de ser buena madre. Ninguno de los enfoques podía considerarse correcto o erróneo. Todos los niños pequeños en aquel cuarto de juegos eran queridos y estaban teniendo una buena infancia. Cada vez que nos reuníamos, sentía la fuerza colectiva de todas aquellas mujeres que intentaban hacer lo mejor para sus hijos: sabía que al final, pasara lo que pasase, nos echaríamos una mano unas a otras y saldríamos adelante.

Después de consultarlo con Barack y mis amigas, decidí presentarme a la entrevista para el puesto en el hospital universitario. Tenía la sensación de que era perfecta para ese empleo. Sabía que poseía las cualidades necesarias y me sobraba entusiasmo. Pero también sabía que debía tener en cuenta a mi familia.

Los trabajos a tiempo parcial habían quedado atrás. Quería un empleo a jornada completa, con un sueldo acorde que nos permitiera pagar sin problemas la guardería de las niñas y los cuidados del hogar. No pensaba disimular el desorden que dominaba mi existencia, desde la lactante y la niña de tres años en preescolar hasta el hecho de que el confuso horario de mi marido me dejaba a cargo de prácticamente todos los aspectos de la vida en casa. Expuse todo esto durante mi entrevista con el nuevo presidente del hospital. Incluso llevé conmigo a Sasha, que por entonces tenía tres meses. Sasha era muy pequeña y aún necesitaba mucha atención de mi parte. Era una realidad de mi vida. «Aquí estoy yo —estaba declarando— y aquí está también mi bebé.»

Fue como un milagro, pero mi jefe en potencia pareció entenderlo. Salí de la entrevista satisfecha, bastante segura de que me ofrecerían el puesto. Pero, con independencia de lo que ocurriera, sabía que había hecho bien en hablar de mis necesidades. Tenía la sensación de que decirlo simplemente en voz alta me confería cierto poder. Con las ideas claras y un bebé que empezaba a inquietarse, regresé a casa a toda prisa.

Estas eran las nuevas cuentas de nuestra familia: teníamos dos hijas, tres trabajos, dos coches, un piso y cero tiempo libre, o al menos eso parecía. Acepté el nuevo puesto en el hospital; Barack siguió impartiendo clases y legislando. Y, pese a que seguía molesto por su derrota en las primarias al Congreso, Barack tenía en mente intentar presentarse a un cargo político más alto. George W. Bush era ahora el presidente. Como país, habíamos sufrido la conmoción y la tragedia de los atentados terroristas del 11-S. Había estallado una guerra en Afganistán, y al parecer Osama bin Laden estaba escondido en alguna cueva. Barack analizaba cada noticia con detenimiento antes de asimilarla, y se ocupaba de sus asuntos habituales mientras se formaba una opinión propia sobre todo lo que ocurría.

No recuerdo con exactitud cuándo planteó por primera vez la posibilidad de presentarse al Senado de Estados Unidos. Lo que sí recuerdo es mi reacción, que consistió en mirarlo con incredulidad, como diciendo: «¿No te parece que ya estamos bastante atareados?». Mi aversión a la política no hacía más que aumentar, sobre todo porque la apretada agenda de Barack empezaba a fastidiarme. Conforme Sasha y Malia crecían, descubrí que el estrés no hacía sino aumentar y que las listas de tareas pendientes se alargaban. Barack y yo nos esforzábamos al máximo por asegurarnos de que las niñas llevaran una vida tranquila y manejable. Teníamos una niñera nueva que nos ayudaba en casa. Malia estaba contenta en su clase de preescolar, haciendo amigos y saturando su propia agenda con fiestas de cumpleaños y clases de natación los fines de semana. Sasha, que ya tenía cerca de un año, andaba tambaleándose, comenzaba a balbucir palabras y a provocar nuestra hilaridad con sus radiantes sonrisas. Era rematadamente curiosa y estaba empeñada en no ser menos que Malia y sus amigas de cuatro años. Mi trabajo en el hospital marchaba bien, aunque me levantaba a las cinco de la mañana y pasaba un par de horas frente al ordenador antes de que se despertaran los demás.

Eso me dejaba agotada por las tardes y a veces me situaba en conflicto directo con mi noctámbulo esposo, que llegaba de Springfield los jueves por la noche con ganas de zambullirse de cabeza en la vida familiar para recuperar el tiempo perdido. Pero la falta de puntualidad de Barack, de la que antes me burlaba con cariño, ahora me frustraba. Sabía que los jueves lo hacían feliz. Percibía la emoción en su voz cuando llamaba para decir que había concluido el trabajo y que por fin volvía a casa. Decía «¡Ahora mismo salgo!» o «¡Estoy a punto de llegar!». Durante un tiempo, me creía esas palabras. Daba a las niñas su baño vespertino, pero retrasaba la hora de la cama con el fin de que esperaran despiertas para abrazar a su padre. O bien las alimentaba y las acostaba, pero aplazaba mi cena y encendía unas velas, ilusionada por compartirla con Barack.

Y entonces me ponía a esperar. Esperaba tanto que a Sasha y Malia empezaban a pesarles los párpados y tenía que llevarlas a la cama en brazos. O bien aguardaba sola, hambrienta y cada vez más enfadada mientras se me cerraban los ojos y la cera de las velas se derramaba sobre la mesa. Comenzaba a entender que sus «ahora mismo» o «estoy a punto de llegar» eran el producto del eterno optimismo de Barack y de su impaciencia, pero no implicaban que fuese a llegar pronto. A veces era verdad que se disponía a salir, pero se veía obligado a posponerlo para mantener una última conversación con un colega antes de subir al coche. En otras ocasiones, estaba a punto de llegar a casa pero se le olvidaba mencionar que antes se pasaría un momento por el gimnasio para una sesión rápida de ejercicio.

Como madre con un trabajo a tiempo completo, un cónyuge a tiempo parcial y una jornada que empezaba antes del amanecer, notaba que iba perdiendo la paciencia. Cuando Barack por fin llegaba a casa me encontraba furiosa o dormida, tras haber apagado todas las luces de la casa y haberme ido a la cama.

Vivimos de acuerdo con los ejemplos que conocemos. Cuando Barack era niño, su padre se esfumó y su madre iba y venía. Desde el punto de vista de Barack, no había nada de malo en ello. Había disfrutado de la compañía de las colinas, las playas y su propia mente. La independencia era algo importante en su mundo. Pero a mí, en cambio, me habían criado en el seno de una familia muy unida, en nuestro barrio del South Side, rodeada por mis abuelos y tíos, todos apretujados en torno a una sola mesa para la cena del domingo. Ahora que llevábamos trece años enamorados, teníamos que meditar a fondo qué implicaba eso para la manera en que nuestra propia familia funcionaba.

Me sentía vulnerable cuando Barack no estaba. No porque él no estuviera comprometido por completo con nuestro matrimonio, sino porque tras haber crecido en una familia en la que había podido contar siempre con todos, me llevaba una decepción muy grande cuando alguien me fallaba. Me sentía sola y también estaba enfadada por ser quien se ocupaba de todos los asuntos relacionados con las niñas. Queríamos tenerlo cerca. Lo echábamos de menos cuando no estaba. Me preocupaba que no comprendiera cómo nos sentíamos. Temía que el camino que había elegido acabara por pasar por encima de todas nuestras necesidades. Cuando, años antes, me anunció sus intenciones de presentarse al Senado del estado estábamos los dos solos. Pero ahora teníamos dos criaturas, y yo había aprendido que la política nunca era especialmente amable con las familias. Había vislumbrado una pequeña muestra de ello en el instituto, debido a mi amistad con Santita Jackson, y otra más tarde, cuando los adversarios políticos de Barack habían utilizado en su contra su decisión de quedarse en Hawái con Malia cuando estaba enferma.

A veces, al ver las noticias o leer el periódico, me quedaba mirando las imágenes de personas que habían dedicado su vida a la política —los Clinton, los Gore, los Bush, fotos antiguas de los Kennedy— y me preguntaba cuál era la historia que había detrás de cada uno. ¿Eran todos normales? ¿Vivían felices? ¿Eran auténticas esas sonrisas?

Barack y yo nos queríamos mucho, pero ahora teníamos desacuerdos debidos al estrés y a que nuestros horarios eran absolutamente distintos.

Al principio, Barack se mostró reacio a acudir a terapia de pareja. Estaba acostumbrado a resolver problemas complicados y se sentía incómodo al tener que sentarse frente a un desconocido. Pero yo quería hablar y escuchar de verdad. Las pocas personas que conocía que habían ido a ver a un consejero matrimonial y estaban abiertas a hablar de ello me aseguraban que les había servido de alguna ayuda. Así pues, concerté una cita con un psicólogo recomendado por una amistad, y Barack y yo fuimos a verlo unas cuantas veces.

Nuestro consejero era un hombre blanco de voz suave. Pensé que nos escucharía a Barack y a mí y al instante daría por válidas todas mis quejas. Me imagino que Barack opinaba lo mismo respecto a las suyas.

Para mí, la gran sorpresa sobre la terapia resultó ser la siguiente: no tomaba partido por nadie. En lo relativo a nuestros desacuerdos, nuestro consejero nunca ejercía el voto decisivo. Por el contrario, escuchaba con paciencia y, poco a poco, nos ayudaba a que hablásemos juntos de nuestras emociones y nuestros problemas. Después de hablar durante horas, el nudo entre Barack y yo empezó a aflojarse. Cada vez que salíamos de su consulta, nos sentíamos un poco más unidos.

Comencé a comprender que podía encontrar maneras de estar más contenta sin que Barack tuviera que dejar la política. Nuestras sesiones de terapia me habían enseñado que esa era una expectativa poco realista. Descubrí que había partido de la convicción de que la situación era injusta y después, como abogada formada en Harvard, había procedido a recopilar pruebas que reforzaran mis argumentos. Ahora entendía que tal vez tenía más control sobre mi felicidad del que yo misma me permitía ejercer. Estaba demasiado ocupada guardando rencor a Barack por encontrar huecos en su agenda para ir al gimnasio, por ejemplo, antes que pensar en cómo arreglármelas para hacer ejercicio con regularidad yo también. Gastaba tanta energía preocupándome por si Barack llegaría o no a tiempo para cenar, que las cenas, con o sin él, ya no resultaban divertidas.

Ese fue un punto de inflexión para mí. Eso no significaba que Barack no realizara sus propios cambios —la terapia lo ayudó a detectar las deficiencias en nuestra comunicación, y se esforzó por mejorarla—, pero yo hice los míos, y resultaron beneficiosos para mí, y luego para los dos. Para empezar, había entrenado con un preparador físico durante un par de años, pero tener a las niñas había alterado mi rutina. Echaba de menos hacer ejercicio y estar en buena forma. El remedio llegó a través de mi abnegada madre, quien, aunque seguía trabajando a tiempo completo, se ofreció para acudir a nuestra casa a las cinco menos cuarto de la mañana varios días por semana para que yo pudiera ir corriendo al gimnasio, asistir al entrenamiento de las cinco y llegar a casa antes de las seis y media para levantar a las niñas y prepararlas para su día. Ese nuevo régimen lo cambió todo: la serenidad y la fuerza, dos cualidades que temía estar perdiendo, se reavivaron en mí.

En cuanto al asunto de las cenas en casa, impuse nuevos límites más convenientes para las niñas y para mí. Elaboramos nuestro horario y nos ceñimos a él. La cena era a las seis y media. Los baños, a las siete, seguidos por la lectura de cuentos y los achuchones, y las luces se apagaban a las ocho en punto. Esa rutina hacía recaer sobre Barack la responsabilidad de llegar a tiempo o no. Para mí era mucho más razonable que aplazar la cena o tener a las niñas esperando su abrazo muertas de sueño. Se ajustaba más a mi deseo de que crecieran fuertes, centradas: no quería que creyeran nunca que la vida comenzaba cuando aparecía el hombre de la casa. Ya no esperábamos a papá. Le correspondía a él alcanzarnos a nosotras.

15

En Clybourn Avenue, justo al norte del centro de Chicago, había un paraíso extraño que parecía construido para los trabajadores con hijos, construido para mí: una zona comercial típica y gloriosamente estadounidense. Incluía tiendas como el BabyGap, un Best Buy, un Gymboree y un CVS, entre otros establecimientos de cadenas, grandes y pequeños, cuyo objetivo era satisfacer cualquier necesidad urgente del cliente, desde un desatascador de retretes hasta un aguacate maduro, pasando por un gorro de ducha tamaño infantil. Por si eso no fuera lo bastante bueno, cerca había un Container Store y un restaurante Chipotle. Era el sitio ideal para mí. Podía aparcar el coche, hacer una visita relámpago a un par de tiendas para comprar lo que necesitara, pedir un *burrito bowl* y estar de vuelta frente a mi escritorio en menos de sesenta minutos. Se me daba de maravilla aprovechar la hora del almuerzo: reponía calcetines perdidos, compraba regalos para la criatura a la que le tocara celebrar su quinto cumpleaños el sábado, me aprovisionaba y reaprovisionaba de cartones de zumo y envases individuales de puré de manzana.

Sasha y Malia, que tenían ya tres y seis años respectivamente, eran enérgicas, listas y crecían deprisa. Su vigor me dejaba sin resuello. Había ocasiones en que me quedaba sentada sola en el coche, en el aparcamiento, tras hacer recados y zamparme la comida rápida con la radio encendida, llena de alivio e impresionada por mi eficiencia. Así era la vida con niñas pequeñas. Había conseguido el puré de manzana. Estaba almorzando. Todos seguían vivos.

«Fijaos en lo bien que me las apaño —tenía ganas de decir en esos momentos a mi público inexistente—. ¿Veis todos cómo lo estoy logrando?»

Así era yo a los cuarenta, una madre trabajadora. En mis mejores días, me atribuía el mérito de haberlo conseguido. Al menos había alcanzado algo semejante al equilibrio. El empleo en el hospital había resultado ser un buen trabajo, exigente, satisfactorio y acorde con mis convicciones. Me asombraba que tantos empleados del centro médico universitario tuvieran tanto miedo del barrio que los rodeaba que ni siquiera se atrevían a cruzar una calle fuera del campus. Para mí, ese miedo era estimulante.

Yo había vivido casi toda mi existencia cerca de esa clase de divisiones, advirtiendo el nerviosismo de los blancos en mi barrio, las maneras sutiles en las que las personas con influencia se apartaban de mi comunidad. Mi trabajo constituía una invitación a reparar parte de esos daños, a derribar las barreras que pudiera, más que nada animando a la gente a conocerse mejor y a forjar una relación más sólida entre el hospital y la comunidad circundante. Al principio, había una persona que trabajaba para mí, pero acabé dirigiendo un equipo de veintidós. Llevamos al personal hospitalario y a los miembros del consejo de administración a los distintos barrios del South Side, a que visitaran centros comunitarios y escuelas, a que se apuntaran como tutores, mentores y jueces de ferias de ciencias, a que probaran los garitos de barbacoa locales. Trajimos a chicos de la zona para que aprendiesen qué trabajos hacían los empleados del hospital, establecimos un programa para aumentar el número de voluntarios entre los vecinos y animamos a los estudiantes de la comunidad a plantearse la posibilidad de convertirse en médicos. Tras darme cuenta de que el sistema hospitalario no contrataba a suficientes empresas dirigidas por miembros de minorías y mujeres, ayudé también a montar la Oficina de Diversidad Empresarial.

Por último, estaba la cuestión de las personas que requerían atención médica con urgencia. La población del South Side padecía altas tasas de las dolencias crónicas que tienen mayor incidencia entre los pobres —asma, diabetes, hipertensión, cardiopatías— y carecía de suficiente personal sanitario para tratarlas. Como había muchas personas sin seguro o que dependían del Medicaid, buena parte de ellas evitaba ir al médico hasta que estaban tan enfermas que se presentaban en la sala de urgencias del hospital. Se trataba de un problema flagrante, caro, ineficiente y estresante para todos los implicados. Por otro lado, las visitas a urgencias no contribuían mucho a potenciar la salud a largo plazo. Afrontar ese problema se convirtió en un objetivo importante para mí. Entre otras cosas, comenzamos a contratar y formar a defensores del paciente —por lo general, vecinos amables y atentos— para que se sentaran con ellos en la sala de urgencias, los ayudaran a programar visitas de seguimiento en centros de salud comunitarios y los orientaran respecto a dónde podían conseguir cuidados médicos aceptables y asequibles.

Aunque mi empleo era tan interesante como gratificante, tenía que procurar que no me absorbiera del todo. Sentía que se lo debía a mis niñas. Nuestra decisión de dejar que Barack continuara con su trayectoria profesional —conferirle la libertad de moldear y perseguir sus sueños— me impulsaba a moderar mi propia dedicación al trabajo. De forma casi deliberada, me inhibía un poco ante mis ambiciones y reculaba en situaciones en las que por lo general daría un paso al frente. No sé con certeza si alguien de mi entorno habría opinado que no me esforzaba lo suficiente, pero siempre era consciente de aquello que habría podido llevar adelante y de aquello que no. Hubo ciertos proyectos que decidí no emprender y empleados jóvenes a los que querría haber guiado a los que no dediqué el tiempo suficiente. Se habla mucho de las renuncias que las madres trabajadoras se ven obligadas a hacer. Esas eran las mías. Si en otra época me volcaba de lleno en cada tarea, ahora era más precavida, más celosa de mi tiempo, pues sabía que debía ahorrar energías para la vida en casa.

235

Aunque mis metas giraban sobre todo en torno a alcanzar la normalidad y la estabilidad, esas nunca serían las metas de Barack. Nos habíamos vuelto más hábiles a la hora de reconocer ese hecho y aceptarlo. Un yin, un yang. Yo anhelaba el orden y la rutina; él no. Él podía vivir en medio del océano; yo necesitaba una barca. Al menos, cuando Barack se hallaba en casa se empleaba a fondo en estar presente, jugando en el suelo con las niñas, leyendo en voz alta *Harry Potter* con Malia por la noche, riéndose de mis bromas y abrazándome, recordándonos su amor y su constancia antes de desaparecer de nuevo durante media semana o más. Aprovechábamos al máximo los huecos en su agenda comiendo juntos y viéndonos con amigos. A veces me dejaba ver mis programas de televisión favoritos. A veces yo le dejaba ver los suyos. Me había hecho a la idea de que estar ausente tan solo formaba parte de su trabajo. No me gustaba pero, en buena parte, había dejado de luchar contra ello. Barack podía terminar alegremente el día en un hotel lejano, aunque estuviera gestándose toda clase de batallas políticas y quedaran cabos sueltos. Mientras tanto, mi razón para vivir era el refugio del hogar, la sensación de completitud que me invadía todas las noches cuando arropaba a Sasha y a Malia en la cama mientras oía el rumor del lavavajillas en la cocina.

De todos modos, no tenía más remedio que adaptarme a las ausencias de Barack, pues no iban a acabarse. Además de su trabajo habitual, volvía a estar en campaña, esta vez para ocupar un puesto en el Senado de Estados Unidos.

Estaba cada vez más inquieto en Springfield, frustrado por las lentas actuaciones del gobierno estatal. Estaba convencido de que podría conseguir más y mejores resultados en Washington. Conscientes de que yo tenía muchos motivos para oponerme a que se presentara al Senado, pero también de que él tenía muchos argumentos a su favor, convocamos a unos cuantos amigos para pedirles su opinión al respecto.

Nos citamos con ellos para un *brunch* en casa de Valerie Jarrett, que era tan amiga mía como de Barack. Valerie era una hermana mayor, cariñosa y sabia, tanto para Barack como para mí. Tenía claro cómo éramos y cuáles eran nuestros objetivos, y se mostraba protectora con ambos.

Por otro lado, me había comentado en privado unos días antes que no le convencía que Barack se presentara al Senado, así que llegué al *brunch* esa mañana creyendo que tenía la discusión ganada. Pero me equivocaba.

Barack explicó ese día que aquellas elecciones al Senado representaban una oportunidad única. Creía que tenía posibilidades reales de ganar. Cuando le pregunté cómo costearíamos nuestros gastos básicos manteniendo una casa en Washington y otra en Chicago, me respondió: «Bueno, escribiré otro libro, un libro importante con el que ganaremos dinero».

Eso me arrancó una carcajada. Barack era la única persona que conocía capaz de pensar que escribir un libro podía resolver cualquier problema. Le dije en broma que era como el muchachito del cuento de «Jack y las habichuelas», que cambiaba el medio de vida de su familia por un puñado de habichuelas mágicas, convencido, en lo más profundo de su ser, de que algo bueno saldría de ellas, aunque nadie más lo creía.

En todos los demás aspectos, la lógica de Barack era muy sólida. Mientras hablaba, observé la expresión de Valerie y advertí que la estaba convenciendo rápidamente de que debía presentarse. Ofrecía una respuesta a cada pregunta que le planteábamos con escepticismo. Sabía que sus palabras tenían sentido, pero tuve que contener el impulso de echarle en cara todas las horas de más que pasaría lejos de nosotras si ganaba. Aunque llevábamos años discutiendo por los efectos negativos de su carrera política sobre nuestra familia, seguía amándolo y confiando en él. Ya era un hombre con dos familias, que repartía su atención entre las niñas y yo y sus cerca de doscientos mil electores del South Side. ¿Tan distinto sería compartirlo con el estado de Illinois? No tenía manera de saberlo, pero tampoco podía interponerme entre él y sus sueños, aquella fuerza que lo empujaba a llegar más lejos.

Así que, con el respaldo de nuestros amigos, hicimos un trato. Valerie Jarrett accedió a ser la coordinadora de finanzas de la campaña de Barack al Senado. Varios amigos accedieron a donar tiempo y dinero a la causa. Yo me desentendí de todo, con una condición, que repetí en voz bien alta para que todos la oyeran: si perdía, abandonaría la política para siempre y se buscaría otra clase de trabajo. Si el día de las elecciones las cosas no salían bien, aquello sería el final.

El final, de verdad y de forma definitiva.

Sin embargo, lo que el futuro inmediato deparaba a Barack era una serie de golpes de suerte. Peter Fitzgerald decidió no presentarse a la reelección, y a continuación los dos candidatos favoritos se retiraron debido a sendos escándalos personales. Cuando faltaban solo unos meses para las elecciones, Barack ni siquiera tenía un rival republicano.

Hay que reconocer que había realizado una campaña excelente, pues había aprendido mucho de su fallida postulación al Congreso. Había derrotado a siete adversarios demócratas y obtenido más de la mitad de los votos para la candidatura. Cuando viajaba por el estado e interactuaba con sus votantes en potencia, era el mismo hombre que en casa —gracioso y encantador, inteligente y preparado—, lo que demostraba que su lugar estaba en la cámara senatorial. Aun así, el camino de Barack al Senado parecía tapizado de tréboles de cuatro hojas.

Todo eso fue antes de que John Kerry lo invitara a pronunciar el discurso inaugural de la Convención Nacional Demócrata de 2004. Kerry, en aquel entonces senador por Massachusetts, estaba enzarzado con George W. Bush en una lucha encarnizada por la presidencia.

Mi marido era un don nadie absoluto, un modesto legislador estatal que nunca se había dirigido a una multitud de quince mil personas, como la que habría en la Convención Demócrata. Nunca había aparecido en directo por televisión en horario de máxima audiencia. Era un negro en lo que históricamente había sido territorio de hombres blancos, con un nombre raro y unos orígenes extraños, que tenía la esperanza de conectar con los demócratas de a pie. A pesar de todo, Barack parecía destinado a protagonizar justo ese momento. Yo lo sabía porque había visto de cerca cómo su mente funcionaba sin parar. A lo largo de los años, había sido testigo de cómo devoraba libros, periódicos e ideas, de cómo se le iluminaba la mirada cada vez que hablaba con alguien que compartía con él su experiencia o sus conocimientos. De forma discreta, desde que yo lo conocía había ido construyendo su visión. Yo había tenido que hacer un hueco en nuestra vida en común para esa visión, aunque fuera a regañadientes. Y por fin el tamaño del público sería comparable a la magnitud de lo que él creía posible. Estaba preparado para esa llamada. Lo único que tenía que hacer era hablar.

«Debió de ser un buen discurso» se convertiría más tarde en una frase recurrente mía. Era una broma privada entre Barack y yo, y me dio por repetirla a menudo después de la noche del 27 de julio de 2004.

Había dejado a las niñas en casa con mi madre y cogido un avión para estar con él en la convención. Barack salió al resplandor caluroso de los focos, a la vista de millones de personas. Estaba un poco nervioso y yo también, pero ambos nos esforzábamos por disimularlo. Al fin y al cabo, así funcionaba Barack. Cuanta más presión soportaba, más tranquilo parecía. Había escrito su discurso a lo largo de dos semanas. Había memorizado el discurso y lo había ensayado con cuidado. Barack dirigió la mirada hacia el público y las cámaras de televisión, y, como si pusiera en marcha un motor interno, sonrió y arrancó.

Esa noche, durante diecisiete minutos, explicó quién era y de dónde venía: habló de su abuelo, un soldado que había servido en el ejército de Patton; de su abuela, que había trabajado en una cadena de montaje durante la guerra; de su padre, que de joven había sido pastor de cabras en Kenia; del amor de sus padres, de su fe en lo que una buena educación podía significar para un hijo que no había nacido en el seno de una familia rica o con buenos contactos. Se presentó no como un marginado, sino como un ejemplo viviente del sueño americano. Recordó al público que el país no podía quedar dividido entre demócratas y republicanos, que nos unía nuestra condición humana, y debíamos cuidar los unos de los otros. Lanzó un llamamiento a luchar por que la esperanza prevaleciera sobre el cinismo. Hablaba con esperanza, irradiaba esperanza; en realidad, su discurso era casi un canto a la esperanza.

Fueron diecisiete minutos de la oratoria natural de Barack, diecisiete minutos en los que puso de manifiesto su optimismo profundo y deslumbrante. Cuando concluyó, la multitud se puso en pie con un rugido y le dedicó un aplauso que retumbó entre las gradas. Salí a las luces cegadoras del escenario, con tacones y un traje blanco, y abracé a Barack antes de que los dos nos volviéramos para saludar al público que aplaudía.

El ambiente era electrizante, y el ruido, ensordecedor. Que Barack era una buena persona con una mente privilegiada y una confianza inquebrantable en la democracia había dejado de ser un secreto. Aunque estaba orgullosa de lo que él había hecho, no me sorprendía. Era el hombre con el que me había casado. Conocía sus capacidades desde el principio. En retrospectiva, creo que fue entonces cuando empecé a abandonar en mi fuero interno la idea de que aquello tenía vuelta atrás, de que algún día él nos pertenecería solo a las niñas y a mí. Casi alcanzaba a oír la cadencia de los aplausos. «Más, más, más.»

Los medios reaccionaron de forma explosiva al discurso de Barack. «Acabo de ver al primer presidente negro», declaró un comentarista televisivo. Al día siguiente, un titular de la portada del *Chicago Tribune* rezaba, simplemente: «El fenómeno». El teléfono móvil de Barack sonaba sin parar. Los medios lo calificaban de «estrella del rock» y «éxito fulgurante», como si no se hubiera pasado años preparando el terreno para ese momento en el escenario, como si el discurso lo hubiera creado a él, y no al revés. A pesar de todo, el discurso supuso el principio de algo nuevo, no solo para Barack sino para toda la familia. Nos arrastró hasta una vida más pública, en la que pronto estaríamos marcados por las expectativas ajenas.

El asunto resultaba de lo más surrealista. Lo único que podía hacer era bromear sobre ello.

«Debió de ser un buen discurso», comentaba encogiéndome de hombros cuando la gente empezó a abordar a Barack por la calle para pedirle un autógrafo o decirle cuánto le habían gustado sus palabras. «Debió de ser un buen discurso», comenté cuando, al salir de un restaurante, nos encontramos a una multitud esperándolo en la acera. Pronuncié la misma frase cuando los periodistas empezaron a pedir a Barack su opinión sobre cuestiones nacionales relevantes, o cuando, nueve años después de la publicación del casi desconocido *Los sueños de mi padre*, una reedición en rústica llegó a la lista de los más vendidos de *The New York Times*.

«Debió de ser un buen discurso», dije cuando una radiante y animada Oprah Winfrey se presentó en la puerta de nuestra casa con el fin de pasar el día en nuestro hogar y entrevistarnos para su revista.

¿Qué nos estaba pasando? Apenas conseguía mantenerme al tanto de todos los cambios. En noviembre, Barack resultó elegido para el Senado de Estados Unidos, con el setenta por ciento de los votos de todo Illinois, el mayor margen en la historia de ese estado y también el mayor que cualquier candidato al Senado hubiera conseguido ese año en todo el país. Había ganado entre los negros, los blancos y los hispanos; hombres y mujeres; ricos y pobres; la población urbana, la suburbana y la rural. Un día viajamos a Arizona para una excursión rápida y una multitud de admiradores lo rodearon también allí. Eso constituía para mí un indicador extraño pero real de su fama: incluso los blancos lo reconocían ahora.

Me aferraba a lo que quedaba de mi vida normal. Cuando estábamos en casa con nuestras hijas, todo seguía igual. Cuando estábamos con amigos y familiares, todo seguía igual. Pero fuera de esos círculos, todo era distinto. Barack iba y venía en avión de Chicago a Washington, y viceversa, constantemente. Allí tenía un despacho en el Senado y un apartamento pequeño y de una sola habitación en un edificio destartalado en Capitol Hill, que ya había abarrotado de libros y papeles, convirtiéndolo en su otro «agujero».

En Chicago, me ceñía a mi rutina. Gimnasio, trabajo, casa, y vuelta a empezar. Los platos en el lavavajillas. Clases de natación, fútbol y ballet. Mantenía el ritmo de siempre. Ahora Barack tenía una vida en Washington, revestida de la seriedad que entrañaba el cargo de senador, pero yo seguía siendo la misma y llevaba la misma existencia cotidiana. Un día estaba sentada en mi coche, en el aparcamiento de la zona comercial de Clybourn Avenue, comiendo algo de Chipotle y dedicándome un poco de tiempo a mí misma después de una visita rápida a BabyGap, cuando llamó mi secretaria. Una mujer en Washington —la esposa de un senador a la que no conocía— quería hablar conmigo.

—Claro, pásamela —respondí.

Y entonces oí la voz agradable y cálida de la esposa del senador.

—¡Vaya, hola! —exclamó—. ¡Qué alegría, hablar por fin contigo!

Le aseguré que yo también estaba encantada de hablar con ella.

—Solo te llamaba para darte la bienvenida y para comunicarte que nos gustaría invitarte a formar parte de algo muy especial —dijo.

Me había telefoneado para pedirme que ingresara en una especie de organización privada, un club que estaba integrado en su mayor parte por esposas de personalidades destacadas de Washington. Se reunían con regularidad para almorzar y charlar sobre los asuntos del día.

—Es una forma agradable de conocer gente, y sé que no siempre resulta fácil cuando eres nueva en la ciudad —añadió.

En toda mi vida, nunca me habían pedido que me uniera a un club. Cuando estaba en el instituto, mis amigos se iban a esquiar. En Princeton, a veces esperaba despierta a que Suzanne regresara a casa de sus fiestas en la hermandad. Daba la impresión de que la mitad de los abogados de mi antiguo bufete eran socios de algún club de campo. Yo había visitado muchos de esos clubes a lo largo de los años, con el fin de recaudar fondos para Public Allies o las campañas de Barack. Había descubierto enseguida que esas asociaciones eran costosas y estaban repletas de gente con dinero. Pertenecer a ellas significaba algo más que pertenecer a ellas.

Aunque se trataba de una oferta amable y sincera, la decliné gustosa.

—Gracias —dije—. Es todo un detalle que me tengáis en cuenta. Pero lo cierto es que hemos decidido que no me mudaré a Washington.

Le informé de que teníamos dos hijas pequeñas escolarizadas en Chicago y que yo estaba muy implicada en mi trabajo. Le expliqué que Barack estaba adaptándose a la vida en Washington y que viajaba a casa cuando podía.

—Eso puede ser muy duro para un matrimonio, ¿sabes? —dijo cordialmente—. Las familias se rompen.

Noté que estaba juzgándome. Estaba insinuando que, al elegir quedarme en Chicago, estaba tomando una decisión peligrosa, que solo existía una manera correcta de ser esposa de un senador y que yo había elegido mal.

Le di las gracias de nuevo, colgué y exhalé un suspiro. Para empezar, yo no había elegido nada de eso. Me había convertido en la mujer de un senador de Estados Unidos, como ella —se había referido a mí como «señora Obama» durante la conversación—, pero eso no quería decir que tuviera que renunciar a todo para apoyarlo. En realidad, no quería renunciar a nada.

Sabía que había otros senadores con cónyuges que habían optado por vivir en su ciudad de origen en vez de en Washington. Sabía que el Senado, catorce de cuyos cien miembros eran mujeres, no era una institución tan anticuada como en otras épocas. Aun así, se me antojaba muy presuntuoso que otra mujer me dijera que me equivocaba al no querer sacar a mis hijas de su colegio ni abandonar mi empleo. Unas semanas después de las elecciones, había ido con Barack a Washington a una jornada de orientación para senadores recién electos y sus parejas. Ese año solo asistimos unos pocos y, después de una presentación rápida, los políticos se fueron por un lado mientras a los cónyuges nos guiaban a otra sala. Tenía varias preguntas que formular, pues sabía que los políticos y sus familias debían regirse por estrictos estándares que establecían de qué personas podían aceptar regalos o cómo podían pagar los viajes de ida o vuelta a Washington. Había supuesto que tal vez hablaríamos de cómo afrontar situaciones sociales con los miembros de grupos de presión o de las particularidades legales de la recaudación de dinero para campañas futuras.

Lo que nos brindaron, sin embargo, fue una conferencia sobre la historia y la arquitectura del Capitolio, así como la oportunidad de echar un vistazo a los diseños oficiales de la vajilla de porcelana del Senado, y después un almuerzo cordial acompañado de una charla animada. Aquello duró horas y horas. Tal vez me habría hecho gracia si no hubiera tenido que pedir el día libre en el trabajo y dejar a las niñas con mi madre para poder estar allí. Ya que iba a ser la cónyuge de un político, quería tomarme el papel en serio. La política no me interesaba, pero tampoco quería meter la pata.

La verdad es que Washington me confundía, por sus anticuadas tradiciones y su prepotencia, el predominio de varones blancos, el hecho de que las damas tuvieran que comer aparte. Temía que, a pesar de que yo no me había introducido en ese mundo por voluntad propia, estuviera empezando a absorberme. Era la señora Obama desde hacía doce años, pero eso comenzaba a cobrar un significado distinto. El título se me antojaba degradante, como si fuera una mujer definida por su hombre. Era la esposa de Barack Obama, la estrella del rock de la política, la única persona negra del Senado, el hombre que había hablado de la esperanza y la tolerancia con palabras tan contundentes que un revuelo expectante lo seguía a todas partes.

Mi esposo era senador recién elegido, pero todos estaban ya ansiosos por saber si se presentaría a la presidencia en 2008. No había manera de eludir la pregunta. Todos los periodistas se la hacían. Casi todas las personas que lo abordaban por la calle se la hacían. Mis colegas del hospital me la hacían. Hasta Malia, que tenía seis años y medio el día que se puso un vestido de terciopelo rosa y se quedó de pie junto a Barack mientras juraba el cargo de senador, quería saberlo. A diferencia de muchos de los otros, sin embargo, nuestra alumna de primero era lo bastante juiciosa para intuir lo prematuro que era aquello. «Papá, ¿vas a intentar ser presidente? —le preguntó—. ¿No crees que antes deberías ser vicepresidente o algo así?»

Yo compartía el punto de vista de Malia en ese asunto. Dado que había sido una persona práctica toda mi vida, siempre le aconsejaría una estrategia gradual, un avance metódico, paso a paso. Sentía una inclinación nata por las esperas sensatas para obtener recompensas merecidas. Por eso experimentaba cierto alivio cada vez que oía a Barack pararles los pies a quienes lo abordaban, respondiéndoles con una modestia ingenua, sorteando las preguntas sobre la presidencia con la afirmación de que todos sus planes se centraban en arremangarse y trabajar duro en el Senado. Y a veces añadía que tenía que criar a dos hijas.

Pero los tambores ya habían empezado a sonar. Costaba silenciarlos. Barack estaba escribiendo su segundo libro, *La audacia de la esperanza*, exponiendo sus creencias y su visión para el país en palabras en sus blocs rayados a altas horas de la noche. Me confesó que en realidad se contentaba con quedarse donde estaba, aumentando su influencia en el Senado poco a poco. Pero de pronto se desató una tormenta.

El huracán Katrina azotó la costa estadounidense del golfo de México a finales de agosto de 2005, anegando Nueva Orleans, dejando a muchas personas —negros, en su mayoría— atrapadas en los tejados de sus casas en ruinas. Las secuelas fueron espeluznantes. Hospitales que carecían de fuentes de energía de reserva, familias que lo habían perdido todo conducidas como ganado hasta el estadio de fútbol Superdome, equipos de emergencia paralizados por falta de suministros. Al final, el huracán dejó unos mil ochocientos muertos y más de medio millón de desplazados, una tragedia agravada por la lenta reacción del gobierno federal que fue especialmente devastadora en las zonas pobres. El Katrina es un desolador ejemplo de cómo los afroamericanos y los pobres de todas las razas en Estados Unidos eran los más vulnerables cuando las cosas se ponían feas.

¿Dónde había quedado la esperanza?

Veía las noticias sobre el Katrina con un nudo en el estómago, pensando que si una catástrofe se hubiera abatido sobre Chicago muchos de mis tíos, primos y vecinos habrían corrido una suerte parecida. Barack reaccionó de un modo no menos emotivo. Una semana después del huracán, voló a Houston para unirse al expresidente George H. W. Bush, y a Bill y Hillary Clinton, y pasar un rato con las decenas de miles de evacuados de Nueva Orleans que habían buscado refugio en el Astrodome. Esa experiencia despertó algo en su interior, esa sensación acuciante de que aún no estaba haciendo lo suficiente.

Ese fue el primer pensamiento que me vino a la mente cerca de un año después, cuando los redobles de tambor se tornaron ensordecedores y la presión que soportábamos nos parecía inmensa. Aunque seguíamos ocupándonos de nuestros asuntos cotidianos, la pregunta de si Barack se presentaría a la presidencia tensaba el ambiente en torno a nosotros. ¿Lo haría? ¿Quería? ¿Debía hacerlo? Al llegar el otoño, en parte gracias a la publicación de *La audacia de la esperanza* y sus apariciones en los medios propiciadas por la gira de presentación de su libro, las encuestas mostraban que los electores lo consideraban un candidato presidencial con posibilidades. Era una prueba concreta de su potencial. Yo sabía que había mantenido conversaciones privadas con amigos y asesores, a quienes daba a entender que estaba rumiando la idea. Pero había una conversación que rehuía: la que le tocaba mantener conmigo. Conocía mi opinión, por supuesto. Habíamos hablado de ello de forma tangencial al tratar otros temas. Llevábamos mucho tiempo conviviendo con las expectativas de otras personas sobre el potencial de Barack que estaban implícitas en casi todas nuestras conversaciones. Se encontraban allí incluso cuando no queríamos, envolviéndolo todo en una energía extraña. Desde mi punto de vista, mi esposo ya estaba haciendo más que suficiente. Esperaba que siguiera el camino más prudente, que se preparara despacio, que aguardara a que las chicas fueran mayores.

Desde el día que lo conocí, me pareció que Barack tenía la mirada puesta en un horizonte lejano, en su idea de cómo debía ser el mundo. Solo por una vez, yo quería que se conformara con la vida tal como era. No me cabía en la cabeza que fuera capaz de mirar a Sasha y a Malia, que ahora contaban cinco y ocho años respectivamente, con sus trenzas y su risueña alegría, y no estar de acuerdo conmigo. En ocasiones, me dolía que no lo estuviera.

Estábamos montados en un balancín, los dos, él en un lado y yo en el otro. Nos habíamos instalado en una bonita casa en una calle tranquila, con un porche amplio y tres árboles en el jardín; justo la clase de residencia que Craig y yo contemplábamos boquiabiertos durante los paseos dominicales en el Buick de mi padre. Pensaba a menudo en él, en papá, y en todo lo que había invertido en nosotros. Deseaba con toda el alma que estuviera vivo, que pudiera ver cómo estaban desarrollándose las cosas. Craig era muy feliz al fin, tras haber imprimido un giro a su vida al abandonar su empleo en la banca de inversión y entregarse de nuevo a su primer amor: el baloncesto. Después de trabajar unos años en Northwestern como ayudante, lo habían contratado como entrenador titular en la Universidad de Brown, en Rhode Island. Iba a volver a casarse, esa vez con Kelly McCrum, una directora de admisiones de la Costa Este, hermosa y con los pies en la tierra. Sus dos hijos eran ahora unos chicos altos y seguros de sí mismos, una muestra vívida de lo que la siguiente generación era capaz de conseguir.

Yo era la esposa de un senador, pero, lo que era más importante, tenía una carrera profesional. En primavera me habían ascendido en el trabajo, y había pasado los últimos años desarrollando el Programa de Colaboración Sanitaria del South Side. Este programa ya había puesto a más de mil quinientos pacientes que habían acudido a nuestro departamento de urgencias en contacto con proveedores de servicios médicos que podían visitar con regularidad, tanto si estaban en condiciones de pagar como si no. Mi trabajo era algo personal para mí. Veía un flujo constante de pacientes negros que llegaban a la sala de urgencias con problemas médicos que habían permanecido desatendidos durante mucho tiempo. No podía evitar pensar en todas las visitas médicas que mi propio padre no había podido solicitar, en todos los síntomas de esclerosis múltiple que había minimizado para no alarmarnos, para no costar dinero a nadie o para no sentirse menospreciado por un médico blanco rico.

Me gustaba mi trabajo y también mi vida, aunque no era perfecta. Con Sasha a punto de entrar en primaria, tenía la sensación de que pronto estaría en condiciones de reavivar mis aspiraciones y plantearme nuevas metas. Sabía que una campaña presidencial se interpondría en estos planes. Barack y yo habíamos vivido cinco campañas, y cada una me había obligado a esforzarme un poco más para no renunciar a mis prioridades. Cada una había dejado una pequeña muesca en mi alma, y también en nuestro matrimonio. Temía que la carrera a la presidencia lo alterara todo. Barack pasaría fuera más tiempo que nunca, varios meses seguidos. ¿Qué consecuencias tendría eso para nuestra familia? ¿Qué efecto tendría la exposición pública en nuestras hijas?

Yo hacía lo posible por no prestar atención a la vorágine que rodeaba a Barack, a pesar de que no daba señales de amainar. Aunque la gente ya lo reconocía en casi todas partes, yo seguía disfrutando del don de la invisibilidad. Un día de octubre, mientras hacía cola en una tienda, me fijé en la portada de la revista *Time* y tuve que desviar la mirada: en ella aparecía un primer plano del rostro de mi esposo, junto al titular: «Por qué Barack Obama podría ser el próximo presidente».

Albergaba la esperanza de que el propio Barack pusiera fin a los rumores y declarara que no pensaba presentar su candidatura a la presidencia. Pero no lo hacía. Quería presentarse. Y yo no quería que se presentara.

Cada vez que un periodista preguntaba si se uniría a la carrera por la presidencia, él se limitaba a decir: «Sigo dándole vueltas. Se trata de una decisión familiar». Lo que en clave significaba: «Solo si Michelle me da permiso».

Las noches que Barack estaba en Washington, yo me metía en la cama con la sensación de que estaba sola contra el mundo. Quería a Barack en nuestra familia. Todos los demás parecían quererlo al frente del país. Contaba con el apoyo de un consejo de asesores, su jefe de gabinete y Valerie. También le habían dejado claro que las campañas presidenciales no se hacían a medias. Tanto Barack como yo teníamos que implicarnos al cien por cien. El reto le plantearía exigencias inimaginables. Sin descuidar sus obligaciones como senador, tendría que organizar y mantener una campaña de costa a costa, desarrollar sus ideas para el país y recaudar una ingente cantidad de dinero. Mi deber consistiría no solo en dar un apoyo discreto a la campaña, sino en participar en ella. Se esperaría de mí que estuviera dispuesta a dejarme ver, junto con nuestras hijas, que prodigara sonrisas de aprobación y estrechara muchas manos. Comprendí que a partir de ese momento todo giraría alrededor de él, por el bien de aquella causa superior.

Incluso Craig, que me había protegido desde el día que nací, se había dejado llevar por la emoción de una posible campaña por la presidencia. Una tarde me llamó para intentar convencerme. «Oye, Miche —dijo, y a continuación empleó la jerga del baloncesto—. Sé que esto te preocupa, pero si a Barack se le presenta la oportunidad de lanzar a canasta, tiene que aprovecharla. Lo entiendes, ¿no?»

Dependía de mí. Todo dependía de mí. ¿Estaba asustada o simplemente cansada?

Para bien o para mal, me había enamorado de un hombre visionario y optimista, pero no ingenuo, que no temía los conflictos y estaba fascinado por la complejidad del mundo. Curiosamente, la cantidad de trabajo que había que llevar a cabo no intimidaba a Barack. Decía que lo aterraba la idea de estar lejos de las niñas y de mí durante períodos largos, si bien me recordaba una y otra vez lo sólido que era nuestro amor. «Podremos soportarlo, ¿verdad? —me preguntó una noche tomándome de la mano, sentados en su estudio de la planta de arriba, cuando por fin se avino a hablar de ello en serio—. Somos fuertes e inteligentes, y las niñas también. Estaremos bien. Podemos permitírnoslo.»

Lo que quería decir era que sí, que una campaña nos costaría sacrificios. Tendríamos que renunciar a algunas cosas: el tiempo, nuestros ratos juntos, nuestra privacidad. Era demasiado pronto para calcular con exactitud la magnitud de esas renuncias, pero sin duda sería muy grande. Para mí, era como gastar dinero sin conocer el saldo de la cuenta. ¿Cuánto podríamos soportar las exigencias que una campaña impondría sobre todos nosotros? La incertidumbre por sí sola era como una amenaza, algo que podía ahogarnos. Al crecer en una comunidad de clase trabajadora con un progenitor discapacitado, había aprendido la enorme importancia de la planificación y la vigilancia. Podía marcar la diferencia entre la estabilidad y la pobreza. Una semana sin sueldo podía dejarte sin electricidad; un trabajo escolar sin entregar podía bajarte la nota y tal vez dejarte fuera de la universidad.

Como había perdido a un compañero de clase por un incendio y había visto morir a Suzanne antes de que tuviera la oportunidad de ser adulta de verdad, había aprendido que el mundo podía ser brutal y arbitrario, que el trabajo duro no siempre conducía a resultados positivos. Mientras estábamos en nuestra tranquila casa de ladrillo en nuestra tranquila calle, no podía ahuyentar el deseo de proteger lo que teníamos, de cuidar de nuestras niñas y olvidarme de lo demás, al menos hasta que fueran un poco mayores.

Sin embargo, también estaba la otra cara de la moneda, y tanto Barack como yo lo sabíamos. Habíamos contemplado la destrucción del Katrina desde nuestra posición privilegiada, alejados del peligro. Habíamos visto a padres alzando a sus bebés por encima del agua y a familias de afroamericanos intentando conservar la entereza en condiciones espantosas. Mis diversos empleos —desde el ayuntamiento hasta la universidad, pasando por Public Allies— me habían ayudado a comprender lo difícil que era para algunas personas conseguir cosas como atención médica básica y una vivienda. Había visto la fina línea que separaba la precariedad de la ruina. Barack había pasado mucho tiempo escuchando a obreros despedidos de las fábricas, a jóvenes veteranos del ejército que intentaban salir adelante con discapacidades de por vida, a madres hartas de mandar a sus hijos a escuelas que no funcionaban bien. Teníamos claro lo absurdamente afortunados que éramos, y ambos sentíamos la necesidad de hacer algo por los demás.

Consciente de que no me quedaba otra opción, finalmente me permití valorar la posibilidad de que Barack se presentase a la presidencia. Barack y yo discutimos a fondo la idea no una sino muchas veces, incluso durante nuestro viaje a Hawái para visitar a su abuela Toot en Navidad. Algunas de nuestras conversaciones estaban llenas de crispación y lágrimas, y otras eran positivas. Estábamos continuando una conversación que veníamos manteniendo desde hacía años. ¿Quiénes éramos? ¿Cuáles eran nuestras prioridades? ¿Qué podíamos hacer?

El desenlace fue el siguiente: dije que sí porque creía que Barack sería un magnífico presidente. Destilaba una seguridad en sí mismo que pocas personas poseen. Tenía la inteligencia y la disciplina necesarias para el puesto, el carácter para sobrellevar todas las dificultades que traería consigo y una empatía poco común que lo impulsaría a estar siempre muy pendiente de las necesidades del país. Estaba rodeado de personas buenas, inteligentes y dispuestas a echar una mano. ¿Quién era yo para frenarlo? ¿Qué derecho tenía a anteponer mis necesidades, o incluso las de nuestras hijas, a la posibilidad de que Barack fuera un presidente que ayudara a mejorar la vida de millones de personas? Dije que sí porque lo amaba y tenía fe en lo que era capaz de conseguir.

Dije que sí, aunque al mismo tiempo ocultaba un pensamiento doloroso que no estaba preparada para compartir: lo apoyaría durante la campaña, pero estaba convencida de que no lograría llegar hasta el final. Hablaba muy a menudo y con mucha pasión sobre la importancia de superar las divisiones que aquejaban el país, y creía que la mayoría de la gente tenía ideales elevados, pero sabía lo bastante acerca de esas divisiones para no albergar demasiadas esperanzas. Al fin y al cabo, Barack era un hombre negro en Estados Unidos. En el fondo, yo no creía que pudiera ganar.

16

Casi en el preciso instante en que acordamos que sería buena idea que se presentara, Barack se convirtió en una especie de mancha humana, un hombre que de manera bastante repentina tenía que estar en todas partes a la vez. Faltaba menos de un año para las primarias, cuando los votantes de cada estado decidirían quién querían que fuese el candidato demócrata a la presidencia, empezando por Iowa. Barack tenía que contratar personal, atraer donantes que pudieran extender cheques abultados para financiar la campaña y decidir cómo presentaba su candidatura de la manera más contundente posible. El objetivo era aparecer en el radar de la gente y permanecer en él hasta el día de las elecciones.

El plan era que Barack anunciara formalmente su candidatura en Springfield, Illinois. Todo el mundo estaba de acuerdo en que sería un buen telón de fondo para la que se esperaba que fuese una campaña diferente, dirigida desde cero en gran medida por recién llegados al proceso político. Esa era la base de las esperanzas de Barack. Sus años como dinamizador comunitario le habían demostrado que en nuestra democracia mucha gente se sentía ignorada e impotente. Project VOTE! lo había ayudado a ver qué era posible si esa gente tenía el poder de participar. Su campaña presidencial sería una prueba de esa idea. ¿Funcionaría su mensaje a mayor escala? ¿Saldrían personas suficientes en su ayuda? Barack era consciente de que era un candidato inusual y quería llevar a cabo una campaña también inusual.

Barack anunciaría su candidatura desde la escalinata del viejo Capitolio, en Illinois y en pleno mes de febrero, cuando las temperaturas a menudo eran bajo cero. La decisión me pareció poco práctica, y no contribuyó a mejorar mi confianza en el equipo de campaña que en ese momento más o menos dirigía nuestra vida. No me gustaba imaginarnos a las niñas y a mí intentando sonreír bajo la nieve o soportando un viento gélido, y a Barack tratando de mostrarse enérgico cuando en realidad estaba aterido. Pensé en toda la gente que decidiría quedarse en casa en lugar de exponerse durante horas al frío. Yo era originaria del Medio Oeste y sabía que el clima podía estropearlo todo. También sabía que Barack no podía permitirse un fiasco prematuro.

Aproximadamente un mes antes, Hillary Clinton había anunciado rebosante de confianza su candidatura. John Edwards también había lanzado su campaña un mes antes, frente a un hogar de Nueva Orleans que había quedado arrasado por el huracán Katrina. En total, competirían nueve demócratas. La competencia sería feroz.

El equipo de Barack estaba planteándose anunciarlo en un lugar al aire libre, pero mi labor no era cuestionar nada, así que me mordí la lengua. Mi control ya era escaso. Estaban planificando mítines y estrategias y reclutando voluntarios. La campaña estaba en marcha y no había vuelta atrás.

Me centré en algo que pudiera controlar, en ese caso buscar unos gorros aceptables para que Malia y Sasha los lucieran en el acto de presentación. Les había encontrado abrigos nuevos, pero había olvidado los gorros hasta que casi fue demasiado tarde.

Con el día del anuncio a la vuelta de la esquina, empecé a hacer ansiosas visitas a grandes almacenes después del trabajo. Allí rebuscaba en vano entre las menguantes ofertas de ropa de invierno. Poco después dejé de preocuparme tanto por que Malia y Sasha parecieran hijas de un futuro presidente y más por que pareciera que al menos tenían madre. Al final, encontré algo: dos gorros de punto, uno blanco para Malia y otro rosa para Sasha, ambos de la talla pequeña de mujer; a Malia le iba ceñido y a Sasha, con aquella carita de niña de cinco años, le quedaba holgado. No eran de alta costura, pero quedaban bastante monos y, lo que era más importante, las niñas no pasarían frío. Fue un triunfo pequeño, pero era mío.

El día del anuncio, 10 de febrero de 2007, hizo una mañana radiante y despejada, uno de esos sábados luminosos de mediados de invierno cuya imagen es mucho mejor que su sensación. La temperatura rondaba los once grados bajo cero. Nuestra familia había llegado a Springfield el día anterior. Ya empezábamos a notar la presión de una campaña nacional. Pero me sorprendió que las primeras llegaran de la comunidad negra. Se criticó a la campaña por programar el anuncio de Barack el mismo día que se celebraba el State of the Black Union, un foro que cada año organizaba Tavis Smiley, una personalidad afroamericana de la radiodifusión. Entonces, un día antes del anuncio, una revista publicó un artículo sobre Barack que citaba un sermón furioso y provocador que el reverendo Jeremiah Wright había pronunciado muchos años antes en el que criticaba el trato que los negros recibían en nuestro país.

Era un desastre en ciernes, sobre todo porque estaba previsto que el reverendo Wright se dirigiera al público antes del discurso de Barack. Este tuvo que hacer una llamada difícil y preguntarle al pastor si estaría dispuesto a pasar a un segundo plano y darnos su bendición entre bastidores. Barack dijo que Wright se había sentido herido, pero que pareció entender la situación.

Aquella mañana caí en la cuenta de que habíamos llegado a un punto de no retorno. Estábamos exponiendo literalmente a nuestra familia ante el pueblo estadounidense. En principio, la jornada debía de ser una gran fiesta de estreno de campaña, pero no podía desterrar el temor de que no apareciera nadie. A diferencia de Barack, yo podía ser escéptica. Seguía aferrándome a las preocupaciones que me atenazaban desde la infancia. ¿Y si no éramos lo bastante buenos? A lo mejor todo lo que nos habían dicho era una exageración. A lo mejor Barack era menos popular de lo que su gente creía. A lo mejor no había llegado su momento. Intenté aparcar todas mis dudas cuando accedimos por una entrada lateral al viejo Capitolio, todavía incapaz de ver lo que acontecía delante de él. Para que los empleados pudieran ponerme al día, dejé a Sasha y a Malia con mi madre y Kaye Wilson, «Mama Kaye», una antigua mentora de Barack que en los últimos años había adoptado el papel de segunda abuela de nuestras hijas.

Me dijeron que había bastante público. De hecho, había empezado a aparecer gente antes de que amaneciera. El plan era que Barack saliera primero y, momentos después, las niñas y yo nos uniríamos a él en la plataforma. Yo ya había dejado claro que no nos quedaríamos sobre el escenario durante todo el discurso. Pedir a dos niñas pequeñas que no se movieran y fingieran interés era excesivo. Si parecían aburrirse, si alguna estornudaba o empezaba a inquietarse, la causa de Barack se vería perjudicada. Lo mismo ocurría en mi caso. Conocía el estereotipo de la esposa del político, que debía aparecer perfectamente acicalada, con una sonrisa postiza y mirando embelesada a su marido como si estuviera escuchando hasta la última palabra que pronunciaba. Yo no era así y nunca lo sería. Podía prestarle mi apoyo, pero no ser un robot.

Barack salió a saludar al público. Su aparición fue recibida con un estruendo que pude oír desde el Capitolio. Cuando fui a buscar a Sasha y a Malia estaba muy nerviosa.

—¿Estáis preparadas? —les pregunté.

—Mamá, tengo calor —respondió Sasha, y se quitó el gorro rosa.

—Cariño, tienes que llevarlo. Fuera hace mucho frío.

Cogí el gorro y volví a ponérselo.

—Pero no estamos fuera, estamos dentro —repuso.

Así era Sasha; nuestra pequeña de cara redonda siempre decía la verdad. No podía rebatir su lógica, así que intenté transmitir con la mirada un mensaje mental a una empleada: «Si no empezamos ya, vamos a perder a estas dos».

Asintió e indicó que nos dirigiéramos a la entrada. Había llegado el momento.

Había asistido a muchos actos políticos y arranques de campaña, galas benéficas y fiestas en noches electorales de Barack. Había visto públicos integrados por viejos amigos y seguidores. Pero Springfield era totalmente distinto.

Los nervios desaparecieron en el momento en que subimos al estrado. Yo estaba pendiente de Sasha para asegurarme de que sonreía y no tropezaba por culpa de las botas. «Mira al frente, cariño —le dije sosteniéndole la mano—. ¡Sonríe!» Malia iba por delante y, con la cabeza alta y una sonrisa de oreja a oreja, llegó a donde estaba su padre y saludó. Hasta que no subimos todos los escalones no pude divisar al público, o al menos intentarlo. El bullicio era enorme. Aquel día asistieron más de quince mil personas, que se extendían desde el Capitolio y nos envolvían con su entusiasmo.

Nunca había pasado un sábado en un mitin político por elección propia. El atractivo de plantarse en un gimnasio al aire libre o en el auditorio de un instituto a escuchar a un político hacer promesas nunca había tenido mucho sentido para mí. Me preguntaba qué hacía toda aquella gente allí. ¿Por qué se habían puesto otro par de calcetines para pasar frío durante horas? Entendía que la gente se abrigara para escuchar a un grupo musical cuyas letras se sabía de memoria o que soportara la Super Bowl bajo la nieve por un equipo al que había seguido desde la infancia, pero ¿por política? Nunca había experimentado algo parecido.

Entonces fui consciente de que nosotros éramos el grupo musical. Éramos el equipo que estaba a punto de saltar al campo. De repente me invadió una sensación de responsabilidad. Debíamos algo a cada una de aquellas personas. Estábamos pidiéndoles que depositaran su fe en nosotros, y teníamos que corresponderlas, llevar ese entusiasmo por cincuenta estados durante veinte meses hasta llegar a la Casa Blanca. Antes no lo creía posible, pero ahora tal vez sí. Me di cuenta de que así es como funciona la democracia. «Si dais la cara por nosotros, nosotros la daremos por vosotros.» Tenía quince mil razones más para querer que Barack ganara. Estaba plenamente comprometida ya. La familia entera lo estaba, aunque nos asustara un poco. No podía ni imaginar el futuro que nos aguardaba. Pero allí estábamos los cuatro, delante del público y las cámaras, con nuestros abrigos y un gorro rosa un poco grande para una cabeza tan pequeña.

Hillary Clinton era una oponente seria e impresionante. Encabezaba los sondeos, con Barack diez o veinte puntos por detrás. Los votantes demócratas conocían a los Clinton y estaban hambrientos de victoria. Mucha menos gente era capaz de pronunciar el nombre de mi marido. Todos, Barack, el equipo de campaña y yo, sabíamos mucho antes del anuncio que, con independencia de su talento político, un negro llamado Barack Hussein Obama siempre sería una posibilidad remota.

En la comunidad negra también nos enfrentábamos a ese obstáculo. Igual que me había ocurrido a mí al principio con la candidatura de Barack, muchos negros no acababan de creerse que mi marido tuviera posibilidades reales de ganar. Muchos no pensaban que un negro pudiera alzarse vencedor en zonas predominantemente blancas, lo cual significaba que con frecuencia irían sobre seguro y apostarían por la mejor alternativa. Una faceta del desafío al que Barack se enfrentaba era distanciar a los votantes negros de su vieja lealtad a Bill Clinton, que se había mostrado inusualmente cómodo con la comunidad afroamericana y gracias a ello había establecido muchos contactos. Barack ya había generado simpatías entre una gran variedad de votantes de Illinois, incluida la zona de granjas rurales blancas. Ya había demostrado que podía llegar a todos los electorados, pero mucha gente no conocía todavía ese aspecto de él.

El escrutinio a Barack sería más intenso de lo habitual y la lente siempre se vería aumentada. Sabíamos que como candidato negro no podía permitirse un solo tropiezo. Tendría que hacerlo todo doblemente bien. La esperanza era que un buen resultado en las primarias iniciales diese a la campaña de Barack impulso suficiente para superar a los poderosos y famosos Clinton. Todas nuestras esperanzas estaban depositadas en Iowa. Teníamos que ganar allí o retirarnos. Mayoritariamente rural y con una población blanca que supera el noventa por ciento, quizá no era el lugar más propicio para que un negro residente en Chicago intentara definirse. Pero la realidad era esa. Iowa iba en cabeza en las primarias presidenciales, y así había sido desde 1972 y toda la nación permanecía atenta. Sabíamos que si desempeñábamos un buen papel en Iowa todo el país recibiría el mensaje. En particular, si Barack conseguía ganar en un estado muy mayoritariamente blanco, los votantes negros sabrían que podían empezar a creer.

Yo me desplazaría a Iowa con periodicidad casi semanal y participaría en tres o cuatro actos de campaña al día. Desde el principio dije a su director de campaña que parte del trato sería que debían llevarme de vuelta a Chicago a tiempo para acostar a las niñas. Mi madre había accedido a reducir su horario laboral para estar más tiempo con ellas cuando yo viajara. Barack también pasaría muchas horas en Iowa, pero las necesidades de la campaña hicieron que rara vez apareciésemos juntos allí; de hecho, en cualquier otro lugar tampoco.

En aquel momento Barack viajaba con un enjambre de asistentes, y a mí me asignaron fondos para contratar a dos personas. No tenía ni idea de qué clase de apoyo necesitaba. Melissa Winter, que fue mi primer fichaje y más tarde se convertiría en mi jefa de equipo, venía recomendada por el planificador de Barack. Entrevisté en nuestro salón de Chicago a Melissa, una mujer rubia con gafas que rondaba los cuarenta años, y me impresionó su humor y su atención a los detalles, que sabía que sería importante cuando intentara integrar las actividades de campaña en mi agenda, ya de por sí apretada, del hospital. Era ingeniosa, sumamente eficiente y rápida. Además, llevaba lo bastante en el mundo de la política como para no inmutarse con su intensidad y su ritmo. Melissa, a la que solo le llevaba unos años, parecía más una compañera y aliada que otros empleados de campaña mucho más jóvenes. Se convirtió en una persona a la que confiaba (y sigo confiando a día de hoy) todos los aspectos de mi vida.

Katie McCormick Lelyveld completó nuestro pequeño trío cuando la fiché como directora de comunicaciones. Ya había participado en una campaña presidencial y había trabajado para Hillary Clinton cuando fue primera dama. Katie, una mujer valiente, inteligente y siempre vestida de manera impecable, se encargaría de los periodistas y los equipos de televisión para asegurarse de que la cobertura de los actos fuera la adecuada y, gracias a un maletín de piel en el que guardaba quitamanchas, caramelos de menta, un juego de costura y un par de medias extra, de que yo no fuera hecha un desastre cuando corríamos de un avión o un acto de campaña a otro.

Los asesores de Barack me explicaron que mi misión principal era pasar tiempo con demócratas en todos los rincones del estado, dirigirme a pequeños grupos, animar a los voluntarios e intentar ganarme a líderes de la comunidad. La gente de Iowa, decían, se tomaba en serio su votación. Investigaban a los candidatos y hacían preguntas serias sobre política; sería fácil ganárselos con una sonrisa y un apretón de manos. Lo que no especificaron fue cuál debía ser mi mensaje allí. No me dieron un guion, ni consejos, así que imaginé que tendría que arreglármelas yo sola.

Mi primer acto de campaña tuvo lugar a principios de abril en un modesto hogar de Des Moines. En el salón se dieron cita varias docenas de personas, algunas acomodadas en sofás y sillas plegables y otras sentadas en el suelo. Cuando eché un vistazo a la habitación , lo que vi probablemente no debería haberme sorprendido, pero lo hizo. Encima de las mesitas auxiliares estaban los mismos tapetes blancos que mi abuela Shields tenía en casa. Vi algunas figuritas de porcelana que se parecían a las que adornaban las estanterías del piso de Robbie. Un hombre sentado en la primera fila me sonrió con afecto. Estaba en Iowa, pero me sentía como en casa, y me di cuenta de que sus habitantes eran mi propia familia. No soportaban a las personas estúpidas. No confiaban en la gente que se daba aires. Detectaban a un impostor a un kilómetro de distancia. Llegué a la conclusión de que debía ser yo misma y expresarme con naturalidad, y eso hice.

Permítanme que les hable de mí. Me llamo Michelle Obama y me crie en el South Side de Chicago, en un pequeño apartamento situado en la segunda planta de una casa muy parecida a esta. Mi padre era un empleado municipal que supervisaba las calderas en una planta de filtración de aguas. Mi madre se quedaba en casa criándonos a mi hermano y a mí...

Hablé de todo: de mi hermano, de los valores que nos inculcaron y del célebre abogado al que conocí en el trabajo, el hombre sensato que me había robado el corazón con visión del mundo, pero que también dejaba los calcetines tirados por casa y que a veces roncaba cuando dormía. Les conté que conservaría mi puesto de trabajo en el hospital y que aquel día mi madre iría a recoger a las niñas al colegio.

No edulcoré mis sentimientos hacia la política. Ese mundo no era un lugar adecuado para los bondadosos, dije, y expliqué que el hecho de que Barack hubiera presentado su candidatura me generaba ciertos conflictos, ya que me preocupaba cómo pudiera afectar la celebridad a nuestra familia. Pero estaba allí porque creía en mi marido y en lo que podía conseguir. Sabía lo mucho que leía y la profundidad con la que meditaba las cosas. Les dije que era el presidente listo y decente que yo elegiría para ese país, aunque por egoísmo habría preferido tenerlo más en casa todos esos años.

Durante semanas conté mi historia a personas de todos los rincones de Iowa. En librerías, sedes sindicales, un hogar para ancianos exmilitares y, cuando se suavizó el clima, en porches y parques públicos. Cuanto más hablaba, más se afianzaba mi voz. Me gustaba mi historia y me sentía cómoda contándola. Y mi público era gente que, pese a la diferencia en el color de la piel, me recordaba a mi familia: empleados de correos que tenían sueños más ambiciosos, igual que le ocurrió a Dandy en su día; profesoras de piano con conciencia cívica como Robbie; amas de casa que participaban en la Asociación de Padres y Profesores como mi madre, y obreros que lo hacían todo por su familia, igual que mi padre. No fue necesario ensayar o tomar notas. Solo decía lo que de verdad sentía.

En el proceso, varios periodistas empezaron a hacerme la misma pregunta con ligeras variaciones: ¿qué se sentía al ser una mujer negra de un metro ochenta que se había formado en instituciones de la Ivy League y hablaba en presencia de ciudadanos de Iowa mayoritariamente blancos? ¿No me parecía extraño?

Nunca me gustó esa pregunta, porque se centraba en nuestras diferencias y daba por sentado que eso era lo único que veíamos.

Era lo contrario de lo que estábamos experimentando tanto yo como las personas a las que había conocido, ya fuesen agricultores, estudiantes universitarios o jubilados. Aquella gente salía a mi encuentro después de las charlas y parecía ansiosa por hablar de lo que compartíamos, por contarme que su padre también padecía esclerosis múltiple o que sus padres eran iguales que los míos. Muchos decían que nunca se habían interesado por la política, pero que algo en nuestra campaña les hizo pensar que merecería la pena. Ahora tenían intención de presentarse voluntarios en su oficina local, y convencerían a su pareja o a un vecino de que los acompañara.

Aquellas interacciones me parecían naturales y auténticas. Me descubrí abrazando a gente y recibiendo a cambio otro fuerte abrazo.

Fue por aquella época cuando llevé a Malia al pediatra para una revisión. Queríamos hacer un seguimiento del asma que padecía desde que era bebé. El asma estaba controlada, pero el médico me alertó de otra cosa: su índice de masa corporal, un indicador de salud que combina la altura, el peso y la edad, estaba empezando a aumentar. No era grave, dijo, pero si no modificábamos ciertos hábitos, con el paso del tiempo podía convertirse en un verdadero problema y agravar el riesgo de hipertensión y diabetes tipo 2. Al ver mi mirada de preocupación, me aseguró que era habitual y que tenía solución. Los índices de obesidad infantil estaban creciendo en todo el país. Había visto muchos ejemplos de ello en la consulta, a la que acudían mayoritariamente afroamericanos de clase trabajadora.

La noticia fue como un jarro de agua fría. Me había esforzado mucho para que mis hijas estuvieran felices y sanas. ¿Qué había hecho mal? ¿Qué clase de madre era si ni siquiera me había percatado del cambio?

Al hablar más con el médico empecé a distinguir un patrón. Ahora que Barack casi siempre estaba ausente, la comodidad se había convertido en el factor más importante en mis decisiones domésticas. Salíamos más a comer. Como tenía menos tiempo para cocinar, a menudo compraba comida para llevar cuando volvía del trabajo. Por la mañana llenaba las fiambreras de las niñas de comidas preparadas Lunchables y zumos Capri Sun. Los fines de semana solíamos acudir al McAuto después del ballet y antes del fútbol. Nada de aquello era tan inusual o terrible si se hacía de manera excepcional, nos dijo el doctor. Sin embargo, en exceso era un problema.

Algo tenía que cambiar. Pero cada solución parecía exigir más tiempo: en el supermercado, en la cocina, cortando hortalizas, justo en un momento en el que tan poco tiempo tenía.

Entonces recordé que semanas antes me encontré en un avión con una vieja amiga que me contó que su marido y ella habían contratado a un joven llamado Sam Kass para que preparara comidas saludables en su casa. Descubrimos que, hacía años, Barack y yo habíamos conocido por separado a Sam a través de amigos distintos.

Nunca imaginé que sería de esas personas que contratan a alguien para que cocine para tu familia. Me parecía un gesto que podía suscitar miradas de escepticismo entre mis parientes del South Side. A Barack tampoco le apasionaba la idea; no encajaba con su arraigada frugalidad ni con la imagen que quería proyectar como candidato a la presidencia. Pero a mí me parecía la única opción sensata. Había que hacer algo. Nadie podía gestionar mis programas en el hospital. Nadie podía hacer campaña como mujer de Barack Obama. Nadie podía ejercer de madre de Malia y Sasha a la hora de acostarse. Pero tal vez Sam Kass podía cocinar para nosotros.

Lo contraté para que viniera a casa un par de veces por semana y dejara listo un plato que pudiéramos consumir esa noche y otro que yo pudiera calentar al día siguiente. En casa de la familia Obama era una figura un tanto atípica —un joven blanco de veintiséis años con la cabeza afeitada y reluciente—, pero las chicas se aficionaron a sus chistes malos tan rápido como a su cocina. Les enseñó a trocear zanahorias y escaldar verdura, y nos distanció, a toda la familia, de la perenne homogeneidad del supermercado para acercarnos al ritmo de las estaciones. Podía emocionarse ante la llegada de los guisantes en primavera o cuando maduraban las frambuesas en junio. Esperaba a que los melocotones estuvieran jugosos y en su punto para servírselos a las niñas, porque sabía que entonces podían competir con los dulces. Sam también sabía de temas gastronómicos y de salud, y era consciente de que el sector alimentario vendía comida procesada a las familias con el pretexto de la comodidad, y de las graves consecuencias que ello tenía para la sanidad pública. Me di cuenta de que entroncaba con algunas cosas que había visto mientras trabajaba en el hospital, y también con las concesiones que yo misma había hecho como madre trabajadora que intentaba alimentar a su familia.

264

Una noche, Sam y yo pasamos un par de horas en la cocina comentando ideas para intentar abordar algunos de esos problemas cuando fuera primera dama, si Barack llegaba a la presidencia. ¿Y si cultivábamos hortalizas en la Casa Blanca y fomentábamos el consumo de alimentos frescos? ¿Y si lanzábamos una iniciativa de salud infantil que ayudara a los padres a esquivar algunos obstáculos con los cuales yo había tropezado?

Hablamos hasta tarde. Entonces miré a Sam y suspiré. «La única pega es que nuestro hombre va treinta puntos por debajo en los sondeos —dije, y ambos nos echamos a reír—. No ganará jamás.»

Era un sueño, pero me gustaba.

En cuanto a la campaña, cada día era otra carrera. Intentaba aferrarme a una especie de normalidad y estabilidad, no solo por las niñas, sino también por mí. Mi vida personal y mis obligaciones políticas, para bien o para mal, estaban ahora profundamente conectadas. Mis llamadas diarias a Barack solían ser breves: «¿Dónde estás? ¿Qué tal te va? ¿Cómo están los chicos?». Nos habíamos acostumbrado a no hablar de la fatiga o de nuestras necesidades personales. La vida estaba regida por el reloj de la campaña.

En el trabajo seguía el ritmo como podía. Varios meses después del anuncio de Barack en Springfield y con el apoyo de mis compañeros, había decidido hacer horario reducido. Viajando dos o tres días a la semana, Melissa, Katie y yo nos habíamos convertido en una familia eficiente. Quedábamos en el aeropuerto por las mañanas y pasábamos el control de seguridad, donde todos los guardias sabían mi nombre. Me reconocían más a menudo, sobre todo mujeres afroamericanas que exclamaban «¡Michelle, Michelle!» cuando me cruzaba con ellas camino de la puerta de embarque.

Algo estaba cambiando, al principio de manera tan gradual que tardé en percatarme de ello. A veces tenía la sensación de estar flotando en un universo extraño, saludando a desconocidos que actuaban como si me conocieran y embarcando en aviones que me sacaban de mi mundo habitual. Empezaba a ser popular. Y empezaba a ser popular porque era la mujer de alguien que además estaba relacionado con la política, cosa que lo hacía doble o triplemente raro.

Pasar por delante del público durante los actos de campaña era como intentar mantenerse erguido en pleno huracán. Desconocidos bienintencionados y sumamente entusiastas intentaban cogerme de la mano y tocarme el pelo; otros me tendían bolígrafos, cámaras y bebés sin previo aviso. Yo sonreía, estrechaba manos y escuchaba historias a la vez que intentaba avanzar. Al final, parecía como si acabara de salir de un túnel de viento.

No lo decía, pero me preocupaba que estuvieran desvaneciéndose otras partes de mí desde que había cobrado notoriedad por ser la esposa de Barack Obama. Cuando hablaba con periodistas, rara vez me preguntaban por mi trabajo. Incluían «formada en Harvard» en sus descripciones, pero ahí solía acabar. Un par de medios de comunicación habían publicado artículos en los que se daba a entender que me habían ascendido en el hospital no por mi esfuerzo o por mis méritos, sino por la creciente relevancia política de mi marido, lo cual era doloroso para mí. Una periodista escribió una mordaz columna en un periódico de tirada nacional en la que me describía como una «princesa del South Side» y afirmaba que hacía quedar mal a Barack cuando decía en público que no recogía los calcetines ni volvía a guardar la mantequilla en la nevera. Para mí siempre había sido importante que la gente viera a Barack como un ser humano y no como un salvador sobrenatural. Me pareció raro y triste recibir una crítica tan dura de otra profesional, una persona que no se había molestado en conocerme y, no obstante, intentaba contar mi historia de la manera más cínica.

Yo procuraba no tomarme esas cosas como algo personal, pero a veces era difícil.

Con cada acto de campaña, cada artículo publicado y cada indicio de que podíamos estar ganando terreno, nos veíamos un poco más desprotegidos, más expuestos a los ataques. Corrían rumores disparatados sobre Barack: que era musulmán, que se negaba a recitar el Juramento de Lealtad, que no se llevaba la mano al corazón cuando sonaba el himno nacional y que un amigo íntimo suyo que residía en Estados Unidos había sido un terrorista en el pasado. Incluso cuando los periodistas desmentían estas falsedades, la gente no dejaba de repetirlas.

La seguridad de Barack era algo en lo que no quería pensar y mucho menos comentar. Muchos de nosotros habíamos crecido viendo asesinatos en los informativos vespertinos. Los Kennedy habían sido tiroteados. Martin Luther King Jr. había recibido un disparo. John Lennon también. Y Ronald Reagan, que por fortuna había sobrevivido. Despertar un interés excesivo conllevaba ciertos riesgos. Pero, por otro lado, Barack era un hombre negro. Para él, los riesgos no eran nada nuevo. Cuando la gente sacaba el tema, yo a veces les recordaba que podían pegarle un tiro yendo a la gasolinera.

Desde mayo, el Servicio Secreto le había asignado protección, cosa que nunca había sucedido tan pronto con un candidato presidencial. Lo cual decía mucho de la naturaleza y la gravedad de las amenazas que recibía. En aquel momento Barack se desplazaba en todoterrenos negros proporcionados por el gobierno y lo seguía un equipo de hombres y mujeres con traje, auriculares y armas. Un agente montaba guardia en el porche de casa.

Yo casi nunca me sentía insegura. En los viajes atraía a multitudes cada vez más numerosas. Si antes me reunía con veinte personas en pequeñas fiestas celebradas en viviendas particulares, ahora hablaba delante de unas cien en gimnasios de instituto. Los empleados de la campaña aseguraban que mis discursos solían generar muchas promesas de apoyo y empezaron a llamarme «la Persuasora» por cómo ayudaba a la gente a decidirse.

Cada día aprendía una nueva lección sobre cómo moverme con más eficiencia y no verme entorpecida por indisposiciones o caos de cualquier índole. Después de haber consumido alimentos de aspecto dudoso en restaurantes de carretera, por lo demás espléndidos, aprendí a valorar la insípida certeza de una hamburguesa con queso de McDonald's. En los trayectos llenos de baches entre poblaciones pequeñas aprendí a proteger la ropa de salpicaduras comprando tentempiés que se desmigajaran en lugar de gotear. Aprendí a dormir con el sonido de los camiones de largo recorrido que viajaban por la interestatal de Iowa pasada la medianoche.

A pesar de los ocasionales altibajos, ese primer año de campaña estuvo lleno de gratos recuerdos y carcajadas. Siempre que podía, llevaba conmigo a Sasha y a Malia. Eran viajeras resistentes y alegres. Un día, en una feria al aire libre que se celebraba en New Hampshire, fui a un encuentro con votantes y dejé a las niñas con un empleado de campaña para que exploraran las casetas y las atracciones antes de reagruparnos para una sesión fotográfica de una revista. Alrededor de una hora después vi a Sasha y me asusté. Tenía las mejillas, la nariz y la frente cubiertas de pintura blanca y negra. La habían convertido en un oso panda y ella estaba encantada. Al instante pensé en la gente de la revista que nos aguardaba y en que la agenda acababa de descabalarse. Pero entonces volví a mirar aquella cara de panda. Mi hija estaba muy mona y contenta. Solo pude reírme y buscar el cuarto de baño más cercano para quitarle la pintura.

De vez en cuando viajábamos los cuatro juntos. La campaña alquiló una caravana en Iowa para que durante unos días pudiéramos visitar pequeñas ciudades y, entre acto y acto, disputar emocionantes partidas de Uno. En agosto pasamos una tarde en la feria estatal de Iowa, donde montamos en los coches de choque y disparamos pistolas de agua para ganar animales de peluche mientras los fotógrafos nos plantaban las cámaras en la cara. La auténtica diversión comenzó cuando Barack partió hacia su siguiente destino y nos liberó a las niñas y a mí. Cuando él no estaba, podíamos pasear solas por la feria, explorarla y sentir el viento al deslizarnos con sacos de arpillera por un gigantesco tobogán amarillo.

Semana tras semana regresaba a Iowa y a través de la ventanilla del avión era testigo del paso de las estaciones, veía cómo se reverdecía la tierra y cómo crecían las cosechas de soja y maíz en hileras trazadas con tiralíneas. Me encantaba Iowa, aunque no parecía que fuésemos a ganar allí pese a lo mucho que estábamos trabajando. Durante casi un año, Barack y su equipo habían invertido recursos en Iowa, pero según la mayoría de las encuestas continuaba segundo o tercero por detrás de Hillary Clinton y John Edwards. La carrera parecía muy ajustada, pero Barack perdía, una realidad con la que me topaba cada vez que pasaba frente a las pantallas que emitían las noticias por cable en los aeropuertos o los restaurantes en los que hacíamos una parada.

Meses antes me había hartado tanto de los comentarios vociferantes de CNN, MSNBC y Fox News que decidí no ver nunca esos canales por la noche, y seguir una dieta más equilibrada a base de mis programas favoritos de telerrealidad. Al final de un día frenético no hay nada mejor que ver a una pareja joven que encuentra su casa soñada en Nashville o a una futura novia diciendo sí al vestido.

No creía a los expertos y tampoco me convencían los comentaristas televisivos. En mi fuero interno estaba segura de que se equivocaban. Lo que describían desde sus estudios de televisión no era lo que yo veía en los vestíbulos de las iglesias y los centros de ocio de Iowa. Los comentaristas no se reunían con equipos de «Estrellas de Barack», estudiantes de secundaria que trabajaban como voluntarios después del entrenamiento de rugby o el club de teatro. No estrechaban la mano a una abuela de raza blanca que imaginaba un futuro mejor para sus nietos mestizos. Tampoco parecían ser conscientes de la velocidad a la que estaba creciendo nuestra organización. Estábamos creando una enorme base para la campaña, la más grande en toda la historia de los caucus de Iowa.

Teníamos a la juventud de nuestra parte. La organización se alimentaba del idealismo y la energía de jóvenes que lo habían dejado todo y se habían desplazado a Iowa para participar en la campaña. Todos compartían el espíritu que muchos años atrás había llevado a Barack a hacerse dinamizador en Chicago. Su espíritu y su talento todavía no se habían visto reflejados en las encuestas. Cada vez que les hacía una visita, me llenaba de esperanza al interactuar con auténticos creyentes que cada noche se pasaban horas yendo puerta por puerta o llamando a los votantes, creando redes de seguidores incluso en las poblaciones más pequeñas y conservadoras. Para mí, los jóvenes que gestionaban nuestras sucursales encarnaban la promesa de la siguiente generación de líderes. Se sentían motivados y unidos. Estaban conectando de manera más directa a los votantes con su democracia, ya fuera en la sucursal de su calle o en una página web a través de la cual podían organizar reuniones y rondas de llamadas. Como Barack solía decir, no solo estábamos trabajando para unos comicios, sino para que la política fuera mejor en el futuro: menos motivada por el dinero, más accesible y, en última instancia, más esperanzadora. Aunque no acabáramos ganando, estábamos haciendo unos progresos importantes. De un modo u otro, su labor dejaría huella.

Cuando el frío volvió, Barack no ignoraba que solo disponía de una oportunidad para cambiar las tornas en Iowa: un gran acto público en el que votantes demócratas de todo el estado se reunían para elegir a su candidato en un proceso conocido como los caucus de Iowa. Cada candidato pronunciaba un discurso y trataba de congregar el máximo número posible de seguidores. Era, en esencia, una asamblea gigantesca y competitiva.

Durante meses, los comentaristas de la televisión por cable dudaron de que Iowa fuera a respaldar a Barack en el caucus. Pero habían llegado unos tres mil seguidores de todo el estado para escuchar su último discurso, lo cual demostró que éramos organizados, activos y más fuertes de lo que nadie creía.

Aquella noche, todos los demás candidatos criticaron a sus rivales, tratando de que parecieran débiles o poco dignos de confianza.

Barack fue el último en hablar y lo hizo con una defensa apasionada de su mensaje fundamental: que nuestro país había llegado a un momento crucial. Teníamos una oportunidad para dejar atrás la política encarnizada que nos dividía desde hacía tanto tiempo en «estadounidenses rojos» (republicanos) y «estadounidenses azules» (demócratas). «No quiero pasarme el próximo año o los próximos cuatro años librando las mismas batallas que teníamos en los años noventa —dijo—. No quiero enfrentar al Estados Unidos rojo con el Estados Unidos azul. Quiero ser el presidente de los Estados Unidos de América.»

El auditorio prorrumpió en vítores. Yo miraba hacia el estrado llena de orgullo. «Estados Unidos, ha llegado nuestro momento —añadió Barack—. Ha llegado nuestro momento.»

Aquella noche su actuación dio a la campaña justamente lo que necesitaba. Tomó la delantera más o menos en la mitad de los sondeos realizados en Iowa y estaba cobrando impulso ahora que se acercaban los caucus.

Después de Navidad, a falta de una semana para el final de la campaña en Iowa, parecía que la mitad del South Side de Chicago hubiera emigrado a la gélida Des Moines. Aparecieron mi madre y Mama Kaye. También vinieron mi hermano y su mujer, Kelly, con sus hijos. Sam Kass estaba allí. Valerie Jarrett, que en otoño había empezado a trabajar como asesora de Barack, fue con Susan Sher y mis amigas y sus respectivos maridos e hijos. Me conmovió la presencia de algunos compañeros del hospital, amigos nuestros del bufete y profesores de Derecho que habían impartido clases con Barack. Y, en sintonía con el espíritu de la campaña de aprovechar cada momento, todos se apuntaron al esprint final personándose en una sucursal del partido, visitando casas a una temperatura de cero grados, elogiando a Barack y recordando a la gente que participara en el caucus. La campaña se vio reforzada también por centenares de personas que la última semana viajaron hasta Iowa desde todo el país. Se alojaban en habitaciones de invitados de seguidores locales y cada día visitaban incluso las ciudades más pequeñas y recorrían caminos de tierra apartados.

Yo apenas estuve en Des Moines, ya que participaba en cinco o seis actos diarios en distintos puntos del estado. Me desplazaba con

Melissa y Katie en una furgoneta de alquiler que conducía un grupo rotatorio de voluntarios. Barack hacía lo mismo y empezaba a tener la voz ronca.

Independientemente de los kilómetros que tuviéramos que recorrer, procuraba llegar a tiempo a nuestro hotel para acostar a Malia y a Sasha a las ocho. Por supuesto, ellas no parecían darse cuenta de mis ausencias, ya que se pasaban el día rodeadas de primos, amigos y canguros, jugando en la habitación del hotel y saliendo en breves excursiones por la ciudad. Una noche abrí la puerta con ganas de tumbarme en la cama para disfrutar de unos momentos de silencio y encontré utensilios de cocina esparcidos por toda la habitación. Había rodillos sobre la colcha, tablas de cortar sucias en la mesita y tijeras en el suelo. Las pantallas de las lámparas y el televisor estaban cubiertos de una ligera capa de... ¿harina?

«¡Sam nos ha enseñado a hacer pasta! —anunció Malia—. Nos hemos dejado llevar un poco.»

Me eché a reír. No sabía cómo encajarían el hecho de pasar su primera Navidad lejos de su bisabuela y de Hawái, pero, afortunadamente, un paquete de harina en Des Moines parecía un buen sustituto para una toalla en Waikiki.

Días después llegaron los caucus. Barack y yo saludamos a tantos votantes como pudimos. Aquella noche nos reunimos con un grupo de amigos y familiares en un restaurante, donde les agradecimos su apoyo en los que habían sido once meses frenéticos desde el anuncio en Springfield. Yo volví antes a mi habitación de hotel con la intención de prepararme para el discurso que Barack pronunciaría tanto si ganaba como si perdía. Al cabo de unos instantes entraron Katie y Melissa con noticias frescas: «¡Hemos ganado!».

Enloquecimos de alegría y nos pusimos a gritar tan fuerte que el Servicio Secreto llamó a la puerta para cerciorarse de que todo iba bien.

En una de las noches más frías del año, una cifra récord de habitantes de Iowa, casi el doble que cuatro años antes, había acudido a sus sedes locales. Barack había ganado entre blancos, negros y jóvenes. Más de la mitad de los asistentes no habían participado nunca en un caucus y es probable que ese grupo contribuyera a la victoria. Los presentadores de la televisión por cable habían llegado por fin a Iowa y estaban cantando alabanzas a aquel prodigio de la política que había superado cómodamente a todos los demás candidatos.

Aquella noche, cuando Barack pronunció el discurso ganador, los cuatro (Barack, Malia, Sasha y yo) estábamos en el estrado y me sentía eufórica, incluso un poco escarmentada. A lo mejor lo que Barack había dicho todos esos años era posible, pensé. Todos aquellos viajes a Springfield, todas sus frustraciones por no causar un impacto mayor, todo su idealismo, su teoría, inusual y sincera, de que las personas eran capaces de olvidar lo que las separaba, de que al final la política podía funcionar. Tal vez había acertado en todo momento.

Habíamos conseguido algo histórico, algo monumental; no solo Barack, no solo yo, sino también los empleados, todos los voluntarios, todos los profesores, agricultores, jubilados y estudiantes de secundaria que aquella noche apoyaron algo nuevo.

Iowa nos había cambiado a todos. A mí en particular me había infundido una fe real. Ahora nuestra misión era compartirla con el resto del país. A continuación, Barack puso rumbo a New Hampshire, donde las primarias estatales tendrían lugar la semana siguiente. En los días siguientes, nuestros organizadores de Iowa viajarían a otros estados (Nevada, Carolina del Sur, Nuevo México, Minnesota y California) para seguir difundiendo el mensaje de que, tal como se había demostrado ya, el cambio era posible.

17

Un día, cuando estaba en primer curso, un niño de mi clase me dio un puñetazo. El puño salió de la nada como si fuera un cometa y golpeó mi cara con todas sus fuerzas. Estábamos haciendo cola en el comedor, charlando sobre cualquier cosa que con seis y siete años considerásemos importante en aquel momento, como quién corría más rápido o por qué las ceras de colores se llamaban así, cuando recibí el golpe. No sé por qué. No recuerdo el nombre de aquel niño, pero sí que lo miré estupefacta y dolorida; se me estaba hinchando el labio inferior y se me habían llenado los ojos de lágrimas. Estaba demasiado conmocionada para mostrar enfado, así que me fui corriendo a casa a buscar a mi madre.

El niño se llevó una reprimenda de la profesora, y mi madre fue a la escuela para ver por sí misma hasta qué punto constituía una amenaza. Mi abuelo Southside, que debía de estar en casa aquel día, insistió en acompañarla. Hubo una conversación entre adultos y se impuso algún tipo de castigo. Recibí una compungida disculpa del niño y me dijeron que no debía preocuparme más por él.

«Ese chico estaba asustado y enfadado por cosas que no tenían nada que ver contigo —me dijo mi madre en la cocina mientras removía la cena en el fogón, y negó con la cabeza como si supiera más de lo que estaba dispuesta a contar—. Tiene demasiados problemas.»

Así hablábamos de los abusones. De niña era fácil entenderlo: los abusones eran personas asustadas que se ocultaban detrás de una apariencia aterradora. Lo había visto en DeeDee, la matona de mi barrio, e incluso en Dandy, mi abuelo, que podía ser grosero y prepotente con su propia esposa. Atacaban porque se sentían arrinconados. Los evitabas si podías y te enfrentabas a ellos si no quedaba más remedio. Según mi madre, la clave era no permitir nunca que los insultos o las agresiones de un abusón te afectaran en lo personal.

Si ocurría, podías sufrir mucho.

Más adelante, aquello se convirtió en un auténtico desafío para mí. Hasta que no intenté ayudar a que mi marido saliera elegido presidente, no pensé en aquel día de primer curso en la cola del comedor. No recordaba lo confuso que era y cómo dolía recibir un golpe inesperado.

En 2008 pasé mucho tiempo intentando no preocuparme por los puñetazos dirigidos contra mí.

Empezaré dando un salto hasta un recuerdo alegre de ese año, porque conservo muchos. El Cuatro de Julio, coincidiendo con el décimo cumpleaños de Malia y cuatro meses antes de las elecciones generales, visitamos Butte, en Montana, un estado que se había decantado por George W. Bush, pero a su vez había elegido a un gobernador demócrata. Parecía un buen lugar para que Barack lo visitara.

Más que nunca, Barack estaba siendo observado, calibrado y evaluado las veinticuatro horas del día. La gente anotaba los estados que visitaba, en qué restaurante desayunaba y qué tipo de carne pedía para acompañar los huevos. Con él viajaban permanentemente unos veinticinco periodistas que llenaban la parte trasera del avión de campaña, así como los pasillos y los comedores de hoteles de pequeñas poblaciones, y lo seguían de un destino a otro. Si un candidato presidencial contraía un resfriado, se informaba de ello. Si alguien iba a una peluquería cara o pedía mostaza de Dijon en un TGI Fridays, se publicaba y luego era analizado de cien maneras en internet. ¿Era débil el candidato? ¿Un esnob? ¿Un hipócrita? ¿Un auténtico estadounidense?

Era parte del proceso, una prueba mediante la cual decidir quién tenía capacidad para alzarse como líder y símbolo del país. Era como si cada día radiografiaran tu alma para buscar insistentemente cualquier indicio de debilidad. No salías elegido si no sometías tu vida entera a la atenta mirada del pueblo estadounidense. Acababa de empezar una era en la que los clics en internet eran contabilizados y monetizados. Facebook se había popularizado no hacía mucho. Twitter era relativamente nuevo. La mayoría de los adultos estadounidenses tenían teléfono móvil, y buena parte de esos teléfonos móviles disponían de cámara. Nos hallábamos al borde de algo que creo que nadie comprendía aún del todo.

Barack ya no solo intentaba ganarse el apoyo de los votantes demócratas; estaba cortejando a todo el país. Después de los caucus de Iowa, Barack y Hillary Clinton se habían pasado el invierno y la primavera de 2008 trabajando duro en todos los estados y territorios, peleando cada voto por el privilegio de convertirse en un candidato que rebasara fronteras: Barack, por ser un hombre negro; Hillary, por ser mujer. (Los otros contendientes habían abandonado a finales de enero.) Los dos candidatos habían medido sus fuerzas y, a mediados de febrero, Barack cosechó una ventaja pequeña pero, en última instancia, decisiva. «¿Ahora es el presidente?», me preguntaba a veces Malia sobre el estrado con la alegre música atronando a nuestro alrededor. Su mente joven era incapaz de comprender nada salvo el objetivo final.

—Vale, ¿ahora ya es presidente?

—No, cariño. Todavía no.

Hasta junio, Hillary no reconoció que no tenía el número de delegados necesario para ganar. Solo entonces pudo Barack centrarse en su oponente republicano, John McCain, el veterano senador por Arizona se había convertido en el candidato del Partido Republicano.

Aquel Cuatro de Julio fuimos a Butte con dos propósitos. Barack había pasado cuatro días haciendo campaña en cuatro estados distintos. Apenas había tiempo para que aparcara la campaña y celebrara el cumpleaños de Malia, y no podía desaparecer del campo de visión de los votantes en la festividad más simbólica del país. Así que, en lugar de eso, embarcamos nosotras en un avión para intentar pasar un día en familia, aunque fuese a la vista de la ciudadanía. Nos acompañaron Maya, la hermanastra de Barack, su marido Konrad y su hija Suhaila, una preciosa niña de cuatro años.

Cualquiera que haya nacido en una fecha importante sabe que no es fácil separar la celebración individual de las festividades más universales. La buena gente de Butte, Montana, pareció entenderlo. Había carteles de «¡Feliz cumpleaños, Malia!» colgados en los escaparates de la avenida principal. Los transeúntes le manifestaban a Malia sus buenos deseos, imponiéndose al estruendo de los timbales y las flautas que interpretaban «Yankee Doodle» mientras nuestra familia veía el desfile del Cuatro de Julio desde unas gradas.

Aquel mismo día organizamos un picnic en un prado, que pretendía ser un mitin para varios centenares de seguidores locales y una celebración de cumpleaños informal para Malia. Me conmovió toda la gente que apareció para conocernos. Me sorprendió la ternura que implica ser progenitor, cómo el tiempo pasa a toda prisa hasta que te das cuenta de que tus bebés han crecido, que sus extremidades ya no son rechonchas sino esbeltas y que sus ojos transmiten sabiduría.

Me había pasado casi toda la década anterior desde que nació Malia buscando el equilibrio entre familia y trabajo, averiguando cómo ser cariñosa con Malia y Sasha y pasar tiempo con ellas a la vez que intentaba ser honesta en mi vida profesional. Pero las cosas habían cambiado; ahora intentaba compaginar la maternidad con algo distinto y más confuso. La importancia de lo que estaba aconteciendo en la vida de Barack, las exigencias de la campaña y el escrutinio al que nuestra familia se veía sometida parecían estar creciendo con rapidez. Después de los caucus de Iowa, había decidido solicitar una excedencia en el hospital. Pero había estado demasiado ocupada para ir a la oficina a empaquetar mis cosas o despedirme como era debido. Ahora era madre y esposa a tiempo completo, aunque una esposa con una causa y una madre que quería impedir que sus hijas se vieran devoradas por dicha causa. Había sido doloroso alejarme de mi trabajo, pero no tenía alternativa: mi familia me necesitaba, y eso era más importante.

Así que allí estaba, en un picnic de campaña en Montana, dirigiendo a un grupo compuesto mayoritariamente por desconocidos que cantó el «Cumpleaños feliz» a una sonriente Malia, sentada en la hierba con una hamburguesa en el plato. Sabía que los votantes veían a nuestras hijas como unas niñas dulces y la cercanía de mi familia como algo encantador. Pero a menudo me preguntaba qué les parecía todo aquello a las niñas. Intenté apartar cualquier sentimiento de culpabilidad. Para el fin de semana siguiente habíamos planeado una fiesta de verdad en la que un montón de amigas de Malia dormirían en nuestra casa de Chicago, y no habría el menor atisbo de política. Además, aquella noche celebraríamos una reunión más privada en el hotel. Aun así, mientras las niñas corrían de un lado a otro por la zona del picnic y Barack y yo estrechábamos la mano y abrazábamos a posibles votantes, pensaba si recordarían aquella salida como algo divertido.

Por aquel entonces miraba a Sasha y a Malia con una nueva intensidad en el corazón. Al igual que me ocurría a mí, ahora había desconocidos llamándolas por su nombre, gente que quería tocarlas y hacerles fotos. El invierno anterior, el gobierno nos asignó protección del Servicio Secreto, lo cual significaba que cuando Sasha y Malia iban al colegio o a su campamento diurno de verano, al que solía llevarlas mi madre, las seguían unos agentes en un segundo vehículo. En el picnic todos teníamos a un agente flanqueándonos, buscando cualquier indicio de amenaza. Por fortuna, las niñas no parecían ver a aquellos hombres como guardaespaldas, sino como más amigos adultos, nuevas incorporaciones al creciente grupo de gente con la que viajaban, a los que solo se les distinguía por sus auriculares y su discreta vigilancia. Sasha solía describirlos como «la gente secreta».

Las niñas hacían que la campaña resultara más relajada. Para Barack y para mí, tenerlas allí era un alivio, un recordatorio de que al final nuestra familia era más importante que cualquier otra cosa. A ellas no les interesaba demasiado el alboroto que rodeaba a su padre. Lo único que anhelaban (y mucho) era un perrito. En los ratos de tranquilidad les encantaba jugar al pilla-pilla o a las cartas con el personal, y buscaban una heladería en cada lugar nuevo que visitábamos. Lo demás solo era ruido.

A día de hoy, Malia y yo seguimos riéndonos de que solo tuviera ocho años cuando Barack, sin duda movido por su sentido de la responsabilidad, le hizo una pregunta al ir a acostarla.

—¿Qué te parecería que papá se presentara a las elecciones presidenciales? —le dijo—. ¿Crees que es buena idea?

—¡Claro, papá! —respondió ella, y le pellizcó la mejilla.

Aquella respuesta cambiaría prácticamente la vida entera de Malia, pero ¿cómo iba a saberlo ella? Después, se dio media vuelta y se durmió.

Aquel día visitamos el museo de la minería de Butte, libramos una batalla con pistolas de agua y golpeamos un balón de fútbol en el césped. Barack pronunció su discurso y estrechó las manos de los votantes, pero se las arregló para volver con nosotras. Sasha y Malia se le subieron encima, riéndose y entreteniéndolo con sus ideas. Vi benevolencia en la sonrisa de Barack y admiré su capacidad para bloquear las distracciones y ejercer de padre cuando tenía la oportunidad. Hablaba con Maya y Konrad y me rodeaba con el brazo cuando íbamos de un sitio a otro.

Nunca estábamos solos. Había empleados a nuestro alrededor, agentes custodiándonos, periodistas esperando para hacernos una entrevista y curiosos fotografiándonos desde lejos. Pero eso había pasado a ser lo normal. Durante la campaña, los días estaban tan programados que nuestra privacidad y nuestra autonomía se esfumaron poco a poco. Barack y yo dejamos casi cada minuto de nuestra vida cotidiana y nuestro horario en manos de un grupo de veinteañeros sumamente inteligentes y capaces, aunque aún no sabía lo doloroso que podía ser renunciar al control sobre mi vida. Si necesitaba algo de la tienda tenía que pedir a alguien que me lo trajera. Si quería hablar con Barack, por lo general debía enviar una solicitud a través de uno de sus jóvenes empleados. A veces aparecían en mi calendario actos y actividades de los cuales yo no tenía constancia. Pero poco a poco, por una cuestión de supervivencia, estábamos aprendiendo a vivir de manera más pública, aceptando la realidad tal como era.

Antes de que acabara la tarde en Butte, Barack, las niñas y yo concedimos una entrevista para la televisión, cosa que no habíamos hecho nunca. Solíamos insistir en que los periodistas se mantuvieran alejados de nuestras niñas y solo permitíamos que les hicieran fotos en actos de campaña públicos. No sé qué nos llevó a aceptar aquella vez. Según recuerdo, el personal de campaña dijo que sería positivo que la ciudadanía pudiera ver más de cerca a Barack en su vertiente paterna, y en aquel momento me pareció bien. Al fin y al cabo, Barack quería a nuestras niñas. Quería a todos los niños. Precisamente por eso sería un fantástico presidente.

Pasamos unos quince minutos hablando con Maria Menounos, de *Access Hollywood*, sentados en un banco del parque. Malia llevaba trenzas y Sasha un vestido rojo sin mangas. Como siempre, estaban preciosas. Menounos fue amable y mantuvo una conversación informal mientras Malia, la profesora júnior de la familia, ponderaba con seriedad cada pregunta. Contó que a veces se avergonzaba de su padre cuando intentaba estrechar la mano a sus amigas, y que nos molestaba a todas cuando su equipaje de campaña bloqueaba la puerta de casa. Sasha hizo todo lo que pudo por permanecer quieta y concentrarse, y solo interrumpió una vez la entrevista para preguntarme cuándo iríamos a comprar helado. Por lo demás, escuchó a su hermana y añadió de cuando en cuando cualquier detalle que se le ocurría. «¡Antes papá llevaba el pelo a lo afro!», exclamó hacia el final, y todos nos echamos a reír.

Días después, ABC emitió la entrevista con una acogida de lo más entusiasta. Fue citada en otros informativos con titulares como

«Se levanta el telón de las hijas de Obama en una entrevista» y «Las dos niñas de los Obama lo cuentan todo». De repente, los comentarios infantiles de Malia y Sasha aparecían en periódicos de todo el mundo. Barack y yo nos arrepentimos de inmediato de lo que habíamos hecho. Teníamos la sensación de haber tomado una decisión equivocada al poner la voz de las niñas ante el público mucho antes de que pudieran comprender qué significaba aquello en realidad. Nada en aquel vídeo perjudicaría a Sasha y Malia, pero era del dominio público y viviría para siempre en internet. Habíamos cogido a dos niñas que no habían elegido aquella vida y, sin pensarlo detenidamente, las habíamos colocado bajo los focos.

En aquel momento ya sabía algo sobre vivir bajo los focos. Oprah Winfrey me enviaba mensajes de ánimo. Stevie Wonder, mi ídolo de la infancia, cantaba en actos de campaña, bromeaba y me llamaba por mi nombre de pila como si nos conociéramos de toda la vida. Aquella atención se me hacía extraña, sobre todo porque no creía haber hecho gran cosa para merecerla. Nos sostenía la fuerza del mensaje que Barack estaba difundiendo, pero también lo que él simbolizaba. Si Estados Unidos elegía a su primer presidente negro, ello no hablaría solo de Barack, sino también del país. Para muchos, y por muchos motivos, era algo muy importante.

Por supuesto, Barack se llevaba la mayor parte de la adoración pública y las inevitables críticas que esta conllevaba. Cuanto mayor era tu popularidad, más detractores tenías. Casi parecía una norma no escrita, sobre todo en política, donde los rivales dedicaban dinero a buscar cualquier cosa que pudiera calificarse de turbio sobre un candidato.

Mi marido y yo no estamos cortados por el mismo patrón. Por eso uno eligió la política y el otro no. Él era consciente de los rumores y las falsas impresiones que se filtraban en la campaña, pero casi nunca le molestaba. Barack había vivido otras campañas. Y, en general, no era una persona que se inquietara fácilmente o que perdiera el norte por las dudas o el dolor.

Yo, en cambio, seguía aprendiendo a desenvolverme en la vida pública. Me consideraba una mujer de éxito y segura de sí misma, pero a la vez era aquella niña que decía a la gente que quería ser pediatra y que en el colegio decidió tener un expediente de asistencias inmaculado. Me preocupaba lo que la gente pensara. Me había pasado la juventud buscando la aprobación de terceros, coleccionando responsablemente estrellas de oro y evitando situaciones sociales caóticas. Con el tiempo había logrado no medir mi valía solo en relación con los logros, pero tendía a pensar que, si era esmerada y honesta en el trabajo, evitaría a los abusones y siempre sería yo misma.

Sin embargo, esa idea pronto sería desmentida.

Tras la victoria de Barack en Iowa, mi mensaje de campaña se volvió más apasionado. Había pasado de reunirme con centenares de personas a participar en actos con un millar o más. Recuerdo uno al que asistí con Melissa y Katie, en el que vi una quíntuple cola de gente que daba la vuelta a la manzana en la que se encontraba el auditorio, ya abarrotado. Me sorprendió en el mejor de los sentidos. Al público siempre le decía lo mismo: que me asombraba el entusiasmo y el esfuerzo que estaba aportando la ciudadanía a la campaña de Barack. Para mí, su compromiso y el trabajo diario que llevaban a cabo para que saliera elegido eran aleccionadores.

En cuanto a mi discurso, inspirándome en lo que tan bien había funcionado en Iowa, desarrollé una estructura flexible, aunque no utilizaba teleprónter ni me preocupaba si no lo seguía al pie de la letra. No pulía los discursos y nunca sería tan elocuente como mi marido, pero hablaba con el corazón. Explicaba que mis dudas iniciales sobre la política se habían ido desvaneciendo con el paso de las semanas y se habían visto reemplazadas por algo más alentador y esperanzador. Me di cuenta de que muchos experimentábamos las mismas dificultades y preocupaciones por nuestros hijos y el futuro. Igual que yo, muchos creían que Barack era el único candidato capaz de materializar un cambio real. Por ejemplo, Barack quería sacar a los soldados estadounidenses de Irak. Quería revocar la bajada de impuestos que George W. Bush había aprobado para los superricos. Quería una atención sanitaria asequible para todos los ciudadanos. Era una visión ambiciosa, pero cada vez que entraba en un auditorio lleno de seguidores entusiasmados parecía como si la nación estuviese preparada para ver más allá de nuestras diferencias y conseguirlo. Se respiraba orgullo en aquellas salas, un espíritu de unión que dejaba a un lado el color de la piel. El optimismo era grande y vigorizante. «¡La esperanza ha vuelto!», declaraba en cada acto.

Un día de febrero estaba en Wisconsin cuando Katie recibió una llamada de un miembro del equipo de comunicaciones de Barack para informar de que había un problema. Al parecer, yo había dicho algo controvertido en el discurso que había pronunciado horas antes. Katie estaba confusa, y yo también. ¿Qué había afirmado que fuese distinto de lo que le había dicho a la gente durante meses? Nunca había habido problemas. ¿Por qué ahora sí?

Resultó que alguien había cogido una grabación de mi discurso, que duró unos cuarenta minutos, y la había reducido a un corte de diez segundos que cambiaba el sentido de mis palabras.

La versión original de lo que dije ese día era la siguiente:

¡Este año hemos aprendido que la esperanza ha vuelto! Y permítanme que les diga una cosa: por primera vez en mi vida adulta me siento verdaderamente orgullosa de mi país, no solo porque a Barack le ha ido bien, sino porque creo que la gente anhela un cambio. Estaba desesperada por ver a nuestro país avanzar en esa dirección y no era la única que se sentía frustrada y decepcionada. He visto a gente que desea cerrar filas en torno a cuestiones comunes básicas y eso me llena de orgullo. El mero hecho de ser testigo de ello es un privilegio.

Pero lo habían eliminado casi todo, incluidas mis referencias a la esperanza y la unidad y lo conmovida que estaba. Los detalles importantes habían desaparecido. Lo que contenían los vídeos, que estaban emitiéndose una y otra vez en las cadenas de radio y los debates televisivos conservadores, era esto:

Por primera vez en mi vida adulta me siento verdaderamente orgullosa de mi país.

No me hizo falta ver las noticias para saber cómo estaban tergiversándolo: «No es patriota. Siempre ha odiado Estados Unidos. Así es ella de verdad; el resto es una pantomima».

Al intentar expresarme de manera informal había olvidado con qué facilidad mis palabras podían utilizarse en mi contra. Sin querer, había ofrecido a mis detractores un festín de catorce palabras. Igual que el puñetazo de ese chico cuando estaba en primer curso, no lo vi venir.

Aquella noche volví a Chicago con una sensación de culpabilidad y desánimo. Melissa, Katie y yo llevábamos un año trabajando juntas y habíamos recorrido más kilómetros de los que podíamos contar, siempre contra reloj para que yo estuviera en casa con mis niñas por la noche. Mientras Barack y su equipo de campaña se desplazaban en vuelos chárter y cómodos autobuses, nosotras seguíamos quitándonos los zapatos en lentos controles de seguridad en los aeropuertos, viajando en clase turista y confiando en la benevolencia de los voluntarios que nos trasladaban al lugar donde se celebraba el acto, que en ocasiones se encontraba a ciento cincuenta kilómetros de distancia.

En general me parecía que habíamos hecho un trabajo excelente. Había visto a Katie subirse a una silla para dar órdenes a fotógrafos que le doblaban la edad y regañar a periodistas que hacían preguntas fuera de tono. Había visto a Melissa organizar cada detalle de mi agenda, coordinar magistralmente varios actos de campaña en un solo día y abordar rápidamente problemas potenciales a la vez que procuraba que no me perdiera nunca una función de la escuela, el cumpleaños de una vieja amiga o la oportunidad de ir al gimnasio. Ambas lo habían dado todo por ese proyecto y habían sacrificado su vida personal para que yo intentara preservar una pizca de la mía.

En el avión iba sentada debajo de una luz de techo, preocupada por si lo había echado todo a perder con aquellas catorce palabras estúpidas.

En casa, cuando hube acostado a las niñas y mandado a mi madre a Euclid Avenue para que descansara, llamé a Barack. Era la víspera de las primarias de Wisconsin y los sondeos daban unos resultados muy ajustados. La campaña de Barack no podía permitirse una decepción. Me disculpé por lo ocurrido con mi discurso.

—No tenía ni idea de que estuviera haciendo algo mal —le dije—. Llevo meses hablando de lo mismo.

Casi pude oírlo encogerse de hombros al otro lado del teléfono.

—Mira, eso es porque tienes un público muy numeroso —me explicó—. Te has convertido en un pilar de la campaña, lo cual significa que la gente irá a por ti. Las cosas funcionan así.

Como hacía casi siempre que hablábamos, me dio las gracias por el tiempo que estaba dedicando y añadió que lamentaba que tuviera que enfrentarme a situaciones tensas.

—Te quiero, cariño —dijo antes de colgar—. Sé que todo esto es difícil, pero pasará. Siempre pasa.

Estaba en lo cierto y a la vez se equivocaba. Barack ganó holgadamente las primarias de Wisconsin, lo cual parecía indicar que yo no le había causado ningún perjuicio allí. Aquel mismo día, Cindy McCain arremetió contra mí durante un mitin: «"Estoy orgullosa de mi país". No sé si habían oído antes esas palabras: "Estoy muy orgullosa de mi país"». Estaba sacando mis palabras de contexto para hacerme quedar mal. Los titulares de CNN afirmaban que habíamos provocado un «revuelo patriótico» y los blogueros hicieron lo de siempre. Al cabo de una semana parecía que la conmoción en torno a mis palabras había amainado casi del todo. Barack y yo hablamos con la prensa y dejamos bien claro que me sentía orgullosa de ver a tantos estadounidenses implicándose en la campaña, contactando con sus vecinos y ganando confianza en el poder que atesoraban dentro de nuestra democracia, cosa que para mí era una experiencia nueva. Después seguimos adelante. En mis discursos de campaña intenté medir más mis palabras, pero el mensaje era el mismo. Todavía me sentía orgullosa y animada. Nada de eso había cambiado.

Y, sin embargo, se había plantado una semilla siniestra, una imagen de persona malhumorada y hostil que carecía de elegancia. Los rumores y los comentarios sesgados casi siempre contenían mensajes raciales poco sutiles que pretendían azuzar el miedo más profundo e inquietante entre los votantes: «No permitáis que los negros tomen las riendas. No son como vosotros. Su visión no es la vuestra».

Tampoco contribuyó a mejorar las cosas el hecho de que los medios atacasen de nuevo al reverendo Jeremiah Wright. ABC News había rastreado sus sermones y había montado un vídeo estremecedor que lo mostraba resentido y furioso contra el Estados Unidos blanco, como si los blancos fueran los culpables de todos los problemas. A Barack y a mí nos entristeció ver aquel reflejo de la vertiente más paranoica del hombre que ofició nuestra boda y el bautizo de nuestras hijas. Ambos nos habíamos criado con familiares que veían la raza bajo un prisma de malhumor y desconfianza. Había experimentado el resentimiento latente de Dandy por las décadas en las que le negaron ascensos profesionales debido a su color de piel, y también la preocupación de Southside por que sus nietos no estuvieran seguros en barrios blancos. Barack, por su parte, oía a Toot, su abuela blanca, usar como si nada estereotipos étnicos e incluso confesar a su nieto negro que a veces le daba miedo cruzarse con un hombre negro por la calle. Durante años habíamos convivido con la estrechez de miras de algunos de nuestros familiares mayores y aceptado que nadie es perfecto, sobre todo aquellos que alcanzaron la mayoría de edad en una época de segregación. Tal vez por eso ignorábamos las partes más absurdas de los sermones del reverendo Wright, aunque nosotros no hubiéramos estado presentes en ninguno de los que figuraban en el vídeo de ABC News. Sin embargo, cuando vimos en los informativos los momentos destacados, nos quedamos estupefactos. Nos recordó que, en nuestro país, la desconfianza y los estereotipos raciales no eran patrimonio exclusivo de una parte.

Entretanto, alguien había encontrado mi trabajo de grado en Princeton, escrito hacía más de veinte años. Era un estudio sobre los sentimientos de los alumnos afroamericanos con respecto a la raza y la identidad tras su paso por esa universidad. Por motivos que nunca entenderé, los medios conservadores lo trataron como una especie de manifiesto secreto del *black power*, una amenaza que había sido desenterrada. Era como si, en lugar de intentar conseguir un sobresaliente en Sociología y una plaza en la facultad de Derecho de Harvard, hubiera estado planeando una rebelión para derrocar a la mayoría blanca, y ahora por fin tendría la posibilidad de ponerlo en marcha a través de la carrera política de mi marido. «¿Es Michelle Obama responsable del fiasco Jeremiah Wright?», decía el subtítulo de una columna de internet que atacó así a mi yo universitario insinuando que estaba excesivamente influenciada por pensadores negros radicales y que era pésima redactando. «Describirlo como una lectura difícil sería un error —afirmaba el autor—. La tesis es literalmente ilegible, ya que no se escribió en ningún lenguaje conocido.»

No solo me pintaba como una intrusa sino como una persona tan extraña que incluso mi lengua era incomprensible. Era un insulto mezquino y absurdo, por supuesto, pero que se mofara de mi intelecto, que marginara a mi yo joven, entrañaba una mayor displicencia. En aquel momento Barack y yo éramos demasiado conocidos para que nos invisibilizaran, pero si la gente nos veía como extraños e invasores, nuestra fuerza podía resentirse. El mensaje nunca decía directamente: «Esta gente no encaja». En un sitio web *conservador* apareció una foto de Barack con un turbante y ropas tradicionales somalíes que le habían puesto durante una visita oficial que hizo a Kenia como senador, lo cual revivió las viejas teorías de que era un musulmán enmascarado. Meses después, internet generaría otro rumor anónimo e infundado, que esa vez cuestionaba la ciudadanía de Barack y difundía la idea de que no había nacido en Hawái, sino en Kenia, con lo cual no reuniría los requisitos para acceder a la presidencia.

Mientras viajábamos a Ohio, Texas, Vermont y Mississippi seguí hablando de optimismo y unidad, y percibí el creciente positivismo de la gente que asistía a los actos de campaña. Pero la imagen poco halagadora de mí parecía seguir cobrando fuerza. En Fox News se hablaba de mi «ira militante». En internet corrían rumores de que existía una cinta de vídeo en la que calificaba a los blancos de «blanquitos», lo cual era descabellado y absolutamente falso. En junio, cuando Barack ganó por fin la nominación demócrata, lo saludé alzando el puño en el escenario. Un comentarista de Fox afirmó que era un «gesto terrorista», lo cual dejaba entrever una vez más que éramos peligrosos. El mismo canal se refería a mí como «la mamaíta de Obama», cosa que evocaba tópicos sobre los guetos negros de Estados Unidos e implicaba que Barack y yo ni siquiera estábamos casados.

Empezaba a acusar el cansancio, no físico sino emocional. Los puñetazos dolían, aunque sabía que poco tenían que ver con mi persona. Era como si existiera una caricatura mía, una mujer de la que siempre oía hablar pero a la que no conocía, un Godzilla demasiado alto, enérgico y destructor llamado Michelle Obama. También era doloroso que a veces me llamaran mis amigos para airear sus preocupaciones, queriendo que les confirmase que tal rumor o mentira que habían oído sobre mí no era cierto. Colgaba el teléfono sintiéndome desmoralizada y dolida por tener que defenderme incluso ante personas que me conocían bien.

Pensaba que no podría ganar, que ni la fe ni el esfuerzo, por grandes que fueran, me ayudarían a superar a mis detractores y sus intentos de acallar mi voz. Era mujer, negra y fuerte, cosa que para algunas personas equivalía a «enfadada». Es otro tópico dañino que se ha utilizado siempre para marginar a las mujeres pertenecientes a minorías y menospreciar aquello que decimos.

Ahora sí que empezaba a estar enfadada, lo cual me hacía sentir peor, como si estuviera cediendo ante mis detractores. Es curioso que los estereotipos sean una trampa real. ¿Cuántas «mujeres negras malhumoradas» se han visto atrapadas en la trampa que esas palabras constituyen? Si no te escuchan, ¿por qué no vas a alzar la voz? Si te tachan de persona malhumorada o emocional, ¿acaso eso no provoca una respuesta malhumorada y emocional?

Me sentía agotada por la mezquindad y confusa por el tono personal que había adquirido todo, y tenía la sensación de que no había escapatoria. En mayo, el Partido Republicano de Tennessee difundió por internet un vídeo en el que se reproducían mis comentarios de Wisconsin junto a imágenes de votantes diciendo cosas como: «Me he sentido orgulloso de ser estadounidense desde que era niño». La página web de NPR publicó una noticia con el titular: «¿Michelle Obama es un activo o un lastre?», dando a entender que por el mero hecho de ser yo misma estaba perjudicando la campaña de Barack. Debajo, en negrita, incluyeron propuestas de debate: «¿Inusualmente honesta o demasiado directa?» y «Su imagen: ¿majestuosa o intimidatoria?».

Puedo asegurar que esas cosas me dolían.

A veces culpaba a la campaña de Barack de la situación en la que me encontraba. Yo era más activa que las parejas de muchos candidatos, lo cual me convertía en blanco fácil para los ataques. Mi instinto era replicar, alzar la voz contra las mentiras y las generalizaciones injustas o pedir a Barack que hiciera algún comentario, pero su equipo de campaña insistía siempre en que era mejor no responder, seguir adelante y encajar los golpes. «Es solo política», decían, como si no pudiera hacer nada al respecto, como si nos hubiéramos mudado todos a una nueva ciudad o un nuevo planeta llamado «Política» que no se regía por las normas habituales.

Cuando empezaba a desanimarme, me fustigaba aún más con toda una serie de pensamientos negativos: yo no había elegido aquello. Nunca me había gustado la política. ¿Había dejado mi trabajo y entregado mi identidad a aquella campaña y ahora era un lastre? ¿Dónde estaba mi poder?

Un domingo por la noche, aprovechando que Barack estaría en nuestra casa de Chicago hasta el día siguiente, aireé todas mis frustraciones en la cocina.

—No tengo por qué hacer esto —le dije—. Si estoy perjudicando a la campaña, ¿para qué seguir?

Le expliqué que Melissa, Katie y yo nos veíamos superadas por el volumen de solicitudes que recibíamos de los medios de comunicación y por el esfuerzo que suponía viajar con el presupuesto del que disponíamos. No quería estropear nada y deseaba prestarle mi apoyo, pero solo teníamos tiempo y recursos para reaccionar en el momento. Y en lo relativo a las crecientes críticas dirigidas hacia mí, estaba harta de sentirme indefensa, de que me vieran como una persona totalmente distinta de la que era.

—Puedo quedarme en casa con las niñas, si es lo mejor —dije a Barack—. Seré una esposa normal que se limita a aparecer en los actos importantes y sonreír. Quizá sea mucho más fácil para todo el mundo.

Barack fue comprensivo cuando le expliqué mis frustraciones. Noté que estaba cansado, que necesitaba irse a la cama y dormir. A veces detestaba el modo en que se habían desdibujado las líneas entre la vida familiar y la política. No quería ser otro problema para él, pero, por otro lado, había consagrado mi existencia a aquello.

—Eres un activo, no un lastre, Michelle. A estas alturas ya deberías saberlo —respondió contrariado—. Pero si deseas parar o bajar el ritmo, lo entiendo perfectamente. Puedes hacer lo que quieras.

Me dijo que no me sintiera nunca en deuda con él o con la campaña, y que si optaba por seguir adelante pero necesitaba más respaldo y recursos para hacerlo, encontraría la forma de conseguirlos.

Aquello me reconfortó, aunque solo un poco. Todavía me sentía como la alumna de primero que hace cola en el comedor y acaba de recibir un golpe.

Poco después fui a ver al director de comunicaciones de Barack, David Axelrod, a su oficina en Chicago y me senté con él y con Valerie Jarrett a ver vídeos de algunas de mis apariciones públicas. Ambos me elogiaron por lo mucho que había trabajado y por la eficacia con la que podía congregar a los seguidores de Barack. Pero entonces Axe quitó el volumen de mi discurso para que pudiéramos examinar con atención mi lenguaje corporal y, más concretamente, mis expresiones faciales.

¿Qué vi? Me vi a mí misma hablando con intensidad y convicción y sin aflojar nunca. Siempre hablaba de los tiempos difíciles a los que hacían frente muchos estadounidenses, así como de la desigualdad que imperaba en nuestras escuelas y nuestro sistema sanitario. Mi rostro reflejaba la seriedad de aquello en lo que creía.

Pero era demasiado seria, demasiado severa, teniendo en cuenta las expectativas de la gente sobre una mujer. Vi mi expresión igual que lo haría un desconocido. Entendí cómo había jugado la oposición con aquellas imágenes para mostrarme como una gruñona, y así facilitar que se ignorase lo que decía. Era otro estereotipo, otra trampa.

Nadie parecía criticar a Barack por ser demasiado serio o no sonreír lo suficiente. Yo era su mujer, no una candidata, así que quizá se esperaba de mí más ligereza, más trivialidad. Y aun así, no cabía duda de que a otras mujeres tampoco se las trataba bien en el mundo de la política. Sabía que muchos utilizaban el género de Hillary Clinton en su contra, y la tachaban de dominante y de gruñona. Su voz, decían, era estridente y su risa, socarrona. Hillary era la oponente de Barack, pero no podía evitar admirar su capacidad para levantarse y seguir luchando entre esos hombres tan opuestos a las mujeres. Aquel día, al repasar la cinta de vídeo, noté que se me llenaban los ojos de lágrimas. Estaba preocupada. Me había dado cuenta de que la política tenía una vertiente interpretativa que todavía no dominaba pese a llevar más de un año dando discursos. En auditorios grandes era más difícil transmitir calidez. Los públicos numerosos requerían expresiones faciales más claras, y debía trabajar en ello. Me preocupaba que fuera demasiado tarde.

Valerie, mi querida amiga desde hacía más de quince años, me cogió de la mano.

«¿Por qué no me lo habéis dicho antes? —pregunté—. ¿Por qué nadie ha intentado ayudarme?»

La respuesta era que nadie había prestado demasiada atención. El equipo de campaña de Barack había creído que todo iba bien hasta que las cosas se torcieron. No me llamaron hasta que me convertí en un problema.

Para mí, aquello fue un punto de inflexión. El equipo de campaña existía solo para ayudar a Barack, no a mí o a las niñas. Y por mucho que los empleados de Barack me respetaran y valoraran mis aportaciones, nunca me habían dado demasiada orientación. Hasta ese momento nadie se había molestado en viajar conmigo o asistir a mis actos. Nunca había recibido formación para tratar con los medios o pronunciar discursos. Me di cuenta de que nadie cuidaría de mí a menos que yo lo pidiera.

Consciente de que el escrutinio no haría sino intensificarse en los últimos seis meses de campaña, el equipo de Barack finalmente asumió que yo necesitaba ayuda. Si pretendía seguir haciendo campaña como un candidato, debía recibir el consiguiente apoyo. Me protegería siendo más organizada e insistiendo en contar con los recursos que necesitaba para desarrollar bien mi trabajo. En las últimas semanas de las primarias, el equipo de Barack amplió mi número de colaboradores con la inclusión de una planificadora y asistente personal: Kristen Jarvis, una bondadosa exempleada de la oficina de Barack en el Senado de Estados Unidos que me mantenía con los pies en el suelo en momentos de mucho estrés; además de una especialista en comunicaciones con amplia experiencia en política llamada Stephanie Cutter. Trabajando con Katie y Melissa, Stephanie me ayudó a pulir mi mensaje y mi presentación antes de un importante discurso que pronunciaría ese verano en la Convención Nacional Demócrata. Finalmente nos facilitaron un avión de campaña, lo cual me permitió desplazarme con más eficiencia. Ahora podía conceder entrevistas durante los vuelos, peinarme y maquillarme de camino a un acto o llevar a Sasha y Malia conmigo sin costes adicionales.

Todo fue un alivio. Y creo que me permitió sonreír más y bajar un poco la guardia.

Cuando planeábamos mis apariciones públicas, Stephanie me aconsejaba que explotara mis virtudes y recordara mis temas favoritos, que eran mi amor por mi marido y mis hijas, mi vínculo con las madres trabajadoras y mi orgullo como ciudadana de Chicago. Se dio cuenta de que me gustaba bromear y me dijo que no reprimiera el sentido del humor. En otras palabras, estaba bien que fuera yo misma. Poco después del final de las primarias acepté participar en un programa de entrevistas diurno, donde me divertí durante una hora con las presentadoras ante un público en directo, hablando de los ataques que me dirigían, pero también riéndome con las niñas, los puños en alto y las cosas absurdas que la gente no sabe sobre las campañas. Volvía a sentirme a gusto y dueña de mi voz. En general, la acogida del programa fue buena. Llevaba un vestido blanco y negro de precio asequible que de repente las mujeres se peleaban por comprar.

Empezaba a ser influyente y a disfrutar al mismo tiempo, y me sentía cada vez más abierta y optimista. También intenté aprender de los estadounidenses a los que conocí por todo el país manteniendo conversaciones sobre la conciliación entre trabajo y familia, un tema que me interesaba mucho. Para mí, las lecciones más reveladoras llegaron cuando visité comunidades militares y me reuní con los maridos y las esposas de algunos soldados.

«Habladme de vuestra vida», les decía, y después escuchaba las historias de aquellas mujeres con bebés en el regazo, algunas de las cuales todavía eran adolescentes. Algunas me contaron que tenían que empezar de cero, por ejemplo apuntando de nuevo a sus hijos a clases de música o de refuerzo, cada vez que se mudaban a otra base militar. Me explicaron lo difícil que podía ser mantener una carrera profesional con tantos traslados. A muchos padres jóvenes les costaba encontrar guarderías asequibles. Por supuesto, todo ello se complicaba por los obstáculos logísticos y emocionales de tener a un ser querido destinado durante doce meses o más en un lugar como Afganistán o Irak, o en un portaaviones en el mar de la China Meridional. Conocer a aquellas personas entregadas relativizó de inmediato el dolor que yo pudiera sentir. Sus sacrificios eran mucho más grandes que los míos. Durante aquellas reuniones me quedaba un tanto sorprendida por saber tan poco de la vida militar. Me juré a mí misma que, si Barack tenía la suerte de salir elegido, yo encontraría la manera de apoyar más a esas familias.

Todo eso me dio más vigor para ayudar en el empujón final a Barack y Joe Biden, el senador de Delaware que pronto sería nombrado candidato a la vicepresidencia. Me animé a seguir de nuevo mis instintos, rodeada de gente que me respaldaba. En los actos públicos procuraba establecer vínculos personales con asistentes, ya fueran grupos pequeños o multitudinarios. Cuando estos conseguían verme como una persona, comprendían que las imágenes distorsionadas de mí eran falsas. He aprendido que es más difícil odiar en las distancias cortas.

El verano de 2008 lo pasé moviéndome más rápido y trabajando más duro, consciente de que podía ser una aportación positiva para Barack. Ahora que se aproximaba la Convención Nacional Demócrata, empecé a trabajar por primera vez con una redactora de discursos, una joven con talento llamada Sarah Hurwitz que me ayudó a condensar mis ideas en un breve mitin de diecisiete minutos. Después de semanas de esmerada preparación, subí al estrado y me situé ante unas veinte mil personas, además de varios millones de espectadores televisivos, dispuesta a contarle al mundo quién era yo realmente.

Aquella noche me presentó mi hermano Craig. Mi madre estaba sentada en la primera fila del palco de personalidades, un poco aturdida por lo gigantesco que se había vuelto el escenario de nuestras vidas. Hablé de mi padre, de su humildad, de su resistencia y de cómo había influido todo eso en Craig y en mí. Intenté transmitir a los estadounidenses la imagen más íntima posible de Barack y su noble corazón. Cuando terminé, los asistentes se pusieron a aplaudir sin parar y sentí un gran alivio, porque había hecho algo por cambiar la percepción que tenía la gente sobre mí.

Por supuesto, fue un momento importante, grandilocuente y público. Pero lo cierto es que los escenarios, el público, las luces y los aplausos comenzaban a adquirir una normalidad que nunca había imaginado. Ahora vivía para los momentos no ensayados ni inmortalizados, en los que nadie actuaba ni juzgaba y todavía era posible una sorpresa de verdad.

Para eso debemos volver a Butte, Montana, el Cuatro de Julio. Estaba terminando nuestra jornada. El sol estival se ocultó finalmente tras las montañas del Oeste y empezaba a oírse a lo lejos el estallido de los fuegos artificiales. Al día siguiente, Barack partiría hacia Missouri y las niñas y yo volveríamos a Chicago. Estábamos todos cansados. Habíamos participado en el desfile y en el picnic. Teníamos la sensación de haber pasado tiempo con todos y cada uno de los habitantes de Butte. Y ahora, por fin, podríamos celebrar una pequeña reunión solo para Malia.

Si me hubieran preguntado en aquel momento, habría dicho que no hicimos suficiente por ella, que su cumpleaños pareció una ocurrencia de última hora en la vorágine de la campaña. En una sombría sala de reuniones situada en el sótano del hotel, nos reunimos con Konrad, Maya y Suhaila, además de unos cuantos empleados que habían trabado amistad con Malia y, ni que decir tiene, los agentes del Servicio Secreto, que siempre andaban cerca ocurriera lo que ocurriese. Hubo globos, una tarta comprada en un supermercado, diez velas y un cubo de helado. Compramos regalos y alguien los envolvió a toda prisa. El ambiente no era precisamente festivo. Simplemente había sido un día demasiado largo. Barack y yo cruzamos una mirada, conscientes de que habíamos fallado. Pero, como tantas otras cosas, era una cuestión de percepción, de cómo decidíamos ver lo que teníamos delante. Barack y yo nos centramos solo en nuestros errores y carencias y los vimos reflejados en aquella habitación anodina y en aquella fiesta organizada a todo correr. Pero Malia estaba buscando algo diferente, y lo vio. Vio caras bondadosas, gente que la quería, una tarta con mucho azúcar glaseado, una hermana pequeña y una prima a su lado y un nuevo año por delante. Había pasado su cumpleaños al aire libre, había visto un desfile y al día siguiente viajaría en avión.

Se acercó a su padre y se lanzó a su regazo. «¡Es la mejor fiesta de cumpleaños de mi vida!», dijo.

No reparó en que a sus padres se les llenaron los ojos de lágrimas ni tampoco en que la mitad de los allí presentes se habían quedado sin habla. Aquel día cumplía diez años y todo era fantástico.

18

Cuatro meses después, el 4 de noviembre de 2008, voté por Barack. Aquella mañana, a primera hora fuimos juntos al colegio electoral, que se encontraba en el gimnasio de la escuela de primaria Beulah Shoesmith, a solo unas manzanas de nuestra casa de Chicago. Llevamos con nosotros a Sasha y Malia, ambas vestidas y preparadas para el colegio. Incluso el día de las elecciones, o tal vez especialmente el día de las elecciones, me pareció que ir a la escuela sería buena idea. Significaba rutina y confort. Cuando pasamos por delante de los fotógrafos y las cámaras de televisión para entrar en el gimnasio mientras la gente que nos rodeaba decía que estas elecciones presidenciales eran algo histórico, me alegré de haberles preparado la fiambrera.

¿Cómo sería la jornada? Larga. Por lo demás, nadie lo sabía.

Barack, como ocurre siempre en los días de mucha presión, estaba más tranquilo que nunca. Saludó a los miembros de la mesa electoral, cogió la papeleta y, con semblante relajado, estrechó la mano a todo aquel con quien se encontraba. Supongo que era lógico. Todo aquello estaba a punto de escapar a su control.

Con las niñas observándonos de cerca, nos situamos uno al lado del otro delante de las urnas.

Había votado muchas veces por Barack, en comicios estatales y nacionales, y aquel viaje a las urnas no era distinto. Para mí, votar era un hábito, un ritual saludable que había que hacer en conciencia y en cada oportunidad que se presentara. De niña, mis padres me llevaban al colegio electoral, y siempre que podía hacía lo mismo con Sasha y Malia para inculcarles lo fácil y lo importante que era.

La carrera de mi marido me había permitido saber que un puñado de votos podían marcar la diferencia no solo entre dos candidatos, sino también entre un sistema de valores y otro. Si en cada barrio se quedaban en casa unos cuantos vecinos, ello podía determinar lo que nuestros hijos aprenderían en la escuela, qué opciones sanitarias tendríamos o si mandaríamos a nuestras tropas a la guerra. Votar era a la vez sencillo e increíblemente eficaz.

Ese día me quedé mirando unos segundos más la pequeña burbuja junto al nombre de mi marido en la papeleta como candidato a la presidencia de Estados Unidos. Después de casi veintiún meses de campaña, ataques y agotamiento, todo había terminado y esa era la última cosa que tenía que hacer.

Barack me miró y se echó a reír. «¿Todavía no te has decidido? —dijo—. ¿Necesitas más tiempo?»

De no ser por la ansiedad, la jornada electoral podría ser casi relajante en comparación con el ajetreo de la campaña, como unas minivacaciones de todo lo que ha acontecido y lo que acontecerá. Tras unos meses en los que todo va demasiado rápido, el tiempo se ralentiza. En casa ejercí de anfitriona de los familiares y amigos que querían charlar y ayudarme a pasar las horas.

Esa mañana Barack se fue a jugar al baloncesto con Craig y unos amigos en un gimnasio cercano, algo que se había convertido en una especie de ritual para el día de las elecciones. No había nada con lo que Barack disfrutara más que con un competitivo partido de baloncesto para calmar los nervios.

—No dejes que nadie le rompa la nariz —le dije a Craig cuando salieron por la puerta—. Luego tiene que salir en la tele.

—Gracias por hacerme responsable de todo —respondió él como solo lo haría un hermano.

Y con eso, se fueron.

Si te fiabas de los sondeos, parecía que Barack debería ganar, pero también sabía que había estado trabajando en dos posibles discursos para aquella noche: uno para la victoria y otro para la derrota. Conocíamos el patrón que se había repetido durante años con candidatos negros de todo el país en distintos comicios relevantes: lideraban los sondeos, pero perdían el día de las elecciones. Al parecer, la explicación era que cuando los candidatos pertenecían a una minoría, los votantes a menudo ocultaban sus prejuicios a los encuestadores y solo los expresaban desde la privacidad de la cabina de votación.

Durante toda la campaña me pregunté una y otra vez si Estados Unidos estaba preparado para elegir a un presidente negro, si era lo bastante fuerte para ver más allá de la raza y dejar de lado sus prejuicios. Estábamos a punto de averiguarlo.

A mediados de septiembre las noticias eran desastrosas. La economía estadounidense entró en una espiral descontrolada cuando instituciones financieras y bancos se fueron a la quiebra repentinamente. La bolsa se desplomó, las empresas no tenían manera de obtener créditos y los fondos para las pensiones se esfumaron.

Barack era la persona adecuada para aquel momento de la historia. El trabajo de ser presidente nunca sería fácil pero, debido a la crisis económica, ahora sería aún más complicado. No obstante, Barack estaba tranquilo y preparado, era hábil y sabía que podía gestionar la situación. En lo personal, me habría contentado con perder las elecciones y volver a alguna versión de nuestra vida anterior, pero también creía que como país necesitábamos su ayuda. Aun así, heredaría un caos.

A medida que se acercaba la noche empecé a notar los dedos entumecidos, un hormigueo nervioso que me recorría todo el cuerpo. No podía comer. Perdí el interés en mantener conversaciones banales con mi madre y los amigos que habían venido a verme. En un momento dado subí al segundo piso para disfrutar de un rato de soledad.

Resultó que Barack también necesitaba tiempo para él y se había refugiado allí.

Lo encontré sentado a su mesa, repasando el discurso de la victoria en el pequeño despacho repleto de libros situado junto a nuestra habitación, su «agujero».

—¿Estás bien? —le pregunté.

—Sí.

—¿Cansado?

—No.

Entonces sonrió, como si intentara demostrar que era cierto. El día anterior nos habían dado la noticia de que Toot, la abuela de Barack, había fallecido en Hawái a los ochenta y seis años después de padecer un cáncer durante meses. Consciente de que no había podido despedirse de su madre, Barack tenía intención de ver a Toot. Habíamos llevado a las niñas a finales del verano y, diez días antes, Barack había dejado la campaña para poder sentarse con ella y cogerle la mano. Me pareció que estaba triste. Barack perdió a su madre en el arranque de su carrera política, dos meses después de anunciar que se presentaría al Senado estatal. Ahora que estaba alcanzando su apogeo, su abuela no estaría allí para verlo. La gente que lo había criado se había ido.

—Pase lo que pase, me siento muy orgullosa de ti —le dije—. Has hecho muchas cosas buenas.

—Tú también —respondió apretujándose contra mí—. Los dos lo hemos hecho bien.

Después de una cena familiar en casa, nos acicalamos y fuimos al centro para seguir los resultados electorales con un reducido grupo de amigos y familiares en una suite que el equipo de campaña nos había reservado en un hotel. Nuestro candidato a la vicepresidencia, Joe Biden, y su mujer, Jill, tenían una suite para acoger a amigos y familiares.

Los primeros resultados llegaron hacia las seis de la tarde. Kentucky había elegido a McCain, el candidato republicano, y Vermont a Barack. Después, Virginia Occidental y Carolina del Sur se decantaron por McCain. Mi confianza zozobró un poco, pero aquello no era ninguna sorpresa. Los asesores de Barack no dejaban de entrar y salir y nos mantenían informados a medida que llegaban los resultados. Vimos por televisión que empezaban a concentrarse miles de personas en Grant Park, situado a unos dos kilómetros del lago, donde unas pantallas gigantes estaban emitiendo la programación electoral y donde Barack pronunciaría más tarde uno de sus dos discursos. Había una pareja de policías apostada prácticamente en cada esquina, embarcaciones de la Guardia Costera patrullando el lago y helicópteros sobrevolando la zona. Por lo visto, Chicago al completo estaba conteniendo la respiración a la espera de más noticias.

Connecticut eligió a Barack y New Hampshire también. Lo mismo ocurrió con Massachusetts, Maine, Delaware y Washington, D. C. Cuando anunciaron que se había impuesto en Illinois, oímos cláxones de coches y gritos de emoción desde la calle. En la habitación reinaba el silencio; todo el mundo esperaba los resultados definitivos. A mi derecha tenía a las niñas sentadas en un sofá con sus vestidos rojos y negros y a mi izquierda a Barack, que se había quitado la americana y se había sentado al lado de mi madre, engalanada con un bonito vestido negro y pendientes de plata.

«¿Estás preparada para esto, abuela?», oí que le decía Barack.

Mi madre lo miró de reojo y se encogió de hombros, y ambos esbozaron una sonrisa. Pero más tarde me contó lo conmovida que estaba y que la vulnerabilidad de Barack le había sorprendido tanto como a mí. Estados Unidos lo veía como un hombre poderoso y seguro de sí mismo, pero mi madre también percibió la seriedad de su trayecto y la soledad del puesto que lo aguardaba. Allí estaba aquel hombre, que ya no tenía padre ni madre, a punto de ser elegido líder del mundo libre.

Cuando volví a mirar, vi que mamá y Barack estaban cogidos de la mano.

Eran las diez en punto cuando las cadenas de televisión empezaron a emitir imágenes de mi marido sonriendo. Anunciaban que Barack Hussein Obama sería el cuadragésimo cuarto presidente de Estados Unidos. Nos pusimos todos de pie y empezamos a gritar. El equipo de campaña y los Biden entraron en avalancha en la habitación; todos nos abrazamos. Lo había conseguido. Todos lo habíamos conseguido. Casi parecía imposible, pero la victoria estaba asegurada.

Fue entonces cuando me pareció sentir que a mi familia y a mí nos habían lanzado por un cañón a un extraño universo submarino. Todo se me antojaba lento y un tanto distorsionado, pese a que avanzábamos rápidamente, acompañados por agentes del Servicio Secreto hasta un montacargas y luego hasta un todoterreno por la puerta trasera del hotel. ¿Respiré aire fresco cuando salimos? ¿Di las gracias a la persona que nos sostuvo la puerta? ¿Sonreí? No lo sé. Todo parecía irreal. Fue un día muy largo. Vi que las niñas estaban agotadas. Las había preparado para aquel momento de la noche explicándoles que, perdiera o ganara papá, habría una bulliciosa celebración en un parque.

Nuestro convoy, escoltado por la policía, avanzó por Lake Shore Drive rumbo a Grant Park, situado más al sur. Había pasado por aquella calle cientos de veces, desde mis trayectos en autobús al instituto Whitney Young. Aquella era mi ciudad, un lugar que conocía como la palma de mi mano y, aun así, esa noche parecía haberse transformado en algo distinto y extrañamente silencioso. Era como si viviéramos un sueño.

Malia iba mirando por la ventanilla del todoterreno, empapándose de todo.

—Papá —dijo un poco compungida—, no veo gente en la calle. Creo que no va a ir nadie a tu celebración.

Barack y yo nos miramos y nos echamos a reír. Entonces nos dimos cuenta de que éramos los únicos coches que circulaban. Ahora, Barack sería el próximo presidente de Estados Unidos. El Servicio Secreto lo había despejado todo, había cerrado un tramo de Lake Shore Drive y había bloqueado la totalidad de las intersecciones de la ruta, una medida habitual para un presidente, como averiguaríamos en breve. Pero para nosotros era nuevo. Todo era nuevo.

Rodeé a Malia con el brazo.

—La gente ya está allí, cariño —le dije—. No te preocupes. Están esperándonos.

Y así fue. En el parque se congregaron más de veinte mil personas para vernos. Oímos un rumor expectante cuando salimos del vehículo y nos condujeron a unas carpas blancas que se habían instalado en la parte delantera del parque, formando un túnel que llevaba al escenario. Había acudido un grupo de amigos y familiares para saludarnos, pero ahora, debido a las normas del Servicio Secreto, se encontraban al otro lado de un cordón. Barack me rodeó con el brazo, como si quisiera cerciorarse de que seguía allí.

Cuando los cuatro salimos al escenario, yo cogiendo de la mano a Malia y Barack a Sasha, vi muchas cosas a la vez. Vi que alrededor del escenario se alzaba un grueso panel de cristal antibalas. Vi un océano de personas, muchas de ellas ondeando pequeñas banderas de Estados Unidos. Mi mente era incapaz de procesarlo. Todo me parecía demasiado grande.

Apenas recuerdo el discurso de Barack esa noche. Sasha, Malia y yo lo observamos desde un lateral del escenario, rodeado de aquellos escudos de cristal, de nuestra ciudad y del bienestar que le procuraban más de sesenta y nueve millones de votos. Lo que conservo fue esa sensación de bienestar, la calma de esa noche de noviembre inusualmente calurosa junto al lago en Chicago. Después de muchos meses participando en frenéticos mítines de campaña ante multitudes a las que se animaba a gritar y corear, el ambiente en Grant Park era distinto. Nos encontrábamos frente a una masa gigantesca y exultante de estadounidenses que también estaba pensativa. Lo que oí fue un relativo silencio. Me pareció que casi podía distinguir todas aquellas caras. Mucha gente tenía los ojos llenos de lágrimas.

Es posible que la calma fuera fruto de mi imaginación, o puede que lo viviéramos así porque era muy tarde. Al fin y al cabo, era casi medianoche y todo el mundo había estado esperando. Habíamos esperado mucho mucho tiempo.

La historia continúa

19

No hay manual para nuevas primeras damas de Estados Unidos. Técnicamente no es un trabajo ni tampoco un título oficial en el gobierno. No lleva aparejado un sueldo ni un conjunto definido de deberes. Cuando llegó mi turno, ya lo habían ocupado más de cuarenta y tres mujeres, cada una de las cuales lo había interpretado a su manera.

Sabía poco sobre las primeras damas que me habían precedido y cómo habían abordado su labor. Sabía que Jackie Kennedy había redecorado la Casa Blanca, Rosalynn Carter había asistido a las reuniones del gabinete, Nancy Reagan se había metido en un lío por aceptar vestidos que varios diseñadores de prestigio le habían regalado, y Hillary Clinton había sido objeto de burla por trabajar en la reforma sanitaria con la administración de su marido. En una ocasión, un par de años antes, durante un almuerzo para cónyuges de senadores federales, había visto —con una mezcla de horror y asombro— que Laura Bush posaba, serena y sonriente, para las fotos oficiales con alrededor de un centenar de personas distintas, sin perder ni una sola vez la compostura ni pedir un descanso. Las primeras damas salían en las noticias tomando el té con gente importante; transmitían felicitaciones oficiales en las ocasiones festivas y llevaban vestidos bonitos. Sabía que era habitual que también escogiesen un par de causas que defender.

Entendía que a mí me medirían por otro rasero. Iba a ser la primera dama afroamericana que pisase la Casa Blanca. Eso significaba que para mí las cosas serían diferentes, más difíciles. La gente me vería de una manera distinta, como «otra». Si a mis predecesoras blancas se las había mirado de entrada con buenos ojos, era consciente de que no pasaría lo mismo conmigo. Había aprendido de las campañas que tenía que ser mejor, más rápida, más inteligente y más fuerte que nunca. La elegancia tendría que ganármela. Me dije que muchas estadounidenses no se verían reflejadas en mí o que no conectarían con mi trayectoria. No podría permitirme el lujo de integrarme poco a poco en mi nuevo papel antes de que me juzgaran. Y ya que hablamos de juicios, era tan vulnerable como siempre a los miedos infundados y los estereotipos raciales que acechan justo por debajo de la superficie de la conciencia pública, prestos a ser atizados por los rumores.

La perspectiva de ser primera dama era una gran responsabilidad y me emocionaba, pero ni por un segundo pensé que fuera a asumir un papel fácil y glamuroso. Nadie que lleve pegadas las palabras «primera» y «negra» lo pensaría nunca. Sentía que me hallaba a los pies de la montaña y sabía que necesitaba escalarla para ganarme a la opinión pública.

Esta sensación me recordó a la época del instituto, cuando llegué al Whitney Young y me vi de repente atenazada por la duda. Entonces aprendí que a la confianza a veces hay que llamarla desde dentro. A estas alturas me he repetido las mismas palabras muchas veces, a lo largo de numerosas escaladas.

«¿Soy lo bastante buena? Sí, lo soy.»

Setenta y seis días separaban las elecciones de la toma de posesión. Sentí que era fundamental empezar a establecer el tono de la clase de primera dama que pretendía ser. Tenía claro que, para ser feliz, lo mejor que podía hacer era trabajar de forma activa para alcanzar unos resultados tangibles. Pretendía cumplir las promesas que había hecho de apoyar a las familias de militares con las que había hablado durante la campaña. Y después estaban mis planes de plantar un huerto y luchar por mejorar la salud y la nutrición infantiles.

Mi intención era llegar a la Casa Blanca con una estrategia bien trabajada y rodeada de un equipo fuerte. Había aprendido de los aspectos más desagradables de la campaña, de la infinidad de maneras en que habían querido hundirme al describirme como una mujer descontenta y hostil o carente de elegancia, que si no sales tú a definirte, no tardarán en definirte otros de forma injusta. No quería esperar pasivamente a que el equipo de Barack me diera instrucciones. Después de superar las dificultades del último año, no estaba dispuesta a consentir que volvieran a machacarme de aquella manera.

Había tanto que hacer que se me agolpaban las ideas. Pero durante esta transición no fue posible llevar a cabo ningún plan. Para una planificadora como yo, esperar de brazos cruzados no era fácil. Pero en ese momento metimos la directa. Mi prioridad era cuidar de Sasha y Malia; quería que se instalaran de la forma más rápida y cómoda.

Por suerte, pude conservar a las personas clave de mi equipo de campaña —Melissa, Katie y Kristen— para que trabajaran conmigo durante la transición. Nos pusimos de inmediato a planificar nuestro traslado a Washington, al tiempo que empezamos a contratar personal para mis futuras oficinas en el Ala Este, así como para los empleos de la residencia familiar de la Casa Blanca.

Barack, entretanto, andaba ocupado asignando las carteras de su gabinete y reuniéndose con diversos expertos para estudiar las distintas opciones de rescatar la economía. Yo notaba en la expresión seria de mi marido cuando salía de aquellas sesiones que la situación era peor de lo que comprendían siquiera la mayoría de nuestros compatriotas. También recibía información secreta sobre seguridad nacional, y todo ello le pesaba.

Ahora que el Servicio Secreto iba a protegernos durante unos años, la agencia seleccionó nombres en clave para nosotros. Barack era «Renegade» y yo «Renaissance». A las chicas les permitieron escoger su apodo de entre una lista de opciones. Malia pasó a ser «Radiance» y Sasha escogió «Rosebud». (Mi madre recibiría más tarde su propio nombre en clave, «Raindance».)

Cuando se dirigían a mí directamente, los agentes del Servicio Secreto casi siempre me llamaban «señora»: «Por aquí, señora. Un poco más atrás, señora, por favor» o «Señora, su coche llegará enseguida». «¿Quién es "señora"?», me daban ganas de preguntarles al principio. A mí, «señora» me sonaba a anciana, con bolso clásico, postura erguida y zapatos cómodos. Pero yo era «Señora». «Señora» era yo. Formaba parte de aquella alucinante transición en la que estábamos metidos.

Todo eso me rondaba por la cabeza el día que viajé a Washington para visitar posibles escuelas para Malia y Sasha. Después de una de mis reuniones, regresé al aeropuerto nacional Reagan para encontrarme con Barack, que llegaba en un vuelo procedente de Chicago. Como dictaba la tradición para los presidentes electos, el presidente y la señora Bush nos habían invitado a visitar la Casa Blanca y lo habían programado a fin de que coincidiese con mi viaje para visitar escuelas. Me quedé esperando mientras aterrizaba el avión de Barack. A mi lado estaba Cornelius Southall, uno de los agentes que dirigían mi equipo de seguridad.

Cornelius era un exjugador de fútbol americano a nivel universitario de hombros cuadrados que antes había trabajado en la seguridad del presidente Bush. Al igual que todos los jefes de mi escolta, era inteligente y estaba entrenado para estar hiperatento en todas las ocasiones, como si fuera un sensor humano. Incluso entonces, mientras los dos observábamos cómo el avión de Barack se detenía a unos veinte metros de distancia, él estaba captando algo antes que yo.

—Señora —me dijo cuando le llegó una información a través de su auricular—, su vida está a punto de cambiar para siempre.

Cuando lo miré intrigada, añadió:

—Ahora verá.

Entonces señaló a la derecha, y me volví para mirar. Algo enorme dobló la esquina: un ejército de vehículos que incluía coches y motocicletas de la policía, una serie de todoterrenos negros, dos limusinas blindadas con banderas de Estados Unidos en el capó, un camión de control de emergencias causadas por sustancias peligrosas, un equipo de asalto que llevaba las ametralladoras a la vista, una ambulancia, un camión de señales equipado para detectar si se acercaba algún proyectil, varias furgonetas de pasajeros y otro grupo de escoltas de la policía. Era la caravana presidencial. Tenía una longitud de al menos veinte vehículos, todos los cuales avanzaban en estrecha formación, uno detrás de otro, hasta que la flota entera se detuvo en silencio, de tal modo que las limusinas pararon justo delante del avión de Barack.

Me volví hacia Cornelius.

—¿Hay coche de payasos? —pregunté—. No, en serio, ¿a partir de ahora va a viajar con esto?

Cornelius sonrió.

—Todos los días de su presidencia, sí —contestó—. Este será el aspecto que tendrá siempre.

Contemplé el espectáculo sin entender todavía que la protección de Barack solo era visible a medias. No sabía que también tendría, en todo momento, un helicóptero cerca listo para evacuarlo, que habría francotiradores apostados en los tejados a lo largo de todas las rutas que recorriese, que siempre viajaría con él un médico personal para casos de emergencia o que el vehículo en el que se desplazase contendría una reserva de sangre de su grupo sanguíneo por si la necesitaba. En cuestión de semanas, justo antes de la toma de posesión de Barack, se dispondría de un nuevo modelo de limusina presidencial, con el apropiado sobrenombre de *La bestia*: un tanque de siete toneladas disfrazado de vehículo de lujo, trucado con cañones ocultos de gas lacrimógeno, neumáticos a prueba de pinchazos y un sistema de ventilación aislado diseñado para sobrevivir a un ataque biológico o químico.

Estaba casada con uno de los seres humanos más protegidos del planeta. Era algo que tranquilizaba e inquietaba a partes iguales. Miré a Cornelius, quien me indicó con un gesto que avanzara hacia la limusina.

—Ya puede acercarse, señora —dijo.

Solo había estado dentro de la Casa Blanca una vez, un par de años antes. Me había apuntado con Malia y Sasha a una visita especial que se ofrecía coincidiendo con una de nuestras estancias en Washington, pensando que sería divertido. Un conservador de la Casa Blanca nos guio por los espléndidos pasillos y muchas salas de acceso público.

Contemplamos las arañas que colgaban del alto techo de la sala Este, donde históricamente se celebraban los bailes y las recepciones más elegantes. Inspeccionamos las mejillas sonrosadas y la expresión sobria de George Washington en el gigantesco retrato que pendía de una pared. Descubrimos, gracias a nuestro guía, que a finales del siglo XVIII la primera dama Abigail Adams había utilizado aquel espacio enorme para tender la colada y que, décadas más tarde, durante la Guerra Civil, habían acuartelado en él de forma temporal a soldados de la Unión. En la sala Este se habían celebrado varias bodas de primeras hijas. También había acogido la capilla ardiente de Abraham Lincoln y la de John F. Kennedy.

Malia, que por entonces tenía casi ocho años, parecía más que nada sobrecogida por el tamaño del lugar, mientras que Sasha, con cinco, hacía todo lo posible por no tocar los muchos objetos que estaba prohibido tocar. Mantuvo la compostura mientras pasábamos de la sala Este a la sala Verde, que tenía unas delicadas paredes de seda de color esmeralda y venía acompañada de una anécdota sobre James Madison y la guerra de 1812, y la sala Azul, que tenía muebles franceses y llevaba aparejada una historia sobre la boda de Grover Cleveland. Sin embargo, cuando nuestro guía nos preguntó si tendríamos la bondad de seguirlo hasta la sala Roja, Sasha me miró y, con la voz sonora de una párvula aburrida, soltó: «¡Oh, nooo, otra sala no!». La hice callar enseguida y le lancé esa mirada de madre que dice: «No me pongas en evidencia».

Pero ¿quién podría culparla? La Casa Blanca es un sitio enorme, que dispone de 132 habitaciones, 35 baños y 28 chimeneas a lo largo de seis plantas, todas ellas cargadas de más historia de la que cualquier visita guiada podría empezar a cubrir. Resultaba difícil imaginar que allí se pudiera vivir de verdad. El presidente Bush y la primera dama, Laura Bush, vivían con sus terriers escoceses en la residencia familiar, en los pisos superiores. Con todo, en aquel momento nosotras estábamos en una zona diferente de la casa, la parte atrapada en el tiempo y semejante a un museo donde se exponía la historia del país.

Dos años más tarde llegaba de nuevo, en esa ocasión a través de una puerta distinta y con Barack. Íbamos a ver el edificio como nuestro hogar en ciernes.

El presidente y la señora Bush nos dieron la bienvenida en el salón de Recepciones Diplomáticas, pegado al jardín Sur. La primera dama me estrechó la mano con afecto. «Llámame Laura, por favor», dijo. Su marido se mostró igual de hospitalario, poseedor de un bondadoso espíritu tejano que se imponía a cualquier rencor político. Bush, como buen republicano, había apoyado la candidatura de John McCain, pero también había prometido que aquella sería la transición más fluida de la historia presidencial. La primera dama, Laura Bush, había ordenado a los miembros de su personal que redactasen listas de contactos, calendarios y muestras de correspondencia que me sirvieran de ayuda a la hora de orientarme en lo tocante a las obligaciones sociales que el título acarreaba. Detrás de todo aquello se adivinaba amabilidad, un amor genuino al país que siempre apreciaré y admiraré.

Aunque el presidente Bush no hiciera ninguna mención directa, habría jurado que detecté los primeros indicios de alivio en su cara, la certeza de que su tiempo en el cargo casi había terminado, de que pronto podría poner rumbo de vuelta a su casa de Texas. Llegaba el momento de ceder el puesto al próximo presidente.

Mientras nuestros maridos se dirigían al despacho Oval para conversar, Laura me acompañó al ascensor privado de paneles de madera que estaba reservado para la primera familia, accionado por un caballeroso ascensorista afroamericano vestido de esmoquin. Estábamos subiendo las dos plantas que nos separaban de la residencia familiar cuando Laura me preguntó cómo lo llevaban Sasha y Malia. Su período en la Casa Blanca había pillado a sus dos hijas más mayores que las nuestras. Exmaestra y bibliotecaria, había aprovechado su altavoz como primera dama para fomentar la educación y defender a los enseñantes. Me escudriñó con sus afables ojos azules.

—¿Cómo te encuentras tú? —preguntó.

—Un poco abrumada —reconocí.

Sonrió con lo que me pareció auténtica compasión.

—Lo sé. Créeme que sí.

En su momento, no supe comprender del todo el peso de lo que me decía, pero más tarde lo recordaría a menudo: Barack y yo nos incorporábamos a un grupo extraño y muy pequeño formada por los Clinton, los Carter, dos pares de Bush, Nancy Reagan y Betty Ford; las únicas familias vivas que habían experimentado de primera mano los gozos y los sinsabores únicos de la vida en la Casa Blanca. Por diferentes que fuéramos, siempre compartiríamos ese vínculo.

Laura me guio en un recorrido por la residencia, donde me enseñó una habitación, y luego otra y otra más. La zona privada de la Casa Blanca ocupa las dos plantas superiores de la estructura histórica principal, esto es, la que se reconoce por las fotos, con sus icónicos pilares blancos. Vi el salón donde comían las primeras familias y asomé la cabeza a la ordenada cocina, donde el personal ya estaba ocupado con los preparativos de la cena. Vi las habitaciones de invitados en la planta de arriba y las exploré como posible alojamiento para mi madre, si lográbamos convencerla de que se mudase con nosotros. A mí lo que me interesaba era echar un vistazo a las dos habitaciones que me parecían más apropiadas para Sasha y Malia, las que estaban en el mismo pasillo que el dormitorio principal. Para mí, era clave que las chicas se sintieran cómodas y en casa. Si lo despojábamos de la irrealidad a lo cuento de hadas que suponía mudarse a una casa que incluía chefs, bolera y piscina, lo que Barack y yo estábamos haciendo era algo que en realidad no quiere ningún padre: arrancar a sus hijas de una escuela que les encantaba en mitad del año escolar, separarlas de sus amigos y meterlas en un nuevo hogar y un nuevo colegio casi sin preaviso. Esa idea me preocupaba, si bien me reconfortaba saber que otras madres y otros hijos lo habían conseguido sin problemas en el pasado.

Laura me llevó a una habitación bonita y muy bien iluminada, contigua al dormitorio principal, que tradicionalmente se usaba como vestidor de la primera dama. Me señaló las vistas al jardín de las Rosas y el despacho Oval a través de la ventana, antes de añadir que la reconfortaba poder mirar y a veces formarse una idea de lo que su marido estaba haciendo. Hillary Clinton, me contó, le había mostrado las mismas vistas cuando realizó su primera visita a la Casa Blanca ocho años antes. Y ocho años antes de aquello, su suegra, Barbara Bush, se las había mostrado a Hillary.

En los meses siguientes sentiría el poder de la conexión con esas otras mujeres. Hillary tuvo la amabilidad de compartir conmigo su sabiduría por teléfono, cuando me describió su experiencia buscando escuela para Chelsea. Hablé con Rosalynn Carter y con Nancy Reagan; las dos se mostraron cariñosas y me ofrecieron su apoyo. Y Laura tuvo el detalle de invitarme a que volviese con Sasha y Malia un par de semanas después de aquella primera visita, un día en el que sus hijas, Jenna y Barbara, pudieran enseñar a las mías las «partes divertidas» de la Casa Blanca; les mostraron desde los mullidos asientos del cine privado hasta cómo deslizarse por el pasillo inclinado de la planta de arriba.

Aquello me daba muchos ánimos. Ya esperaba con ganas el día en que pudiera transmitir lo que hubiera aprendido a la siguiente primera dama.

Nos mudamos a Washington justo después de nuestras clásicas vacaciones de Navidad en Hawái, para que Sasha y Malia pudieran empezar en la escuela al mismo tiempo que sus nuevos compañeros volvían de la pausa navideña. Todavía faltaban tres semanas para la toma de posesión, por lo que nos alojamos en la última planta de un hotel en el centro de la ciudad. Nuestras ventanas daban a la plaza Lafayette y el jardín Norte de la Casa Blanca, donde veíamos el estrado y las gradas de metal que estaban montando para el desfile de la toma de posesión. En un edificio situado enfrente del hotel alguien había colgado una pancarta enorme que ponía: «Bienvenidas, Malia y Sasha». Al verla se me hizo un nudo en la garganta de la emoción.

Decidimos matricular a Malia y Sasha en la escuela Sidwell Friends, un colegio cuáquero de excelente reputación. Sasha entraría en el segundo curso del centro de infantil, situado en la zona residencial a las afueras de Bethesda, Maryland, mientras que Malia estudiaría quinto en el campus principal, a unos pocos kilómetros al norte de la Casa Blanca. Cada una de las niñas tendría que ir a la escuela acompañada por una caravana de vehículos con un grupo de agentes armados del Servicio Secreto. También habría agentes apostados ante las puertas de sus aulas y las seguirían durante cada descanso, recreo y entrenamiento deportivo.

Vivíamos en una especie de burbuja. No recordaba la última vez que había hecho un recado por mi cuenta o había paseado por el parque por diversión. Cualquier movimiento requería una charla previa con los equipos tanto de seguridad como de programación. Estar dentro de la burbuja era una sensación extraña que no me gustaba en especial, aunque también comprendía que era por nuestra seguridad. Con su escolta policial permanente, nuestros vehículos ya no paraban en los semáforos. Rara vez entrábamos o salíamos por la puerta principal de un edificio cuando podían meternos a toda prisa por una entrada lateral. Desde el punto de vista del Servicio Secreto, cuanto menos visibles fuéramos, mejor.

Me aferraba a la esperanza de que la burbuja de Sasha y Malia fuera diferente, de que pudieran estar a salvo pero seguir comportándose como niñas normales. Quería que hicieran amigos, amigos de verdad: que encontrasen chicos de su edad a los que les cayeran bien por razones que fueran más allá de que eran las hijas de Barack Obama. Quería que aprendiesen, que vivieran aventuras, que cometiesen errores y los superaran. Esperaba que la escuela fuese para ellas una especie de refugio, un lugar donde ser ellas mismas. Sidwell Friends nos atraía por muchos motivos. El personal sabía cómo proteger la intimidad de los estudiantes de perfil alto y ya había realizado la clase de ajustes de seguridad que serían necesarios para Malia y Sasha. Por encima de todo, la escuela me transmitía buenas sensaciones. La filosofía cuáquera concede una importancia crucial a la comunidad, que se construye sobre la idea de que no debe valorarse a ningún individuo por encima de otro, y eso me parecía un sano contrapunto a las atenciones con las que ahora se colmaba a su padre.

El primer día de clase, Barack y yo desayunamos temprano con Malia y Sasha antes de ayudarlas a ponerse los abrigos de invierno. Barack no pudo evitar ofrecerles consejos sobre cómo sobrevivir a un primer día en una escuela nueva («Sonreíd mucho, sed amables, haced caso a vuestros profesores») para añadir, al final, mientras las dos niñas se echaban a la espalda sus mochilas violetas: «¡Y sobre todo no os hurguéis la nariz!».

Mi madre se nos unió en el pasillo, y bajamos juntos en el ascensor.

Fuera del hotel, el Servicio Secreto había levantado una carpa de seguridad que tenía por objeto mantenernos fuera del alcance de los fotógrafos y los cámaras de televisión que estaban apostados a la entrada, ansiosos por obtener imágenes de nuestra familia en transición. Barack tenía la esperanza de acompañar a las niñas todo el camino hasta la escuela, pero sabía que supondría demasiado jaleo, dado el tamaño de su caravana. Percibí la pesadumbre en su rostro cuando Sasha y Malia lo abrazaron para despedirse.

Después mi madre y yo acompañamos a las niñas en lo que sería su nueva variedad de autobús escolar: un todoterreno negro con lunas tintadas hechas de cristal a prueba de balas. Esa mañana intenté transmitir confianza, sonriendo y bromeando con mis hijas. Por dentro, sin embargo, estaba nerviosa. Nuestra primera parada fue el campus de la escuela de primaria, donde Malia y yo tuvimos que abrirnos paso entre las cámaras de los periodistas para entrar en el edificio, flanqueadas por agentes del Servicio Secreto. En cuanto la dejé en manos de su nueva profesora, la caravana nos llevó hasta Bethesda, donde repetí la maniobra con la pequeña Sasha, a la que acompañé hasta un aula muy mona con mesas bajas y anchos ventanales, que recé por que fuera un lugar seguro y alegre.

Me esperaba una jornada muy intensa, con todos los minutos ocupados por alguna reunión, pero no lograba dejar de pensar en nuestras hijas. ¿Cómo estarían pasando el día? ¿Qué comerían? ¿Las mirarían con la boca abierta, o las harían sentirse a gusto? Más tarde vería en la prensa una foto de Sasha durante el trayecto a la escuela que hizo que se me saltaran las lágrimas. Creo que la tomaron mientras yo estaba dejando a Malia y Sasha esperaba en el coche con mi madre. Tenía la carita redonda pegada al cristal de la ventanilla del todoterreno y miraba hacia fuera, con los ojos abiertos, contemplando a los fotógrafos y curiosos con una expresión indescifrable pero seria.

Cuánto estábamos pidiéndoles. Fue una idea que no me quité de la cabeza no solo aquel día, sino durante los meses y años siguientes.

Todos los presidentes electos disponen de fondos federales para la mudanza a la Casa Blanca, pero Barack, siempre más exigente consigo mismo, insistió en que lo pagásemos todo de nuestro bolsillo. Existe una máxima ancestral en la comunidad negra que dice: «Tienes que ser el doble de bueno para llegar la mitad de lejos». Dado que éramos la primera familia afroamericana en la Casa Blanca, se nos veía como representantes de nuestra raza. Sabíamos que cualquier fallo o error de cálculo se sacaría de contexto y se interpretaría como algo más de lo que era.

El ritmo de la transición no aflojó en ningún momento. Me bombardeaban con cientos de decisiones: tenía que elegirlo todo, desde las toallas del baño hasta la pasta de dientes o el jabón para la residencia de la Casa Blanca, escoger mis atuendos para la ceremonia de la toma de posesión y los bailes formales que vendrían a continuación, y coordinar las visitas de unos ciento cincuenta amigos cercanos y familiares que llegarían desde fuera de la ciudad y serían nuestros huéspedes. Me interesaba menos redecorar y planificar la toma de posesión que averiguar lo que podía hacer desde mi nueva condición. El hecho de que no hubiera una descripción del puesto de primera dama me concedía libertad para escoger mis prioridades. Deseaba garantizar que cualquier esfuerzo por mi parte contribuyera al cumplimiento de las metas generales de la nueva administración.

Constaté con gran alivio que nuestras dos hijas volvían contentas después del primer día de colegio, y el segundo y el tercero. Sasha trajo deberes, cosa que nunca había sucedido antes. Malia ya se había apuntado para cantar en un concierto del coro de la escuela. Nos explicaron que los niños de otros cursos a veces se quedaban un poco embobados cuando las veían, pero todo el mundo era agradable con ellas. Después de aquel día, el viaje en caravana a Sidwell Friends se fue volviendo más rutinario. Al cabo de una semana, más o menos, las chicas se sentían lo bastante cómodas para empezar a ir a la escuela sin mí. Mi madre ocupó mi puesto como acompañante habitual, lo que automáticamente hizo que las entregas y recogidas fueran menos aparatosas, al implicar menos agentes, vehículos y armas.

Mi madre en un principio no tenía intención de acompañarnos a Washington, pero yo la puse contra las cuerdas. Las niñas la necesitaban; yo la necesitaba. Quería creer que ella también nos necesitaba a nosotras. Durante los últimos años había sido una presencia casi diaria en nuestras vidas, y su mentalidad práctica había supuesto un bálsamo para las preocupaciones de todos los demás. A sus setenta y un años, sin embargo, no había vivido en ningún sitio que no fuera Chicago. Era reacia a dejar el South Side y su casa en Euclid Avenue. («Adoro a esa gente, pero también adoro mi propia casa —le dijo a un periodista—. La Casa Blanca me recuerda a un museo y pienso: "¿Cómo duermes en un museo?.»)

Intenté explicarle que, si se mudaba a Washington, conocería a toda clase de personas interesantes, no tendría que cocinar ni limpiar y dispondría de más espacio en la planta superior de la Casa Blanca del que había tenido nunca en casa. Nada de eso tenía importancia para ella; a mi madre no le interesaban el glamour ni la pompa.

Al final, llamé a Craig. «Tienes que hablar con mamá, hazlo por mí —le dije—. Por favor, convéncela de que venga.»

De algún modo, aquello funcionó. A Craig se le daba bien convencer cuando hacía falta.

Mi madre acabaría pasando con nosotros en Washington los siguientes ocho años, pero se negó a que la metieran en ninguna burbuja. Rechazó la protección del Servicio Secreto y evitó a la prensa para mantener un perfil bajo y una huella poco profunda. Tenía encantado al personal doméstico de la Casa Blanca con su insistencia en ocuparse sola de su colada, y durante años entraría y saldría a placer de la residencia cruzando la puerta para acercarse a la farmacia o a los grandes almacenes más cercanos cuando necesitaba comprar algo, haciendo nuevas amigas con las que quedaba para comer fuera de forma regular. Siempre que algún desconocido comentaba que era clavadita a la madre de Michelle Obama, ella se encogía de hombros con educación y decía: «Sí, me lo dicen

Medio Oeste, como habían hecho mis ancestros por ambos lados.

Sentada a oscuras junto a Barack, me quedé absorta, y me emocioné un poco, y durante un ratito pude perderme en la actuación y sentí esa apacible satisfacción que sobreviene cuando se sale una noche libre.

Mientras regresábamos a Washington entrada la noche ya sabía que iba a pasar mucho tiempo antes de que volviéramos a hacer nada parecido. Los oponentes políticos de Barack lo criticarían por llevarme a Nueva York para ir al teatro, diciendo que nuestra cita había sido una extravagancia muy cara. Lo que me recordó que siempre habría críticas; los republicanos nunca iban a aflojar. La «óptica» siempre dictaría nuestras vidas.

Con nuestra cita, Barack y yo habíamos demostrado que podíamos tomarnos un respiro y disfrutar de una velada romántica como hacíamos años atrás, antes de que su vida política lo dominara todo. Podíamos, como primera pareja, sentirnos cercanos y conectados, disfrutar de una cena y un espectáculo en una ciudad que amábamos los dos. Lo malo era la sensación de que habíamos sido un poco egoístas al tomar esa decisión, saber que había exigido horas de reuniones por adelantado entre equipos de seguridad y policía local. Había acarreado trabajo de más para nuestro personal, para el teatro, para los camareros del restaurante, para las personas que habían padecido un atasco debido a nuestra caravana. Formaba parte de la gravedad con la que ahora vivíamos. Había demasiadas personas implicadas, demasiados afectados, para que nada pareciese una simple diversión.

Desde el balcón Truman divisaba al completo el huerto que iba cobrando forma. Para mí, era una estampa gratificante: brotes a medio crecer, tallos de zanahoria y cebolla que empezaban a asomar, hileras de espinacas densas y verdes, con vistosas flores rojas y amarillas que crecían en los bordes. Estábamos cultivando comida.

A finales de junio nuestra cuadrilla original de hortelanos en prácticas de la escuela elemental de Bancroft me acompañó para recoger nuestra primera cosecha; se arrodillaron conmigo en la tierra y se pusieron a arrancar hojas de lechuga y a desprender vainas de guisantes de los tallos. En esa ocasión también contaron con la amenización de Bo, nuestro cachorro, que daba vueltas a los árboles brincando antes de tumbarse boca arriba a tomar el sol entre los arriates.

Después de nuestra cosecha, Sam y los colegiales, en la cocina, prepararon ensaladas con las lechugas y los guisantes recién cogidos, que luego se comieron con pollo al horno, seguido de cupcakes decoradas con bayas del huerto. En diez semanas, el jardín había generado más de cuarenta kilos de productos, a partir de apenas unos doscientos dólares en semillas y mantillo.

El huerto era popular y el huerto era sano, pero también sabía que para algunos no sería suficiente. Entendía que me observaban con ciertas expectativas, sobre todo las mujeres, quizá sobre todo las mujeres trabajadoras, que se preguntaban si iba a dejar de lado mi educación y experiencia gestora para encajar en el molde de una primera dama tradicional, que se dedicaba a organizar fiestas y escoger telas lujosas. A la gente parecía preocuparle que no fuese a mostrar todo mi ser.

Al margen de lo que decidiera, sabía que era inevitable decepcionar a alguien. La campaña me había enseñado que hasta mi último movimiento y expresión facial se interpretaría de una docena de modos distintos. Alguna gente seguiría viéndome como agresiva y colérica. Las feministas verían mi jardín y mis mensajes sobre alimentación sana como la prueba de que no estaba utilizando mi poder y mi voz en toda su capacidad. Varios meses antes de que eligieran a Barack expliqué en una entrevista para una revista que mi objetivo principal en la Casa Blanca sería continuar desempeñando mi papel de «mamá en jefe» de nuestra familia. Lo había dicho sin pensar, pero la expresión caló y tuvo eco en la prensa. Algunas estadounidenses la hicieron suya, porque entendían la cantidad de organización y empuje que hace falta para criar hijos. Otras, entretanto, parecían horrorizadas, pues pensaban que, como primera dama, solo me dedicaría a hacer manualidades con limpiapipas con mis hijas.

La verdad era que pretendía hacer las dos cosas —trabajar con dedicación y ser una madre atenta—, como siempre había hecho. La única diferencia era que ahora había mucha gente mirando. Mi manera preferida de trabajar, por lo menos al principio, era con discreción. Quería ser metódica en la elaboración de un plan general y esperar a tener confianza plena en lo que presentaba antes de dar a conocer al público ningún proyecto. El interés y el entusiasmo que habíamos despertado con el huerto —la atención positiva de los medios, el aluvión de cartas llegadas de todo el país— no hacían sino confirmarme que podía crear opinión en torno a una buena idea. Ahora quería poner sobre la mesa un tema más ambicioso e impulsar soluciones de mayor calado.

En el momento en que Barack juró el cargo, casi un tercio de los niños estadounidenses padecían sobrepeso u obesidad. A lo largo de las tres décadas anteriores los índices de obesidad infantil se habían triplicado. Aumentaban los diagnósticos infantiles de hipertensión y diabetes tipo 2. Los mandos militares informaban de que la obesidad era uno de los motivos más habituales para descalificar a los candidatos a entrar en el ejército.

El problema estaba entrelazado con todos los aspectos de la vida familiar, desde el elevado precio de la fruta fresca hasta los recortes en la financiación de actividades deportivas y de recreo en las escuelas públicas. La televisión, el ordenador y los videojuegos competían por el tiempo de los niños, y en algunos barrios quedarse en casa parecía una opción mucho más segura que salir a jugar, como hacíamos Craig y yo cuando éramos pequeños. Muchas familias carecían de comercios de alimentación en su barrio o tenían dificultades para encontrar y poder costearse frutas y verduras frescas. Entretanto, las porciones de los restaurantes cada vez eran más grandes. El mensaje publicitario de los cereales azucarados, la comida preparada para calentar en el microondas y el tamaño extra-grande en todos los artículos se descargaba directamente en el cerebro de los niños que veían dibujos animados.

Sabía que si intentaba declarar la guerra a las bebidas azucaradas dirigidas al consumidor infantil, lo más probable era que me hicieran frente no solo las grandes productoras del sector, sino también los granjeros que proveían el maíz que se usaba en muchos edulcorantes. Si hacía campaña en pro de unos menús más sanos en las escuelas, entraría en rumbo de colisión con las grandes corporaciones que a menudo dictaban qué comida acababa en la bandeja de un niño de doce años en el comedor del colegio.

Aun así, a mí me parecía que era el momento adecuado para impulsar un cambio. No era ni la primera ni la única persona que había puesto esos temas sobre la mesa. A lo largo y ancho de Estados Unidos cobraba fuerza un creciente movimiento en pro de la alimentación saludable. En ciudades de todo el país la gente empezaba a experimentar con los huertos urbanos. Republicanos y demócratas habían abordado el problema tanto en los estados como en las ciudades, invirtiendo en vida sana, construyendo más aceras y jardines comunitarios, lo que demostraba que existía terreno político común que explorar.

Mi pequeño equipo y yo empezamos a reunirnos con expertos para formular un plan. Decidimos centrar nuestros esfuerzos en los niños, porque conseguir que los adultos cambien de hábitos es duro y políticamente espinoso. Teníamos la certeza de que nuestras opciones mejorarían si intentábamos ayudar a los niños a pensar en la comida de otro modo y a que hicieran ejercicio desde una edad temprana. ¿Y quién iba a enfadarse con nosotros si buscábamos genuinamente lo mejor para los niños?

Mis propias hijas habían acabado la escuela y ya disfrutaban de las vacaciones de verano. Me había comprometido a pasar tres días por semana trabajando como primera dama y a reservar el resto del tiempo para mi familia. En vez de apuntar a las niñas a escuelas de verano, decidí organizar lo que yo llamaba el Campamento Obama, en el que invitábamos a unas cuantas amigas y nos íbamos de excursión por los alrededores, para conocer mejor la zona en la que vivíamos. Fuimos a Monticello y a Mount Vernon y exploramos las cuevas del valle del Shenandoah. Visitamos la Oficina de Moneda y Timbre para ver cómo se hacían los dólares y fuimos a la casa de Frederick Douglass, en la parte sudeste de Washington, para mostrarles que una persona esclavizada podía convertirse en un erudito y un héroe. Durante una temporada pedí a las niñas que escribieran una breve redacción después de cada salida, que resumieran lo que habían aprendido, aunque con el tiempo empezaron a protestar y lo dejé correr.

Siempre que podíamos, programábamos esas excursiones a primera hora de la mañana o a última de la tarde, a fin de que el Servicio Secreto pudiera asegurar la zona por adelantado sin causar demasiadas molestias. Seguíamos siendo un incordio, lo sabía, pero en lo tocante a las niñas procuraba desentenderme de los remordimientos. Quería que nuestras hijas pudieran moverse con la misma clase de libertad de la que gozaban los demás niños.

Un día, aquel mismo año, había tenido un encontronazo con el Servicio Secreto cuando Malia fue invitada a unirse a un grupo de amigos del colegio que, espontáneamente, decidió hacer una escapada para comprar helado. Como por motivos de seguridad ella no tenía permiso para subirse al coche de otra familia, dijeron a Malia que tendría que esperar una hora mientras llegaba el jefe de su dotación de seguridad, lo que, por supuesto, retrasó a todos los implicados.

Esa era exactamente la clase de pesantez que no deseaba para mis hijas. No podía contener mi irritación. A mis ojos, no tenía sentido.

«Así no es como funcionan las familias ni como funcionan los helados —dije—. Si tienen que proteger a una niña, tienen que poder moverse como una niña.» Insistí en que los agentes revisaran los procedimientos para que, de cara al futuro, Malia y Sasha pudieran salir de la Casa Blanca con seguridad y sin un aparato de planificación previa tan descomunal. Barack y yo para entonces habíamos descartado la idea de ser espontáneos; nos habíamos rendido a la evidencia de que ya no había cabida para la impulsividad o la jovialidad en nuestras vidas. Pero en el caso de nuestras hijas, lucharíamos para mantener viva esa posibilidad.

En algún momento de la campaña electoral de Barack, la gente había empezado a prestar atención a mi ropa. Si no la gente, por lo menos los medios de comunicación, lo que llevó a los blogueros de moda a fijarse, lo que a su vez pareció provocar toda clase de comentarios en internet. No sé a qué se debió exactamente —quizá a que soy alta y no me dan miedo los modelos atrevidos—, pero esa era en apariencia la realidad.

Cualquier cosa que me pusiera era noticia. Cuando llevaba calzado plano en vez de tacones, salía en las noticias. Mis perlas, mis cinturones, mis rebecas, mis vestidos, mi elección del blanco para el vestido de la toma de posesión… cualquier cosa parecía desencadenar una avalancha de opiniones y reacciones inmediatas. Llevé un vestido sin mangas al discurso de Barack para la sesión conjunta del Congreso y para mi foto oficial de la Casa Blanca, y de pronto mis brazos merecían titulares. En un viaje en familia al Gran Cañón del Colorado, me criticaron por una aparente falta de dignidad cuando me retrataron bajando del *Air Force One* (a cuarenta grados, debo añadir) vestida con pantalones cortos.

A veces parecía que a la gente le importase más mi ropa que nada que yo dijese. En Londres me había sentido conmovida hasta las lágrimas hablando a las chicas de la escuela Elizabeth Garrett Anderson, solo para enterarme de que la primera pregunta que había planteado un periodista que cubría el acto había sido: «¿Quién diseñó su vestido?».

Aquellas cosas me desanimaban, pero intentaba verlas como una oportunidad de aprender y de encontrar poder dentro de una situación en la que nunca había deseado verme. Si la gente hojeaba una revista con la intención primordial de ver qué ropa llevaba, esperaba que también reparase en que al lado tenía a la pareja de un soldado, o que leyera mis declaraciones sobre salud infantil. Incluso accedí a aparecer en la portada de *Vogue,* porque siempre tenía importancia que apareciera una mujer de color en la portada de una revista. Además, insistí en escoger mis propios modelos, y usé vestidos de diseñadores jóvenes y diversos como Jason Wu y Narciso Rodriguez, un brillante diseñador de origen latino, para las fotografías.

Sabía un poco de moda, aunque no mucho. Como madre trabajadora, la verdad era que había estado demasiado ocupada como para dedicar mucho tiempo a pensar en lo que me ponía. Durante la campaña había comprado casi todo mi vestuario en una boutique de Chicago en la que tuve la suerte de conocer a una joven vendedora llamada Meredith Koop. Meredith era aguda, sabía mucho sobre los diferentes diseñadores y tenía un sentido juguetón del color y la textura. Después de la elección de Barack, logré convencerla de que se mudara a Washington y trabajara conmigo como asesora personal y estilista de vestuario. Muy pronto se convirtió también en una amiga de confianza.

Un par de veces al mes, Meredith entraba en mi vestidor de la residencia con varios percheros rodantes y nos pasábamos una hora o dos probando prendas y emparejando conjuntos con los diversos compromisos que tuviera en la agenda para las siguientes semanas. Yo pagaba de mi bolsillo toda la ropa y los accesorios, excepto algunos artículos especiales, como ciertos vestidos elegantes que me ponía para los actos formales, que me prestaban los propios diseñadores y más tarde se donaban a los Archivos Nacionales. Por lo que respecta a mis elecciones, intentaba ser un tanto impredecible, evitar que alguien leyera un mensaje en lo que vestía. Era un equilibrio difícil. En teoría tenía que destacar sin eclipsar a los demás, no desentonar pero tampoco ser invisible. Como mujer negra, además, sabía que me criticarían si me percibían como amiga de la ostentación y el lujo, y lo mismo si me pasaba de informal.

En consecuencia, mezclaba estilos. Combinaba una exclusiva falda de Michael Kors con una camiseta comprada en Gap; un día me vestía con algo adquirido en Target y, al siguiente, con un Diane von Furstenberg. Quería poner en el candelero y rendir tributo a los diseñadores estadounidenses, en especial a los menos conocidos. Para mí, esas decisiones no eran más que una manera de aprovechar toda la atención que recibía para dar un espaldarazo a un conjunto diverso de jóvenes promesas.

Pero asegurarme de que todos mis conjuntos eran siempre apropiados era algo que exigía tiempo y dinero; más dinero del que me había gastado nunca en ropa. También exigía una meticulosa investigación por parte de Meredith, sobre todo en los viajes al extranjero: pasaba horas asegurándose de que los diseñadores, los colores y los estilos que escogíamos prestaran el debido respeto a los pueblos y los países que visitábamos. Meredith también compraba ropa para Sasha y Malia cuando se acercaba algún acto público, lo que sumaba a los gastos generales, pero también ellas eran blanco de las miradas. Yo suspiraba en ocasiones cuando veía a Barack sacar el mismo traje oscuro del armario y marcharse al trabajo sin necesidad de pasarse un peine siquiera. Su mayor dilema de vestuario ante un acto público era si llevar americana o no, si se ponía corbata o no.

Meredith y yo nos esforzábamos para estar siempre preparadas. En el vestidor, cuando me probaba un traje nuevo, me agachaba, daba zancadas y hacía el molinillo con los brazos para asegurarme de que podría moverme. Cuando viajaba, llevaba conjuntos de repuesto, en previsión de un cambio de tiempo o de programación, por no hablar de imponderables de pesadilla como salpicaduras o cremalleras rotas. Aprendí también que era importante meter siempre en la maleta un vestido apropiado para un funeral, porque a veces avisaban a Barack con muy poca antelación para que estuviera presente en el sepelio de soldados, senadores y líderes mundiales.

Llegué a depender mucho de Meredith, pero también de Johnny Wright, mi peluquero, un locuaz huracán humano que se reía a carcajadas, y de Carl Ray, mi meticuloso artista de maquillaje de voz aterciopelada. Aquel trío me dio la confianza que necesitaba para salir ante el público a diario, aunque todos supiéramos que cualquier despiste provocaría una andanada de mofas y comentarios desagradables. Nunca había pensado que acabaría siendo una de esas personas que contratan a otros para cuidar su imagen, y al principio la idea me resultó incómoda. Pero no tardé en descubrir una verdad de la que nadie habla: hoy en día, la práctica totalidad de las mujeres con un perfil público —políticas, famosas, lo que sea— tienen su propia versión de Meredith, Johnny y Carl. Es poco menos que una obligación, un precio inherente al hecho de que a las mujeres se las juzga por su apariencia más que a los hombres.

Durante aquel primer año en la Casa Blanca, me descubrí acudiendo a libros escritos por otras primeras damas o que trataban sobre ellas, pero siempre acababa dejándolos. Casi prefería no saber en qué éramos iguales y en qué nos diferenciábamos.

Lo que sí hice, en septiembre, fue almorzar por fin con Hillary Clinton en el comedor de la residencia. Hablamos de cuál había sido su experiencia como primera dama. Fue franca conmigo al reconocer que había juzgado mal la disposición del país a tener una mujer profesional y activa como primera dama. Cuando era la esposa del gobernador de Arkansas, ella conservó su empleo como abogada a la vez que ayudaba en los esfuerzos de su marido por mejorar la atención sanitaria y la educación. Cuando su marido fue elegido presidente, ella llegó a Washington con la misma energía y ganas de contribuir, sin embargo, pero fue muy criticada por desempeñar un papel político dentro de la campaña de la Casa Blanca para reformar la atención sanitaria. Le habían transmitido un mensaje alto y claro: los votantes habían elegido a su marido, no a ella. Las primeras damas no pintaban nada en el Ala Oeste. Hillary había intentado hacer demasiado y demasiado rápido, al parecer, y chocó contra un muro.

Yo, por mi parte, procuraba tener presente ese muro y procuraba no involucrarme de forma directa en los asuntos del Ala Oeste. En lugar de eso, delegaba en mi personal la comunicación diaria con el equipo de Barack, y ellos intercambiaban consejos y repasaban nuestras agendas y nuestros planes. Sus asesores, en mi opinión, podían excederse en su preocupación por las apariencias. En un momento dado, cuando decidí dejarme flequillo, mi personal sintió la necesidad de consultar antes la idea con la gente de Barack, solo para asegurarse de que no hubiera ninguna pega.

Cuando Barack llevaba ya casi un año siendo presidente, la economía aún seguía en mal estado. Sabía por experiencia propia que, incluso en las malas rachas, y quizá especialmente en las malas rachas, no pasaba nada por reírse. Había que encontrar modos de divertirse. En ese frente, mi equipo llevaba un tiempo chocando con el personal de comunicación de Barack a propósito de la idea que se me había ocurrido de celebrar una fiesta de Halloween para niños en la Casa Blanca. El equipo de Barack opinaba que el gesto se percibiría como demasiado ostentoso. «La óptica es mala», decían. Esto significaba que el público no lo vería con buenos ojos cuando tantas familias estaban pasando por dificultades. Yo discrepaba, con el argumento de que una fiesta de Halloween para niños locales y familias de militares que no hubieran visto nunca la Casa Blanca era un uso la mar de apropiado para una parte ínfima de nuestro presupuesto para entretenimiento.

En algún momento su equipo dejó de presentar batalla contra nuestra idea. A finales de octubre, para mi satisfacción, había una calabaza de cuatrocientos cincuenta kilos en el césped de la Casa Blanca. Una banda de esqueletos tocaba jazz mientras una araña negra gigante descendía del pórtico Norte. Me planté delante de la Casa Blanca disfrazada de leopardo —con pantalones negros, una camiseta con manchas y un par de orejas de gato enganchadas a una diadema— mientras Barack, que nunca había sido muy dado a los disfraces, ni siquiera antes de que «la óptica» importase, se situó a mi lado vestido con un aburrido jersey. Aquella noche repartimos bolsas de galletas, frutos secos y M&M en una caja decorada con el sello presidencial mientras más de dos mil princesas, parcas, piratas, superhéroes, fantasmas y jugadores de fútbol americano correteaban por el césped hacia nosotros. Por lo que a mí respectaba, «la óptica» era muy buena.

El huerto rendía, estación tras estación, enseñándonos toda clase de cosas. Plantamos melones que salieron pálidos e insípidos. Los pájaros se merendaron nuestros arándanos; los escarabajos iban a por los pepinos. Si había algún problema, hacíamos pequeños retoques y seguíamos adelante. Nuestras cenas en la residencia ya incluían a menudo brócolis, zanahorias y kale cultivados en el jardín Sur. Empezamos a donar una parte de cada cosecha a Miriam Kitchen, una entidad benéfica local que daba de comer a personas sin hogar. Comenzamos a preparar conservas de hortalizas, que luego regalábamos a los dignatarios que nos visitaban, junto con tarros de miel de nuestras colmenas. Entre el personal, el huerto se convirtió en una fuente de orgullo. Aquellos que al principio se habían mostrado dubitativos no tardaron en hacerse fans. Para mí, el huerto era algo sencillo, fecundo y saludable, un símbolo de fe y diligencia. Era bello a la vez que poderoso. Y hacía feliz a la gente.

A lo largo de los meses anteriores mi personal y yo habíamos hablado con expertos en salud infantil para que nos ayudaran a ampliar el alcance de nuestra campaña. Daríamos a los padres mejor información para ayudarlos a escoger opciones saludables para sus familias. Trabajaríamos para crear unas escuelas más saludables. Intentaríamos mejorar el acceso a los alimentos nutritivos. Y encontraríamos más maneras para que los jóvenes practicaran alguna actividad física. Sabedores de que el modo en que presentásemos nuestras iniciativas importaría, mi equipo de comunicaciones se esforzó por dar a la campaña una apariencia divertida. Entretanto, el equipo de Barack al parecer andaba preocupado con mis planes, temeroso de que se me presentara como una sabelotodo en un momento en que los estadounidenses recelaban de cualquier acción que diese la impresión de que el gobiernos les decía lo que tenían que hacer.

Mi objetivo era que aquello fuese más allá del gobierno. Por lo que respectaba al estilo de vida de las familias, quería hablar direc tamente con las madres, los padres y, sobre todo, los niños. Concedí entrevistas a revistas de salud orientadas a padres y niños: jugué con un hula-hop en el jardín Sur para demostrar que hacer ejercicio podía ser divertido y aparecí como invitada en *Barrio Sésamo*, donde hablé de hortalizas con Elmo y Caponata. Siempre que conversaba con periodistas desde el huerto de la Casa Blanca mencionaba que muchos estadounidenses tenían problemas para encontrar productos frescos en sus comunidades y hablaba sobre los costes sanitarios asociados al aumento de los niveles de obesidad. Para asegurarme de contar con la aprobación de todos aquellos a los que necesitaríamos para que la iniciativa fuera un éxito, pasamos semanas y semanas celebrando discretas reuniones con distintos grupos con el objetivo de perfeccionar nuestro plan y nuestro mensaje.

En febrero de 2010 estaba por fin preparada para compartir mi visión. Una fría tarde de martes, me planté en el comedor de Estado de la Casa Blanca rodeada de niños y funcionarios del gobierno, estrellas del deporte y alcaldes, junto con personajes importantes de la medicina, la educación y la producción de alimentos, además de los periodistas, para anunciar con orgullo nuestra nueva iniciativa, que habíamos decidido llamar Let's Move! («¡Movámonos!»). Se centraba en un objetivo: acabar en una generación con la epidemia de obesidad infantil.

Lo que más me importaba era que no solo estábamos anunciando una serie de deseos a modo de brindis al sol. El esfuerzo era real y el trabajo ya estaba empezado. Barack había firmado un memorándum ese mismo día en el que creaba una nueva iniciativa federal sobre obesidad infantil. Los tres principales proveedores de menús escolares habían anunciado que rebajarían la cantidad de sal, azúcar y grasa de los productos que servían. La Asociación de Bebidas Refrescantes de Estados Unidos había prometido etiquetar con mayor claridad los ingredientes de sus productos. Habíamos animado a los pediatras a medir de forma periódica el índice de masa corporal, que determinaba si el peso de una persona entraba dentro de un rango considerado sano para su altura. Habíamos persuadido a Disney, NBC y Warner Bros. de que emitieran anuncios de servicio público e invirtieran en programas especiales que animasen a los niños a optar por un estilo de vida saludable. Los líderes de varias ligas deportivas profesionales habían accedido a publicitar una campaña, «60 Minutos de Juego al Día», para ayudar a que los niños se movieran más.

Y eso era solo el principio. Teníamos planes para fomentar la apertura de fruterías en los barrios urbanos y las zonas rurales conocidos como «desiertos alimentarios», debido a la falta en ellas de comercios que vendiesen comida sana. También impulsaríamos la inclusión de una información nutricional más precisa en los envases de la comida. De paso, trabajaríamos para hacer que las empresas asumiesen su responsabilidad por las decisiones que tuvieran un impacto en la salud de los niños.

Haría falta compromiso y organización para sacar todo aquello adelante. Yo lo sabía, pero era exactamente la clase de trabajo que me gustaba. Abordábamos un tema importantísimo, pero, al ser la primera dama, actuaba desde una plataforma importantísima. Empezaba a darme cuenta de que todo lo que me parecía raro en mi nueva existencia —la extrañeza de la fama, la atención pormenorizada que se prestaba a mi imagen, la vaguedad de mis atribuciones— podía ponerse al servicio de unos objetivos reales. Me sentía llena de energía. Allí, por fin, tenía un modo de mostrar todo mi ser.

22

Una mañana de primavera nos pidieron a Barack, a las niñas y a mí que bajásemos de la residencia al jardín Sur. Un hombre al que no había visto nunca nos esperaba en la calzada. Tenía un rostro afable y un bigote canoso que le otorgaba un aire de dignidad. Se presentó como Lloyd.

—Señor presidente, señora Obama —dijo—, hemos pensado que tanto a ustedes como a las niñas les agradaría un pequeño cambio de ritmo, así que hemos organizado un zoo para ustedes. —Nos sonrió abiertamente—. Hasta ahora, ninguna familia presidencial había participado en algo como esto.

El hombre señaló hacia su izquierda y miramos en esa dirección. A unos treinta metros de distancia, holgazaneando a la sombra de los cedros, había cuatro grandes y hermosos felinos: un león, un tigre, una lustrosa pantera negra y un esbelto guepardo moteado. Desde donde yo estaba, no veía ninguna cerca ni tampoco cadena alguna. Parecía que no había nada que los mantuviese aislados de nosotros. Todo eso me parecía muy raro. Era, sin duda, un cambio de ritmo.

—Gracias. Es usted muy atento —dije esperando parecer cortés—. ¿Estoy en lo cierto…, Lloyd, al pensar que no hay vallas ni nada similar? ¿No es un poco peligroso para las niñas?

—Así es. Sí, lo hemos tenido en cuenta, por supuesto —respondió Lloyd—. Pensamos que su familia disfrutaría más de los animales si pueden moverse en libertad, como sucedería en la naturaleza. Para su seguridad, los hemos sedado. No constituyen ningún peligro para ustedes. —Hizo un gesto tranquilizador—. Adelante, acérquense. ¡Que lo disfruten!

Barack y yo tomamos a Malia y Sasha de la mano y atravesamos el césped aún cubierto de rocío. Los animales eran más grandes de lo que esperaba, y movían la cola mientras permanecían atentos a nuestra aproximación. Nunca había visto algo así: cuatro felinos juntos y comportándose de manera sociable. El león se removió ligeramente cuando nos acercamos más. Reparé en que la pantera nos seguía con la mirada y en que las orejas del tigre se tensaban un poco. Entonces, sin previo aviso, el guepardo salió disparado de la sombra directamente hacia nosotros a una velocidad pasmosa.

Entré en pánico, agarré a Sasha del brazo, salí corriendo con ella césped arriba, de vuelta hacia la casa, confiando en que Barack y Malia estarían haciendo lo mismo. Oí cómo los animales se habían puesto en pie y venían tras nosotros.

Lloyd seguía junto a la entrada, con aspecto imperturbable.

—¡Pensé que había dicho que estaban sedados! —dije a voz en cuello.

—¡No se preocupe, señora! —gritó en respuesta—. ¡Tenemos un plan para esta situación!

Un puñado de agentes del Servicio Secreto salían en tropel, llevando lo que parecían armas cargadas con dardos tranquilizantes. En ese instante, Sasha se soltó de mi mano.

Me volví hacia el césped, horrorizada al ver cómo mi familia era perseguida por animales salvajes, que a su vez eran perseguidos por agentes que iban disparándoles.

—¿Este es su plan? —grité—. ¿Me toma el pelo?

En ese preciso momento, el guepardo dejó escapar un gruñido y se abalanzó sobre Sasha con las garras sacadas. Parecía volar. Un agente disparó y, aunque no acertó al animal, lo asustó lo suficiente para que diese media vuelta y se retirase. Me sentí aliviada durante una décima de segundo, pero entonces lo vi: un dardo tranquilizante blanco y naranja clavado en el brazo derecho de Sasha.

Di un respingo en la cama, con el corazón acelerado y el cuerpo empapado en sudor, mientras mi marido, acurrucado, dormía plácidamente a mi lado. Había tenido una pesadilla espantosa.

Seguía teniendo la sensación de que mi familia y yo estábamos cayendo de espaldas mientras confiábamos en que algo pararía la caída. Confiaba en todo el apoyo que teníamos en la Casa Blanca, pero no dejaba de sentirme vulnerable al saber que todo, desde la seguridad de nuestras hijas hasta la organización de mis actividades, estaba casi enteramente en manos de otras personas. Mi infancia en Euclid Avenue me había enseñado que la autosuficiencia lo era todo. Me habían educado para ser capaz de resolver mis propios asuntos, pero ahora me parecía casi imposible. Otros se encargaban de resolverlo todo por mí. Antes de ir a un lugar cualquiera, había personas que recorrían el camino que yo iba a tomar, cronometrando al minuto cuánto tardaría en hacerlo, planificando de antemano mis pausas para ir al cuarto de baño. Había agentes que llevaban a mis hijas a jugar con sus amigos. Personal doméstico que recogía nuestra ropa sucia. Había dejado de conducir o de llevar encima dinero en efectivo o las llaves de casa. Tenía ayudantes que se encargaban de contestar a las llamadas de teléfono que recibía, asistir a reuniones y redactar declaraciones en mi nombre.

Todo eso era maravilloso y práctico, ya que me permitía tener más tiempo para centrarme en las cosas que consideraba más importantes. Pero de vez en cuando me hacía sentir —a mí, siempre tan detallista— como si hubiese perdido el control de los detalles. Era entonces cuando empezaban a acecharme los leones y los guepardos.

Además, había muchas cosas que no podían preverse. Cuando una está casada con el presidente aprende enseguida que el mundo rebosa de caos, que los desastres ocurren sin previo aviso y perturban cualquier tranquilidad que una pueda sentir. Es imposible dejar de prestar atención a las noticias: un terremoto arrasa Haití; un problema mecánico en una plataforma petrolífera junto a la costa de Luisiana provoca que se viertan millones de barriles de crudo en el golfo de México; una revolución sacude Egipto; un hombre armado abre fuego en el aparcamiento de un supermercado en Arizona, matando a seis personas e hiriendo de gravedad a una congresista estadounidense.

Cada mañana, leía el resumen de prensa que mi equipo me enviaba y sabía que Barack tendría que reaccionar a cada nuevo acontecimiento. Lo culparían por cosas que no podía controlar, lo presionarían para que resolviese espinosos problemas en países lejanos. Su trabajo consistía en tomar el caos y transformarlo de alguna manera en liderazgo sereno. Todos los días de la semana, todas las semanas del año.

Hacía cuanto estaba en mi mano para evitar que las incertidumbres del mundo afectasen a mi trabajo cotidiano como primera dama, pero a veces no había forma de lograrlo. La manera en que Barack y yo nos comportábamos frente a la inestabilidad era importante. Éramos conscientes de que representábamos al país y estábamos obligados a dar ejemplo de razón, compasión y consistencia y estar presentes cuando se producía alguna tragedia, adversidad o confusión. Una vez que se controló finalmente el vertido de petróleo de Luisiana —el peor en la historia de Estados Unidos—, hicimos un viaje familiar a Florida, durante el que Barack nadó en el mar con Sasha, para mostrar a todo el mundo que no había ningún riesgo en volver al golfo de México por vacaciones. Fue un pequeño gesto, pero el mensaje era más grande: «Si él confía en el agua, usted también puede hacerlo».

Cuando viajábamos a un lugar tras una tragedia, a menudo era para recordar a los estadounidenses que no debían pasar por alto el dolor ajeno. Intentaba destacar los esfuerzos de los equipos de ayuda, educadores o voluntarios locales: los que más daban cuando las cosas se complicaban. Cuando un terremoto azotó Haití, Jill Biden y yo visitamos a un grupo de artistas locales que estaban llevando a cabo terapia artística con los niños desplazados. A pesar de la desoladora devastación que los rodeaba y de las pérdidas que habían sufrido, y gracias a los adultos que los rodeaban, los pequeños aún conservaban la esperanza. El duelo y la resiliencia van de la mano. Esto es algo que constaté no solo en una ocasión sino en muchas mientras fui la primera dama de mi país.

Cada vez que podía visitaba hospitales militares donde las tropas estadounidenses se recuperaban de las heridas de guerra. La primera vez que fui al Centro Médico Militar Nacional Walter Reed, estaba previsto que mi visita durara noventa minutos, pero acabé pasando unas cuatro horas allí.

El Walter Reed atendía a los miembros del ejército que habían sido evacuados de Irak y Afganistán. Algunos pasaban allí solo unos pocos días; otros permanecían meses. El hospital disponía de cirujanos militares de primer nivel y ofrecía excelentes servicios de rehabilitación, capaces de tratar las heridas de guerra más devastadoras.

Por mucho que siempre hubiese intentado estar preparada para cualquier cosa en la vida, no había forma de prepararse para los encuentros que tuve con veteranos heridos y sus familias. Como ya he dicho, de niña aprendí muy poco sobre el mundo militar. Mi padre había estado dos años en el ejército, pero mucho antes de que yo naciese. Hasta que Barack empezó a hacer campaña, no había tenido contacto con el ajetreo ordenado de una base militar o las humildes viviendas que albergaban a los miembros del ejército que tenían familia. Para mí, la guerra siempre había sido algo terrorífico, pero también remoto, relacionado con paisajes que ni siquiera podía imaginar y con personas a las que no conocía. Ahora sé que esa manera de verla había sido todo un lujo.

Cuando llegaba a un hospital, por lo general me recibía una enfermera, me daban un uniforme para que me lo pusiera y me ordenaban que me desinfectase las manos cada vez que entrase en una habitación. Antes de abrir una nueva puerta, me ponían al tanto de quién era la persona a la que visitaba y cuál era su situación, a grandes rasgos. Unos pocos pacientes declinaron la oferta, a buen seguro porque no se sentían muy bien, o quizá por motivos políticos. En cualquier caso, lo entendía. Lo último que deseaba era ser una molestia para alguien.

Mi visita a cada habitación duraba tanto o tan poco como la persona quisiese. Todas las conversaciones eran privadas, sin periodistas ni personal de mi equipo observando. A veces el estado de ánimo era sombrío; otras, luminoso. Hablábamos de deportes, de nuestros respectivos estados de origen o de nuestros hijos. O de Afganistán y lo que les había pasado allí. A veces comentábamos lo que necesitaban, y también lo que no les hacía ninguna falta, que —como solían decirme— era que nadie se apiadase de ellos.

En una ocasión, me encontré un pedazo de cartulina roja pegada a una puerta con un mensaje escrito con rotulador negro que lo decía todo:

AVISO PARA TODOS LOS QUE ENTREN AQUÍ:

Si entras en esta habitación con lástima o para sentir lástima por mis heridas, vete a otra parte. Las heridas que sufrí las recibí haciendo un trabajo que adoro, para personas a las que quiero, defendiendo la libertad de un país por el que siento un amor profundo. Soy extraordinariamente duro y me recuperaré por completo.

Eso era resiliencia. Era el reflejo de un espíritu de autosuficiencia y orgullo que había visto por todas partes en el ejército. Un día me senté con un hombre que había partido joven y sano a una misión en el extranjero, dejando atrás a su mujer embarazada, y había vuelto tetrapléjico, incapaz de mover los brazos o las piernas. Mientras conversábamos, su bebé —un recién nacido minúsculo con la cara sonrosada— descansaba sobre su pecho envuelto en una manta. Conocí a otro militar al que le habían amputado una pierna y que me hizo muchas preguntas sobre el Servicio Secreto. Me explicó animadamente que había albergado esperanzas de entrar en él después de dejar el ejército, pero que, dada la lesión que había sufrido, estaba intentando buscarse otro plan.

También estaban las familias. Me presentaba a las mujeres y los maridos, las madres y los padres, los primos y los amigos que me encontraba junto a la cama, personas que a menudo habían tenido que hacer una pausa en sus vidas para estar cerca de sus familiares. A veces eran los únicos con los que podía hablar, porque su ser querido yacía inmovilizado en la cama, profundamente sedado o dormido. Algunos procedían de varias generaciones de servicio en el ejército, mientras que otras eran novias adolescentes que habían pasado a ser esposas justo antes de una movilización, y cuyo futuro había dado un vuelco súbito y complicado. He perdido la cuenta de las madres con las que he llorado, afligidas por una pena tan profunda que lo único que podíamos hacer era entrelazar nuestras manos y rezar en silencio entre lágrimas.

Lo que vi de la vida militar fue una lección de humildad. Jamás a lo largo de toda mi existencia me había encontrado con una fuerza y una lealtad como las que hallé en esas habitaciones.

Un día en un hospital militar en San Antonio, Texas, percibí un pequeño alboroto en el pasillo. Las enfermeras entraban y salían a toda prisa de la habitación en la que yo estaba a punto de entrar. «No quiere quedarse en la cama», oí que alguien murmuraba. En el interior, me encontré a un joven ancho de espaldas de la Texas rural que había sufrido múltiples heridas y cuyo cuerpo estaba gravemente quemado. Padecía grandes dolores mientras intentaba sacudirse las sábanas de encima y deslizar los pies hasta el suelo.

Todos tardamos un minuto en comprender lo que estaba haciendo. A pesar de su dolor, intentaba ponerse en pie para saludar a la esposa de su comandante en jefe.

En algún momento a principios de 2011, Barack mencionó el nombre de «Osama bin Laden». Acabábamos de terminar de cenar y

Sasha y Malia habían salido corriendo a hacer sus deberes, dejándonos a los dos solos en el comedor de la residencia.

«Creemos que sabemos dónde está —dijo Barack—. Puede que vayamos e intentemos sacarlo de allí, aunque no hay nada seguro.» Bin Laden era el cerebro detrás de los ataques terroristas del 11S y el hombre más buscado en todo el mundo. Capturarlo o matarlo había sido una de las máximas prioridades de Barack cuando asumió el cargo. Yo sabía que sería importante para el país, en especial para los militares que habían dedicado años a protegernos de Al-Qaeda, y en particular para todos aquellos que habían perdido seres queridos el 11 de septiembre.

Por el gesto de Barack, deduje que la decisión sobre qué hacer suponía una carga pesada para él, aunque entendía que no debía hacerle demasiadas preguntas. Sabía que ahora pasaba el día rodeado de asesores expertos y que tenía acceso a toda clase de información secreta. Por lo que a mí respectaba, no necesitaba que le diese mi opinión. En general, esperaba que el tiempo que pasaba con las niñas y conmigo fuese siempre un respiro del estrés, aunque el trabajo siempre acechaba cerca.

Barack siempre había sido muy capaz de dejar a un lado su trabajo y estar presente y atento cuando se hallaba con nosotras. Era algo que habíamos aprendido juntos a lo largo del tiempo a medida que nuestras vidas eran cada vez más ajetreadas e intensas. Había que levantar barreras; había que proteger los límites. Bin Laden no estaba invitado a la cena, como tampoco lo estaba la crisis humanitaria en Libia ni los republicanos del Tea Party. Teníamos hijos, y los hijos necesitan espacio para hablar y crecer. El tiempo que pasábamos en familia dejábamos a un lado las grandes inquietudes para que lo pequeño pudiera ocupar su espacio. Barack y yo nos sentábamos a cenar y escuchábamos historias del patio de recreo de la escuela o los detalles del proyecto de investigación de Malia sobre animales en peligro de extinción, y sentíamos que esas eran las cosas más importantes del mundo. Porque lo eran. Merecían serlo.

Incluso mientras comíamos el trabajo iba acumulándose. Parte del ritual de la Casa Blanca era que cada noche nos traían dos archivadores, uno para mí y otro mucho más grueso y forrado en cuero para Barack. Cada uno contenía documentos de nuestras oficinas que debíamos leer a lo largo de la noche. Después de meter a las niñas en la cama, Barack solía desaparecer en la sala de los Tratados con su archivador, mientras que yo me llevaba el mío a la sala de estar de mi vestidor, donde pasaba una o dos horas cada noche o de madrugada revisando su contenido.

Un año después de lanzar Let's Move! estábamos viendo resultados. Habíamos ayudado a instalar seis mil bufets de ensaladas en otras tantas cantinas escolares y estábamos reclutando a chefs locales para que ayudasen a que los colegios sirvieran comidas que no solo fuesen sanas sino también sabrosas. Walmart se había unido a nuestro proyecto comprometiéndose a reducir la cantidad de azúcar, sal y grasa en sus productos alimentarios y a reducir los precios de los alimentos frescos. Y habíamos convencido a los alcaldes de quinientas ciudades y pueblos de todo el país para que se implicasen en la lucha contra la obesidad infantil.

Pero lo más importante era que, a lo largo de 2010, me había esforzado para contribuir a impulsar para su aprobación en el Congreso un nuevo proyecto de ley de alimentación infantil que ampliaría el acceso de los niños a alimentos sanos y de calidad en los colegios públicos. Pese a que, por lo general, me satisfacía mantenerme al margen de la política y del desarrollo de las diversas políticas, esa había sido mi gran lucha, la cuestión por la que estaba dispuesta a lanzarme al ring a pelear. Había pasado horas llamando por teléfono a los senadores y los diputados para intentar convencerlos de que nuestros niños se merecían algo mejor de lo que tenían hasta entonces. Había hablado sobre el asunto interminablemente con Barack, sus asesores y cualquiera que estuviese dispuesto a escucharme. La nueva ley incorporaba más frutas y hortalizas frescas, cereales integrales y productos lácteos bajos en grasa a unos cuarenta y tres millones de comidas que se servían a diario. También limitaba la comida basura que se vendía a los niños en máquinas expendedoras dentro del recinto escolar y daba dinero a los colegios para la creación de huertos y para el uso de productos de cultivo local.

Barack y sus asesores también presionaron para que se aprobase el proyecto de ley. Una vez que los republicanos se hicieron con el control de la Cámara de los Representantes en las elecciones de mitad de mandato, Barack hizo de la iniciativa una prioridad en sus negociaciones con los legisladores. A principios de diciembre, la ley se aprobó oficialmente. Once días más tarde, posé orgullosa junto a Barack mientras él firmaba la entrada en vigor de la ley, rodeados de niños en una escuela de primaria cercana.

Como con el huerto, estaba intentando cultivar algo: un coro de voces que hablasen muy alto en defensa de los niños y de su salud. Entendía que mi trabajo complementaba el éxito que Barack había alcanzado al aprobar la Ley de Salud Asequible de 2010, que aumentó considerablemente el número de estadounidenses con acceso a un seguro sanitario. Además, ahora estaba concentrada en lograr poner en marcha un nuevo proyecto llamado Joining Forces. En este caso se trataba de una colaboración con Jill Biden, cuyo hijo Beau había vuelto recientemente sano y salvo de su servicio militar en Irak. Ese trabajo también serviría para respaldar la labor de Barack como comandante en jefe.

Conscientes de que a nuestros militares y a sus familias les debíamos más que un agradecimiento, Jill y yo habíamos estado colaborando para idear maneras concretas de apoyar a la comunidad militar. Barack había puesto las cosas en marcha ese mismo año al pedir a cada agencia que encontrase nuevas formas de apoyar a las familias de los militares. Yo contacté con los más poderosos consejeros delegados de empresas del país y conseguí que se comprometiesen a contratar a una cantidad significativa de veteranos y cónyuges de militares. Jill obtuvo el compromiso de las universidades de formar a los profesores para que comprendiesen mejor las necesidades de los hijos de los militares. También queríamos combatir la vergüenza que rodeaba los problemas de salud mental que habían sufrido algunos de nuestros militares al regresar a casa, y teníamos la intención de alentar a los guionistas y los productores de Hollywood para que incluyesen historias de militares en sus películas y sus programas de televisión. Los asuntos en los que yo trabajaba no eran sencillos, pero eran más manejables que buena parte de lo que retenía a mi marido al final del día en su despacho. Como siempre desde que lo conocí, por la noche era cuando Barack podía pensar sin distracciones. Si tenía hambre, un ayuda de cámara le llevaba un platito de higos o nueces. Por suerte, había dejado de fumar, aunque a menudo mascaba un chicle de nicotina. La mayoría de las noches permanecía en su despacho hasta la una o las dos de la madrugada, leyendo notas, reescribiendo discursos y respondiendo a mensajes de correo electrónico mientras en el televisor tenía puesta la ESPN con el volumen bajo. Siempre hacía una pausa para darnos un beso de buenas noches a las niñas y a mí.

A esas alturas, ya estaba acostumbrada a su dedicación a la siempre inacabada tarea de gobernar. Durante años, las niñas y yo habíamos compartido a Barack con sus electores, que ahora eran más de trescientos millones. Cuando lo dejaba solo en la sala de los Tratados por la noche, a veces me preguntaba si eran conscientes de la suerte que tenían.

Su última tarea de la jornada, casi siempre pasada la medianoche, consistía en leer cartas de ciudadanos estadounidenses. Desde el inicio de su presidencia, Barack había pedido a su equipo que incluyese diez cartas o mensajes de los electores en su boletín de información, seleccionados de entre los aproximadamente quince mil que llegaban cada día. Leía cada uno de ellos con detenimiento, anotando comentarios en los márgenes para que un miembro del personal pudiese preparar una respuesta o trasladar el problema a algún secretario de su gabinete. Leía cartas de soldados; de presos; de enfermos de cáncer que tenían dificultades para pagar las primas sanitarias y de personas que habían perdido sus hogares en un desahucio; de personas homosexuales que esperaban poder casarse legalmente y de republicanos que pensaban que estaba llevando el país a la ruina; de madres, abuelos y niños; de personas que valoraban lo que hacía y de otras que querían que supiese que era un idiota.

Lo leía todo; lo consideraba parte de la responsabilidad que su cargo conllevaba. El suyo era un trabajo duro y solitario —muchas veces, a mí me parecía que era el más duro y solitario del mundo—, pero sabía que tenía la obligación de escuchar las inquietudes de todo el pueblo estadounidense.

Los lunes y los miércoles por la noche, Sasha, que entonces tenía diez años, entrenaba con el equipo de natación. A veces iba a verla, e intentaba pasar desapercibida en la pequeña habitación junto a la piscina donde los padres podían sentarse y observar el entrenamiento a través de una ventana.

Moverse por una ajetreada instalación deportiva a las horas de máxima afluencia para hacer ejercicio era todo un desafío para los agentes de mi equipo de seguridad, pero se las apañaban. Por mi parte, me había hecho experta en caminar con rapidez y con la mirada baja cuando atravesaba espacios públicos, lo que ayudaba a que todo fuese más eficiente. Pasaba a toda velocidad entre universitarios concentrados en su sesión de pesas y clases de zumba en pleno desarrollo. A veces nadie reparaba en mi presencia; otras veces sentía la perturbación sin tener siquiera que levantar la mirada, y notaba el revuelo que provocaba y que la gente empezaba a murmurar o, en alguna que otra ocasión, simplemente gritaba: «¡Eh, esa es Michelle Obama!». Pero nunca era más que un pequeño revuelo, que se calmaba enseguida. Era como una aparición, que se esfumaba visto y no visto.

Las noches de entrenamiento, los asientos junto a la piscina estaban por lo general vacíos, salvo por un puñado de padres que charlaban distraídamente mientras esperaban a que sus hijos terminasen. Buscaba un sitio tranquilo donde sentarme y me concentraba en la natación.

Disfrutaba de cualquier ocasión que me permitiera observar a mis hijas en sus propios mundos, libres de la Casa Blanca y de sus padres, en los espacios y las relaciones que ellas mismas se habían creado. Sasha era una buena nadadora, entusiasta de la braza y empeñada en pulir la mariposa. Llevaba un gorro de piscina azul marino y un bañador de una sola pieza, y se impulsaba mientras hacía sus largos, se detenía cada cierto tiempo para escuchar los consejos de su entrenador, y charlaba de manera distendida con sus compañeros de equipo durante las pausas preestablecidas.

Para mí no había nada más grato que sentarme sin que la gente que me rodeaba reparara apenas en mí y presenciar el milagro de cómo una niña —nuestra niña— crecía y se realizaba. Habíamos lanzado a nuestras hijas a toda la extrañeza e intensidad de la vida en la Casa Blanca, sin saber cómo les afectaría o qué aprenderían de la experiencia. Intentaba hacer que el contacto de nuestras hijas con el resto del mundo fuese lo más positivo posible, consciente de que Barack y yo teníamos una oportunidad única de mostrarles la historia de cerca. Cuando Barack tenía viajes al extranjero que coincidían con las vacaciones escolares, viajábamos en familia. Las habíamos llevado en viajes que incluyeron visitas al Kremlin, en Moscú, y al Vaticano, en Roma. Habían conocido al presidente ruso, recorrido el Panteón y el Coliseo romanos y atravesado la «puerta del no retorno» en Ghana, el punto de partida de innumerables africanos que fueron vendidos como esclavos.

Yo estaba aprendiendo que cada niña absorbía lo que podía y desde su propia perspectiva. Sasha había vuelto a casa de nuestros viajes de verano para empezar tercero. Mientras paseaba por su aula durante la noche de los padres ese otoño, me topé con una breve redacción titulada «Qué hice en mis vacaciones de verano» escrita por ella, colgada junto a las de sus compañeros de clase en una de las paredes. «Fui a Roma y conocí al Papa —había escrito Sasha—. Le faltaba parte del pulgar.»

Yo no habría sabido decir cómo era el pulgar del papa Benedicto XVI, si le faltaba una parte o no. Pero habíamos llevado a una niña de ocho años observadora y práctica a Roma, Moscú y Accra, y eso es lo que había traído consigo de vuelta. Por aquel entonces, Sasha veía la historia a la altura de la cintura, su altura.

Por mucho que intentábamos crear una separación entre ellas y los aspectos más complicados del trabajo de Barack, sabía que Sasha y Malia tenían muchas cosas que digerir. Tenían contacto con los acontecimientos mundiales como muy pocos niños lo hacían, conviviendo con que las noticias en ocasiones sucedían justo bajo nuestro techo. Vivían con el hecho de que su padre a veces tenía que ausentarse para atender emergencias nacionales y que siempre, pasara lo que pasase, habría gente que lo criticaría y se enfrentaría a él. Esta sensación de amenaza me recordaba a mi sueño en el que los leones y los guepardos estaban muy cerca.

Durante el invierno de 2011 Donald Trump, presentador de un programa de telerrealidad y constructor neoyorquino, empezó a barajar la posibilidad de postularse a la candidatura a la presidencia por el Partido Republicano en 2012. Sobre todo daba la impresión de que Trump se limitaba a armar alboroto en general, a hacer críticas inexpertas de Barack y a poner en duda abiertamente que fuese siquiera ciudadano estadounidense. Durante la campaña anterior, alguna gente había lanzado el falso rumor de que el certificado de nacimiento hawaiano de Barack era falso y en realidad él había nacido en Kenia. A esas personas se las acabó conociendo como *birthers*, y Trump estaba haciendo afirmaciones cada vez más extravagantes en televisión, empeñado en que la noticia del nacimiento de Barack publicada en 1961 en los periódicos de Honolulú era falsa y que ninguno de sus compañeros de guardería lo recordaba. Mientras tanto, algunos medios de comunicación —los más conservadores, en particular— estaban repitiendo alegremente esas afirmaciones sin fundamento.

Todo era disparatado y malintencionado, por supuesto. Los *birthers* apenas disimulaban su racismo y su xenofobia, así como su miedo a los extranjeros. Pero también era peligroso, pues se hacía de manera deliberada para provocar a los extremistas y los chiflados. Temía la reacción de quienes se creían esas mentiras. El Servicio Secreto me informaba cada cierto tiempo de las amenazas más serias que llegaban. Yo procuraba no preocuparme, pero a veces no podía evitarlo. ¿Y si una persona inestable cargaba un arma y venía a Washington? ¿Y si esa persona iba detrás de nuestras hijas? Donald Trump, con sus afirmaciones estridentes e irresponsables, estaba poniendo en peligro la seguridad de mi familia. Y eso nunca se lo perdonaría.

Sin embargo, no nos quedaba más remedio que dejar los miedos a un lado y limitarnos a vivir. La gente empeñada en definirnos como diferentes o como «otros» llevaba ya años haciéndolo. Nosotros procurábamos elevarnos sobre sus mentiras, y confiábamos en que la manera en que Barack y yo vivíamos nuestras vidas mostraría a todos la verdad sobre quiénes éramos. Había vivido con inquietud bienintencionada por nuestra seguridad casi desde el día en que Barack decidió presentar su candidatura a la presidencia. «Rezamos para que nadie os haga daño», me decían mientras me agarraban de la mano en los actos de campaña. Lo había oído de personas de todas las razas, todos los orígenes, todas las edades: un recordatorio de la bondad y la generosidad que existían en nuestro país. «Rezamos cada día por ti y por tu familia.»

Sus palabras me acompañaban. Sentía la protección de esos millones de personas decentes que rezaban por nuestra seguridad. Barack y yo también recurríamos a nuestra fe personal. Ahora íbamos muy rara vez a la iglesia, sobre todo porque se había convertido en todo un espectáculo, con periodistas que nos gritaban preguntas mientras entrábamos a misa. Desde que el escrutinio al que fue sometido nuestro antiguo pastor, el reverendo Jeremiah Wright, había sido uno de los problemas de la primera campaña presidencial de Barack, desde que sus rivales habían intentado usar la fe como un arma —al sugerir que Barack era un «musulmán enmascarado»—, habíamos tomado la decisión de practicar nuestra fe en privado y en casa. Rezábamos cada noche antes de cenar y organizamos unas cuantas sesiones de catequesis en la Casa Blanca para nuestras hijas. No nos integramos en ninguna iglesia en Washington, porque no queríamos someter a otra congregación a los ataques que había sufrido nuestra iglesia en Chicago. Pero suponía un sacrificio. Yo echaba de menos el afecto de la comunidad espiritual. Cada noche miraba a Barack al otro lado de la cama y lo veía con los ojos cerrados, rezando sus plegarias.

Meses después de que los rumores de los *birthers* lograsen tener repercusión, la noche de un viernes de noviembre un hombre aparcó su coche en Constitution Avenue y empezó a disparar por la ventanilla con un rifle semiautomático, apuntando hacia las plantas superiores de la Casa Blanca. Una bala impactó contra una de las ventanas de la sala Oval Amarilla, donde me gustaba sentarme a veces a tomar el té. Otra se incrustó en el marco de una ventana, y algunas más rebotaron en el tejado. Barack y yo estábamos fuera esa noche, y Malia también, pero Sasha y mi madre estaban allí, aunque no se enteraron ni les pasó nada. Antes de que reemplazaran el cristal, muchas veces me quedé mirando el grueso cráter redondo que había dejado la bala, que me recordaba lo vulnerables que éramos.

En general, entendía que lo mejor para todos nosotros era hacer caso omiso del odio y no pensar demasiado en los riesgos, incluso cuando otras personas sacaban el tema. Un tiempo después, Malia entró en el equipo de tenis del instituto en Sidwell, que entrenaba en las pistas del colegio visibles desde la calle. Estaba allí un día cuando una mujer, madre de otro alumno, se le acercó mientras señalaba hacia la concurrida calle que pasaba junto a las pistas y le preguntó: «¿No tienes miedo ahí fuera?».

Mi hija, a medida que se hacía mayor, estaba aprendiendo a hablar con su voz y descubriendo sus propias formas de marcar los límites que necesitaba. «Si me pregunta si pienso en mi muerte cada día —le dijo a la mujer tan educadamente como pudo—, la respuesta es no.»

Un par de años más tarde, esa misma madre se me acercó en un acto para padres en la escuela y me entregó una sentida nota de disculpa, en la que me decía que enseguida comprendió su error al hacer recaer preocupaciones sobre una niña que no podía hacer nada al respecto. Agradecí mucho que hubiese pensado tanto sobre ello. En la respuesta de Malia había percibido tanto resiliencia como vulnerabilidad, un eco de todo aquello con lo que convivíamos y que intentábamos mantener a raya. También había entendido que lo único que nuestra hija podía hacer, ese día y todos lo que vendrían después, era volver a la pista y golpear otra bola.

Evidentemente, todas las dificultades eran relativas. Sabía que mis hijas estaban creciendo con más ventajas de las que la mayoría de las familias podían imaginar. Nuestras niñas tenían un hogar precioso, comida en la mesa, adultos entregados a su alrededor, y aliento y recursos para contribuir a su educación. Volqué todo lo que tenía en Malia y Sasha y su desarrollo, pero como primera dama era consciente también de que tenía un deber mayor. Sentía que debía más a los niños en general, y a las niñas en particular. Sabía que a la gente le sorprendía la historia de mi vida: que una chica negra de ciudad hubiese pasado por universidades de la Ivy League y por trabajos de ejecutiva para acabar en la Casa Blanca. Sabía que mi trayectoria era poco habitual, pero no había ningún motivo de peso por el que debiera serlo. A lo largo de mi vida había habido muchísimas veces en que había sido la única mujer de color —o incluso la única mujer, sin más— sentada a una mesa de reuniones o asistiendo a un encuentro de gente importante. Si había sido la primera en hacer alguna de esas cosas, quería asegurarme de que otras vendrían detrás de mí. Como mi madre aún sigue diciendo cada vez que alguien empieza a hablar con entusiasmo de Craig y de mí, y de nuestros diversos logros: «No son especiales en absoluto. El South Side está repleto de chicos así». Solo teníamos que ayudarles a hacerse un hueco en esos lugares.

Iba dándome cuenta de que las partes importantes de mi historia no estaban tanto en mis éxitos en sí como en lo que había detrás de estos: las muchas formas discretas en que me habían apoyado a lo largo de los años, y las personas que habían contribuido a reforzar mi confianza con el paso del tiempo. Me acordaba de cada persona que me animó a que siguiese adelante. Todas ellas se habían esforzado por prepararme para que supiera sobreponerme a los desprecios y las humillaciones que sin duda recibiría en los sitios hacia los que me encaminaba, todos esos entornos creados principalmente por y para personas que no eran ni negras ni mujeres.

Pensaba en mi tía abuela Robbie y sus altos estándares de piano, en cómo me había enseñado a levantar la cabeza y tocar con pasión en un piano de cola pequeño, a pesar de que solo había conocido un piano vertical con teclas rotas. Pensaba en mi padre, que me enseñó a recibir y lanzar un balón de fútbol americano, igual que a Craig. En el señor Martinez y el señor Bennett, mis profesores, que nunca desestimaban mis opiniones. En mi madre, mi más firme apoyo, que había evitado que me echara a perder en una deprimente clase de segundo curso. En Czerny Brasuell, que en Princeton me había estimulado a asumir nuevos riesgos. Y, entre otras, en Susan Sher y Valerie Jarrett, quienes, cuando yo era una joven profesional, me enseñaron lo que era la vida de una madre trabajadora y me abrieron diferentes puertas, convencidas de que tenía algo que ofrecer.

Eran personas que, por lo general, no se conocían entre sí y nunca tendrían ocasión de hacerlo, y con muchas de las cuales yo misma había perdido contacto. Pero para mí formaban una importante constelación. Eran quienes me apoyaban, quienes creían en mí, mi coro de góspel personal que nunca dejaba de cantar: «¡Vamos, chica, tú puedes!».

No lo había olvidado. Había intentado, incluso como abogada júnior, devolver mi deuda a las generaciones siguientes fomentando la curiosidad donde la detectaba, atrayendo a personas más jóvenes a las conversaciones importantes. Si una ayudante me hacía una pregunta sobre su futuro, le abría la puerta de mi despacho, le contaba mi trayectoria y le daba algunos consejos. Si alguien quería orientación o ayuda para establecer algún contacto, hacía lo que estaba en mi mano para dársela. Más tarde, durante mi época en Public Allies, vi de primera mano los beneficios de una estructura más formal de tutoría. Por experiencia propia, sabía que cuando alguien muestra interés real por que aprendas y te desarrolles, aunque solo sea durante diez minutos en un día ocupado, eso tiene su importancia. Tiene su importancia especialmente para las mujeres, para personas pertenecientes a minorías y para cualquier otra a la que la sociedad enseguida pasa por alto.

Teniendo eso presente lancé un programa de liderazgo y tutoría en la Casa Blanca, al que invité a veinte niñas de segundo y tercer curso de institutos de Washington y alrededores para que nos acompañasen en encuentros mensuales. Teníamos charlas informales, excursiones y seminarios sobre cualquier cosa desde la elección de una carrera profesional hasta entender cómo funciona el dinero.

Poníamos a cada adolescente en relación con una tutora que ofrecería orientación y consejos. A las estudiantes las elegían los directores o los orientadores académicos de sus respectivos centros, y permanecían con nosotras hasta que se graduaban. Teníamos chicas procedentes de familias militares, de familias inmigrantes, una madre adolescente, una chica que había vivido en un albergue para indigentes. Todas ellas eran jóvenes inteligentes y curiosas. No muy distintas de mí ni de mis hijas. Fui testigo de que con el tiempo las chicas establecieron amistades y relaciones estrechas entre ellas y con las mujeres adultas que las rodeaban. Pasé horas hablando con ellas en un gran círculo, comiendo palomitas ruidosamente e intercambiando ideas sobre solicitudes de ingreso en la universidad, imagen corporal y chicos. Ningún tema estaba vetado. Acabábamos riéndonos muchísimo. Más que nada, esperaba que eso fuera lo que sacasen en claro de cara al futuro: la naturalidad, la sensación de comunidad, el estímulo para hablar y hacerse oír.

Les deseaba lo mismo que a Sasha y a Malia: que al aprender a sentirse cómodas en la Casa Blanca pudiesen sentirse cómodas y tener confianza en cualquier ambiente, participar en cualquier reunión y alzar la voz en el seno de cualquier grupo.

↑
Cuando trabajé en
el centro médico de
la Universidad de
Chicago, me esforcé
por mejorar las relaciones
de la comunidad del
South Side con los
hospitales locales y por
ayudar a sus habitantes
a acceder a una
sanidad asequible.

Me resultó difícil,
aunque era algo
muy importante
para mí, compaginar
las necesidades de
la familia con las
exigencias del trabajo.
←

De vez en cuando, nuestras hijas visitaban a su padre durante la campaña. Aquí, Malia está viendo un discurso de Barack por la ventana del autobús.

Barack anunció su candidatura a la presidencia en Springfield, Illinois, un día gélido. Para la ocasión le había comprado a Sasha un gorro rosa demasiado grande y me preocupaba que se le cayera, pero milagrosamente no sucedió.

Hacer campaña era algo emocionante, pero el ritmo podía ser agotador. Arañaba momentos de descanso cuando podía.

Malia y Sasha
hacen el bobo antes
de una aparición
durante la campaña.
←

Conté mi historia
por primera vez
ante una multitud
en la Convención
Nacional Demócrata
de Denver. Después,
Sasha y Malia
salieron al escenario
a saludar a Barack
por vídeo.
→

El 4 de noviembre de
2008, la noche de las
elecciones, mi madre,
Marian Robinson, se
sentó junto a Barack
y ambos siguieron los
resultados en silencio.
←

↑
Malia tenía diez
años y Sasha solo
siete en enero
de 2009, cuando
su padre hizo el
juramento como
presidente. Sasha
era tan pequeña que
tuvo que subirse a
una plataforma para
que la vieran durante
la ceremonia.

Mi marido y este precioso vestido diseñado por Jason Wu me dieron energía y ánimo para aguantar diez bailes inaugurales tras un día ya repleto de celebraciones.

La primera dama Laura Bush y sus hijas, Jenna y Barbara, nos enseñaron lo más divertido de la Casa Blanca, como por ejemplo cómo utilizar este pasillo inclinado como tobogán.
→

A Barack y a mí nos encantaba conocer a jóvenes de distintos lugares del mundo, como este grupo de chicas de El Salvador.

←

Al ver la carita de Sasha mirando por un cristal antibalas en su primer día de colegio, no pude evitar preocuparme por cómo afectaría aquella experiencia a nuestras hijas.
→

Quería que en la Casa Blanca todos los niños se sintieran cómodos y pudieran ser ellos mismos. E incluso tuvieran ocasión de saltar a la comba con la primera dama.

←

Nuestra iniciativa Let's Move! animaba a los niños a ser activos y, siempre que podía, yo disfrutaba participando en sus actividades.

→

Prometimos a Malia y Sasha que tendríamos un perro si Barack llegaba a presidente. Nuestro primer perro, Bo, no nos dio ni un momento de respiro.

→

Barack y yo sentíamos un aprecio especial por la reina Isabel, que a él le recordaba a su pragmática abuela. En nuestras muchas visitas, la reina me enseñó que la humanidad es más importante que el protocolo o la formalidad.

←

Conocer a Nelson Mandela, el expresidente sudafricano e icono de los derechos civiles, me recordó que el cambio real se produce lentamente, no en meses o años, sino a lo largo de una vida.

→

Llevábamos ya más de dos años viviendo dentro de la burbuja de la presidencia y buscaba maneras de ampliarla tanto como pudiese. Barack y yo seguíamos abriendo las puertas de la Casa Blanca a más gente, en particular a niños, y confiábamos en conseguir que sintiesen su grandeza como algo inclusivo. Invitábamos a escolares de la zona para que contemplasen las ceremonias oficiales de bienvenida para dignatarios extranjeros y probasen la comida que iba a servirse en la cena de Estado. Cuando venían músicos para una actuación nocturna, les pedíamos que llegasen temprano para que participasen en un taller con jóvenes. Queríamos recalcar la importancia de poner a los niños en contacto con el arte. Me encantaba ver que alumnos de instituto confraternizaban con John Legend, Justin Timberlake y Alison Krauss, así como con leyendas tales como Smokey Robinson y Patti LaBelle. Me hacía recordar lo que había vivido de pequeña: el jazz en casa de Southside, los recitales de piano que organizaba mi tía abuela Robbie, las excursiones familiares a los museos... Sabía bien cómo contribuían el arte y la cultura al desarrollo de un niño. Y hacía que me sintiese como en casa. Barack y yo nos mecíamos siguiendo el ritmo en la primera fila de cada actuación. Incluso mi madre, que por lo general evitaba las apariciones en público, bajaba a la planta noble cada vez que había música en directo.

También incorporamos celebraciones de la danza y otras artes, y trajimos a artistas emergentes para que mostrasen sus trabajos más recientes. En 2009 organizamos el primer recital de poesía e improvisación verbal que se celebraba en la Casa Blanca en toda su historia, y vimos a un joven compositor llamado Lin-Manuel Miranda ponerse en pie y dejarnos a todos asombrados con un fragmento de un proyecto en el que acababa de empezar a trabajar, y que describía como un «álbum conceptual sobre la vida de alguien que creo que encarna el hip-hop [...], el secretario del Tesoro Alexander Hamilton».

Recuerdo que estreché su mano y le dije: «Eh, buena suerte con el asunto ese de Hamilton».

Un día cualquiera, pasaban infinidad de cosas ante nosotros: glamour, excelencia, desolación, esperanza. Todo ello convivía codo con codo, y al mismo tiempo teníamos dos hijas que intentaban llevar sus propias vidas aparte de lo que sucedía en casa. Hacía todo lo que podía para asegurarme de que las niñas y yo seguíamos conectadas con la vida cotidiana y para encontrar momentos de vida normal y corriente. Durante las temporadas de fútbol y lacrosse iba a muchos de los partidos que Sasha y Malia jugaban como locales, me sentaba en las gradas junto a otros padres y declinaba educadamente cuando alguien pedía hacerse una foto conmigo, aunque siempre estaba encantada de charlar un rato. Cuando Malia empezó a jugar al tenis, veía sus partidos a través de la ventanilla de un vehículo del Servicio Secreto aparcado cerca de las pistas, para evitar crear distracciones. Solo salía a darle un abrazo cuando había terminado.

Para Barack era más difícil experimentar estos momentos de normalidad. Asistía a las funciones de teatro en el colegio y a los eventos deportivos de las niñas cuando podía, pero su equipo de seguridad nunca pasaba desapercibido. La idea era justo esa, para así mandar al mundo el mensaje de que nadie podría hacer daño al presidente de Estados Unidos. Yo me alegraba de eso, pero a veces podía ser un poco excesivo.

Lo mismo pensó Malia un día mientras Barack y yo íbamos con ella a uno de los eventos de Sasha en el colegio de Sidwell. Los tres estábamos atravesando un patio exterior abierto y pasamos junto a un grupo de niños de guardería en mitad de su recreo, colgados de unas barras y correteando por la zona de juegos pavimentada de viruta. No estoy segura de si los niños habían avistado al escuadrón de francotiradores del Servicio Secreto vestidos de negro y desplegados por los tejados de los edificios de la escuela con sus rifles de asalto, pero Malia sí los vio.

Llevó sus ojos de los francotiradores a los niños, y después a su padre, y con una mirada socarrona le dijo: «¿De verdad, papá? ¿En serio?».

Lo único que Barack pudo hacer fue sonreír y encogerse de hombros. No había manera de escapar a la importancia de su trabajo. Como es evidente, ninguno de nosotros salíamos nunca de la burbuja. Tras nuestras negociaciones iniciales con el Servicio Secreto, Sasha y Malia estaban haciendo cosas como ir a los *bar mitzvahs* de sus amigos, lavar coches con el propósito de recaudar fondos para el colegio, e incluso quedar con sus amigos en el centro comercial, siempre con agentes y a menudo también con mi madre como acompañante, pero al menos ahora podían moverse tanto como los demás chicos de su edad. Los agentes de Sasha, incluidos Beth Celestini y Lawrence Tucker —a quien todo el mundo llamaba L. T.—, eran muy queridos en Sidwell. Las familias a menudo preparaban cupcakes de más para los agentes cuando los niños celebraban algún cumpleaños en clase.

Con el tiempo, todos cogimos cariño a nuestros agentes. Cuando estábamos en público permanecían callados e hiperalertas, pero cuando nadie los veía, o en los viajes de avión, se soltaban, contaban historias y gastaban bromas. «Blandengues impasibles», los llamaba yo en broma. A lo largo de todas las horas que pasamos juntos y de todos los kilómetros que recorrimos, nos hicimos amigos de verdad. Me afligía por sus pérdidas y celebraba cuando sus hijos alcanzaban algún hito importante. Siempre fui consciente de la seriedad de sus obligaciones, de lo que estaban dispuestos a sacrificar por mantenerme a salvo, y nunca lo di por supuesto.

Como mis hijas, me cuidaba de que mi vida privada concordara con mi vida oficial, con la ayuda del Servicio Secreto, que hacía lo posible por otorgarme un margen de flexibilidad. Había aprendido que había maneras de mantener un perfil bajo cuando lo necesitaba. A veces me permitían desplazarme en una furgoneta sin distintivos y con una escolta más reducida. De cuando en cuando podía hacer una escapada de compras, y entraba y salía del sitio antes de que nadie reparase en que estaba allí. Cuando Bo hubo reventado o hecho trizas minuciosamente todos y cada uno de los perros de juguete que le había conseguido el personal que se encargaba de nuestras compras habituales, una mañana me lo llevé a una tienda para mascotas y, durante un ratito, disfruté de un glorioso anonimato mientras buscaba juguetes para que Bo los mascase mientras él, tan encantado con la novedad de la salida como yo, mordisqueaba su correa a mi lado.

Cada vez que iba a algún sitio sin armar revuelo lo vivía como una pequeña victoria. Unos seis meses después de la excursión a la tienda para mascotas hice una escapada al Target local, disfrazada con una gorra de béisbol y gafas de sol. Los miembros de mi equipo de seguridad llevaban pantalones cortos y zapatillas de deporte y se quitaron los auriculares, e hicieron lo posible por pasar desapercibidos mientras nos seguían a mi ayudante Kristin Jones y a mí por la tienda. Recorrimos todos y cada uno de los pasillos. Encontré un par de juegos para Sasha y Malia y, por primera vez en varios años, pude elegir una tarjeta para regalársela a Barack por nuestro aniversario.

Volví a casa entusiasmada. A veces, las cosas más pequeñas parecían enormes.

A medida que pasaba el tiempo iba añadiendo nuevas aventuras a mi rutina. Empecé a quedar para cenar con amigos de vez en cuando, en un restaurante o en sus casas. En ocasiones iba al parque y daba largos paseos a lo largo del río Potomac. En esas excursiones me acompañaban agentes que iban delante y detrás de mí, pero a cierta distancia. Empecé a salir de la Casa Blanca para asistir a clases en distintos gimnasios de la ciudad, donde me colaba en la sala en el último momento y de donde salía en cuanto acababa el entrenamiento para evitar causar molestias. La actividad más liberadora de todas resultó ser el esquí alpino, un deporte que apenas había practicado pero que enseguida se convirtió en pasión. Aprovechando los inviernos inusualmente duros que tuvimos durante nuestros primeros dos años en Washington, hice varias excursiones de día con las niñas y algunos amigos a una pequeña estación llamada, de manera muy apropiada, Liberty Mountain, cerca de Gettysburg, donde descubrimos que podíamos llevar cascos, bufandas y gafas y mezclarnos entre la multitud. Cuando me deslizaba pendiente abajo por una pista de esquí estaba al aire libre, en movimiento y sin que nadie me reconociese; todo a la vez. Para mí era como volar. Me encantaba mezclarme. Era una manera de sentir que era yo misma, de seguir siendo Michelle Obama del South Side dentro de ese más amplio torrente de la historia. Entretejí mi antigua vida en la nueva, mis inquietudes privadas en mi quehacer público. En Washington había hecho unas cuantas amigas nuevas: un par de madres de los compañeros de clase de Sasha y Malia y unas cuantas personas a las que había conocido con motivo de las ocupaciones propias de la Casa Blanca. Eran mujeres a las que les importaba menos mi apellido o la dirección de mi hogar y más quién era yo como ser humano. Es curioso lo poco que se tarda en detectar quién está ahí por ti y quién finge la amistad. Barack y yo a veces hablábamos con Sasha y Malia mientras cenábamos del hecho de que había personas, niños y adultos, que revoloteaban en torno a nuestros grupos de amigos y parecían un poco demasiado ávidos («sedientos», lo llamábamos).

Había aprendido muchos años antes a tener a mis verdaderos amigos cerca. Seguía manteniendo una conexión profunda con el grupo de mujeres que había empezado a reunirse los sábados para que sus hijos jugasen juntos unos años atrás, en Chicago. Esas eran las amigas que me habían mantenido a flote, que me traían comida cuando estaba demasiado ocupada para hacer la compra, que recogían a las niñas de sus clases de ballet cuando tenía trabajo atrasado que acabar o simplemente necesitaba tomarme un descanso. Varias de ellas habían subido a aviones para acompañarme en paradas durante el recorrido de la campaña, y me habían dado su apoyo emocional cuando más lo necesitaba. La amistad entre mujeres se construye a base de mil pequeños favores como esos que una hace por las demás y viceversa, una y otra vez.

Empecé a hacer un esfuerzo por reunir a viejas y nuevas amigas.

Cada pocos meses invitaba a unas doce de mis amigas más cercanas a que me acompañasen durante un fin de semana en Camp David, el boscoso lugar de retiro presidencial con aspecto de campamento de verano en las montañas del norte de Maryland. Comencé refiriéndome a esos encuentros como «campamento de instrucción», en parte porque obligaba a todo el mundo a hacer ejercicio conmigo varias veces al día.

Muchas de mis amigas tenían ajetreadas vidas familiares y empleos muy exigentes. Sabía que no siempre les resultaba fácil escaparse, pero esa era parte de la idea. Estábamos todas muy acostumbradas a sacrificarnos por nuestros hijos, nuestras parejas y nuestros trabajos. Había aprendido, a lo largo de años de intentar encontrar un equilibrio en mi vida, que no pasaba nada por invertir esas prioridades y preocuparnos solo por nosotras mismas de vez en cuando, y decir: «Lo siento, chicos, esto lo hago por mí».

Los fines de semana de campamento de instrucción se convirtieron para nosotras en una forma de conectar y recargar las pilas. Nos alojábamos en acogedoras cabañas con las paredes forradas de madera rodeadas de bosque, íbamos de un sitio a otro en carritos de golf y montábamos en bici. Jugábamos al balón prisionero y hacíamos flexiones y posturas del perro. A veces también invitaba a varias mujeres jóvenes del personal, y fue alucinante ver a Susan Sher, a sus sesenta y muchos años, reptar como una araña por el suelo junto a MacKenzie Smith, la joven encargada de gestionar mi horario, que había jugado al fútbol en la universidad. Comíamos platos saludables, hacíamos muchísimo ejercicio y hablábamos y hablábamos y hablábamos. Compartíamos reflexiones y experiencias, dábamos consejos o contábamos historias divertidas. Nos tranquilizábamos las unas a las otras con solo escucharnos. Y, cuando nos despedíamos al final de cada fin de semana, prometíamos volver a hacerlo pronto.

Mis amigas me complementaban, como siempre lo habían hecho y lo seguirán haciendo. Me animaban cada vez que me sentía decaída o frustrada, o cuando tenía menos acceso a Barack. Me bajaban a tierra cuando notaba la presión de que se me juzgase, de que se analizase y discutiese públicamente todo lo que me rodeaba, desde el color de mis uñas hasta el tamaño de mis caderas. Y me ayudaban a remontar las olas grandes y perturbadoras que de vez en cuando golpeaban sin previo aviso.

El primer domingo de mayo de 2011 fui a cenar con dos amigos a un restaurante del centro y dejé a Barack y a mi madre en casa a cargo de las niñas. El fin de semana había sido particularmente ajetreado. Esa tarde, Barack había desaparecido en una serie de reuniones y habíamos pasado la noche del sábado en la cena de corresponsales en la Casa Blanca, donde en su discurso Barack había gastado varias bromas mordaces sobre la carrera de Donald Trump en *The Celebrity Apprentice* y sus teorías *birther*. No podía verlo desde donde estaba sentada, pero Trump se encontraba entre los asistentes. Durante el monólogo de Barack, las cámaras de los medios de comunicación se centraron en él, reconcomiéndose, si bien impasible.

Para nosotros, las noches de los domingos solían ser tranquilas y libres de obligaciones. Las niñas solían estar cansadas después de un fin de semana de deportes y vida social.

Esa noche, tras ponerme al día con mis amigos durante la cena, volví a casa en torno a las diez y me recibió en la puerta un ujier, como de costumbre. Pero percibí enseguida que pasaba algo, que el nivel de actividad en la planta de abajo de la Casa Blanca no era el habitual. Pregunté al ujier si sabía dónde estaba el presidente.

«Creo que está arriba, señora —me dijo—, preparándose para dirigirse al país.»

Así fue como supe que por fin había sucedido. Había pasado los dos últimos días tratando de actuar con total normalidad, fingiendo que no sabía que algo peligroso e importante estaba a punto de acaecer. Después de meses de minuciosa espera y una tensa decisión final, a más de once mil kilómetros de la Casa Blanca y protegidos por la oscuridad, un grupo de élite de los SEAL de la Marina

estadounidense había asaltado un misterioso complejo en Abbotta-
bad, Pakistán, en busca del terrorista Osama bin Laden.

Barack salía de nuestro dormitorio cuando yo llegaba por el
pasillo. Llevaba traje y una corbata roja, y parecía completamente
tenso por la adrenalina. Había soportado durante meses la presión
de esa decisión.

«Dimos con él —dijo—. Y nadie ha resultado herido.»

Nos abrazamos. Osama bin Laden había muerto. Sin que hubiera que lamentar ninguna vida estadounidense. Barack había
asumido un riesgo enorme —que podía haberle costado la presidencia— y todo había salido bien.

La noticia ya estaba recorriendo el mundo. La gente se agolpa-
ba en las calles que rodean la Casa Blanca, saliendo de restaurantes,
hoteles y edificios de pisos, llenando el aire nocturno con gritos de
celebración. El ruido alcanzó tal intensidad que despertó a Malia
en su dormitorio, a pesar de que las ventanas de cristal blindado
debían dejar cualquier ruido fuera.

De todas maneras, esa noche no hubo celebraciones ni fuera ni
dentro. En las ciudades de todo el país, la gente había salido a la
calle, llevada por un impulso de estar con los demás, unida no solo
por patriotismo sino por el duelo colectivo nacido el 11 de septiembre y por los años de preocupación de que volviesen a atacarnos.
Pensé en todas las bases militares que había visitado alguna vez, en
todos esos soldados que se afanaban por recuperarse de sus heridas, en todas esas personas cuyos familiares habían sido enviados
a un lugar remoto para que protegieran nuestro país, en los miles
de niños que habían perdido a su padre o a su madre ese día triste
y terrible. Sabía que no había manera posible de recuperar esas
pérdidas. Ninguna muerte devolvería una vida. No estoy segura de
que la muerte de alguien sea nunca motivo de celebración. Pero
lo que Estados Unidos tuvo esa noche fue un momento de alivio,
una ocasión de sentir su propia resiliencia.

23

Parecía que el tiempo avanzaba a saltos y en bucle, haciéndolo imposible de medir o comprender. Cada día estaba cargado a rebosar. Cada semana, mes y año que pasamos en la Casa Blanca estuvieron cargados a rebosar. Cuando llegaba el viernes tenía que hacer un esfuerzo para recordar cómo habían ido el lunes y el martes. A veces me sentaba a cenar y me preguntaba cómo y dónde había sido el almuerzo. Incluso ahora me cuesta procesarlo. Todo iba demasiado rápido y había muy poco tiempo para reflexionar. Una sola tarde podía contener dos actos oficiales, varias reuniones y una sesión de fotos. En un día podía visitar varios estados, o hablar ante doce mil personas o recibir a cuatrocientos niños que se ponían a dar saltos de tijera conmigo en el jardín Sur. Todo ello antes de arreglarme y ponerme un vestido elegante para asistir a una fiesta por la noche. Utilizaba mis días libres para atender a Sasha y a Malia y ocuparme de sus vidas, antes de volver al modo activo: peluquería, maquillaje y vestuario. De vuelta a la vorágine de la atención pública.

A medida que se acercaba 2012, el año en que Barack iba a presentarse a la reelección, sentía que no podía ni debía descansar. Aún estaba ganándome el cielo. Pensaba a menudo en las deudas que tenía y con quién. Llevaba una historia a cuestas que no era de presidentes y primeras damas. Nunca me sentí vinculada con la historia de John Quincy Adams pero sí con la de Sojourner Truth, ni me había emocionado Woodrow Wilson como lo hacía Harriet Tubman. Las luchas de Rosa Parks y Coretta Scott King me resultaban más

familiares que las de Eleanor Roosevelt o Mamie Eisenhower. Llevaba conmigo sus historias, junto con las de mi madre y mis abuelas.
Ninguna de esas mujeres podía haber imaginado una vida como la
que yo tenía en ese momento, pero habían perseverado y abierto el
camino para alguien como yo. Quería mostrarme ante el mundo de
una manera que las honrase a todas ellas, a quienes habían sido.

Sentía la presión de no cometer ningún error. Aunque se me consideraba una primera dama popular, no podía evitar que me afectasen las críticas por parte de personas que habían dado por supues-
tas cosas sobre mí a partir del color de mi piel. Por eso, practicaba
mis discursos una y otra vez y me aseguraba de que todos y cada uno
de nuestros actos transcurrieran sin sobresaltos ni retrasos. Presio-
naba aún más para continuar ampliando el alcance de las iniciativas
Let's Move! y Joining Forces con mi equipo. Estaba decidida a no
desperdiciar ninguna de las oportunidades de las que ahora disponía, pero a veces tenía que darme a mí misma tiempo para respirar.

Se aproximaban unas nuevas elecciones presidenciales, y Barack y yo sabíamos que los meses de campaña que se avecinaban
implicarían más viajes, más esfuerzo de planificación y más preocupaciones. La responsabilidad era enorme. En la Casa Blanca vivíamos todos en el limbo de no saber si tendríamos un segundo
mandato, para continuar con los avances que habíamos conseguido
hasta entonces. Yo procuraba no plantearme siquiera la posibilidad
de que Barack perdiese las elecciones, pero no por ello esa posibilidad dejaba de existir; el temor estaba ahí.

El país aún estaba recuperándose de la crisis económica. Mucha
gente culpaba de ello a Barack. El alivio que siguió a la muerte de
Osama bin Laden hizo que su grado de popularidad se disparase
hasta alcanzar su valor máximo en dos años, pero a continuación,
apenas unos pocos meses después, como consecuencia de las re-
friegas políticas y del temor a una nueva recesión, dicha popularidad se había hundido hasta mínimos históricos.

Cuando comenzaba ese revuelo viajé a Sudáfrica para una visita de buena voluntad. Sasha y Malia acababan de terminar el curso,

así que pudieron acompañarme, junto con mi madre y los hijos de Craig, Leslie y Avery, que eran por aquel entonces adolescentes. Tenía previsto dar un discurso en un foro para mujeres jóvenes de todo el continente africano. También habíamos completado mi programa de actividades con actos comunitarios relacionados con el bienestar y la educación, así como con visitas a líderes locales y a los trabajadores del consulado estadounidense.

En cuanto llegamos nos dejamos arrastrar por la energía de Sudáfrica. En Johannesburgo recorrimos el Museo del Apartheid, que exploraba la historia de segregación racial del país. Bailamos y leímos libros con niños pequeños en un centro comunitario en una de las barriadas de población negra al norte de la ciudad. En un estadio de fútbol de Ciudad del Cabo nos reunimos con activistas sociales y trabajadores sanitarios que usaban programas deportivos para jóvenes para educar a los niños sobre el VIH/sida, y conocimos al arzobispo Desmond Tutu, el legendario teólogo y activista que había contribuido a acabar con el apartheid en Sudáfrica. Tutu, que tenía entonces setenta y nueve años, era un hombre fornido de mirada centelleante y risa incontenible. Cuando supo que estaba en el estadio para promover el ejercicio físico se empeñó en hacer flexiones conmigo delante de un corro de muchachos que nos jaleaba.

Durante los pocos días que estuvimos en Sudáfrica sentí que flotaba. Esa visita era muy distinta de aquel primer viaje que había realizado a Kenia, cuando me desplazaba con Barack en *matatus* y empujé el Volkswagen averiado de Auma por el arcén de una carretera polvorienta. Es posible que lo que sentía se debiera en parte al jet lag, pero sobre todo emanaba de algo más profundo y vigorizante. Era como si nos hubiésemos sumergido en las corrientes cruzadas de la cultura y la historia, y eso nos hiciese cobrar conciencia súbitamente de lo minúsculos que éramos dentro de un marco temporal más amplio. Al ver los rostros de las setenta y seis jóvenes que habían sido seleccionadas para asistir al foro sobre liderazgo porque estaban llevando a cabo un trabajo importante en sus comunidades, me costó contener las lágrimas. Me dieron esperanza. Mi hicieron sentir vieja en el mejor sentido. Nada menos que el sesenta por ciento de la población africana tenía entonces menos de veinticinco años. Esas mujeres, todas ellas menores de treinta años, y alguna de tan solo dieciséis, estaban creando organizaciones sin ánimo de lucro, formando a otras mujeres para que fuesen emprendedoras y arriesgándose a acabar en la cárcel por denunciar la corrupción del gobierno. Y ahora estaban estableciendo contactos entre ellas, formándose y recibiendo nuestro aliento. Confiaba en que eso no hiciese sino acrecentar su poder.

Pero el momento más increíble de todos tuvo lugar al poco tiempo de llegar, el segundo día de nuestro viaje. Había visitado con mi familia la sede de la Fundación Nelson Mandela en Johannesburgo, acompañada por Graça Machel, una conocida filántropa que estaba casada con Mandela, cuando nos informaron de que él, en persona, estaría encantado de recibirnos en su casa, que no estaba lejos.

Fuimos allí de inmediato, cómo no. Nelson Mandela tenía entonces noventa y dos años. Unos meses antes había estado hospitalizado por problemas pulmonares. Me dijeron que rara vez recibía visitas. Barack lo había conocido hacía seis años, como senador, cuando Mandela visitó Washington, y desde entonces tenía en su despacho una foto enmarcada de su encuentro. Hasta mis hijas —Sasha, a sus diez años, y Malia, a punto de cumplir trece— comprendían lo importante que era eso. Incluso mi madre, normalmente impertérrita, parecía un poco anonadada.

Ninguna otra persona que estuviera viva había dejado una huella más profunda en el mundo que Nelson Mandela, al menos en mi opinión. Cuando era joven, en los años cuarenta, se afilió al Congreso Nacional Africano y empezó a desafiar con valentía al gobierno sudafricano formado solo por blancos y sus políticas profundamente racistas. Tenía cuarenta y cuatro años cuando lo encarcelaron por su activismo, y setenta y uno cuando por fin lo liberaron, en 1991. Tras sobrevivir a veintisiete años de penurias y aislamiento en prisión, y a pesar de que el régimen del apartheid torturó y asesinó a muchos de sus amigos, Mandela fue capaz de negociar con líderes del gobierno —en lugar de luchar contra ellos— y gestionar una transición milagrosamente pacífica hacia una verdadera democracia en Sudáfrica, para acabar convirtiéndose en su primer presidente. Mandela vivía en una calle residencial arbolada, en un edificio protegido por muros beis de hormigón. Graça Machel nos condujo a través de un patio sombreado por árboles hasta el interior de la casa, donde su marido reposaba en una butaca en una sala amplia y luminosa. Tenía el pelo blanco y ralo y llevaba una camisa *batik* marrón. Alguien le había puesto una manta blanca sobre el regazo. Estaba rodeado por familiares de varias generaciones, todos los cuales nos recibieron calurosamente. Algo en la luminosidad de la habitación, la vivacidad de la familia y la media sonrisa del patriarca Mandela me recordó a cuando iba de niña a casa de mi abuelo Southside. Estaba nerviosa antes de ir, pero una vez allí me relajé.

Lo cierto es que no sé si Mandela era del todo consciente de quiénes éramos. A esas alturas era un anciano, su atención iba y venía y tenía ligeros problemas de oído.

—¡Esta es Michelle Obama! —le dijo Graça Machel acercándose a su oído—. La mujer del presidente estadounidense.

—Ah. Maravilloso —murmuró Nelson Mandela—. Maravilloso.

Me observó con genuino interés, aunque la verdad es que yo podría haber sido cualquier otra persona. Parecía evidente que dispensaba el mismo grado de afecto a todo aquel con quien se cruzase. Mi interacción con Mandela fue al mismo tiempo silenciosa y profunda; quizá más profunda aún debido al silencio. Ya había dicho casi todo lo que tenía que decir en sus discursos y cartas, sus libros y cantos de protesta, que habían quedado grabados no solo en su historia personal sino en la de toda la humanidad. Pude sentir todo eso en el breve rato que pasé con él: la dignidad y el espíritu que había extraído igualdad de un lugar donde no la había.

Seguía pensando en Mandela cinco días más tarde mientras volábamos de vuelta a Estados Unidos. Sasha y Malia dormían a pierna suelta cubiertas por mantas junto a sus primos; mi madre echaba una cabezada en un asiento cercano. Más atrás, los miembros del personal y del Servicio Secreto veían películas o recuperaban el sueño perdido. Los motores zumbaban. Sentía que estaba sola y que no lo estaba.

Pensé en las jóvenes africanas que había conocido en el foro de liderazgo: todas ellas estarían ya volviendo a sus respectivas comunidades para retomar su trabajo, para perseverar con todas las incertidumbres a las que tenían que hacer frente. Mandela había ido a prisión por sus principios. No había podido ver crecer a sus hijos, como tampoco más tarde a muchos de sus nietos. Pero no guardaba rencor ni había dejado de pensar nunca que en algún momento lo mejor de su país acabaría imponiéndose. Había trabajado y había esperado, resistente y sin desfallecer, hasta ser testigo de ello.

Regresé a casa con el impulso de ese espíritu. La vida estaba enseñándome que el progreso y el cambio se producen lentamente, no en dos años ni en cuatro, ni siquiera a lo largo de toda una vida. Estábamos plantando las semillas del cambio, cuyos frutos quizá nunca llegásemos a ver. Debíamos tener paciencia.

Tres veces a lo largo del otoño de 2011 Barack propuso proyectos de ley que crearían miles de puestos de trabajo para los estadounidenses, incluidas más oportunidades para profesores y personal de respuesta ante emergencias. Las tres veces los republicanos los habían bloqueado, impidiendo incluso que llegaran a votarse.

«Lo más importante que queremos conseguir —había declarado el senador Mitch McConnell a un periodista un año antes mientras exponía los objetivos de su partido— es que el presidente Obama no tenga un segundo mandato.» Era así de sencillo. Los republicanos en el Congreso estaban entregados, por encima de cualquier otra cosa, a ver fracasar a Barack. Parecía que para ellos lo prioritario no era el gobierno del país o el hecho de que la gente necesitaba trabajo, sino su propio poder.

Me parecía decepcionante, indignante y, a veces, devastador. Era política, sí, pero en su forma más pesimista y negativa, aparentemente desconectada de cualquier otro fin más elevado. Sentía emociones que quizá Barack no podía permitirse experimentar. Él permanecía encerrado en su mundo, sorteando los obstáculos y llegando a acuerdos allá donde podía, aferrándose a ese optimismo razonable que siempre lo había guiado. Yo lo veía como un antiguo caldero de cobre, curtido por el fuego y abollado pero aún brillante.

Volver a las giras de campaña ese otoño nos sacó de Washington y nos llevó de nuevo a comunidades de todo el país, donde podíamos darnos abrazos y estrechar las manos de nuestros votantes, además de escuchar sus ideas y preocupaciones. Era una ocasión para recordar que los ciudadanos estadounidenses son por lo general gente más positiva y esperanzada que sus representantes políticos. Solo necesitábamos que acudiesen a las urnas. Había sentido una gran decepción ante los millones de personas que se habían abstenido en las elecciones de mitad de legislatura de 2010, lo que en la práctica había significado que Barack tuviese que lidiar con un Congreso dividido y apenas capaz de aprobar una sola ley.

A pesar de las dificultades, había también mucho por lo que sentirse esperanzada. Para cuando 2011 llegó a su fin, los últimos soldados estadounidenses habían abandonado Irak. En Afganistán estaba llevándose a cabo una reducción progresiva de los efectivos desplegados. Además, habían entrado en vigor partes importantes de la Ley de Cuidado de Salud Asequible que permitían que más personas tuvieran acceso a la atención sanitaria. Eran avances, me decía a mí misma, pasos dentro de una trayectoria más larga.

Incluso con todo un partido político conspirando para ver fracasar a Barack, no teníamos más remedio que seguir adelante con optimismo. La situación era parecida a cuando aquella madre de Sidwell preguntó a Malia en el entrenamiento de tenis si temía por su vida. ¿Qué se puede hacer, en realidad, más que salir y golpear otra bola?

Así que trabajamos. Ambos trabajamos. Yo me volqué en mis iniciativas. Bajo el estandarte de Let's Move! seguimos cosechando resultados. Mi equipo y yo convencimos a una gran compañía de restaurantes que servía cada año cuatrocientos millones de comidas a los estadounidenses para que introdujese cambios saludables en sus comidas. Con una empresa de ese tamaño, incluso un cambio muy pequeño —como eliminar las tentadoras fotos de vasos de refrescos con hielo de los menús infantiles— podía tener importantes consecuencias.

El poder de una primera dama es algo curioso: tan sutil e indefinido como el propio papel. Pero estaba aprendiendo a sacarle partido. La tradición me decía que no debía enfrentarme al país, sino limitarme a mostrar mi entrega hacia el presidente. Pero estaba empezando a ver que tenía mucho más poder del que parecía. Ejercía influencia por ser algo así como una curiosidad: una primera dama negra, una profesional, una madre con hijas pequeñas. Parecía que los ciudadanos querían estar al tanto de mi ropa, mis zapatos y mis peinados, pero también tenían que ver por qué tomaba las decisiones que tomaba. Estaba aprendiendo cómo establecer una conexión entre mi mensaje y mi imagen, y cómo influir sobre la manera en que la gente me veía. Podía ponerme un atuendo interesante, gastar una broma y hablar de nutrición infantil sin resultar completamente aburrida. Podía aplaudir en público a una empresa que estaba contratando a miembros de la comunidad militar o echarme al suelo para hacer una competición de flexiones con Ellen DeGeneres en directo en su programa (y ganarla, lo que me permitirá vanagloriarme de ello de por vida) en nombre de Let's Move!

Siempre había tenido gustos convencionales y había disfrutado de la cultura popular. Aunque me había movido por las altas esferas de sitios como Princeton o mi bufete en Chicago, y aunque en alguna ocasión podía ponerme diamantes o un vestido de gala, nunca había dejado de leer la revista *People* o de disfrutar de una buena comedia de situación. Veía los programas de Oprah y Ellen mucho más a menudo que los programas de actualidad política, y, todavía a día de hoy, disfruto con el limpio regocijo que proporciona un programa televisivo sobre remodelaciones de hogar.

Por eso, siempre veía formas de conectar con los estadounidenses que Barack y sus asesores del Ala Oeste, en un principio, no percibían del todo. En lugar de hacer entrevistas con los grandes periódicos o las cadenas de televisión por cable, empecé sentándome con influyentes «mamás blogueras» que llegaban a un público femenino enorme y muy afín. Al reparar en que los jóvenes de mi equipo interactuaban con sus teléfonos, y Malia y Sasha empezaban a recibir noticias y a chatear con sus amigos del instituto a través de las redes sociales, caí en la cuenta de que ahí también había una oportunidad. Redacté mi primer tuit en el otoño de 2011 para promocionar Joining Forces, y a continuación contemplé cómo se propagaba a toda velocidad por el extraño e ilimitado mundo de internet donde la gente pasaba una parte cada vez mayor de su tiempo.

Fue una revelación. Con mi poder sutil, estaba descubriendo que podía ser fuerte.

Si los periodistas y las cámaras de televisión querían seguirme, iba a llevarlos a sitios que me permitiesen dirigir la atención hacia asuntos importantes. Por ejemplo, podían venir a vernos a Jill Biden y a mí mientras pintábamos una pared en una modesta vivienda adosada en Washington. No había nada intrínsecamente interesante en dos señoras con rodillos de pintura, pero sirvió para llevar a todo el mundo hasta la puerta de la casa del sargento Johnny Agbi.

El sargento Johnny Agbi era un joven médico del ejército que había resultado gravemente herido cuando atacaron su helicóptero, lo que exigió una prolongada rehabilitación en el hospital militar Walter Reed. Un grupo de voluntarios que había renovado mil hogares de veteranos necesitados estaban adaptando su casa para que pudiese moverse por ella en silla de ruedas: ampliando la anchura de las puertas, rebajando la altura del fregadero de la cocina. Las cámaras lo grabaron todo: al soldado, su casa, la bondad y la energía invertidas. Los periodistas nos entrevistaron no solo a Jill y a mí, sino también al sargento Agbi y a la gente que había hecho el trabajo de verdad. Para mí, así es como debía ser. Ahí es donde debía ponerse la mirada.

El día de las elecciones —6 de noviembre de 2012—, la procesión iba por dentro. Barack, las niñas y yo habíamos vuelto a casa en Chicago, y estábamos esperando a saber si todo un país nos aceptaba o nos rechazaba. Esa votación fue para mí más estresante que cualquiera de las anteriores que había vivido. Sentía que era un veredicto no solo sobre la eficacia de Barack a la hora de dirigir el país, sino también sobre su carácter, sobre nuestra mera presencia en la Casa Blanca. Nuestras hijas habían creado por su cuenta un grupo sólido, y una serie de rutinas cotidianas que yo no quería desmantelar una vez más. Tras haber invertido en ello cuatro años de nuestra vida familiar, estaba tan implicada que me resultaba imposible no tomármelo todo como algo un poco personal.

Las encuestas daban a Barack una ligera ventaja sobre el candidato republicano, Mitt Romney. La campaña nos había dejado exhaustos, quizá más todavía de lo que habíamos previsto, y podíamos ver el agotamiento reflejado en los rostros de nuestro abnegado personal. Aunque procuraban que no se les notase nunca, seguro que estaban preocupados ante la posibilidad de que Barack tuviese que abandonar el cargo.

Durante todo ese tiempo, Barack permaneció tranquilo, aunque yo notaba que la presión le estaba afectando. En las últimas semanas le veía un poco pálido e incluso más flaco que de costumbre. Había observado con preocupación cómo trataba de hacerlo todo: tranquilizar a los agoreros, culminar la campaña y, al mismo tiempo, gobernar.

Cuando empezaron a cerrar los colegios electorales de la Costa Este esa noche, me dirigí a la tercera planta de nuestra casa, donde mi equipo había montado una especie de salón de peluquería y maquillaje donde prepararnos para la parte pública de la velada que teníamos por delante. Meredith había planchado y preparado ropa para mi madre, para las niñas y para mí. Johnny y Carl estaban peinándome y maquillándome. A fin de mantener la tradición, Barack había salido a jugar al baloncesto unas horas antes y a su vuelta se había encerrado en su despacho para dar los últimos retoques a sus discursos.

Preferí no encender el televisor. Si había noticias, buenas o malas, quería oírlas directamente de boca de Barack o de Melissa, o de alguna otra persona cercana a mí. El parloteo de los presentadores de noticias siempre me había puesto de los nervios. No quería los detalles, solo quería saber cómo sentirme.

Eran ya las ocho de la noche, lo que significaba que deberían estar llegando los primeros resultados. Envié mensajes de correo electrónico a Valerie, Melissa y Tina Tchen, que en 2011 había pasado a ser mi nueva jefa de gabinete, para preguntarles qué sabían.

Esperé quince, treinta minutos. Nadie contestó. Sentí que la habitación donde me encontraba empezaba a estar extrañamente silenciosa. Mi madre se hallaba en la cocina en el piso de abajo, leyendo una revista. Meredith estaba preparando a las niñas para la velada. Johnny me pasaba una plancha por el pelo. ¿Estaba siendo paranoica, o la gente no me miraba a los ojos? ¿Sabían algo que yo desconocía?

A medida que pasaba el tiempo, mi corazón empezó a acelerarse. No me atrevía a poner las noticias porque de pronto estaba segura de que serían malas. Con cada minuto que la BlackBerry permanecía muda en mi regazo aumentaban mis dudas. Quizá no nos habíamos esforzado lo suficiente. Quizá no nos merecíamos otro mandato. Empezaron a temblarme las manos.

Estaba a punto de desmayarme de la ansiedad cuando Barack subió trotando la escalera, con su sonrisa grande y confiada de siempre. Hacía ya tiempo que había dejado de estar preocupado. «Estamos dándoles una paliza —dijo, sorprendido de que yo aún no lo supiera—. Está prácticamente resuelto.»

Resultó que en la planta inferior el ambiente había sido todo el tiempo exultante, pues el televisor del sótano no había dejado de ofrecer buenas noticias. Mi problema había sido que, por algún motivo, me había quedado sin cobertura en el móvil, y no llegué a enviar ni a recibir ningún mensaje. Me había dejado atrapar en mi propia cabeza. Nadie se había dado cuenta de lo preocupada que estaba, ni siquiera quienes se encontraban en la habitación conmigo.

Esa noche Barack ganó en todos los estados en contienda salvo en uno. Ganó entre los jóvenes, las personas pertenecientes a minorías y las mujeres, como había hecho en 2008. A pesar de todo lo que los republicanos habían llevado a cabo para impedir su éxito, su visión se había impuesto. Habíamos pedido a los estadounidenses permiso para seguir trabajando —para rematar la faena— y nos lo habían concedido. El alivio fue inmediato. «¿Somos lo suficientemente buenos? Sí, lo somos.»

Avanzada ya la madrugada, Mitt Romney llamó para reconocer su derrota. De nuevo nos vimos vestidos con ropa elegante y saludando desde un escenario, los cuatro Obama y un montón de confeti, encantados de contar con cuatro años más.

La certeza que la reelección trajo consigo me dio estabilidad. Teníamos más tiempo para avanzar en nuestros objetivos. Podríamos ser más pacientes en nuestro impulso de progreso. Podríamos mantener a Sasha y a Malia inscritas en su colegio; nuestro personal no se quedaría sin trabajo; nuestras ideas seguían siendo importantes. Y cuando se cumpliesen los cuatro años siguientes se habría acabado de verdad, lo cual era lo que me hacía más feliz.

Lo cierto es que el futuro llegaría con sus propias sorpresas; algunas gozosas, otras inefablemente trágicas. Cuatro años más en la Casa Blanca significaban cuatro años más como símbolos de Estados Unidos, absorbiendo y respondiendo a todo lo que pudiese acontecerle al país. Y ahora el futuro se nos echaba encima, quizá más rápido de lo que imaginábamos.

Cinco semanas más tarde un hombre armado entró en la escuela de primaria Sandy Hook en Newtown, Connecticut, y empezó a matar niños.

Yo acababa de dar un breve discurso al otro lado de la calle, frente a la Casa Blanca, y tenía previsto visitar a continuación un hospital infantil cuando Tina me informó de lo que había pasado. Mientras yo hablaba, ella y otros asistentes habían visto los titulares de la noticia en sus teléfonos, y habían intentado ocultar sus emociones mientras terminaba mi alocución.

La noticia que Tina me dio era tan terrorífica y triste que apenas fui capaz de procesar lo que estaba explicándome.

Barack estaba solo en el despacho Oval. «Ha pedido que vayas —me dijo Tina—. Cuanto antes.»

Mi marido me necesitaba. Sería la única vez en ocho años que solicitó mi presencia en mitad de la jornada laboral. Normalmente, el trabajo era el trabajo y el hogar era el hogar, pero para nosotros, como para mucha gente, la tragedia de Newtown hizo añicos todas las ventanas y derribó todas las vallas. Barack y yo nos abrazamos en silencio en cuanto entré en el despacho Oval. No había nada que decir. No había palabras.

Lo que mucha gente no sabe es que el presidente ve casi cualquier información relacionada con el bienestar del país. Barack, que era un hombre de datos, siempre pedía más detalles, no menos, para así poder dar una respuesta verdaderamente informada. Tal como él lo entendía, tenía la responsabilidad de mirar las cosas de frente en lugar de apartar la mirada, permanecer en pie cuando los demás estábamos dispuestos a dejarnos caer.

Eso significa que cuando lo vi ese día ya lo habían oído todo sobre la espantosa escena en Sandy Hook. Su sorpresa y su duelo nunca serían comparables a los de los miembros de los equipos de respuesta que se habían apresurado a asegurar el edificio y a evacuar a los supervivientes de la escuela; no eran nada comparados con los de los padres que tuvieron que soportar una interminable espera en el ambiente gélido del exterior del edificio, mientras rezaban por ver de nuevo el rostro de sus hijos; y eran menos aún frente al dolor inimaginable de quienes habían perdido a sus hijos ese día.

Aun así, esas imágenes de lo ocurrido en Sandy Hook dejaron devastado a Barack.

Como yo, adoraba a los niños de una manera profunda y genuina. Aparte de ser un padre cariñoso, a menudo llevaba chavales al despacho Oval para enseñarles el lugar. Le gustaba coger a los bebés en brazos. Veía con ilusión cada ocasión que tenía de visitar una feria de ciencia en un colegio o de asistir a un evento deportivo juvenil. El invierno anterior había incorporado un nuevo grado de disfrute a su existencia cuando se ofreció voluntario para ser ayudante del entrenador del equipo de baloncesto de la escuela de secundaria de Sasha.

Tener niños cerca hacía que todo le resultase más liviano. Sabía mejor que nadie la promesa que se había perdido con esas veinte jóvenes vidas.

Permanecer en pie después de lo sucedido en Newtown sería a buen seguro lo más duro que tendría que hacer en toda su vida. Cuando Malia y Sasha volvieron a casa del colegio esa tarde, Barack y yo las abrazamos con fuerza. Era difícil saber qué decir y qué no decir acerca del tiroteo a nuestras hijas. Éramos conscientes de que muchos padres en todos los rincones del país se enfrentarían al mismo problema.

Unas horas más tarde Barack tuvo que enjugarse las lágrimas mientras daba una rueda de prensa, en la que intentó hilvanar palabras que pudiesen ofrecer algún consuelo, aunque era consciente de que en realidad no había consuelo posible. Todo lo que podía hacer era ofrecer su determinación de evitar más masacres aprobando unas leyes básicas y razonables sobre la venta de armas.

Lo vi dar un paso al frente siendo consciente de que yo misma no era capaz de hacerlo. En casi cuatro años como primera dama, había tenido que consolar a otras personas en muchas ocasiones. Había rezado con algunas cuyos hogares habían sido arrasados en un instante por un tornado. Había abrazado a hombres, mujeres y niños que habían perdido seres queridos en la guerra, como consecuencia de ataques terroristas o de violencia callejera en una esquina próxima a sus casas. En los cuatro meses anteriores, había visitado a personas que habían sobrevivido a tiroteos masivos en un cine y en el interior de un templo sij. Cada vez había sido desolador. Siempre había intentado llevar la parte más apacible y abierta de mí misma a esos encuentros, transmitir mi propia fuerza mostrándome cariñosa y presente, acompañando discretamente el dolor de los demás. Pero dos días después del tiroteo en Sandy Hook, cuando Barack viajó hasta Newtown para hablar en una vigilia celebrada en honor de las víctimas, no fui capaz de acompañarlo. Estaba tan estremecida por lo acontecido que no me quedaban fuerzas que transmitir. Había sido primera dama durante casi cuatro años, y había habido ya demasiados asesinatos, demasiadas muertes absurdas y evitables, y demasiada poca reacción. No estaba segura de qué consuelo podía ofrecer a alguien cuyo hijo de seis años había sido asesinado en la escuela.

Lo que hice, como tantos otros padres, fue aferrarme a mis hijas. Se acercaba la Navidad, y Sasha formaba parte de un grupo local de niños que habían sido seleccionados para participar junto al Ballet de Moscú en dos representaciones de *El cascanueces*, que tendrían lugar el mismo día de la vigilia en Newtown. Barack consiguió colarse en la última fila y asistir al ensayo general antes de partir hacia Connecticut. Yo fui a la función vespertina.

El ballet fue hermoso, con su príncipe en un bosque a la luz de la luna y su despliegue de encantos arremolinándose. Sasha hacía de ratón, vestida con leotardos negros, orejas peludas y cola, e interpretó su papel mientras un trineo se deslizaba entre una música orquestal *in crescendo* y una lluvia de centelleante nieve de atrezo. No despegué la mirada de ella durante toda la función. Me sentía agradecida con todo mi ser por tenerla. A Sasha le brillaban los ojos en el escenario; al principio parecía que no conseguía creerse que estuviese allí, como si toda la situación le resultase deslumbrante e irreal. Y lo era, por supuesto. Pero era todavía lo bastante joven para entregarse por completo y dejarse ir a través de ese cielo donde nadie hablaba y todo el mundo bailaba, y siempre estaba a punto de llegar un día de fiesta.

Pido un poco de paciencia, porque lo que sigue no será más llevadero. Ojalá Estados Unidos fuese un lugar sencillo, con una historia sencilla; ojalá pudiese decir que todo lo que me rodeaba era ordenado y grato; ojalá no hubiese pasos atrás y cada pena, cuando llegase, al menos tuviese un final feliz.

Pero Estados Unidos no es así, ni yo tampoco. Y no voy a intentar retorcer esto hasta darle una forma perfecta.

En muchos aspectos, la segunda legislatura de Barack sería más fácil que la primera. Habíamos aprendido muchísimo en cuatro años: nos habíamos rodeado de las personas adecuadas y habíamos construido sistemas que funcionaban bien. Ahora sabíamos lo suficiente para evitar algunos de los pequeños errores que cometimos la primera vez, empezando por el día de la toma de posesión en enero de 2013, cuando pedí que la tribuna desde la que íbamos a presenciar el desfile estuviese completamente caldeada para que esa vez no se nos congelasen los pies. Nos quedaban cuatro años por delante, y si había aprendido algo era a relajarme y a marcar mi propio ritmo.

Estaba sentada al lado de Barack durante el desfile del día de su toma de posesión, después de que hubiese renovado su juramento al país, y, mientras observaba la sucesión de carrozas y bandas de música, me noté capaz de disfrutar más que en la primera toma de posesión. Desde donde me encontraba, apenas podía distinguir los rostros de los participantes: eran miles, cada uno con su propia historia. Y otros miles habían acudido a Washington para participar en las actividades de los días previos a la toma de posesión, mientras que decenas de miles más habían venido a verlas.

Más tarde, deseé casi desesperadamente haber podido avistar a Hadiya Pendleton, una esbelta niña negra que llevaba una reluciente diadema dorada y un uniforme azul de *majorette*. Hadiya había ido con la banda del King College Prep desde el South Side de Chicago para participar en alguna de las actividades paralelas. Quise creer que, no sé cómo, podía haberla visto en mitad de la marea de gente que recorrió la ciudad; una niña de quince años que estaba disfrutando de su gran momento y había venido en autobús hasta Washington con sus compañeros de banda. En Chicago, Hadiya vivía con sus padres y su hermano pequeño, a unos tres kilómetros de nuestra casa. Era una alumna sobresaliente que solía decir a la gente que algún día iría a Harvard. Había empezado a planificar la fiesta de su decimosexto cumpleaños. Le encantaba la comida china y las hamburguesas con queso, y salir a tomar helado con sus amigas.

Me enteré de todas estas cosas sobre Hadiya unas semanas más tarde, en su funeral. Ocho días después de la investidura, Hadiya Pendleton recibió un disparo y murió asesinada en un parque público de Chicago, no muy lejos de su instituto. Se había resguardado con un grupo de amigos bajo un cobertizo metálico junto a un parque infantil para esperar a que amainase una tormenta. Los habían confundido con pandilleros y un chaval de dieciocho años de una pandilla rival les había disparado. Hadiya había recibido un disparo en la espalda mientras intentaba huir y esconderse. Dos de sus amigos resultaron heridos. Todo eso sucedió a las dos y veinte de una tarde de martes.

Ojalá la hubiese visto con vida, aunque solo fuese para tener un recuerdo que compartir con su madre, ahora que, de repente, los recuerdos de su hija se habían interrumpido abruptamente y eran cosas de las que hacer acopio y a las que aferrarse.

Asistí al funeral de Hadiya porque sentí que era lo que debía hacer. No había acompañado a Barack cuando fue al de Newtown, pero en esa ocasión me tocaba a mí dar un paso al frente. Confiaba en que mi presencia ayudaría a dirigir la atención hacia los muchos chavales inocentes que eran asesinados en las calles de las ciudades casi a diario. Confiaba en que una tragedia como esta, junto con el horror de Newtown, llevaría a los estadounidenses a exigir unas leyes razonables sobre armas. Hadiya Pendleton venía de una familia del South Side muy unida y de clase trabajadora, muy parecida a la mía. En pocas palabras: podría haberla conocido; incluso, en otra época, podía haber sido yo; y si Hadiya hubiese tomado otro camino de vuelta a casa ese día, o incluso si se hubiera movido quince centímetros hacia la izquierda en lugar de hacia la derecha, ella podría haber llegado a ser como yo.

«Hice todo lo que se suponía que debía hacer», me dijo su madre cuando nos conocimos justo antes de que diese comienzo el funeral, con sus ojos castaños anegados en lágrimas. Cleopatra Cowley-Pendleton era una mujer afable con una voz dulce y el pelo muy corto que trabajaba en atención al cliente. El día del funeral de su hija llevaba una enorme flor rosa prendida en la solapa. Cleo y su marido, Nathaniel, habían estado muy pendientes de Hadiya, la habían animado a presentar una solicitud para entrar en el King, un exigente instituto público. Se aseguraron de que pasaba el menor tiempo posible en la calle, la habían apuntado a voleibol, al equipo de animadoras y a un grupo de danza en la iglesia. Como mis padres habían hecho por mí en su momento, los de Hadiya se habían sacrificado para que pudiese ver el mundo más allá de su barrio. Tenía previsto viajar a Europa con la banda de música esa primavera, y había vuelto encantada de su visita a Washington.

«Está todo tan limpio, mamá… —le había dicho a Cleopatra a su vuelta—. Creo que me dedicaré a la política.»

Pero Hadiya Pendleton se convirtió en una de las tres personas que perdieron la vida en distintos incidentes de violencia con armas en Chicago ese mismo día de enero. Era la trigésimo sexta persona que moría asesinada en la ciudad ese año, del que apenas habían transcurrido veintinueve días. Casi todas las víctimas eran negras. Pese a todas sus esperanzas y su esfuerzo, Hadiya se convirtió en un símbolo de lo que va mal.

A su funeral acudió muchísima gente, otra comunidad desgarrada que abarrotaba una iglesia. Cleopatra se puso en pie y habló sobre su hija. Las amigas de Hadiya lo hicieron también, y contaron historias sobre ella, todas marcadas por una sensación de indignación e impotencia. Eran adolescentes que preguntaban no solo ¿por qué?, sino ¿por qué tan a menudo? Había ese día allí adultos poderosos, todos apretados en los bancos y teniendo que lidiar íntimamente con nuestro dolor y nuestra culpa mientras el coro cantaba con tal fuerza que hacía retumbar el suelo de la iglesia.

Para mí era importante ser algo más que un paño de lágrimas. A lo largo de mi vida había oído muchas palabras huecas en boca de personas importantes. Hablaban mucho en los momentos de crisis pero a continuación no adoptaban acción alguna. Estaba decidida a ser alguien que decía la verdad, a usar mi voz a favor de quienes carecían de ella siempre que me fuese posible y a no desaparecer cuando más me necesitaban. Era consciente de que, cuando hacía acto de presencia en algún sitio, desde fuera se veía como algo espectacular: la comitiva, los agentes, los ayudantes y la prensa, y conmigo en el centro. No me gustaba cómo afectaba eso a mis encuentros con personas nuevas. En ocasiones, mi presencia hacía que la gente no supiera cómo comportarse y balbucease o se callase. Por eso muchas veces procuraba presentarme con un abrazo, para prolongar el momento y hacerlo más real.

Intentaba establecer relaciones con las personas que conocía, en especial con aquellas que normalmente no tenían acceso al exclusivo mundo en el que yo vivía ahora. Quería compartir la luminosidad todo lo que pudiera. Invité a los padres de Hadiya Pendleton para que se sentasen a mi lado mientras Barack pronunciaba el discurso sobre el Estado de la Unión unos días después del funeral, y recibí a la familia en la Casa Blanca durante la carrera anual de los huevos de Pascua. Cleopatra, que se convirtió en una vehemente defensora de la prevención de la violencia, volvió otro par de veces para asistir a sendas reuniones sobre la cuestión en la Casa Blanca. Escribí a las chicas de la escuela Elizabeth Garrett Anderson, en Londres, que tan profundamente me habían conmovido, para animarlas a que mantuviesen viva la esperanza y siguiesen trabajando, a pesar de su precaria situación. En 2011 había llevado a visitar la Universidad de Oxford a un grupo de treinta y siete chicas de ese colegio, no solo las más destacadas académicamente, sino también aquellas que, según sus profesores, aún no habían alcanzado todo su potencial. La idea era ofrecerles un atisbo de lo que era posible si creían en sí mismas como yo creía en ellas, mostrarles lo que podían conseguir si se esforzaban. También había recibido a alumnas de ese mismo colegio en la Casa Blanca durante la visita de Estado del primer ministro británico. Consideraba que era importante conectar con los niños muchas veces y de distintas formas para que supiesen que todo era real.

Era consciente de que mis primeros éxitos en la vida habían sido el resultado del cariño y las altas expectativas que me rodearon de niña, tanto en casa como en la escuela. Esta constatación fue lo que impulsó mi programa de tutoría en la Casa Blanca, así como una nueva iniciativa educativa que mi equipo y yo estábamos preparando, llamada Reach Higher. Quería animar a los chavales a esforzarse para llegar a la universidad y a que, una vez allí, perseverasen. Tener formación universitaria sería cada vez más importante para que los jóvenes encontraran trabajo. Reach Higher los ayudaría en su camino, proporcionando un mayor apoyo a los orientadores escolares y facilitando el acceso a las ayudas económicas federales.

Yo había tenido la fortuna de tener padres, profesores y tutores que me habían repetido un mismo mensaje sencillo: «Tú importas». Como adulta, quería transmitir esas palabras a la siguiente generación. Era el mensaje que daba a mis propias hijas, que tenían la suerte de verlo reforzado por su colegio y sus privilegiadas circunstancias, y estaba decidida a hacerle saber a cualquier persona joven con la que me cruzase que ella también era importante. Quería ser justo lo opuesto de la orientadora universitaria que había tenido en el instituto, quien me había dicho que quizá no daba la talla para entrar en Princeton. En mi experiencia, los jóvenes ponen más de su parte si sienten que los demás se interesan por ellos.

Las alumnas de la escuela Elizabeth Garrett Anderson eran un claro ejemplo de esto: sus promedios habían subido significativamente después de que yo hubiese establecido contacto con ellas. Todo el mérito de esa mejora les correspondía por entero a las chicas y a sus profesores, pero era consciente del influjo que tenía mostrarles a los niños mi respeto.

«Todos creemos que tenéis sitio aquí», les había dicho a las chicas de la escuela Elizabeth Garrett Anderson mientras estaban, muchas de ellas sobrecogidas, en el antiguo comedor gótico de Oxford, rodeadas de profesores y alumnos universitarios que habían ido a pasar el día para aconsejarlas. Decía algo parecido cada vez que venían niños de visita a la Casa Blanca: adolescentes de la reserva siux de Standing Rock; niños de escuelas cercanas que se presentaban a trabajar en el huerto; alumnos de instituto que asistían a las jornadas de orientación profesional y a talleres sobre moda, música y poesía; incluso a chavales a los que solo tenía ocasión de dar un breve pero fuerte abrazo. El mensaje era siempre el mismo: «Tienes sitio aquí. Tú importas. Tengo buena opinión de ti».

Dos meses después del funeral de Hadiya Pendleton volví a Chicago. Había instruido a Tina Tchen, mi jefa de gabinete, para que concitase apoyo para la prevención de la violencia allí.

Tras la muerte de Hadiya, Tina había recurrido a sus contactos en Chicago para ampliar los programas comunitarios dirigidos a jóvenes en situación de riesgo en toda la ciudad. Sus esfuerzos habían contribuido a recaudar millones de dólares en donaciones en unas pocas semanas. Un frío día de abril, Tina y yo fuimos a Chicago para asistir a una reunión de líderes comunitarios en la que se hablaría de empoderamiento de la juventud, y también para conocer a un nuevo grupo de chicos.

Cuando yo era joven, el barrio de Englewood en el South Side era un lugar difícil, pero no tan mortífero como en el presente.

Cuando estaba en secundaria iba a Englewood para las prácticas semanales de biología en el laboratorio de un centro de formación profesional que había allí. Ahora, años más tarde, mientras mi comitiva circulaba entre descampados y edificios calcinados, me daba la impresión de que los únicos negocios prósperos que quedaban abiertos eran las licorerías. El año anterior, veintinueve alumnos del centro habían sido víctimas de disparos, y ocho de ellos habían muerto. Tanto a mi equipo como a mí esos números nos parecían escandalosos, pero lo tristemente cierto es que los colegios de las ciudades de todo el país estaban teniendo que hacer frente a unos niveles epidémicos de violencia con armas. Además de todas esas conversaciones sobre empoderamiento de la juventud, parecía importante sentarse y escuchar de verdad a los jóvenes.

Pensé en mi propia infancia y en mi barrio, y en que la palabra «gueto» se pronunciaba entonces como una amenaza. Cualquier indicio de gueto, me daba cuenta ahora, hacía que las familias de clase media huyesen preventivamente hacia las afueras. «Gueto» indicaba al mismo tiempo que el lugar era de gente negra y que estaba desahuciado. Era una etiqueta que presagiaba el fracaso y que precipitaba su llegada. Provocaba el cierre de las tiendas de la esquina y las gasolineras, minaba la labor de los colegios y de los profesores que intentaban inculcar autoestima a los chavales del barrio. Era una palabra de la que todo el mundo intentaba huir, pero que podía de pronto pasar a definir una comunidad.

En mitad de West Englewood estaba el instituto Harper, un gran edificio de ladrillo claro. Me presentaron a su directora, Leonetta Sanders, una inquieta mujer afroamericana, y a dos trabajadoras sociales que se volcaban en las vidas de los quinientos diez jóvenes inscritos en Harper, la mayoría de los cuales procedían de familias humildes. A una de las trabajadoras sociales, Crystal Smith, se la podía ver a menudo en los pasillos de aquel instituto entre clase y clase, repartiendo positividad entre los alumnos con frases como: «¡Estoy muy orgullosa de ti!» y «¡Sé que estás esforzándote!».

414

Gritaba «¡Te lo agradezco de antemano!» por cada buena decisión que confiaba en que los alumnos tomarían.

En la biblioteca del instituto Harper me incorporé ese día a un círculo de veintidós alumnos; todos afroamericanos, buena parte de ellos de último y penúltimo curso. Casi todos estaban deseando hablar. Describían un miedo constante a las pandillas y la violencia. Algunos explicaban que tenían padres ausentes o que luchaban contra la adicción. Un par de ellos habían pasado una temporada en centros de detención juvenil. Un estudiante de penúltimo curso llamado Thomas había presenciado cómo una buena amiga —una chica de dieciséis años— moría de un disparo el verano anterior. También estaba presente cuando su hermano mayor, cuyo cuerpo había quedado parcialmente paralizado debido a una herida de bala, resultó herido en ese mismo incidente mientras estaba en la calle en su silla de ruedas. Casi todos los chavales que estaban allí ese día habían perdido a alguien —un amigo, un familiar, un vecino— por una bala, mientras que la mayoría nunca habían llegado hasta el centro de Chicago, y ni habían ido a las playas o las atracciones a la orilla del lago, que estaban a apenas media hora de su barrio.

En un momento dado, una de las trabajadoras sociales tomó la palabra para decir al grupo: «¡Veintisiete grados y soleado!». Todos empezaron a asentir apesadumbrados. Yo no entendía por qué. «Explicad a la señora Obama lo que pensáis cuando os levantáis por la mañana y oís un parte meteorológico de veintisiete grados y soleado», dijo.

Evidentemente, ella conocía la respuesta, pero quería que yo la oyera.

Todos los alumnos coincidieron en que un día así era mala señal. Cuando hacía buen tiempo, las pandillas estaban más activas y había más tiroteos.

Aquellos chicos se habían acostumbrado a unas reglas perversas impuestas por su entorno, según las cuales debían permanecer encerrados cuando hacía buen tiempo y cambiar cada día el recorrido que seguían para ir y volver del instituto en función de cómo evolucionasen los territorios donde estaba cada pandilla. Me explicaron que a veces el camino más seguro para volver a casa era ir por el centro de la calzada, entre coches que pasaban a toda velocidad por ambos lados, pues así podían ver mejor cualquier pelea o a posibles pistoleros y evitarlos. Y además les daba más tiempo para huir.

Estados Unidos no es un lugar fácil. Sus contradicciones me sacan de quicio. Mientras fui primera dama, a veces me encontré en eventos para recaudar dinero en pisos inmensos y lujosos de Manhattan, con personas acaudaladas que afirmaban estar muy preocupadas por la educación y los problemas de la infancia pero no querían que les subiesen los impuestos para costear las soluciones a esos problemas.

Y ahora estaba en Harper, escuchando a chicos que hablaban de cómo seguir vivos. Admiraba su resiliencia y su capacidad para hacer frente a las dificultades a las que se enfrentaban, y deseaba de todo corazón que no les hiciese tanta falta.

Uno de ellos me dirigió una mirada directa.

—Está muy bien que esté usted aquí y tal —me dijo encogiéndose de hombros—, pero ¿qué va a hacer realmente al respecto de todo esto?

Para ellos, yo representaba a Washington en la misma medida que al South Side. Y en lo tocante a Washington, me sentía obligada a ser franca con ellos.

—Sinceramente —empecé a decir—, sé que tenéis una situación muy complicada aquí, pero nadie va a venir a salvaros. La mayoría de las personas de Washington ni siquiera se lo plantean. Muchas de ellas no saben ni que existís.

Expliqué a esos alumnos que el progreso es lento, que no podían permitirse esperar de brazos cruzados a que el cambio se produjera. Muchos estadounidenses no querían que les subieran los impuestos, aunque eso conllevase disponer de más dinero para ayudar a los chavales en la escuela. El Congreso estaba demasiado ocupado con luchas políticas como para destinar suficiente dinero a la educación o a milagrosos cambios de rumbo para su comunidad. Incluso después del espanto de Newtown, el Congreso parecía decidido a bloquear cualquier medida que contribuyese a evitar que las armas cayesen en las manos equivocadas. La política era un desastre, afirmé. A ese respecto, no tenía nada demasiado esperanzador o positivo que decirles.

No obstante, seguí hablando para dar un tono diferente a mi alocución, un tono procedente directamente de la niña del South Side que llevaba dentro. «Usad la escuela», les dije.

Esos chicos llevaban una hora contándome historias trágicas y perturbadoras, pero les recordé que esas mismas historias también reflejaban su perseverancia, su autosuficiencia y su capacidad de superación. Les aseguré que ya tenían lo que se necesitaba para triunfar. Estaban en una escuela que les ofrecía educación gratuita, y en la que había un montón de adultos comprometidos y preocupados por ellos que los consideraban importantes. Unas seis semanas más tarde, gracias a las donaciones de empresarios locales, un grupo de alumnos de Harper vino a la Casa Blanca a vernos personalmente a Barack y a mí, y también a visitar la Universidad de Howard, para enterarse de qué iba eso de ser universitario. Deseaba que se imaginasen a sí mismos estudiando allí en el futuro.

Nunca fingiré que las palabras o el abrazo de una primera dama basten para cambiar la vida de una persona, o que exista algún camino fácil para alumnos que tienen que hacer frente a una situación como la que viven esos adolescentes de Harper. Ninguna historia es tan sencilla. Eso era algo que sabíamos bien todos los que estábamos en la biblioteca ese día. Pero yo estaba allí para oponer resistencia a la vieja y nociva historia de lo que implicaba ser negro en Estados Unidos, la que presagiaba el fracaso y aceleraba su llegada. Si encontraba la manera de hacerles ver sus virtudes y ofrecerles algún atisbo de lo que podía ser un camino a seguir, nunca dejaría de hacerlo. Era la pequeña aportación que podía hacer.

24

En la primavera de 2015 Malia nos anunció que un chico que le gustaba bastante la había invitado al baile de fin de curso. Tenía dieciséis años y estaba terminando tercero en Sidwell. Para nosotros seguía siendo la niña entusiasta y piernilarga de siempre, aunque cada día parecía un poco más adulta. Casi me alcanzaba en estatura y ya estaba pensando en la solicitud de ingreso en la universidad. Era buena estudiante, curiosa y dueña de sí, además de una recopiladora de detalles, como su padre. Había empezado a sentir fascinación por las películas y el arte de crearlas. El verano anterior había abordado a Steven Spielberg una noche que el director asistía a una cena en la Casa Blanca, y lo había acribillado a preguntas hasta que él le ofreció un contrato en prácticas en una serie de televisión que estaba produciendo. Nuestra niña empezaba a abrirse camino.

En general, por motivos de seguridad, Malia y Sasha no tenían permitido subir al coche de otras personas. Malia se había sacado el permiso de conducir provisional y se movía sola en coche por la ciudad, aunque siempre la seguían unos agentes en su propio vehículo. Por otro lado, desde que nos habíamos mudado a Washington cuando ella contaba diez años, nunca había puesto un pie en un autobús ni en el metro, como tampoco había viajado en el automóvil de alguien que no trabajara para el Servicio Secreto. La noche del baile de fin de curso, sin embargo, haríamos una excepción.

Su pareja para el evento llegó aquella tarde en su coche, pasó el control de seguridad de la entrada sudeste de la Casa Blanca y, armado de determinación —y de valor—, entró en la sala de Recepciones Diplomáticas enfundado en un traje negro.

«Por favor, comportaos, ¿vale?», nos había suplicado Malia a Barack y a mí, con una vergüenza cada vez más visible, mientras bajábamos a recibirlo.

Yo iba descalza, y Barack, con chanclas. Malia llevaba una falda negra larga y una blusa elegante que le dejaba los hombros al descubierto. Estaba preciosa.

Creo que conseguimos comportarnos, aunque Malia todavía se ríe al rememorar aquel momento, pues lo vivió como algo insufrible. Barack y yo estrechamos la mano al joven, tomamos algunas fotos y dimos un abrazo a nuestra hija antes de dejarlos marchar. No podíamos evitar sentir tranquilidad al saber que los escoltas de Malia irían pegados al coche del muchacho hasta el restaurante donde cenarían antes del baile y de que permanecerían discretamente de guardia durante el resto de la noche.

Desde el punto de vista de unos padres, no era una mala manera de criar a unas adolescentes, sabiendo que un grupo de adultos vigilantes las seguía en todo momento, con la misión de rescatarlas de cualquier emergencia. Desde la óptica de las adolescentes era, comprensiblemente, un rollo total y absoluto. Como en muchos aspectos de la vida en la Casa Blanca, tuvimos que descubrir por nuestra cuenta dónde y cómo trazar los límites para nuestra familia, cómo compatibilizar las exigencias de seguridad de la presidencia con las necesidades de dos adolescentes que estaban madurando por sí mismas.

Cuando empezaron a ir al instituto establecimos unas horas máximas de llegada —primero las once y luego la medianoche—, y, según Malia y Sasha, éramos mucho más estrictos que los padres de buena parte de sus amistades. Si en algún momento me asaltaba una preocupación sobre su seguridad o su paradero, siempre podía contactar con los agentes, aunque procuraba contenerme. Era importante para mí que las chicas confiaran en su equipo de seguridad. En vez de ello, recurría a un método que creo que emplean muchos progenitores: solicitar información a una red de padres que ponían en común todo lo que sabían sobre los lugares a los que la panda iría y si un adulto los supervisaría. Nuestras hijas, claro está, cargaban con un extra de responsabilidad por ser su padre quien era. Sus meteduras de pata podían aparecer en los titulares de los medios de comunicación. Tanto Barack como yo éramos conscientes de la injusticia que eso suponía. Ambos habíamos transgredido normas y cometido tonterías durante nuestra adolescencia, y habíamos tenido la suerte de que la mirada de un país entero no estuviera puesta en nosotros.

Malia tenía ocho años cuando Barack se sentó en el borde de su cama, en Chicago, y le preguntó si le parecía bien que aspirara a la presidencia. Ahora pienso en lo poco que ella sabía en ese entonces, lo poco que podíamos saber todos. Llegar a la Casa Blanca durante la infancia era una cosa, pero salir de ella como adulta representaba algo diferente. ¿Cómo iba a imaginar Malia que algún día unos hombres armados la seguirían a un baile de fin de curso?

Nuestras hijas se aproximaban a la mayoría de edad durante lo que parecía una época extraordinaria. Barack fue el primer presidente de una nueva era en la que los teléfonos inteligentes empezaban a popularizarse, alterando para siempre los estándares y las ideas que la gente tenía sobre la privacidad. Los selfis, el hackeo de datos, Snapchat y las Kardashian habían pasado a formar parte del vocabulario del país durante nuestra época en la Casa Blanca. Como adolescentes para las que las redes sociales constituían una parte importante de sus vidas, nuestras hijas vivieron este cambio de una manera más profunda que Barack o que yo. Cuando Malia y Sasha salían por Washington con sus amigos, después de clase o los fines de semana, muchos desconocidos las enfocaban con sus teléfonos o incluso les exigían que se hicieran un selfi con ellos. «Es usted consciente de que soy una menor, ¿verdad?», preguntaba Malia a veces después de negarse.

Barack y yo hacíamos lo posible por proteger a nuestras hijas de la atención del público. Declinábamos todas las peticiones de entrevistas que los medios les hacían y pugnábamos por mantener al margen del escrutinio popular su vida cotidiana cuanto podíamos. Sus escoltas del Servicio Secreto intentaban pasar más desapercibidos cuando las seguían en público a fin de ayudarlas. Llevaban pantalones cortos y camisetas en vez de trajes, y auriculares de botón en vez de pinganillos y micrófonos de pulsera para no desentonar en los garitos para adolescentes. Estábamos totalmente en contra de que se publicaran fotografías de nuestras hijas que no guardaran relación con actos oficiales, y la oficina de prensa de la Casa Blanca así se lo comunicaba a los medios. Cada vez que una foto de Malia o de Sasha aparecía en una web de cotilleos, mi equipo llamaba a los responsables para cantarles las cuarenta y conseguir que retiraran la noticia.

Proteger la privacidad de las chicas implicaba encontrar otras maneras de satisfacer la curiosidad del público respecto a nuestra familia. Al principio del segundo mandato de Barack, incorporamos a la familia a Sunny, un cachorro de espíritu libre y explorador que no parecía ver mucho sentido a hacer sus necesidades fuera. Los perros conferían un toque desenfadado a todo. Eran la prueba viviente de que la Casa Blanca era un hogar. Consciente de que Malia y Sasha eran, en esencia, territorio vedado, el equipo de comunicación de la Casa Blanca empezó a pedir que dejáramos que los perros realizaran apariciones oficiales y se relacionaran con periodistas o con niños que estuvieran haciendo una visita guiada. Bo protagonizó un vídeo para la tradicional carrera de huevos de Pascua de la Casa Blanca. Sunny y él posaron conmigo para varias fotos como parte de una campaña con el fin de animar a la gente a registrarse para obtener cobertura sanitaria. Eran unos representantes excelentes, inmunes a las críticas e ignorantes de su fama.

Como a todos los jóvenes, a Sasha y a Malia las cosas se les quedaban pequeñas con el tiempo. Desde el primer año de la presidencia de Barack, lo acompañaban mientras él llevaba a cabo lo que sin duda era el rito más ridículo de su cargo: indultar a un pavo justo antes de las fiestas de Acción de Gracias. Los primeros cinco años sonreían y soltaban risitas mientras su padre hacía chistes malos. Cuando llegó el sexto año, y ellas contaban trece y dieciséis, ya eran demasiado mayores hasta para fingir que les hacían gracia. Aparecieron por todo internet fotografías de las dos con aspecto de aburridas y resentidas —Sasha impasible, Malia con los brazos cruzados—, de pie al lado del presidente y el pavo, ajeno a cuanto ocurría alrededor. Un titular de *USA Today* lo resumía de forma bastante irrebatible: «Malia y Sasha Obama, hasta las narices del indulto al pavo de su padre».

La presencia de ambas en la ceremonia, así como en prácticamente todos los actos que se celebraban en la Casa Blanca, pasó a ser opcional. Eran adolescentes felices y equilibradas que llevaban una vida rica en actividades y aficiones sociales que nada tenían que ver con sus padres. Nuestras hijas tenían sus propios intereses, por lo que no les impresionaban mucho ni siquiera los aspectos más divertidos de los nuestros.

—¿No queréis bajar esta noche a oír tocar a Paul McCartney?

—Mamá, por favor, no insistas.

A menudo se oía música a todo volumen procedente de la habitación de Malia. Sasha y sus amigas, que se habían aficionado a los programas culinarios de la tele por cable, a veces se apoderaban de la cocina para decorar galletas o prepararse elaborados menús. Nuestras dos hijas agradecían el anonimato relativo del que gozaban cuando se iban de excursión con el colegio o de vacaciones con las familias de sus amistades (siempre con los escoltas a la zaga). No había nada que le gustara más a Sasha que elegir los tentempiés que iba a tomar en el aeropuerto internacional de Dulles antes de embarcar en un vuelo comercial abarrotado, por la sencilla razón de que era muy diferente de la exigente rutina presidencial que imperaba en la base aérea de Andrews y que se había convertido en la norma para nuestra familia.

Viajar con nosotros tenía sus ventajas, por otra parte. Antes de que la presidencia de Barack llegara a su fin, nuestras chicas disfrutaron del privilegio de ver un partido de béisbol en La Habana, pasear por la Gran Muralla China y visitar la estatua del Cristo Redentor en Brasil. Pero también podía ser un engorro. Durante el tercer año de Malia en el instituto, las dos habíamos ido a pasar un día en Nueva York para realizar visitas programadas a la Universidad de Nueva York y la de Columbia. La cosa había marchado bien durante un rato. Nos habíamos movido por el campus de la Universidad de Nueva York a paso veloz, ya que era temprano y muchos estudiantes aún no se habían levantado. Habíamos echado una ojeada a las aulas, nos habíamos asomado a una habitación de la residencia y habíamos charlado con un decano antes de dirigirnos al norte de la ciudad para tomar un almuerzo rápido y pasar a la siguiente visita.

El problema radicaba en que no había manera de ocultar una comitiva de vehículos del tamaño de la que acompaña a una primera dama, y menos aún en la isla de Manhattan, en pleno día laborable. Cuando terminamos de comer, cerca de un centenar de personas se había aglomerado en la acera, delante del restaurante. Al salir, docenas de teléfonos móviles nos apuntaban y nos vimos envueltas en un coro de exclamaciones de entusiasmo. Era un clamor amable —«¡Ven a Columbia, Malia!», gritaba la gente—, pero no especialmente útil para una chica que intentaba imaginar su futuro con tranquilidad.

Supe de inmediato lo que tenía que hacer: hacerme a un lado y dejar que Malia visitara el campus siguiente sin mí. Kristin Jones, mi asistente personal, sería su acompañante en mi lugar. Si yo no estaba presente, las probabilidades de que la reconocieran se reducían. Ella podría desplazarse más deprisa y con menos escoltas. Sin mí, incluso parecería una chica como las demás, caminando por el patio interior.

De todos modos, Kristin, con poco menos de treinta años y oriunda de California, era como la hermana mayor de mis hijas. Junto con otro miembro de mi equipo, Kristen Jarvis, estaba muy implicada en nuestra vida familia. «Las Kristin», como las llamábamos, nos sustituían a menudo, asistían a reuniones y se entrevistaban con profesores, entrenadores y otros padres cuando Barack y yo no estábamos disponibles. Con las chicas se mostraban protectoras y cariñosas, y, a sus ojos, estaban mucho más en la onda de lo que yo lo estaré jamás. Malia y Sasha confiaban en ellas sin reservas y les pedían su consejo respecto a todos los temas, desde qué ropa ponerse hasta las redes sociales, pasando por la proximidad cada vez mayor de los chicos.

Esa tarde, mientras Malia visitaba Columbia, esperé en el sótano de un edificio académico en el campus que el Servicio Secreto había designado zona segura. Me quedé sentada, sola y pasando desapercibida hasta la hora de partir, y lamenté no haber llevado al menos un libro. Dolía un poco estar allí abajo, lo reconozco. Sentía una soledad que seguramente no tenía tanto que ver con el hecho de estar sola como con la idea de que, me gustara o no, nuestro primer bebé pronto sería una adulta y se marcharía.

Si bien aún no había llegado el final de la presidencia, yo ya empezaba a hacer balance. Casi sin darme cuenta me puse a calcular pérdidas y ganancias, a pensar qué habíamos sacrificado y qué podíamos considerar un avance, tanto para el país como para nuestra familia. ¿Habíamos hecho todo lo posible? ¿Saldríamos indemnes de aquello?

Intenté hacer memoria y recordar qué suceso había desviado mi vida de la existencia que había imaginado, predecible, acorde con las fantasías de una maniática del control, y que incluía un sueldo estable, una casa donde viviría para siempre, una rutina diaria. ¿En qué momento había decidido tomar otro camino? ¿Cuándo había abierto la puerta al caos? ¿La noche de verano en que había bajado mi cucurucho de helado para besar a Barack por primera vez? ¿O el día que había abandonado mi trayectoria de abogada, convencida de que encontraría algo que me llenaría más?

En ocasiones, el pensamiento se me iba hacia el sótano de aquella iglesia, en el Far South Side de Chicago, adonde había ido veinticinco años atrás para ver a Barack mientras hablaba con un grupo de vecinos que luchaba con ahínco contra la desesperanza y el desinterés. Al escuchar la conversación esa tarde oí algo que me resultaba familiar, pero expresado de un modo distinto. Sabía que era posible tener los pies plantados en la realidad pero mantener la mirada puesta en el progreso. Era lo que había hecho de pequeña, en Euclid Avenue, lo que mi familia —y, en general, la gente marginada— siempre había hecho. Para llegar a alguna parte había que construir una realidad mejor, aunque al principio fuera solo en la mente. O, como Barack lo había expresado esa noche, uno puede vivir en el mundo tal como es y al mismo tiempo trabajar por hacer del mundo el lugar que debería ser.

Hacía solo un par de meses que lo conocía, pero, al echar la vista atrás, comprendí que fue entonces cuando había dado un giro a mi vida. Desde ese momento, aunque no dije una palabra, estaba destinada a pasar la existencia entera con él, una vida entera con esos ideales.

Todos esos años después continuaba agradecida por los progresos que veía. En 2015 seguía yendo a Walter Reed, si bien parecía que cada vez había menos soldados heridos que visitar, menos miembros del ejército estadounidense en riesgo en el extranjero, menos heridas que requirieran cuidados, menos madres con el corazón destrozado. Para mí, eso era el progreso.

El progreso era que, según los informes de los Centros para el Control de Enfermedades, el índice de obesidad estuviera estabilizándose. Era que dos mil estudiantes de bachillerato de Detroit hubieran acudido para ayudarme a celebrar el día de la Matriculación, una festividad que habíamos contribuido a instituir como parte de la iniciativa Reach Higher, para señalar la jornada en que los jóvenes se comprometían con sus universidades. El progreso era un acceso más garantizado a la atención sanitaria para todos los estadounidenses. Era una economía con un crecimiento del empleo durante casi cinco años seguidos.

Yo interpretaba todo eso como pruebas de que, como país, éramos capaces de construir una realidad mejor. Aun así, vivíamos en el mundo tal como era.

Un año y medio después del tiroteo en Newtown, el Congreso no había aprobado una sola medida de control de armas de fuego. Bin Laden ya era historia, pero había llegado un nuevo grupo terrorista conocido como Estado Islámico. La tasa de homicidios en Chicago aumentaba en vez de disminuir. Un adolescente negro llamado Michael Brown había sido abatido por un policía en Ferguson, Missouri, y su cuerpo había quedado tendido en medio de la calle durante horas. Otro adolescente negro, Laquan McDonald, había recibido dieciséis tiros efectuados por la policía en Chicago, entre ellos nueve por la espalda. Un chico negro, Tamir Rice, había muerto por disparos de la policía mientras se entretenía con una pistola de juguete. Un hombre negro, Freddie Gray, falleció tras no haber recibido los cuidados médicos que requería después de que lo detuviesen en Baltimore. Un hombre negro, Eric Garner, murió después de que un policía le aplicara una llave de estrangulamiento durante su detención en Staten Island. Todos esos sucesos eran muestras de un fenómeno dañino y persistente en Estados Unidos. Cuando Barack resultó elegido por primera vez, algunos comentaristas declararon que nuestro país había entrado en una era «posracial» en la que el color de la piel ya no importaba. Esas eran las pruebas de lo equivocados que estaban. Mientras los estadounidenses se obsesionaban con la amenaza del terrorismo, muchos pasaban por alto el racismo y la intolerancia que estaban desgarrando nuestro país.

A finales de junio de 2015, Barack y yo volamos a Charleston, Carolina del Sur, para acompañar a otra comunidad afligida, esa vez en el funeral de un pastor llamado Clementa Pinckney. El reverendo Pinckney era una de las nueve personas asesinadas en un tiroteo con motivaciones raciales que se había producido a principios de ese mismo mes en una iglesia episcopal metodista africana conocida simplemente como Mother Emmanuel. Las víctimas, todas afroamericanas, habían acogido a un blanco desempleado de veintiún años —a quien nadie de allí conocía— en su grupo de estudios bíblicos. Se sentó entre ellos; luego, cuando los demás agacharon la cabeza para rezar, se puso en pie y abrió fuego. Según un testimonio, mientras disparaba dijo: «Tengo que hacerlo, porque los negros os estáis apoderando del país».

Después de pronunciar unas palabras sentidas en alabanza del reverendo Pinckney y de subrayar el carácter profundamente trágico de la ocasión, Barack sorprendió a todos los presentes con una interpretación lenta y conmovedora del himno «Amazing Grace». Era un alegato de esperanza, un llamamiento a perseverar. La concurrencia entera se sumó a su canto. Desde hacía ya más de seis años, Barack y yo habíamos vivido con la conciencia de que incluso nosotros constituíamos una molestia para algunos. En un momento en que cada vez más miembros de minorías de todo el país empezaban a desempeñar papeles de peso en el mundo de la política, los negocios y el entretenimiento, nuestra familia se convirtió en el ejemplo más destacado. Nuestra presencia en la Casa Blanca había sido motivo de celebración para millones de estadounidenses, pero también había avivado un temor y un rencor entre otros. Era un odio antiguo, intenso y más peligroso que nunca.

Convivíamos con ello como familia y como país. Y seguíamos adelante, con la mayor dignidad posible.

El mismo día que se celebraba el funeral en Charleston —26 de junio de 2015—, el Tribunal Supremo de Estados Unidos tomaba una decisión histórica. Las parejas del mismo sexo tenían derecho a casarse de manera oficial en los cincuenta estados. Era una batalla que llevaba librándose de forma metódica desde hacía décadas, estado a estado, tribunal a tribunal, y, como cualquier lucha por los derechos civiles, había requerido la tenacidad y el coraje de mucha gente. Una multitud jubilosa coreaba «¡El amor ha vencido!» en la escalinata del Tribunal Supremo. Las parejas acudían en masa a ayuntamientos y juzgados del condado a casarse por fin. Banderas con los colores del arcoíris —símbolo del orgullo gay— ondeaban en las esquinas de todo el país.

Todo eso nos ayudó a sobrellevar un día triste en Carolina del Sur. Al regresar a la Casa Blanca nos quitamos la ropa de luto, cenamos deprisa con las chicas y Barack se encerró en la sala de los Tratados para poner la ESPN mientras adelantaba el trabajo atrasado. Me dirigía a mi vestidor cuando atisbé un brillo violáceo a través de una de las ventanas de la residencia orientadas al norte. El personal había iluminado la Casa Blanca con los colores arcoíris de la bandera del orgullo gay. Al mirar por la ventana vi que, al otro lado de la verja, se había congregado una gran muchedumbre en la penumbra del atardecer para contemplar cómo la Casa Blanca se transformaba para celebrar el matrimonio igualitario. La decisión del Tribunal Supremo había emocionado a mucha gente. Desde donde me encontraba, percibía la euforia de quienes la celebraban en la calle, pero no oía nada. Era una parte extraña de nuestra realidad. La Casa Blanca era una fortaleza silenciosa y aislada del exterior, con unas ventanas y unos muros y paredes tan gruesos que bloqueaban casi todos los sonidos. El helicóptero *Marine One* podía aterrizar a un lado del edificio, levantando vientos huracanados con las aspas del rotor y haciendo entrechocar las ramas de los árboles, sin que oyéramos nada en el interior. En ocasiones, me enteraba de que Barack había llegado a casa de un viaje no por el ruido del helicóptero, sino por el olor del combustible, que por algún motivo conseguía colarse en la casa.

A menudo me alegraba de retirarme a la tranquilidad resguardada de la residencia al final de una larga jornada. Pero aquella noche sentía algo distinto. Tras un día de duelo en Charleston se preparaba una gran fiesta al otro lado de mi ventana. Cientos de personas alzaban la mirada hacia nuestra casa. Yo quería verla como la veían ellos. De pronto, me descubrí desesperada por unirme a la celebración.

Asomé la cabeza por la puerta de la sala de los Tratados.

—¿Te apetece salir a mirar las luces? —pregunté a Barack—. Hay una auténtica multitud ahí fuera.

Se echó a reír.

—Ya sabes que las multitudes no son lo mío.

Sasha estaba en su habitación, absorta en su iPad.

—¿Quieres salir a ver las luces de colores conmigo? —le pregunté.

—Nah.

Ya solo me quedaba Malia, que me sorprendió un poco al apuntarse de inmediato. Correríamos una aventura juntas —fuera, donde se había aglomerado la gente— sin pedir permiso a nadie.

Normalmente, avisábamos a los agentes del Servicio Secreto apostados junto al ascensor cada vez que queríamos salir de la residencia, ya fuera para bajar a ver una película o para pasear a los perros. Esa noche no. Malia y yo pasamos a toda prisa por delante de los agentes de servicio sin establecer contacto visual con ellos. Evitamos el ascensor bajando rápidamente por una escalera. Oía el repiqueteo de unos zapatos de vestir que descendían por los escalones a nuestras espaldas. Eran los agentes, que intentaban alcanzarnos. Malia me dedicó una sonrisa traviesa. No estaba acostumbrada a que incumpliera las normas.

Al llegar a la planta de Estado nos encaminamos hacia las elevadas puertas que daban al pórtico Norte, cuando oímos una voz.

—¿Qué tal, señora? ¿Puedo ayudarla en algo? —Era Claire Faulkner, la ujier del turno de noche, una morena simpática de voz suave. Supuse que los agentes le habían dado el soplo susurrando a sus micrófonos de pulsera, detrás de nosotras.

Volví la vista hacia ella, sin aminorar el paso.

—Oh, solo vamos a salir un rato a ver las luces —respondí.

Claire arqueó las cejas. No le hicimos caso. Al llegar frente a la puerta agarré el grueso pomo dorado y tiré de él. Pero la puerta no se movió. Nueve meses antes, un intruso armado con un cuchillo se las había ingeniado de algún modo para saltar la cerca, irrumpir por esa misma puerta y correr por la planta de Estado antes de que lo placara un agente del Servicio Secreto. Desde entonces el equipo de seguridad cerraba la puerta con llave.

Me di la vuelta hacia el grupo que nos seguía.

—¿Cómo se abre esta cosa? —pregunté sin dirigirme a nadie en especial—. Tiene que haber una llave.

—Disculpe, señora —dijo Claire—, pero creo que esa no es la puerta que le conviene usar. Todas las cámaras de las cadenas de noticias están enfocando a la fachada norte de la Casa Blanca ahora mismo.

No le faltaba razón. Estaba despeinada e iba vestida con pantalón corto, camiseta y chanclas. No era el atuendo más indicado para una aparición en público.

—Vale —dije—. Pero ¿no hay manera de salir e ir hasta allí sin que nos vean?

Malia y yo no estábamos dispuestas a darnos por vencidas. Saldríamos de allí como fuera.

Entonces alguien propuso que probáramos las puertas de descarga de la planta baja, donde los camiones entregaban los alimentos y los artículos de oficina. La cuadrilla entera se dirigió hacia allí. Malia enlazó su brazo con el mío. Estábamos mareadas de la emoción.

—¡Vamos a salir! —exclamé.

—¡Ya lo creo! —dijo ella.

Bajamos por una escalera de mármol, avanzamos por encima de alfombras rojas, rodeamos los bustos de George Washington y Benjamin Franklin, dejamos atrás la cocina y, de repente, estábamos al aire libre. El aire húmedo del verano nos golpeó en la cara. Vi las luciérnagas que titilaban en la hierba. Y allí estaba, el murmullo del público que daba gritos de entusiasmo y estaba de celebración al otro lado de la verja de hierro. Nos había llevado diez minutos salir de nuestro hogar, pero lo habíamos conseguido. Estábamos fuera, en un extremo de una extensión de césped, ocultas a los ojos de la gente pero con una vista preciosa y muy cercana de la Casa Blanca, bañada en las luces del orgullo gay.

Malia y yo nos apoyamos una contra la otra, contentas por haber encontrado el modo de salir.

Como suele ocurrir en la política, empezaban a fraguarse y a soplar vientos nuevos. Cuando llegó el otoño de 2015, la siguiente campaña presidencial ya estaba en marcha. Había más de una docena de aspirantes republicanos, incluidos gobernadores y senadores. Los demócratas, mientras tanto, pronto decidirían entre Hillary Clinton y Bernie Sanders, un senador de Vermont progresista que había sido independiente durante mucho tiempo.

Donald Trump había anunciado su candidatura a la presidencia a principios de verano, desde el interior de la Trump Tower, en Manhattan, donde arremetió contra los inmigrantes mexicanos. También habló sobre los «perdedores» que, según él, mandaban en el país. Supuse que solo estaba intentando llamar la atención sencillamente porque podía. Nada en su forma de comportarse parecía indicar que albergara intenciones serias de gobernar.

Yo seguía la campaña, pero no con tanta atención como en años anteriores. Estaba ocupada trabajando en mi cuarta iniciativa como primera dama, llamada Let Girls Learn («Dejad que las chicas aprendan»), que Barack y yo habíamos lanzado juntos en primavera. Se trataba de un proyecto ambicioso cuyo objetivo era ayudar a que chicas adolescentes de todo el mundo tuvieran un mejor acceso a la educación. A lo largo de los siete años que llevaba ya ejerciendo como primera dama, me había impactado una y otra vez lo prometedoras pero también vulnerables que me parecían las jóvenes de nuestro mundo, desde las inmigrantes que había conocido en la escuela Elizabeth Garrett Anderson hasta Malala Yousafzai, la adolescente paquistaní a quien los talibanes, un grupo de militantes islamistas que creían que las chicas no debían estudiar, habían agredido brutalmente. Malala había ido a la Casa Blanca para hablar con Barack, con Malia y conmigo sobre su lucha en favor de la educación de las chicas. Me horroricé cuando, unos seis meses después de su visita, 276 alumnas de una escuela nigeriana fueron secuestradas por el grupo extremista Boko Haram, con la intención de amedrentar a las familias del país para que no enviaran a sus hijas a estudiar. Este hecho perturbador me impulsó, por primera y única vez durante la presidencia, a sustituir a Barack en su mensaje semanal a la nación, y a pronunciar unas palabras emotivas sobre la necesidad de esforzarnos más por proteger y alentar a las niñas de todo el mundo.

Era algo que me tocaba en lo personal. La educación había supuesto el principal instrumento de cambio en mi vida, mi trampolín para abrirme paso hacia mi futuro. Me horrorizaba pensar que tantas chicas —más de noventa y ocho millones en todo el mundo, de hecho— no tuvieran acceso a ella. Algunas no podían ir a la escuela porque sus familias necesitaban que trabajaran. En ocasiones, el colegio más cercano estaba muy lejos, o era demasiado caro o el riesgo de que sufrieran una agresión en el camino era demasiado grande. A menudo, la pobreza y las expectativas tradicionales sobre el rol de las chicas se combinaban para impedir que las niñas recibieran una educación, lo que a efectos prácticos significaba cerrarles las puertas a oportunidades futuras. En algunas partes del mundo, parecía estar extendida la idea de que no valía la pena escolarizar a las muchachas, aunque los estudios demostraban que educar a las niñas y las adultas de un país y permitirles acceder al mercado de trabajo tenía un efecto positivo en la riqueza nacional.

Barack y yo nos comprometimos a cambiar las ideas sobre lo que hacía que una joven fuera una persona valiosa. Él trabajó para conseguir cientos de millones de dólares en recursos de su administración. Los dos juntos instamos a los gobiernos de otros países a que apoyasen los programas de educación para niñas.

Para entonces, yo ya había aprendido a hacer un poco de ruido por un objetivo noble. Comprendía que los estadounidenses sintieran como ajenos los problemas de los habitantes de países lejanos, así que, para que los sintieran más cercanos, pedí a varias celebridades que aprovecharan su tirón como estrellas en actos y en las redes sociales. Conseguí que Janelle Monáe, Zendaya, Kelly Clarkson y otras artistas grabaran una canción pop pegadiza compuesta por Diane Warren, titulada «This Is for My Girls» («Para mis chicas»), cuyos beneficios se destinarían a financiar la educación de las niñas a nivel mundial.

Y, finalmente, iba a hacer algo que me resultaba un poco aterrador: cantar como invitada en el hilarante programa nocturno *Carlpool Karaoke*, presentado por James Corden, los dos dando vueltas por el jardín Sur en un deportivo utilitario negro. Entonamos a pleno pulmón «Signed, Sealed, Delivered I'm Yours», «Single Ladies» y, por último —la razón por la que me había prestado a aquello, para empezar—, «This Is for My Girls», con la participación especial de Missy Elliott, quien subió al asiento de atrás y rapeó con nosotros. Yo había practicado para mi sesión de karaoke durante semanas, memorizando cada compás de cada canción. El objetivo era que pareciera un momento divertido y desenfadado, pero detrás, había un propósito más elevado: seguir concienciando a la gente sobre la cuestión de la educación de las niñas. El segmento del programa en el que aparecí con James consiguió cuarenta y cinco millones de reproducciones en YouTube en los primeros tres meses, por lo que todo el esfuerzo había valido la pena.

A finales de 2015, Barack, las chicas y yo volamos a Hawái para pasar allí la Navidad, como siempre, y alquilamos una casa con amplias ventanas que daban a la playa. Tal como habíamos hecho los últimos seis años, reservamos un momento el día de Navidad para visitar a los militares y sus familiares en una base de los Marines cercana. Y, tal como había ocurrido en las ocasiones anteriores a lo largo de su presidencia, para Barack las vacaciones lo fueron solo en parte. Atendía llamadas, asistía a sesiones informativas diarias y consultaba a sus asesores y ayudantes que se alojaban en un hotel, no muy lejos. Me preguntaba si, cuando llegara el momento de pasar página de la presidencia, se acordaría de cómo relajarse de verdad.

Aunque me permitía el capricho de soñar despierta, seguía sin ser capaz de imaginar cómo acabaría nada de aquello. Cuando regresamos a Washington para acometer nuestro último año en la Casa Blanca, sabíamos que la cuenta atrás había empezado. Comenzó lo que pronto se convertiría en una larga serie de «últimos»: el último Baile de los Gobernadores, la última carrera de los huevos de Pascua, la última cena de corresponsales de la Casa Blanca. Barack y yo realizamos una última visita juntos a Reino Unido, con una escapada rápida para ver a nuestra amiga, la reina.

Barack siempre había profesado un afecto especial a la reina Isabel, que le recordaba a su sensata y práctica abuela Toot. Una tarde de abril de 2016, los dos fuimos en helicóptero desde Londres hasta el castillo de Windsor, situado en la campiña, al oeste de la ciudad. Como siempre en esos casos, nuestro equipo de avanzada nos explicó por adelantado el procedimiento adecuado: debíamos saludar formalmente a los miembros de la familia real antes de subir a su vehículo para realizar el breve trayecto. Yo me sentaría delante, junto al príncipe Felipe, de noventa y cuatro años, que iría al volante, y Barack subiría al asiento de atrás, al lado de la reina.

Sería la primera vez en más de ocho años que los dos viajaríamos en un coche conducido por alguien que no fuera del Servicio Secreto, y sin estar acompañados por agentes. Eso parecía importar mucho a nuestros equipos de seguridad, del mismo modo que hacer las cosas de la manera correcta importaba a los equipos de avanzada, que se preocupaban por cada uno de nuestros movimientos e interacciones para asegurarse de que hasta el menor detalle se desarrollara como era debido y sin contratiempos.

Sin embargo, cuando tomamos tierra en un campo que formaba parte de los terrenos del palacio, la reina lo echó todo a rodar de repente al hacerme señas para que fuera con ella en el asiento trasero del Range Rover. Me quedé paralizada, dudando si era más cortés seguirle el juego o insistir en que Barack ocupara el lugar que le correspondía a su lado.

La reina reparó en mi vacilación de inmediato. Y no quiso saber nada del asunto.

«¿Te han explicado alguna norma sobre esto? —preguntó, restando importancia al tema con un gesto de la mano—. Tonterías. Siéntate donde quieras.»

Para mí, pronunciar discursos en ceremonias de graduación constituía un importante rito primaveral. Todos los años daba varios, a ser posible en centros educativos que en general no recibían visitas de personalidades destacadas. En 2015 había regresado al South Side de Chicago para hablar en la graduación del King College Prep, el instituto donde Hadiya Pendleton habría terminado el bachillerato de seguir con vida. En la ceremonia se honró su memoria con una silla vacía que sus compañeros de clase habían decorado con girasoles y telas moradas.

Para mi ronda final de discursos de graduación como primera dama pronuncié unas palabras en la Universidad Estatal de Jackson, en Mississippi, una institución histórica negra, y aproveché la oportunidad para abordar el tema de la búsqueda de la excelencia. Hablé en el City College de Nueva York, donde ensalcé el valor de la diversidad y la inmigración. Y el 26 de mayo, casualmente el mismo día que Donald Trump se alzó con la candidatura republicana a la presidencia, estuve en Nuevo México, dirigiéndome a una clase de estudiantes nativos americanos que se graduaban en un pequeño internado y que, en su gran mayoría, ingresarían en la universidad. Cuanto más me sumergía en la experiencia de ser primera dama, más me atrevía a hablar de forma franca y directa sobre lo que significaba estar marginado por raza o género. Mi intención era ofrecer a aquellos jóvenes una perspectiva sobre el odio que afloraba en las noticias y en las conversaciones sobre política, así como darles una razón para la esperanza.

Intentaba comunicar el único mensaje sobre mí y mi lugar en el mundo que sentía que tal vez significaba algo de verdad: que conocía la invisibilidad. La había experimentado en mi propia piel. La invisibilidad había marcado la historia de mi familia. Era la tataranieta de un esclavo llamado Jim Robinson, que probablemente estaba enterrado en una tumba sin lápida en algún lugar de una plantación en Carolina del Sur. Y ante unos estudiantes que meditaban sobre su futuro, di testimonio de que superar la invisibilidad era posible, al menos en algunos aspectos.

La última entrega de diplomas a la que asistí esa primavera tenía un carácter más personal: se trataba de la graduación de Malia en su instituto, que se celebraba un cálido día de junio. Nuestra gran amiga Elizabeth Alexander, la autora de un poema para la primera ceremonia inaugural de Barack, habló frente a la clase, de modo que Barack y yo nos sentamos en la fila de atrás y nos limitamos a disfrutar. Yo estaba orgullosa de Malia, que pronto partiría de viaje por Europa con un grupo de amistades. Después de tomarse un año libre, se matricularía en Harvard. También estaba orgullosa de Sasha, que cumplía quince años ese mismo día y estaba contando las horas que faltaban para el concierto de Beyoncé al que iría en vez de celebrar una fiesta de cumpleaños. Iba a estar buena parte del verano en Martha's Vineyard, con unos amigos de la familia, hasta que Barack y yo llegáramos para pasar las vacaciones allí. Haría nuevas amistades y conseguiría su primer trabajo, en una cafetería. También estaba orgullosa de mi madre, que estaba sentada cerca, al sol, pues había conseguido vivir en la Casa Blanca y viajar por el mundo con nosotros sin dejar de ser ella misma ni por un segundo.

Estaba orgullosa de todos nosotros, porque casi habíamos llegado al final.

Barack se encontraba junto a mí, en una silla plegable. Advertí que se le saltaban las lágrimas detrás de sus gafas de sol al ver a Malia cruzar el estrado para recoger su diploma. Sabía que estaba cansado. Tres días antes, había asistido a un funeral para rendir homenaje a una amiga de la facultad de Derecho que había trabajado para él en la Casa Blanca. Dos días después, un extremista abriría fuego en un club nocturno gay de Orlando, Florida, matando a cuarenta y nueve personas e hiriendo a otras cincuenta y tres. La parte sombría de su trabajo nunca le daba tregua.

Era un buen padre, atento y coherente como su propio padre nunca lo había sido, pero también había sacrificado cosas a lo largo del camino. Había llegado a la paternidad siendo político. Sus votantes y sus necesidades nos habían acompañado desde el principio.

Sin duda le dolió un poco caer en la cuenta de que estaba a punto de gozar de mayor libertad y más tiempo justo cuando nuestras hijas se preparaban para abandonar el nido.

Pero teníamos que dejarlas marchar. El futuro les pertenecía, y así debía ser.

A finales de julio el avión en el que viajaba atravesó una violenta tormenta eléctrica y descendió a trompicones en su aproximación a Filadelfia, donde iba a hablar por última vez en una convención demócrata para apoyar a Hillary Clinton. Debieron de ser las peores turbulencias que me habían tocado, y mientras Caroline Adler Morales, mi directora de comunicación, en avanzado estado de gestación, temía que se le adelantara el parto por el estrés y Melissa, que ya tenía miedo a volar en circunstancias normales, chillaba desde su asiento, yo solo podía pensar: «Ojalá aterricemos con tiempo para que pueda ensayar mi discurso». Aunque ya me sentía cómoda en los escenarios más grandes, preparar bien mis intervenciones seguía siendo muy importante para mi tranquilidad.

En 2008, durante la primera campaña a la presidencia de Barack, practiqué una y otra vez mi discurso para la convención. Nunca había hablado así en directo ante las cámaras, y sentía que había muchas cosas en juego. Iba a salir al escenario después de que me hubieran criticado por ser una mujer negra furiosa que no amaba a su país. El discurso de esa noche representaba mi oportunidad de explicar quién era con mi propia voz y de derribar las imágenes distorsionadas y los estereotipos con mis propias palabras. Cuatro años después, en la convención en Charlotte, Carolina del Norte, hablé con seriedad de lo que había visto en Barack durante su primer mandato, de que seguía siendo el mismo hombre de principios con el que me había casado, de que «ser presidente no cambia tu esencia, sino que la pone de manifiesto».

Hillary Clinton, rival de Barack en las reñidas primarias de 2008, luego se había convertido en su leal y eficiente secretaria de Estado. Ningún candidato me había provocado tanto entusiasmo como mi esposo, pero me había impuesto a mí misma una norma cuando se trataba de hablar en público sobre algo o alguien de la esfera política: solo decía aquello de lo que estaba absolutamente convencida y que sentía de verdad.

Cuando llegamos al centro de convenciones, salí y expuse mi verdad. Hablé de las reservas que había tenido en un principio respecto a criar a nuestras hijas en la Casa Blanca y lo orgullosa que estaba de las jóvenes inteligentes en las que se habían convertido. Declaré que confiaba en Hillary porque ella era consciente de las exigencias que traía consigo la presidencia y poseía el carácter necesario para dirigir el gobierno, porque estaba tan cualificada como los demás candidatos de la historia.

Desde que era niña creía en la importancia de alzar la voz contra los abusones sin rebajarse a su nivel. Nos enfrentábamos ahora a un abusón. Donald Trump era un hombre que atacaba a las minorías, las mujeres y los prisioneros de guerra, y ponía en entredicho la dignidad de nuestro país cada vez que hablaba. Yo quería que los estadounidenses comprendieran que las palabras importan, que el lenguaje cargado de odio que salía de sus televisores no reflejaba el auténtico espíritu de nuestro país y que podíamos votar contra él. Era a la dignidad a lo que quería apelar, a la idea de que, como nación, podíamos aferrarnos al valor fundamental en el que se había apoyado mi familia desde hacía generaciones. La dignidad siempre nos había ayudado a salir adelante. Era un camino posible, no siempre el más fácil, pero las personas a quienes yo más respetaba en la vida lo seguían todos los días. Barack y yo intentábamos regirnos por una máxima que enuncié esa noche desde el escenario: «Cuando ellos caen bajo, nosotros apuntamos alto».

Dos meses después, solo unas semanas antes de las elecciones, saldría a la luz una grabación de Donald Trump de 2005 en la que se jactaba ante un presentador de televisión de sus agresiones sexuales a mujeres. El lenguaje que empleaba era tan obsceno y vulgar que violaba las normas de decoro que deben seguir los medios. Al final, simplemente rebajaron esas normas para darle voz.

Cuando lo oí, apenas daba crédito. Por otro lado, había algo dolorosamente familiar en la amenazadora agresividad propia de un club para hombres de esa grabación. «Puedo hacerte daño y luego irme de rositas.» Se trataba de una manifestación de odio que, en general, no se daba entre gente educada, pero que seguía latente en lo más profundo de nuestra sociedad de mentalidad supuestamente abierta. Todas las mujeres que conozco la reconocían. Era justo lo que muchas esperábamos que nuestras hijas no tuvieran que sufrir jamás, aunque era casi inevitable. Esa clase de poder dominante, incluso su mera amenaza, es deshumanizante. La materialización más fea del poder.

La sangre me hervía de rabia después de oír la grabación. En una intervención en un mitin de campaña de Hillary, me sentí impulsada a hablar sobre las palabras de Trump, a contrarrestar su voz con la mía.

Trabajé en mis reflexiones sentada en una habitación de hospital en Walter Reed, donde estaban operando a mi madre de la espalda. Yo había sido objeto de burlas y amenazas muchas veces; me habían humillado por ser negra, mujer y por hacerme oír. Percibía las burlas dirigidas a mi cuerpo, el espacio literal que ocupaba en el mundo. Había visto a Donald Trump acosar a Hillary Clinton durante un debate, siguiéndola mientras ella hablaba, acercándosele demasiado, intentando apabullarla con su presencia. «Puedo hacerte daño y luego irme de rositas.» Las mujeres sufren con regularidad esas vejaciones durante toda su vida, en forma de abucheos, manoseos, agresiones, opresión. Esas cosas nos hieren. Dejan cicatrices, algunas enormes, otras apenas visibles, con las que cargamos siempre, en el colegio, en el trabajo, en casa, con nuestras familias, en nuestros lugares de culto, cada vez que intentamos avanzar.

Para mí, los comentarios de Trump supusieron otro golpe. No podía permitir que su mensaje quedara sin réplica. Trabajando con Sarah Hurwitz, mi brillante redactora de discursos, plasmé mi ira en palabras y, una vez que mi madre se recuperó de la operación, las pronuncié un día de octubre en New Hampshire. Ante un público lleno de energía, dejé clara mi opinión. «Esto no es normal —aseguré—. Esto no es la política de siempre. Es vergonzoso. Es intolerable.» Expresé la rabia y el miedo que sentía, además de mi fe en que los estadounidenses comprenderían la auténtica naturaleza de las opciones entre las que debían escoger en esas elecciones. Puse toda mi alma y mis energías en ese discurso.

Y luego regresé a Washington en avión, rezando por que la gente me hubiera escuchado.

A medida que avanzaba el otoño, Barack y yo empezamos a hacer planes para mudarnos a una casa nueva en enero, tras haber decidido quedarnos en Washington para que Sasha pudiera terminar el bachillerato. Entretanto, Malia estaba en América del Sur, viviendo la aventura de su año sabático, disfrutando la libertad que le proporcionaba el hecho de encontrarse lo más lejos posible de la política. Alenté a mi personal del Ala Este para que llegaran al final del mandato con paso firme, a pesar de que la batalla entre Hillary Clinton y Donald Trump se volvía más encarnizada cada día y los distraía cada vez más.

El 7 de noviembre de 2016, la tarde anterior al día de las elecciones, Barack y yo viajamos a Filadelfia para unirnos a Hillary y a su familia en un mitin final ante una multitud enorme en Independence Mall. Reinaba un ambiente positivo y expectante. Me infundía esperanzas el optimismo que Hillary transmitía esa noche, así como las numerosas encuestas que le otorgaban una ventaja cómoda. Aunque no daba nada por sentado, intuía que teníamos bastantes posibilidades.

Por primera vez en muchos años, Barack y yo no teníamos un papel que desempeñar la noche de las elecciones. No había que ocuparse del peinado, el maquillaje o el vestuario, ni de preparar discursos destinados a ser pronunciados a altas horas de la noche. No teníamos nada que hacer, y estábamos encantados por ello. Era el principio de nuestro paso a un segundo plano, una primera muestra de lo que el futuro nos deparaba. Nos importaba lo que ocurriera, por supuesto, pero el momento que se avecinaba no nos pertenecía. Solo participaríamos en él como testigos. Como sabíamos que faltaba un rato para que los resultados empezaran a conocerse, invitamos a Valerie Jarrett a ver una película en la sala de proyección de la Casa Blanca.

No recuerdo un solo detalle sobre el filme. Solo estábamos pasando el rato a oscuras. Mi mente no dejaba de dar vueltas al hecho de que el mandato presidencial de Barack estaba a punto de terminar. Nuestra tarea más inmediata sería decir adiós, decenas y decenas de veces, muy emocionados, a medida que el personal al que teníamos tanto afecto y aprecio desfilara hacia la salida de la Casa Blanca. Nuestro objetivo era hacer lo que George y Laura Bush habían hecho por nosotros, y procurar que el traspaso de poder fuese lo más tranquilo y amistoso posible. Nuestros equipos ya empezaban a preparar cuadernos de informes y agendas de contactos para sus sucesores. Antes de marcharse, muchos empleados del Ala Este dejarían notas escritas a mano sobre sus mesas, brindando una amable bienvenida y una oferta permanente de ayuda a quien ocuparía su puesto.

Si bien seguíamos muy implicados en nuestro trabajo diario, habíamos empezado a planear nuestra siguiente etapa. Aunque a Barack y a mí nos hacía ilusión estar en Washington, queríamos mantener nuestros vínculos con el South Side de Chicago, que acogería el Centro Presidencial Obama. También nos propusimos establecer una fundación, cuya misión consistiría en infundir ánimos y valor a una nueva generación de líderes. Los dos nos habíamos fijado muchos objetivos para el futuro, pero el de mayor envergadura se centraba en crear más espacio y apoyo para los jóvenes y sus ideas. Yo sabía también que necesitábamos un descanso: había empezado a hacer pesquisas para encontrar un lugar íntimo donde pudiéramos relajarnos durante unos días en enero, inmediatamente después de que el nuevo presidente jurara el cargo.

Ya solo faltaba el nuevo presidente.

Cuando la película finalizó y se encendieron las luces, el teléfono de Barack emitió un zumbido. Vi que le echaba una ojeada y luego lo miraba de nuevo, con el ceño ligeramente fruncido.

«Vaya —dijo—. Los resultados en Florida son un poco extraños.» Su tono no destilaba una gran preocupación, solo un asomo de alerta. El móvil zumbó de nuevo. Mi corazón empezó a latir más rápido.

Escudriñé el rostro de mi esposo, no muy segura de querer oír lo que iba a decir. Fuera lo que fuese, no tenía buena pinta. Noté un peso en el estómago, y mi nerviosismo cedió paso al miedo. Mientras Barack y Valerie discutían los primeros resultados, anuncié que me iba a la planta de arriba. Me encaminé al ascensor con una única esperanza: la de ahuyentar todo aquello de mi mente y conciliar el sueño. Aunque era consciente de lo que con toda probabilidad estaba sucediendo, no me sentía preparada para afrontarlo.

Mientras dormía, la noticia se confirmó: los votantes del país habían elegido a Donald Trump para que sucediera a Barack como presidente de Estados Unidos.

Al día siguiente, al despertar, me encontré con una mañana húmeda y deprimente. Un cielo gris se cernía sobre Washington. No podía evitar interpretarlo como una señal funesta. El tiempo parecía transcurrir muy despacio. Sasha se fue al colegio, lidiando en silencio con su propia sorpresa. Malia telefoneó desde Bolivia, con una inquietud evidente. Dije a ambas que las quería y que todo saldría bien. Intentaba convencerme a mí misma de que no eran palabras vacías.

Al final, Hillary Clinton obtuvo casi tres millones de votos más que su adversario, pero Trump ganó el colegio electoral. No soy experta en política, así que no intentaré analizar los resultados. Tampoco haré conjeturas sobre quién fue responsable o sobre si fue injusto. Solo lamento que no acudiera más gente a votar. Y siempre me preguntaré qué llevó a tantas personas, en especial mujeres, a rechazar a una candidata de una cualificación excepcional y en vez de ello escoger como presidente a un hombre que tan mal trataba a las mujeres y hablaba de ellas. Fuera como fuese, en aquel momento tocaba apechugar con esos resultados.

Tal como había ocurrido muchas otras veces, recurrieron a Barack para que diera la cara como símbolo de estabilidad, para ayudar al país a sobreponerse del impacto. Hacia el mediodía, pronunció un discurso sereno pero reconfortante desde el jardín de las Rosas, haciendo un llamamiento —como siempre— a la unidad y la dignidad, pidiendo a los estadounidenses que se respetaran unos a otros y también a las instituciones que había forjado nuestra democracia.

Esa tarde me reuní en mi despacho del Ala Este con mi equipo. Nos apretujamos todos. El grupo se componía en gran parte de mujeres y miembros de minorías, entre ellos varios procedentes de familias de inmigrantes. Muchos estaban deshechos en lágrimas, pues creían de verdad en las causas en las que trabajaban. Yo intentaba decirles que debían enorgullecerse de ser quienes eran, que su labor importaba, que unas elecciones no podían borrar de golpe ocho años de cambio.

No todo estaba perdido. Ese era el mensaje que debíamos impulsar. Estaba convencida de ello. La situación no era ideal, pero así era la realidad de nuestro mundo. Teníamos que seguir avanzando en la dirección del progreso.

Habíamos llegado al final, esa vez de verdad. Me debatía entre mirar hacia atrás y mirar hacia delante, reflexionando sobre una pregunta en particular: ¿qué es lo que perdura?

Éramos la familia presidencial número cuarenta y cuatro, y solo la decimoprimera que había pasado dos mandatos completos en la Casa Blanca. Éramos, y siempre seríamos, la primera familia presidencial negra. Esperaba que, en el futuro, cuando los padres llevaran a sus hijos a visitarla, como había hecho yo con Malia y Sasha, pudieran mostrarles algún recuerdo de nuestro paso por allí, como el impresionante cuadro abstracto amarillo, rojo y azul pintado por Alma Thomas, *Resurrection*, que se convirtió en la primera obra de arte de una mujer negra que pasó a formar parte de la colección permanente de la Casa Blanca. Me parecía importante que quedase constancia de nuestro paso por un lugar con tanta historia. La marca más duradera estaba al otro lado de las paredes. El huerto llevaba ya siete años y medio produciendo casi mil kilogramos de alimentos al año. Había sobrevivido a nevadas intensas, lluvias torrenciales y granizadas. Cuando unos vientos derribaron el árbol de Navidad nacional, de casi trece metros de altura, el huerto no sufrió daños. Antes de marcharme de la Casa Blanca quería dotarlo de un carácter más permanente. Lo ampliamos a más del doble de su tamaño original. Añadimos unos senderos de piedra y bancos, además de una acogedora pérgola construida con la madera procedente de las fincas de los presidentes Jefferson, Madison y Monroe, así como de la casa donde residió el doctor Martin Luther King Jr. cuando era niño. Por último, una tarde de otoño atravesé el jardín Sur para inaugurar oficialmente el huerto y legarlo a la posteridad.

Ese día me acompañaban seguidores y personas que habían colaborado con nuestros esfuerzos en favor de la nutrición y la salud infantiles, además de un par de alumnos de la clase original de quinto grado de la escuela de primaria de Bancroft, que ya eran prácticamente adultos. Casi todo mi equipo se encontraba presente, incluido Sam Kass, que había vuelto para la ocasión. Me puse sentimental al contemplar a la multitud reunida en el huerto. Estaba agradecida a todos los miembros de mi personal que se habían entregado de lleno a su trabajo. Había visto a muchos de ellos asumir cada vez más responsabilidades y florecer, tanto desde un punto de vista profesional como personal, incluso bajo el resplandor de los focos más implacables. El peso de ser «los primeros» no recaía solo sobre los hombros de nuestra familia. Durante ocho años aquellos jóvenes optimistas —y un puñado de profesionales curtidos— nos habían cubierto las espaldas. Melissa, la primera persona que había contratado en mi primera campaña, casi una década atrás, y a quien considero una amiga para toda la vida, permaneció a mi lado hasta el final del mandato, al igual que Tina, mi extraordinaria jefa de gabinete. El puesto de Kristen Jarvis lo había ocupado Chynna Clayton, una joven trabajadora que se había convertido enseguida en otra hermana mayor de nuestras hijas y en una pieza esencial para el funcionamiento fluido de mi vida. Para mí, todos aquellos empleados y exempleados eran mi familia. Y estaba muy orgullosa de lo que habíamos conseguido.

Para cada vídeo que se había vuelto viral —yo había aparecido en vídeos ejecutando «bailes tipo mamá» con Jimmy Fallon, haciendo un mate detrás de LeBron James y rapeando sobre la universidad con Jay Pharoah—, nos habíamos planteado algo más que marcar tendencia en Twitter durante unas horas. Y habíamos obtenido resultados. Cuarenta y cinco millones de niños comían desayunos y almuerzos más saludables; once millones de estudiantes dedicaban sesenta minutos al día a la actividad física, gracias a nuestro programa Let's Move! Active Schools. Los niños consumían más productos integrales en general.

A través de mi trabajo con Jill Biden en Joining Forces, habíamos contribuido a convencer a varias empresas de que contrataran o formaran a más de un millón y medio de veteranos y cónyuges de militares. Al esforzarnos desde un principio por solucionar una de las primeras preocupaciones que había oído expresar a la gente durante el período de campaña, habíamos conseguido que los cincuenta estados colaboraran para evitar que las carreras laborales de los cónyuges se estancaran cada vez que se mudaban a otra ciudad. En el terreno de la educación, Barack y yo habíamos destinado miles de millones de dólares para ayudar a chicas de todo el mundo a escolarizarse como merecían. En Estados Unidos mi equipo y yo habíamos ayudado a más jóvenes a solicitar becas, proporcionando apoyo a los orientadores escolares e implantando el día de la Matriculación a nivel nacional.

Barack, mientras tanto, se las había ingeniado para solventar la peor crisis económica desde la Gran Depresión. Había ayudado a negociar el Acuerdo de París sobre el cambio climático, sacado a decenas de miles de soldados de Irak y Afganistán, y detenido de forma efectiva el programa nuclear iraní. Veinte millones de personas más tenían seguro médico. Habíamos logrado superar dos mandatos sin grandes escándalos. Nos habíamos impuesto, tanto a nosotros mismos como a nuestros colaboradores, las exigencias más estrictas en materia de ética y honestidad, y al final habíamos salido airosos.

Para nosotros, había cambios más difíciles de medir pero que nos parecían igual de importantes. Seis meses antes de la inauguración del huerto, Lin-Manuel Miranda, el joven compositor a quien había conocido en uno de nuestros primeros actos culturales, regresó a la Casa Blanca. Su rap sobre Alexander Hamilton había evolucionado hasta convertirse en un musical de gran éxito, elevándolo a la categoría de superestrella mundial. *Hamilton*, una celebración musical de la historia y la diversidad de Estados Unidos, altera nuestras ideas sobre los papeles que las minorías desempeñan en nuestro relato nacional y resalta la importancia de figuras femeninas que llevan mucho tiempo eclipsadas por hombres poderosos.

Lin-Manuel llevó consigo a Washington a casi toda su compañía, un talentoso elenco multirracial. Los artistas pasaron la tarde con jóvenes procedentes de los institutos locales; dramaturgos, bailarines y raperos en ciernes que deambulaban por la Casa Blanca, componiendo letras y marcando ritmos con sus ídolos. A última hora de la tarde nos juntamos en la sala Este para ver una función. Barack y yo nos sentamos en primera fila, rodeados de jóvenes de razas y orígenes distintos. Llenos de emoción, escuchamos a Christopher Jackson y Lin-Manuel entonar la balada «One Last Time» como número final. Allí estaban: dos artistas, uno negro y otro puertorriqueño, bajo una araña de luces de ciento quince años, flanqueados por los retratos de George y Martha Washington, cantando sobre lo que significaba sentirse «como en casa en esta nación que hemos construido». La fuerza y la autenticidad de aquel momento aún vibran en mi interior.

Hamilton me conmovió porque reflejaba el tipo de historia que yo misma había vivido. Contaba un relato sobre Estados Unidos en el que tenía cabida la diversidad. Más tarde hice la siguiente reflexión: muchos nos pasamos la existencia ocultando nuestro origen, avergonzados o temerosos cuando no encajamos del todo en un ideal preestablecido. Desde pequeños nos bombardean con mensajes que nos aseguran que solo existe una manera de ser estadounidenses y que si tenemos la piel oscura o las caderas anchas, si no experimentamos el amor de un modo determinado, si hablamos otro idioma o venimos de otro país, entonces Estados Unidos no es para nosotros. Hasta que alguien se atreva a empezar a contar ese relato de otra manera.

Me crie con un padre discapacitado y sin mucho dinero, en una casa demasiado pequeña de un barrio que empezaba a degradarse; pero también me crie rodeada de cariño y música, en una ciudad diversa y en un país donde la educación puede llevarte muy lejos. No tenía nada, o lo tenía todo. Todo depende de cómo se narre el relato.

Conforme nos aproximábamos al final de la presidencia de Barack, me formé una visión muy parecida sobre Estados Unidos. Amaba a mi país por las maneras diferentes en que podía contarse su historia. Durante casi una década había disfrutado del privilegio de viajar por él, de ser testigo de sus estimulantes contradicciones y sus enconados conflictos, el dolor de sus gentes, su persistente idealismo y, por encima de todo, su resiliencia. Tal vez mi punto de vista era poco común, pero creo que muchos comparten mi experiencia de aquellos años: una sensación de progreso, el consuelo de la compasión, la alegría de ver que se arrojaba algo de luz sobre los ignorados y los invisibles. Un atisbo de cómo podía llegar a ser el mundo. Esa era nuestra apuesta por la permanencia: una generación emergente que comprendía lo que era posible y sabía que era incluso capaz de más. Fuera lo que fuese lo que nos deparaba el futuro, sería una historia que podíamos forjar nosotros mismos.

Nuestras hijas se hicieron mayores durante nuestra época en la Casa Blanca. Este día, Sasha cumplía once años. Fue uno de los ocho cumpleaños que celebró durante la presidencia de Barack.

→

Un abrazo, mi manera favorita de conectar, como aquí con las chicas de la Elizabeth Garrett Anderson School de Londres.

←

Me encantaba el huerto de la Casa Blanca, porque promovía la nutrición y la vida sanas, pero también porque era donde podía mancharme las manos con niños mientras cavábamos en la tierra.

→

El optimismo y la
resistencia de los
soldados y los parientes
de militares son para
mí una gran fuente de
inspiración.

A veces, un abrazo no es suficiente. La vida no siempre es justa, como en el caso de Cleopatra Cowley-Pendleton, que perdió a su hija Hadiya a causa de la violencia de las armas en Chicago.

←

Casi todos los días recibía a las niñas cuando volvían del colegio.

→

Normalmente, dejábamos tranquilo a Barack para que trabajase, pero el día de su cumpleaños nos presentamos por sorpresa en el despacho Oval.

Nuestros perros, Bo (en la imagen) y Sunny, siempre nos alegraban el día.
←

Estamos muy agradecidos al personal de la Casa Blanca, que nos hizo la vida fácil durante ocho años. Celebramos con ellos los grandes momentos, como el cumpleaños de Reggie Dixon, el ayudante del ujier.
→

Procuramos mantener algo de normalidad en nuestras vidas, y siempre estuvimos ahí para las niñas, como cuando Malia, Barack y yo animamos a las Vipers, el equipo de baloncesto de Sasha.
←

Las niñas se relajan en el *Bright Star*, el avión de la primera dama.
→

Nos cercioramos de que las niñas tuvieran la oportunidad de hacer cosas de adolescentes, como aprender a conducir, aunque tuvieran que hacer las prácticas con el Servicio Secreto.

↑
El 4 de julio siempre
hay mucho que
celebrar, ya que
coincide con el
cumpleaños de Malia.

Acompañamos al difunto congresista John Lewis y otros iconos del movimiento por los derechos civiles para conmemorar el quincuagésimo aniversario de la marcha por el puente Edmund Pettus en Selma, Alabama. Visitar el lugar del tristemente célebre conflicto en torno a los derechos civiles me recordó cuánto habíamos progresado, y cuánto nos quedaba para alcanzar la igualdad.

↓

↑
Ser la primera familia
conlleva privilegios
y retos únicos,
pero aun así, nos
mantuvimos fieles a
nosotros mismos.

EPÍLOGO

Barack y yo salimos por última vez de la Casa Blanca el 20 de enero de 2017 para acompañar a Donald y Melania Trump en la ceremonia de investidura. Ese día yo sentía muchas cosas a la vez: cansancio, orgullo, malestar, impaciencia. Pero, más que nada, me esforzaba por mantener la entereza, consciente de que las cámaras de televisión captarían todos nuestros movimientos. Barack y yo estábamos decididos a efectuar el traspaso de poder con elegancia y dignidad, concluir nuestros ocho años con los ideales y la compostura intactos. Habíamos entrado en la hora final.

Esa mañana Barack había realizado una última visita al despacho Oval para dejar al próximo presidente una nota escrita a mano. También nos habíamos reunido en la planta de Estado para despedirnos del personal fijo de la Casa Blanca: mayordomos, ujieres, chefs, encargados de las labores domésticas y floristas, entre otros empleados que habían cuidado de nosotros con simpatía y profesionalidad y que, a partir de ese momento, dispensarían sus atenciones a la familia que se instalaría allí unas horas más tarde. Esas despedidas resultaron especialmente duras para Sasha y Malia, que habían visto casi a diario a muchas de aquellas personas durante la mitad de sus vidas. Yo los abracé a todos e intenté reprimir las lágrimas cuando, como regalo de despedida, nos entregaron dos banderas de Estados Unidos: la que ondeaba el primer día de la presidencia de Barack y la que había ondeado su último día en el cargo, como sujetalibros simbólicos que enmarcaban la experiencia de nuestra familia.

Sentada en el escenario de la investidura frente al Capitolio de Estados Unidos por tercera vez, pugnaba por dominar mis emociones. La vibrante diversidad que se apreciaba en las dos investiduras anteriores brillaba ahora por su ausencia. En su lugar, lo que había era una multitud predominantemente blanca y masculina con la que me había encontrado tantas veces en la vida, sobre todo en los círculos más privilegiados en los que había conseguido colarme desde que me marché del hogar donde me crie. Lo que había aprendido tras haber desempeñado tareas en estos entornos profesionales —desde fichar abogados para mi antiguo bufete hasta contratar nuevos empleados en la Casa Blanca— era que la uniformidad lleva a más uniformidad, mientras no se haga un esfuerzo consciente por contrarrestarla.

Al pasear la mirada por las cerca de trescientas personas sentadas en el escenario esa mañana, los invitados del presidente electo, me quedó claro que en la nueva Casa Blanca era poco probable que se realizara ese esfuerzo. Tal vez alguien de la administración de Barack habría dicho que «la óptica» no era buena, que lo que el público veía no reflejaba ni la realidad ni los valores del presidente. Pero, en ese caso, quizá sí que los reflejaba. Al comprender esto realicé mis propios ajustes ópticos: dejé de esforzarme incluso por sonreír.

Un traspaso de poder es una transición, el paso a un estado nuevo. Una mano se posa sobre una Biblia; se pronuncia un juramento. Salen los muebles de un presidente y entran los del otro. Los armarios se vacían y vuelven a llenarse. De buenas a primeras, cabezas nuevas descansan sobre almohadas nuevas: nuevos temperamentos, nuevos sueños. Y cuando se acaba el mandato y abandonas la Casa Blanca justo el mismo día, no te queda otro remedio que emprender la labor de redescubrirte a ti mismo, en muchos sentidos.

Así que ahora me encuentro ante un nuevo comienzo, una nueva etapa de la vida. Por primera vez en muchos años, estoy libre de toda obligación política y de las expectativas de otras personas. Tengo dos hijas casi adultas que me necesitan menos que antes. Tengo un esposo que ya no lleva el peso del país sobre los hombros. Las responsabilidades que yo sentía —hacia Sasha y Malia, hacia Barack, hacia mi trayectoria profesional y mi país— han cambiado de un modo que me permite pensar sobre lo que vendrá a continuación desde otro punto de vista. Dispongo de más tiempo para reflexionar, para ser simplemente yo misma. Continúo progresando, y espero no detenerme nunca.

Para mí, forjar tu historia no consiste en llegar a algún lugar o alcanzar una meta determinada. Lo veo como un movimiento hacia delante, como una forma de evolucionar, de intentar avanzar hacia una versión mejor de nosotros mismos. El viaje no se acaba. Me convertí en madre, pero aún me queda mucho que aprender de mis hijas, y mucho que darles. Me convertí en esposa, pero continúo adaptándome a lo que significa amar de verdad y construir una vida con otro ser humano, lo que constituye una constante lección de humildad. Me he convertido, hasta cierto punto, en una persona con poder, y sin embargo hay momentos en los que me siento insegura o me da la impresión de que no se me escucha.

Todo forma parte de un proceso, de una serie de pasos a lo largo de un camino. Forjar tu historia requiere paciencia y rigor a partes iguales. Significa no renunciar a la idea de que hay que seguir creciendo como persona.

Puesto que mucha gente me lo pregunta, lo diré aquí sin rodeos: no tengo la menor intención de presentarme a un cargo público, nunca. Jamás he sido aficionada a la política, y mi experiencia de los últimos diez años ha contribuido poco a cambiar eso. Siguen desanimándome todos sus aspectos desagradables, la división tribal entre rojos y azules, la idea de que debemos elegir un bando y apoyarlo hasta el final, incapaces de escuchar a los demás, de llegar a un acuerdo con ellos o incluso de mostrar un mínimo de cortesía. Creo que, en el mejor de los casos, la política puede ser un medio para conseguir cambios positivos, pero sencillamente no es para mí.

Eso no significa que no sienta una honda preocupación por el futuro de nuestro país. Desde que Barack dejó el cargo he leído artículos que me han revuelto el estómago. He pasado noches en blanco, echando humo por las cosas que han ocurrido. Resulta alarmante comprobar que el comportamiento y las prioridades políticas del presidente actual han llevado a muchos estadounidenses a dudar de sí mismos y a recelar y tener miedo de los demás. Ha sido duro contemplar que están desmontándose políticas compasivas que se habían implementado con todo cuidado, mientras nuestros aliados más cercanos se distancian de nosotros y se desprotege y deshumaniza a los miembros más vulnerables de nuestra sociedad. A veces me pregunto cuándo tocaremos fondo.

Sin embargo, no me permito caer en el cinismo. En mis momentos de mayor inquietud, respiro hondo y me obligo a recordar las muestras de dignidad y decencia que he visto en la gente durante toda mi vida, los numerosos obstáculos que ya se han superado. Espero que otros también lo hagan. Todos desempeñamos un papel en esta democracia. Debemos tener presente el poder de cada voto. Yo también me aferro a una fuerza más grande y potente que cualquier cita electoral, líder o noticia en particular: el optimismo. Para mí, es una forma de fe, una respuesta ante el miedo. El optimismo reinaba en el pequeño piso de mi familia en Euclid Avenue. Lo percibía en mi padre, en su manera de moverse de un lado a otro como si no tuviera el menor problema de salud, como si la enfermedad que algún día le arrebataría la vida simplemente no existiera. Lo percibía en la tenacidad con que mi madre creía en el barrio, en su decisión de mantenerse fiel a sus raíces aunque el miedo había impulsado a muchos de sus vecinos a hacer las maletas y marcharse. Fue lo primero que me atrajo de Barack, cuando se presentó en mi despacho en el bufete con una gran sonrisa de esperanza. Me ayudó a vencer mis dudas y flaquezas lo bastante como para confiar en que nuestra familia conseguiría permanecer a salvo y feliz incluso aunque llevara una vida muy expuesta al público.

Y sigue ayudándome. Como primera dama, descubrí el optimismo en las circunstancias más sorprendentes. Estaba en el soldado herido en Walter Reed que combatía la lástima y recordaba a todo el mundo que era un tipo duro y lleno de esperanza. Vivía en Cleopatra Cowley-Pendleton, quien dirigía una parte de su dolor por la pérdida de su hija hacia la lucha por conseguir mejores leyes sobre las armas. Estaba allí, en la asistente social del instituto Harper que se aseguraba de manifestar a gritos su amor y aprecio por los estudiantes cada vez que se cruzaba con ellos en el pasillo. Y está allí, en el corazón de los jóvenes que se despiertan cada mañana convencidos de la bondad de las cosas, de la magia de todo aquello que es posible. Juntos, nos mantendremos fuertes y seguiremos trabajando por un mundo más justo y humanitario. Por ellos debemos resistir y mantener la esperanza, reconocer la necesidad de seguir creciendo como personas.

Ahora el retrato de Barack y el mío están colgados en la National Portrait Gallery de Washington. Es algo por lo que ambos nos sentimos muy honrados. Dudo que alguien, al analizar nuestra infancia, hubiera predicho jamás que acabaríamos en un museo. Los cuadros son preciosos, pero lo más importante es que están allí para que los jóvenes los vean, para que nuestros rostros ayuden a cambiar la idea de que, para ocupar un lugar importante en la historia, hay que tener un aspecto determinado. Si nosotros hemos llegado hasta allí, muchos otros podrán.

Soy una persona común que acabó embarcada en un viaje fuera de lo común. Comparto mi historia con la esperanza de allanar el terreno para otras historias y otras voces, de ampliar las posibilidades y los motivos para que otros lleguen hasta allí también. He tenido la fortuna de pisar castillos de piedra, aulas urbanas y cocinas en Iowa, solo por intentar permanecer fiel a mí misma, por intentar conectar. Por cada puerta que me han abierto, he intentado abrir la mía a otros. Y este es mi mensaje final: invitémonos unos a otros a entrar. Tal vez entonces podremos empezar a ser menos temerosos, a hacer menos suposiciones erróneas, a librarnos de los sesgos y los estereotipos que nos separan de forma innecesaria.

Quizá podamos centrarnos en aquello que tenemos en común. No se trata de ser perfectos. No se trata del lugar al que llegamos al final del recorrido. Hay cosas que nos hacen poderosos: darnos a conocer, hacernos oír, ser dueños de nuestro relato personal y único, expresarnos con nuestra auténtica voz. Y hay algo que nos confiere dignidad: estar dispuestos a conocer y escuchar a los demás. Para mí, así es como forjamos nuestra historia.

AGRADECIMIENTOS

Como todo lo que he hecho en la vida, estas memorias no habrían sido posibles sin el cariño y el apoyo de mucha gente.

No sería la persona que soy en la actualidad sin la mano firme y el amor incondicional de mi madre, Marian Shields Robinson. Siempre ha sido un pilar para mí y me ha otorgado la libertad para ser yo misma, sin permitir que mis pies se elevaran demasiado del suelo. Su amor inagotable hacia mis hijas y su disposición a anteponer nuestras necesidades a las suyas propias me han proporcionado el consuelo y la seguridad para salir al mundo sabiendo que estaban a salvo y bien cuidadas en casa.

Mi esposo, Barack, mi amor, mi compañero desde hace veinticinco años, y un padre cariñoso y entregado a nuestras hijas, ha sido el mejor aliado de vida que habría podido imaginar. Nuestra historia sigue desarrollándose. Gracias por tu ayuda y tus consejos sobre el libro…, por leerte los capítulos con atención y paciencia, por saber justo en qué momentos convenía dar un suave golpe de timón.

Y a mi hermano mayor, Craig. ¿Por dónde empezar? Has sido mi protector desde el día en que nací. Me has hecho reír más que ninguna otra persona en este mundo. Eres el mejor hermano que habría podido desear, así como un hijo, un esposo y un padre afectuoso y solícito. Gracias por todas las horas que te has dedicado a excavar las capas de nuestra infancia con nuestro equipo. Algunos de mis recuerdos más gratos sobre la escritura de este libro serán de los ratos que hemos pasado juntos, con mamá, sentados en la cocina, reviviendo tantas viejas anécdotas.

Habría sido de todo punto imposible que terminara este libro durante mis años de vida sin un equipo de colaboradores de enorme talento a los que simplemente adoro. Cuando conocí a Sara Corbett, hace poco más de un año, lo único que sabía sobre ella era que mi editora le profesaba un profundo respeto y que sus conocimientos de política eran escasos. Hoy en día confío tanto en ella que pondría mi vida en sus manos, no solo porque posee una mente impresionante y curiosa, sino porque es un ser humano de una bondad y una generosidad inmensas. Espero que esto no sea más que el principio de una larga amistad.

Tyler Lechtenberg ha sido un valioso miembro de confianza del círculo de los Obama durante más de una década. Entró en nuestras vidas como uno de los cientos de jóvenes organizadores sobre el terreno en Iowa, y desde entonces ha estado con nosotros como asesor leal. Lo he visto convertirse en un escritor con un estilo poderoso y un futuro de lo más prometedor.

Y luego está Molly Stern, mi editora, cuyo entusiasmo, energía y pasión me cautivaron al instante. Molly me infundió ánimos en todo momento con su fe inquebrantable en este libro. Le estaré eternamente agradecida a ella y también a todo el equipo de Crown, incluidos Maya Mavjee, Tina Constable, David Drake, Emma Berry y Chris Brand, que dieron su apoyo a este proyecto desde el principio. Amanda D'Acierno, Lance Fitzgerald, Sally Franklin, Carisa Hays, Linnea Knollmueller, Matthew Martin, Donna Passanante, Elizabeth Rendfleisch, Anke Steinecke, Christine Tanigawa y Dan Zitt contribuyeron también a hacer posible *Mi historia*.

Para esta edición para jóvenes lectores, quiero también expresar mi agradecimiento al equipo de Delacorte Press/Libros Infantiles de Random House, del que forman parte Beverly Horowitz, Rebecca Gudelis, Jake Eldred, Alison Kolani, Andrea Lau, April Ward, Denise DeGennaro, Tim Terhune, Linda Palladino, Judith Haut,

Barbara Marcus y Felicia Frazier. Y también a los departamentos de Marketing, Publicidad, Ventas y Derechos Subsidiarios y para el Extranjero, así como a David Drake, Emma Berry, Chris Brand y Madison Jacobs, de Crown, por todas sus aportaciones. Quiero dar las gracias asimismo a Markus Dohle por poner todos los recursos de Penguin Random House al servicio de esta obra de amor.

No podría funcionar con éxito en este mundo como madre, esposa, amiga y profesional sin mi equipo. Todos los que me conocen bien saben que Melissa Winter es la otra mitad de mi cerebro. Mel, gracias por estar a mi lado durante cada paso de este proceso. Y, lo que es más importante, gracias por querernos a mis hijas y a mí con locura. No habría yo sin ti.

Melissa es la jefa de gabinete de mi equipo personal. Este grupo pequeño pero enérgico de mujeres trabajadoras e inteligentes es el que se asegura de que yo siempre esté a punto: Caroline Adler Morales, Chynna Clayton, MacKenzie Smith, Samantha Tubman y Alex May Sealey.

Bob Barnett y Deneen Howell, de Williams and Connolly, han sido unos guías inestimables para mí a lo largo del proceso editorial, y les estoy agradecida por sus consejos y su apoyo.

Dedico un agradecimiento especial a todos aquellos que han ayudado de muchas maneras distintas a lograr que este libro vea la luz: Pete Souza, Chuck Kennedy, Lawrence Jackson, Amanda Lucidon, Samantha Appleton, Kristin Jones, Chris Haugh, Arielle Vavasseur, Michele Norris y Elizabeth Alexander.

Por otro lado, quiero dar las gracias a la increíblemente ingeniosa Ashley Woolheater por su concienzuda labor de documentación y a Gillian Brassil por su meticulosidad como verificadora de datos. Muchos de mis exempleados también han contribuido a confirmar detalles críticos y cronológicos a lo largo del proceso; aunque son demasiados para nombrarlos, estoy agradecida a todos y cada uno de ellos.

Gracias a las increíbles mujeres de mi vida que me han mantenido a flote. Ya sabéis quiénes sois y cuánto significáis para mí —mis amigas, mis mentoras, mis «otras hijas»—, y tengo un agradecimiento muy especial para Mama Kaye. Todas me habéis apoyado durante el proceso de escritura y me habéis ayudado a convertirme en una mujer mejor.

El ritmo frenético de mi vida como primera dama me dejaba muy poco tiempo para llevar un diario al estilo tradicional. Por eso estoy tan agradecida a mi querida amiga Verna Williams, decana y titular de la cátedra de Derecho Nippert en la facultad de Derecho de la Universidad de Cincinnati. Me he basado en gran medida en las cerca de mil cien páginas de transcripciones de las conversaciones grabadas que manteníamos bianualmente durante nuestros años en la Casa Blanca.

Estoy muy orgullosa de todos los logros que alcanzamos en el Ala Este. Quiero dar las gracias a los numerosos hombres y mujeres que han consagrado su vida a ayudar a nuestro país, a los miembros de la oficina de la primera dama: los encargados de la elaboración del programa, la planificación, la administración, las comunicaciones, los discursos, la organización de actos sociales y la correspondencia. Gracias al personal, a los becarios de la Casa Blanca y a los empleados de las agencias responsables de desarrollar cada una de mis iniciativas: Let's Move!, Reach Higher, Let Girls Learn y, por supuesto, Joining Forces.

Joining Forces siempre ocupará un lugar especial en mi corazón porque me proporcionó una oportunidad única de conocer mejor la fuerza y la resiliencia de nuestra extraordinaria comunidad militar. A todos los efectivos, veteranos y familiares de militares: gracias por el servicio que prestáis y los sacrificios que hacéis por el país que todos amamos. A la doctora Jill Biden y todo su equipo: ha sido una bendición y un placer trabajar codo con codo con vosotros en favor de esta iniciativa tan importante.

A todos los líderes y activistas de los movimientos en defensa de la nutrición y la educación: gracias por el trabajo duro y desinteresado que lleváis a cabo a diario para aseguraros de que todos los niños cuenten con el cariño, el apoyo y los recursos que necesitan para hacer realidad sus sueños.

Gracias a todos los miembros del Servicio Secreto de Estados Unidos, así como a sus familias, cuyos sacrificios diarios les permiten cumplir tan bien con su trabajo. Y a quienes han estado y aún están al servicio de mi familia, les estaré agradecida toda la vida por su dedicación y profesionalidad.

Gracias a los miles de hombres y mujeres que trabajan duro todos los días con el fin de hacer de la Casa Blanca un hogar para las familias que gozan del privilegio de residir en uno de nuestros monumentos más preciados: ujieres, chefs, mayordomos, floristas, jardineros, trabajadores domésticos, miembros del equipo de mantenimiento. Siempre formaréis parte de nuestra familia.

Por último, quiero dar las gracias a todos los jóvenes con los que coincidí durante mi etapa como primera dama. A todos los espíritus prometedores que me llegaron al corazón a lo largo de esos años, a quienes contribuyeron a que mi huerto creciera; a quienes bailaron, cantaron, cocinaron y partieron el pan conmigo; a quienes se mostraron abiertos al cariño y la orientación que les ofrecí; a quienes me prodigaron miles de abrazos cálidos y deliciosos, abrazos que me levantaban la moral y me animaban a seguir adelante incluso en los momentos más difíciles. Gracias por darme siempre un motivo para abrigar esperanzas.

CRÉDITOS DE LAS IMÁGENES

GUARDA DELANTERA: Todas las fotografías por cortesía del archivo familiar Obama-Robinson

GUARDA POSTERIOR: (DE IZQUIERDA A DERECHA) Cortesía del archivo familiar Obama-Robinson (tres imágenes); © Callie Shell/Aurora Photos; © Susan Watts/New York Daily News/Getty Images; © Brooks Kraft LLC/Corbis/Getty Images; fotografía de Ida Mae Astute © ABC/Getty Images

CUADERNILLO 1
PÁGINAS 1 a 3: Todas las fotografías por cortesía del archivo familiar Obama-Robinson

PÁGINA 4: (ARRIBA Y ABAJO, IZQUIERDA) Cortesía del archivo familiar Obama-Robinson; (ABAJO, DERECHA) fotografía de Kat Peeler

PÁGINAS 5 A 8: Todas las fotografías por cortesía del archivo familiar Obama-Robinson

CUADERNILLO 2
PÁGINA 1: (ARRIBA) Cortesía de la Facultad de Medicina de la Universidad de Chicago; (ABAJO) cortesía del archivo familiar Obama-Robinson